10분 단축
토익 PART 7
실전문제집

시원스쿨 **LAB**

10분 단축
토익 PART 7 실전문제집

초판 1쇄 발행 2025년 11월 21일

지은이 시원스쿨어학연구소
펴낸곳 (주)에스제이더블유인터내셔널
펴낸이 양홍걸 이시원

홈페이지 www.siwonschool.com
주소 서울시 영등포구 영신로 166 시원스쿨
교재 구입 문의 02)2014-8151
고객센터 02)6409-0878

ISBN 979-11-7550-027-3 13740
Number 1-110313-26269900-08

이 책은 저작권법에 따라 보호받는 저작물이므로 무단복제와 무단전재를 금합니다. 이 책 내용의 전부 또는 일부를 이용하려면 반드시 저작권자와 ㈜에스제이더블유인터내셔널의 서면 동의를 받아야 합니다.

머리말

PART 7 문제풀이 시간 단축을 위한
토익 PART 7 실전문제집

매달 토익 시험장에서는 Part 7에서 시간이 부족해 '기둥을 세워 찍기'를 하거나, 감독관의 "무효 처리하겠다"는 경고에도 불구하고 필사적으로 마킹을 이어가는 안타까운 상황이 벌어집니다. 시험이 끝난 뒤에는 많은 수험자들이 "Part 7에서 시간이 너무 부족해 결국 찍고 나왔다"고 하소연합니다.

본서는 Part 7을 '찍지 않고' 끝까지 풀고 싶은 초급자는 물론, 애매한 문제를 점검해 정답률과 문제 풀이 속도를 높이고자 하는 중·고급 수험자들을 위해 개발되었습니다. Part 7은 고득점자조차 빠듯하게 마무리할 정도로 까다로운 영역이기에, 단 몇 분이라도 여유 시간을 확보한다면 초급자는 물론 상급자에게도 큰 점수 향상을 가져올 수 있습니다.

『10분 단축 토익 PART 7 실전문제집』은 다음과 같은 특징을 갖습니다.

❶ **최소한의 텍스트로 빠르고 정확하게 정답을 찾는 훈련**
지문 전체를 다 읽고 푸는 전통적 독해 방식으로는 시간 부족을 피하기 어렵습니다. 이 책은 문제의 핵심 키워드와 연관된 단서만 신속하게 포착하는 전략을 집중적으로 훈련합니다. 이러한 훈련을 통해 지문의 약 1/3만 읽고도 정답을 선택할 수 있어, 문제 풀이 시간을 크게 단축할 수 있습니다.

❷ **패러프레이징 중심의 학습으로 정답률과 속도 동시에 향상**
토익에서는 정답이 원문의 단서와 의미가 유사한 다른 표현(패러프레이징)으로 제시되는 경우가 많습니다. 이는 풀이 시간을 지연시키고 정답률을 떨어뜨리는 주요 요인입니다. 본서는 거의 모든 문제의 단서와 정답 간 패러프레이징 패턴을 체계적으로 정리하여, 이를 빠르게 인식하고 풀이 시간을 단축하는 능력을 기를 수 있도록 설계되었습니다.

❸ **불필요한 '정답 의심' 습관을 교정하는 효율적 풀이법 제시**
시중의 많은 교재들이 정답률 향상을 목적으로 혼동하기 쉬운 오답을 모두 검토하는 방식으로 풀이를 가르치지만, 단 1초라도 아쉬운 Part 7에서 이 방식은 매우 비효율적입니다. 본서는 과도한 오답 확인 습관을 버리고, 확신을 가지고 정답을 선택하는 훈련을 통해 정답률을 높이고 문제풀이 시간을 줄이는 방법을 제시합니다.

이 책을 통해 Part 7 시간 단축의 원리를 체득하고, 점수 향상과 고득점 달성이라는 목표를 반드시 이루시기 바랍니다.

시원스쿨어학연구소 드림

목차

- 왜 「10분 단축 토익 PART 7 실전문제집」인가?   06
- 이 책의 구성과 특징   08
- PART 7 10분 단축 학습 플랜   10

본서

10분 단축 스킬

DAY 01	글의 목적/이유 찾기	14
DAY 02	세부사항 [5W1H] 찾기	22
DAY 03	의도파악/문장삽입/동의어/추론	38
DAY 04	사실확인 [True/Not]	50
DAY 05	다중지문 [Double/Triple]	58

10분 단축 스킬 해설

DAY 01	글의 목적/이유 찾기	70
DAY 02	세부사항 [5W1H] 찾기	76
DAY 03	의도파악/문장삽입/동의어/추론	87
DAY 04	사실확인 [True/Not]	96
DAY 05	다중지문 [Double/Triple]	103

Part 7 실전 모의고사 해설

TEST 1	114
TEST 2	133
TEST 3	152
TEST 4	171
TEST 5	190

별책

PART 7 실전 모의고사 TEST 1   2
PART 7 실전 모의고사 TEST 2   24
PART 7 실전 모의고사 TEST 3   46
PART 7 실전 모의고사 TEST 4   68
PART 7 실전 모의고사 TEST 5   90

ANSWER SHEET

온라인(lab.siwonschool.com)

PART 7 실전 모의고사 필수 어휘 리스트
PART 7 실전 모의고사 필수 어휘 단어 시험지
PART 7 실전 모의고사 해설 PDF

ANSWER SHEET

왜 「10분 단축 토익 PART 7 실전문제집」인가?

1 토익 고득점으로 가는 지름길, PART 7 전용 실전문제집

▶ 토익 Reading의 이상적인 시간 배분은 다음과 같습니다.
  - Part 5 30문항 10분: 문항 당 약 30초
  - Part 6 16문항 10분: 문항 당 약 35초
  - Part 7 52문항 52분: 문항 당 약 60초 + 정답 마킹 3분

▶ 대부분의 수험자들이 Part 7에서 시간 부족을 호소하지만, 상황은 좀처럼 개선되지 않습니다. 그 이유는 기본서나 종합서의 Part 7 학습만으로 충분하다고 생각하기 때문입니다. 그러나 Part 7은 단순 독해가 아닌, '주어진 글을 신속하고 정확하게 이해하는 능력'을 평가하는 영역이기 때문에 Part 7 전문 교재를 통해 최신 경향 문제를 반복적으로 풀어봄으로써 **풀이 시간 단축과 정답률 향상**을 이루어야 합니다.

2 "10분 단축"으로 점수 올리는 실전문제집

▶ Part 7에서 높은 점수를 얻기 위해서는 주어진 시간 안에 모든 문제를 해결하고, 여분의 시간으로 애매한 문항을 재점검해 정답률을 높여야 합니다.

▶ **시간 부족의 원인은 비효율적인 풀이 방식**에 있으므로, 효율적인 전략을 익히면 충분히 극복할 수 있습니다.

▶ 본서는 [**질문의 핵심 키워드 → 정답 단서 위치 → 선택지 키워드**] 등 문제 풀이에 필요한 '핵심 텍스트만 읽는 법'을 체계적으로 훈련합니다. 학습자가 본서의 훈련법을 충실히 따른다면, 전체 지문 중 **30% 미만의 분량만 읽고도** 빠르고 정확하게 정답을 찾는 능력을 기를 수 있습니다.

3 패러프레이징 완전 정복으로 시간 단축

▶ 토익 Part 7에서 풀이 시간을 잡아먹고 정답률을 떨어뜨리는 주된 요인은 '패러프레이징(Paraphrasing)'입니다. 단서를 다른 표현으로 바꾸어 제시하는 이 기법은 수험자의 이해력과 어휘력을 동시에 시험하는 핵심 장치입니다.

▶ 본서는 '10분 단축 스킬' 파트에서 **패러프레이징에 100% 집중**하며, 실전 모의고사 해설에서도 모든 패러프레이징 문항의 **단서-정답 변형 관계**를 체계적으로 분석했습니다. 이를 통해 학습자는 **패러프레이징 처리 능력을 두 배 이상 향상**시킬 수 있습니다.

4 잘못된 풀이 습관 교정으로 시간 단축

▶ 토익은 '가장 정답에 근접한 선택지 하나를 고르는 시험'입니다. 그러나 많은 수험자들이 'contending choice(경합 선택지)' 분석 습관 때문에 시험장에서 불필요한 고민으로 시간을 낭비합니다. 예를 들어, "왜 (B)는 정답이 아니지? (C)는?"과 같은 과도한 의심이 학습 단계에서는 도움이 될 수도 있겠지만, 시험장에서는 **우유부단한 선택**으로 이어져 시간을 낭비하는 결과를 낳습니다.

▶ 본서는 이러한 비효율적 풀이 습관을 교정하여, 수험자가 **자신의 선택을 신뢰하고 빠르게 결단할 수 있도록** 돕습니다. 불필요한 재검증 시간을 줄이고, 자신감 있는 정답 선택으로 풀이 속도를 높이도록 합니다.

5 시뮬레이션 > PRACTICE > 실전 TEST로 이어지는 체계적 훈련

▶ 본서는 학습자의 스킬 적응을 돕기 위해 3단계 점진적 강화 훈련 시스템을 제시합니다. 이를 통해 학습자는 즉각적인 성취감을 느끼며, 실제 시험에서도 즉시 적용 가능한 속독·속해 능력을 완성할 수 있습니다.
  - **시뮬레이션**: 가장 빠른 풀이법을 시각적으로 이해할 수 있도록 도식화
  - **PRACTICE**: 핵심 정답 단서만 포함된 문제로 집중력 향상
  - **실전 TEST**: 실전형 문제를 통해 배운 스킬을 즉시 복습

6 최신 기출 변형 PART 7 실전 모의고사 5회분 수록

▶ 토익은 시험마다 수험자 간 점수 편차를 최소화하기 위해 **정기적인 난이도 조정**을 실시합니다. 이 과정에서 풀이 시간에 영향을 주는 다양한 신유형 기법이 등장합니다.

▶ 본서는 이러한 최신 출제 경향을 반영한 **기출 변형 실전 모의고사 5회분**을 수록하여, 학습자가 최신 출제 흐름에 완벽히 대비하고 **풀이 시간 단축 + 정답률 향상**이라는 두 가지 목표를 동시에 달성할 수 있도록 도와줍니다.

▶ 실전 능력을 높이기 위해 기출문제보다 약간 높은 난이도로 구성하였습니다.

이 책의 구성과 특징

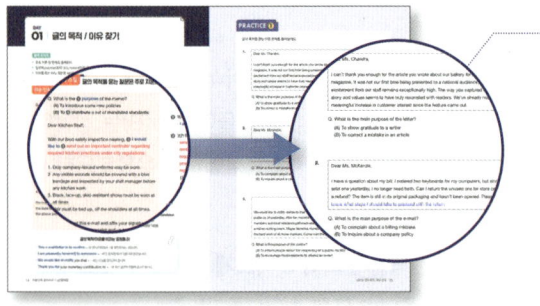

시간 단축 스킬 학습 직후 PRACTICE 복습 구조

왼쪽 페이지에서 문제 유형별 시간 단축 스킬을 학습 후에 우측 페이지에서 바로 해당 스킬에 맞추어 최적화된 문제들로 집중 훈련을 함으로써 스킬이 완전히 몸에 배도록 합니다.

키워드 연결을 통한 문제풀이 시간 단축 시뮬레이션

「질문 키워드 → 지문 키워드 파악 → (패러프레이징으로) 정답 키워드 대조」의 3단계 방식으로 문항 당 배정된 약 60초의 풀이시간을 40초 이하로 줄일 수 있습니다.

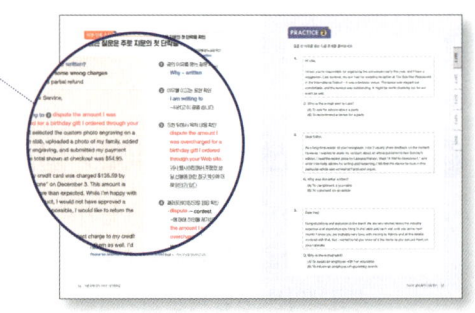

지문에서 정답을 이끄는 단서 정리

지문에서 정답의 위치를 알려주어 빠르게 정답을 찾아낼 수 있는 주요 단서들을 활용하면 시간을 크게 절약할 수 있습니다.

지문 단서와 정답 패러프레이징 패턴 정리

지문 또는 질문의 키워드가 정답에서 패러프레이즈되는 주요 패턴을 활용하면 선택지에서 정답을 결정하는 시간을 크게 줄일 수 있습니다.

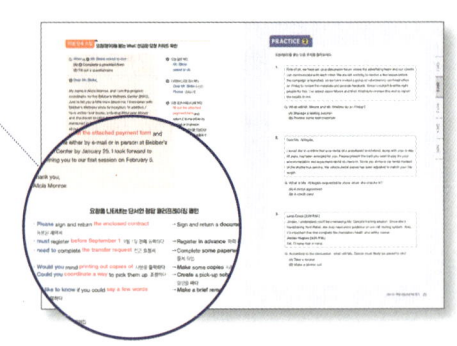

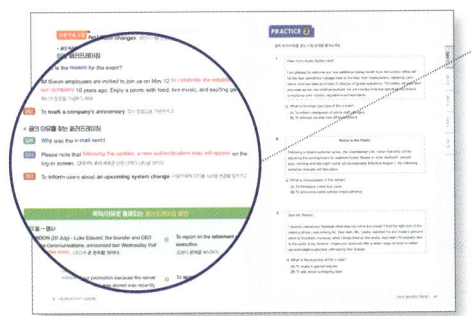

출제 유형별 패러프레이징 집중 훈련 코너

각 출제 유형별로 특화된 패러프레이징 유형을 집중 훈련함으로써 어떤 지문 및 질문 유형에도 완벽하게 대비할 수 있도록 합니다.

Part 7 실전 문제풀이로 스킬 학습 마무리

해당 스킬이 적용된 최신 기출 변형 문제를 풀면서, 학습한 스킬을 스스로 적용하여 문제풀이 시간을 줄이는 실전 훈련을 마무리합니다.

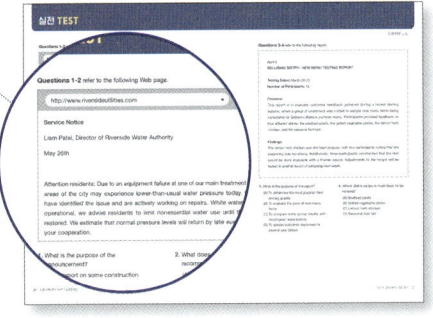

사전/Part 7 단어장이 불필요한 상세한 지문 해석과 어휘 해설

지문에 대한 정확한 해석 및 매우 상세한 어휘 해설을 제공하므로, Part 7 단어 암기장 등을 따로 공부할 필요 없이 본서 해설만으로 어떤 Part 7 지문에도 완벽 대비할 수 있습니다.

시간 단축에 특화된 패러프레이징 중심의 문제 해설

모든 문제 해설에서 단번에 정답을 빠르고 정확하게 찾아내는 방법을 제시하며, 단서와 정답 사이의 패러프레이징 또는 추론 관계를 제시하여 시간을 단축하는 감을 익히게 해줍니다.

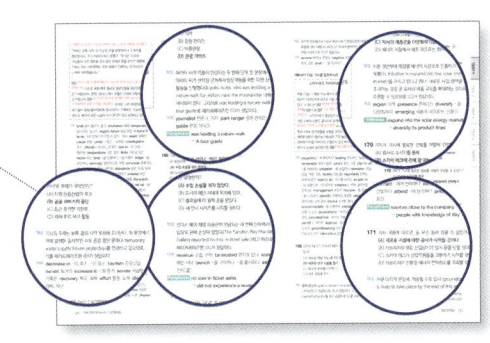

PART 7 10분 단축 학습 플랜

다음의 학습 진도를 참조하여 **매일** 학습합니다.

- 해당일의 학습을 하지 못했더라도 **앞으로 돌아가지 말고 오늘에 해당하는 학습을 합니다.** 그래야 끝까지 완주할 수 있습니다.
- 10분 단축 스킬 학습을 마치면, 토익 최신 경향이 반영된 Part 7 실전 모의고사 5회분을 풀어보면서 앞에서 학습한 스킬들을 실전에 적용하는 훈련을 합니다.
- 실전 모의고사는 **마킹 시간 포함 테스트 당 55분에 시계를 맞추고** 풀어야 하며, 각 회차별로 점차 시간을 단축해야 합니다.
- 실전 모의고사 학습 후에 10분 단축 스킬 본서로 돌아가 부족한 스킬을 복습해야 하며, 스킬이 몸에 밸 때까지 최소 2-3회 복습을 권장합니다.

1주 완성 학습 플랜

1일	2일	3일	4일	5일	6일	7일
DAY 01	**DAY 02**	**DAY 03**	**DAY 04**	**DAY 05**	실전 모의고사	실전 모의고사
10분 단축 스킬 PRACTICE 실전 TEST	10분 단축 스킬 PRACTICE 실전 TEST	10분 단축 스킬 PRACTICE 실전 TEST	10분 단축 스킬 PRACTICE 실전 TEST	10분 단축 스킬 PRACTICE 실전 TEST	TEST 1 TEST 2 TEST 3	TEST 4 TEST 5 10분 단축 스킬 종합 복습

2주 완성 학습 플랜

1일	2일	3일	4일	5일	6일	7일
DAY 01 10분 단축 스킬 PRACTICE 실전 TEST	**DAY 02** 10분 단축 스킬 PRACTICE 실전 TEST	**DAY 02** 10분 단축 스킬 PRACTICE 실전 TEST	**DAY 03** 10분 단축 스킬 PRACTICE 실전 TEST	**DAY 03** 10분 단축 스킬 PRACTICE 실전 TEST	**DAY 04** 10분 단축 스킬 PRACTICE 실전 TEST	**DAY 05** 10분 단축 스킬 PRACTICE 실전 TEST

8일	9일	10일	11일	12일	13일	14일
실전 모의고사 TEST 1	**실전 모의고사** TEST 2	**실전 모의고사** TEST 3	**실전 모의고사** TEST 4	**실전 모의고사** TEST 5	**10분 단축 스킬** DAY 01 복습 DAY 02 복습	**10분 단축 스킬** DAY 03 복습 DAY 04 복습 DAY 05 복습

10분 단축 토익 PART 7
실전문제집

10분 단축 스킬

DAY 01 | 글의 목적 / 이유 찾기

출제 포인트
- 주로 지문 첫 문제로 출제된다.
- 질문에 purpose(목적) 또는 reason(이유) 등의 단어를 포함한다.
- 이유를 묻는 Why 질문은 send/write 등의 동사를 사용한다.

10분 단축 스킬 글의 목적을 묻는 질문은 주로 지문의 첫 단락을 확인

Q. What is the ❶ **purpose** of the memo?
  (A) To introduce some new policies
  (B) To ❹ **distribute** a set of **mandated standards**

Dear Kitchen Staff:

With our food safety inspection nearing, ❷ **I would like to** ❸ **send out an important reminder regarding required kitchen practices under city regulations:**

1. Only company-issued uniforms may be worn.
2. Any visible wounds should be covered with a blue bandage and inspected by your shift manager before any kitchen work.
3. Black, lace-up, skid-resistant shoes must be worn at all times.
4. Hair must be tied up, off the shoulders at all times.

Please print out this e-mail and affix your signature and the date to record your receipt and understanding of the above policies. Thank you for your cooperation.

❶ 글의 목적을 묻는 질문 확인
  · purpose

❷ 목적을 이끄는 표현 확인
  · I would like to ~하고 싶다

❸ 표현 뒤에서 목적 내용 확인
  · send out an important reminder regarding required kitchen practices under city regulations
  시 당국 규제에 따라 꼭 준수해야 할 주방 관행에 대한 아주 중요한 주의를 전달한다

❹ 패러프레이징으로 정답 확인
  · send out → distribute
  배포하다
  · required kitchen practices under city regulations → mandated standards
  의무화된 기준들

글의 목적/이유를 이끄는 표현들 (1)

- **This e-mail/letter is to confirm** ~ 이 편지/이메일은 ~을 확인하려는 것입니다.
- **I am pleased(= honored) to announce** ~ ~라고 알리게 되어 기쁩니다(영광입니다).
- **We would like to notify** you that ~ ~라는 사실을 알리고자 합니다.
- **Thank you for** your monetary contribution to ~ ~에 주신 금전적 지원에 감사드립니다.

글의 목적을 묻는 다음 문제를 풀어보세요.

1.

Dear Ms. Chandra,

I can't thank you enough for the article you wrote about our bakery for *Indian Cuisine* magazine. It was not our first time being presented to a national audience, but the excitement from our staff remains exceptionally high. The way you captured our story and values seems to have truly resonated with readers. We've already noticed a meaningful increase in customer interest since the feature came out.

Q. What is the main purpose of the letter?

(A) To show gratitude to a writer
(B) To correct a mistake in an article

2.

Dear Ms. McKenzie,

I have a question about my bill. I ordered two keyboards for my computers, but since I sold one yesterday, I no longer need both. Can I return the unused one for store credit or a refund? The item is still in its original packaging and hasn't been opened. Please let me know what steps I should take to proceed with the return.

Q. What is the main purpose of the e-mail?

(A) To complain about a billing mistake
(B) To inquire about a company policy

3.

Public Notice

We would like to notify residents that Harrisburg's Dawson Park is once again open to the public as of yesterday, after ten months of landscaping and construction work. Council members and local residents gathered near the park's main entrance on Wednesday for a ribbon-cutting event. Mayor Veronica Humboldt also addressed the crowd and noted the hard work of all those involved. Come visit the park today!

Q. What is the purpose of the notice?

(A) To inform people about the reopening of a public facility
(B) To encourage local residents to attend an event

10분 단축 스킬 — 글을 쓴 이유를 묻는 질문은 주로 지문의 첫 단락을 확인

Q. ❶ **Why** was the letter **written**?
(A) To ❹ **contest some wrong charges**
(B) To request a partial refund

Dear Customer Service,

❷ **I'm writing to** ❸ **dispute the amount I was overcharged for a birthday gift I ordered through your Web site.** I selected the custom photo engraving on a 12" marble slab, uploaded a photo of my family, added the text for engraving, and submitted my payment details. The total shown at checkout was $54.95.

However, my credit card was charged $135.59 by "Written in Stone" on December 3. This amount is nearly $100 more than expected. While I'm happy with the finished product, I would not have approved a charge that high. If possible, I would like to return the item for a full refund.

I've already reported the incorrect charge to my credit card provider, so you may hear from them as well. I'd appreciate a prompt resolution to this issue. You can reach me at 353-2334.

Thank you,
Mark Levin

---

❶ 글의 이유를 묻는 질문 확인
· Why ~ written

❷ 이유를 이끄는 표현 확인
· I am writing to
~하려고 이 글을 씁니다.

❸ 표현 뒤에서 목적 내용 확인
· dispute the amount I was overcharged for a birthday gift I ordered through your Web site.
귀사 웹사이트에서 주문한 생일 선물에 대한 청구 액수에 대해 이의가 있다

❹ 패러프레이징으로 정답 확인
· dispute → contest
~에 대해 이의를 제기하다
· the amount I was overcharged for → wrong charges
청구 오류

글의 목적/이유를 이끄는 표현들 (2)

- **This letter serves as** ~ 이 편지는 ~하려는 것입니다.
- **The aim of** this survey ~ 이 설문은 ~하는 목적입니다.
- **This is to remind** you that ~ ~라는 사실을 상기시키고자 글을 씁니다.
- **I am writing to inquire/apologize/confirm** ~ ~의 문의/사과/확인차 편지를 드립니다.
- **I would like to make a suggestion.** 제안을 하나 드릴까 합니다.
- **I wanted to let you know** ~ ~을 알려드릴까 합니다.
- **Please be assured/informed/advised/reminded** that ~ ~라는 사실을 명심하십시오.

글을 쓴 이유를 묻는 다음 문제를 풀어보세요.

1.

Hi Lisa,

I know you're responsible for organizing the anniversary party this year, and I have a suggestion. Last summer, my son had his wedding reception at The Sea Star Restaurant in the International District—it was a fantastic venue. The space was elegant but comfortable, and the service was outstanding. It might be worth checking out for our event as well.

Q. Why is the e-mail sent to Lisa?
(A) To ask for advice about a party
(B) To recommend a venue for a party

2.

Dear Editor,

As a long-time reader of your newspaper, I don't usually share feedback on the content. However, I wanted to share my concern about an article published in last Sunday's edition. I read the recent piece by Leonard Pierson, titled "*A Wall to Overcome?,*" and while I normally admire his writing and reasoning, I felt that the stance he took in this particular article was somewhat harsh and unjust.

Q. Why was the letter written?
(A) To compliment a journalist
(B) To comment on an article

3.

Dear Inez,

Congratulations and welcome to the team! We are very excited about the industry expertise and experience you bring to the table and can't wait until you arrive next month! I know you are probably very busy with moving to Atlanta and all the details involved with that, but I wanted to let you know of a few items so you can put them on your calendar.

Q. Why is the e-mail sent?
(A) To assist an employee with her relocation
(B) To inform an employee of upcoming events

10분 단축 스킬 | Part 7 만점으로 통하는 패러프레이징 분석

■ 글의 목적을 찾는 패러프레이징

질문 What is the **purpose** of the notice?

단서 Starting on July 1, we **will transition to a biorecognition security system**. Until now, we have used traditional ID cards manually checked at the gates.
생체인식 보안시스템으로 전환할 예정이다

정답 To announce **security system changes** 보안시스템 변경을 발표하려고

■ 글의 이유를 찾는 패러프레이징

질문 What is the **reason** for the event?

단서 All Siwon employees are invited to join us on May 12 **to celebrate the establishment of our company** 10 years ago. Enjoy a picnic with food, live music, and exciting games.
회사의 창립을 기념하기 위해

정답 To **mark a company's anniversary** 회사 창립일을 기념하려고

■ 글의 이유를 찾는 패러프레이징

질문 **Why** was the **e-mail sent**?

단서 Please note that **following the update, a new authentication step will appear** on the log-in screen. 업데이트 후에 새로운 인증 단계가 나타날 것이다

정답 To **inform** users about **an upcoming system change** 사용자에게 다가올 시스템 변경을 알리려고

목적/이유로 출제되는 패러프레이징 패턴

① 절 → 명사
LONDON (20 July) - Luke Edward, the founder and CEO of Luke Communications, announced last Wednesday that **he will retire soon.** CEO가 곧 은퇴할 것이다.

→ To report on the **retirement** of an executive
임원의 **은퇴**를 보도하기

② 명사 → 동사
You were not notified of our promotion because the server database where your registration was stored was recently damaged. My **apologies** for this error. 오류에 대해 **사과**를 하다

→ To **apologize** for an error
오류에 대해 **사과하기**

③ 동사 → 동사
Do you want to continue to broaden your customer base? **Let us make** a sustainable marketing strategy for you.
우리에게 마케팅 전략을 수립**하도록 맡겨주세요**

→ To **offer** a service
서비스를 **제안하기**

글의 목적/이유를 묻는 다음 문제를 풀어보세요.

1.

Dear Yurim Audio System staff,

I am pleased to welcome our new additions! Ashley Smith from the London office will be the new operations manager here at the New York headquarters, replacing Larry Heins, who has been promoted to director of global operations. Tim Hailey will also start this week as the new chief accountant. He will oversee financial reporting and ensure compliance with industry regulations and standards.

Q. What is the main purpose of the e-mail?

(A) To inform employees of some staff changes
(B) To discuss several new office locations

2.

Notice to the Public

Following a recent customer survey, the Chamberlain City Transit Authority will be adjusting the running hours for weekend buses. Based on rider feedback, several early morning and late-night routes will be extended. Effective August 1, the following schedule changes will take place.

Q. What is the purpose of the notice?

(A) To introduce a new bus route
(B) To announce some service improvements

3.

Dear Mr. Remon,

I recently visited your footwear store near my home but couldn't find the right size of the trekking shoes I was looking for. Your clerk, Ms. Lesley, assisted me and made a genuine effort to find them. However, when I finally tried on the shoes, they didn't fit properly due to the width of my forefoot. I hope your store will offer a wider range of sizes to better accommodate customers with varying foot shapes.

Q. What is the purpose of the e-mail?

(A) To make a special request
(B) To ask about a shipping date

실전 TEST

Questions 1-2 refer to the following Web page.

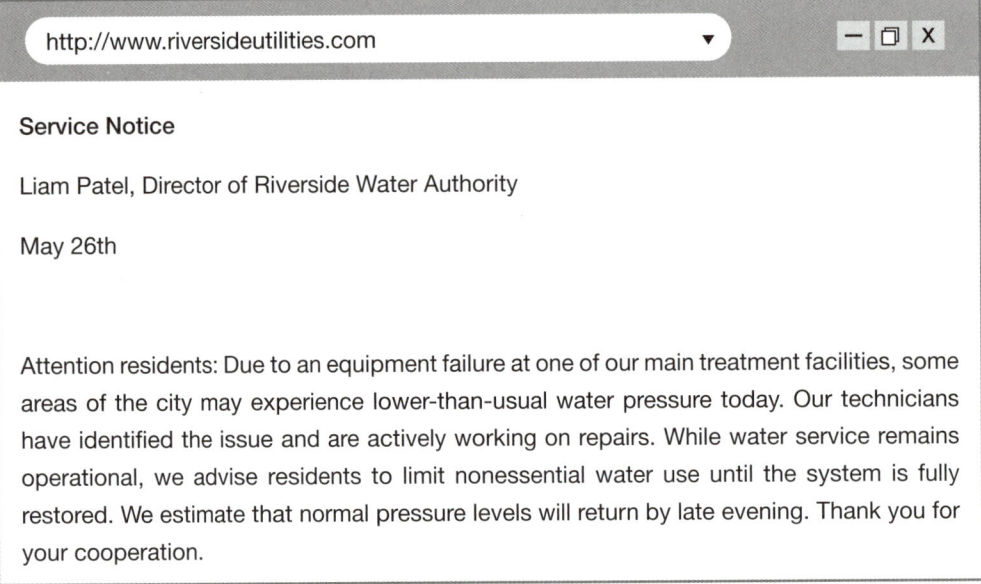

http://www.riversideutilities.com

Service Notice

Liam Patel, Director of Riverside Water Authority

May 26th

Attention residents: Due to an equipment failure at one of our main treatment facilities, some areas of the city may experience lower-than-usual water pressure today. Our technicians have identified the issue and are actively working on repairs. While water service remains operational, we advise residents to limit nonessential water use until the system is fully restored. We estimate that normal pressure levels will return by late evening. Thank you for your cooperation.

1. What is the purpose of the announcement?
   (A) To report on some construction delays
   (B) To inform the public of a utility service issue
   (C) To introduce a new billing system
   (D) To promote water conservation programs

2. What does the announcement recommend?
   (A) Using alternative water sources
   (B) Contacting customer service for refunds
   (C) Reducing water usage temporarily
   (D) Boiling water before drinking it

Questions 3-4 refer to the following report.

April 5
BELLISIMO BISTRO - NEW MENU TESTING REPORT

Testing Dates: March 20-22
Number of Participants: 15

Overview:
This report is to evaluate customer feedback gathered during a recent tasting session, where a group of customers was invited to sample new menu items being considered for Bellisimo Bistro's summer menu. Participants provided feedback on four different dishes: the seafood pasta, the grilled vegetable platter, the lemon herb chicken, and the seasonal fruit tart.

Findings:
The lemon herb chicken was the least popular, with five participants noting that the seasoning was too strong. Additionally, three participants commented that the dish would be more enjoyable with a thicker sauce. Adjustments to the recipe will be tested in another round of sampling next week.

---

3. What is the purpose of the report?
   (A) To determine the most popular item among guests
   (B) To evaluate the price of new menu items
   (C) To compare some survey results with employees' expectations
   (D) To assess customer responses to several new dishes

4. Which dish's recipe is most likely to be revised?
   (A) Seafood pasta
   (B) Grilled vegetable platter
   (C) Lemon herb chicken
   (D) Seasonal fruit tart

DAY 02 | 세부사항 (5W 1H) 찾기

출제 포인트
- Part 7에서 가장 많이 출제되는 유형이다.
- What/Which 60% > Who/Whom 12% > Why 9% > How 7% > When 7% > Where 6% 비중이다.
- What은 특정 대상 60% > 행위 40%의 비중으로 출제된다.

10분 단축 스킬 | 특정 내용을 묻는 What: 언급된 사람/사물 키워드 확인

Q. What are ❶ TechNova's products designed to do?
(A) ❹ Generate detailed components
(B) Print high-quality documents

TechNova is excited to introduce our innovative 3D printing technology, now being utilized by over 50 companies in the automotive and aerospace industries.

❷ Here's how it works: Our advanced 3D printers use high-precision laser sintering to fuse powdered materials layer by layer, ❸ creating complex components with exceptional accuracy. The process allows for customization and rapid prototyping, significantly reducing production time and costs compared to traditional manufacturing methods.

Model No.	Laser Power	Suggested Use
TN100	20 W	Design studios and educational institutions
TN500	100 W	Small-scale manufacturing
TN1000	200 W	Large-scale industrial production

❶ 제품 기능에 대한 질문
- TechNova's products
- designed to do
어떤 목적으로 개발되었는지

❷ 작동 원리 설명 단서 확인
- Here's how it works
작동 원리는 이렇다

❸ 작동 원리 설명에서 주요 기능을 확인
- creating complex components with exceptional accuracy
복잡한 부품을 놀라운 정확도로 생성하면서

❹ 패러프레이징으로 정답 확인
- creating → Generate
생성하다
- complex → detailed
상세한

특정 내용을 묻는 패러프레이징 패턴

- an article highlighting your work ~을 조명한 기사 → It has been covered in the media 언론에 나오다
- utilizing advanced technology to purify water for drinking 물을 정화하다 → Water purification 정수
- we now offer a smartphone application that allows users 스마트폰 앱 → A mobile app 모바일 앱
- we are offering a seat on our advisory board 자리 → A position 직책
- asked for detailed instructions 상세한 지침 → Send more specific information 더 상세한 정보

특정 내용을 묻는 다음 문제를 풀어보세요.

1. Preparations are in motion for the expansion of Brownville Ferry Port. The project will deliver a quicker and more efficient option for tourists traveling between Brownville and Victor Island. Construction starts in May. Community feedback meetings to voice concerns about potential negative changes to the scenic coastline are planned for February, March, and April. Obtain information about the meetings by going to www.brownvilleferryport.com.

Q. What will be discussed at the community meetings?
(A) The issue of noise from construction machinery
(B) The impact of a project on natural scenery

2. The event will conclude with the ensemble playing modern jazz standards. After the performance, audience members will be invited up to the stage to play some pieces on the trumpet or the saxophone and receive tips from the ensemble's professional musicians.

Q. What will the audience members be able to do?
(A) Play some instruments
(B) Participate in a workshop

3. **Alex Kim (3:15 P.M.)**
Good afternoon; welcome to TechGuru Support.
Jordan Lee (3:16 P.M.)
Hi. I'm Jordan, and I'm having trouble accessing my online course materials.
Alex Kim (3:17 P.M.)
Hello, Jordan. I'd be happy to assist. Have you tried clearing your browser cache?

Q. What most likely is Mr. Kim's occupation?
(A) A software developer
(B) A customer support representative

10분 단축 스킬 — 요청(행위)를 묻는 What: 언급된 요청 키워드 확인

Q. What is ❶ Mr. Blake asked to do?
(A) ❹ Complete a provided form
(B) Fill out a questionnaire

❷ Dear Mr. Blake,

My name is Alicia Monroe, and I am the program coordinator for the Bebber's Wellness Center (BWC). Just to tell you a little more about me: I have been with Bebber's Wellness since its inception. In addition, I have written four books, including *Mind over Money* and *The Secret to CEO*, both of which have been mentioned in *World Business Magazine*. Here at BWC, all our staff are passionate about improving the lives of our community members.

Regarding your inquiry, I am pleased to let you know that we have a free spot at our upcoming Stress Management Workshop series. I would like to assure you that our coaches are experienced in working with people in your profession.

❷ Please ❸ fill out the attached payment form and return it to me either by e-mail or in person at Bebber's Wellness Center by January 25. I look forward to welcoming you to our first session on February 5.

Thank you,
Alicia Monroe

❶ 요청 질문 확인
· Mr. Blake
· asked to do

❷ 지문에서 요청 단서 확인
· Dear Mr. Blake 수신인
· Please ~하십시오

❸ 요청 표현 뒤에서 내용 확인
· **fill out the attached payment form** and return it to me either by e-mail or in person
첨부된 지불 양식을 작성하여 이메일로 또는 직접 제출해 주십시오

❹ 패러프레이징으로 정답 확인
· **fill out** → **complete**
~을 작성하다
· **attached** → **provided**
첨부된

요청을 나타내는 단서와 정답 패러프레이징 패턴

- **Please** sign and return **the enclosed contract** 동봉된 계약서
  → Sign and return a **document** 문서
- **must** register **before September 1** 9월 1일 전에 등록하다
  → Register **in advance** 미리 등록하다
- **need to** complete **the transfer request** 전근 요청서
  → Complete **some paperwork** 문서 작업
- **Would you mind** printing out copies of 사본을 출력하다
  → Make some **copies** 사본을 만들다
- **Could you** coordinate a way to pick them up 조정하다
  → Create a pick-up **schedule** 일정을 짜다
- **I'd like to know** if you could **say a few words** 간단히 말하다
  → Make a brief **remark** 간단히 평하다

PRACTICE 2

요청(행위)를 묻는 다음 문제를 풀어보세요.

1. First of all, we have set up a discussion forum where the advertising team and our clients can communicate with each other. We are still working to resolve a few issues before the campaign is launched, so we have invited a group of volunteers to our head office on Friday to review the materials and provide feedback. Since I couldn't find the right people for this, I've asked Jason Moore and Vinni Kristine to oversee this and to report the results to me.

    Q. What will Mr. Moore and Mr. Kristine do on Friday?
    (A) Manage a testing session
    (B) Review some test materials

2. Dear Ms. Abbigale,

    I would like to confirm that your rental of a snowboard and helmet, along with your 5-day lift pass, has been arranged for you. Please present the card you used to pay for your accommodation and equipment rental at check-in. Since you chose a car rental instead of the shuttle bus service, the vehicle rental period has been adjusted to match your trip length.

    Q. What is Ms. Abbigale requested to show when she checks in?
    (A) A rental agreement
    (B) A credit card

3. **Lena Cross [3:24 P.M.]**
    Jordan, I understand you'll be overseeing Ms. Garcia's training session. Since she's transitioning from Retail, she may need extra guidance on our call routing system. Also, it's important that she complete the mandatory health and safety course.
    Jordan Hughes [3:25 P.M.]
    OK. I'll keep that in mind.

    Q. According to the discussion, what will Ms. Garcia most likely be asked to do?
    (A) Take a course
    (B) Make a phone call

10분 단축 스킬 신분/직업/대상을 묻는 Who: 언급된 사물/사람 키워드 확인

Q. **Who** most likely will perform in ❶ *A Midsummer Night's Secret*?
(A) ❹ **Marcus Liu**
(B) **Sophie Delgado**

Main Street Theatre
Purchase your festival tickets now at www.mainstreettheatre.com/tickets.

Upcoming Shows:
May 10–18: *The Glass Tower* (2 hours with Q&A)
❸ **July 8–16**: ❷ *A Midsummer Night's Secret* (3 hours with Q&A)
September 20–28: *The Last Letter* (90 minutes, no Q&A)
December 5–13: *Stage Lights* (4 hours with Q&A)
All performances will be held at the Regal Playhouse, curtains rising at 7:30 P.M.

Emerging Voices Series
Our *Emerging Voices* series brings international actors to the stage alongside our local cast. Don't miss the breathtaking performances by these artists and show support to live-theatre actors coming to our stage from around the world. Each show will spotlight a guest performer who has been invited by our *Emerging Voices* board.

May 10: **Elena Brooks**
❹ **July 8**: **Marcus Liu**
September 20: **Sophie Delgado**
December 5: **Andrew Whitmore**

❶ 질문에서 사물 키워드 확인
· *A Midsummer Night's Secret*

❷ 지문에서 해당 키워드 확인
· *A Midsummer Night's Secret*

❸ 키워드 앞에서 기간 확인
· July 8–16:

❹ 사람 목록에서 기간에 해당하는 정답 선택
· July 8: → Marcus Liu

신분/직업의 정답을 유추하는 패턴

- finish **trimming the trees** 나뭇가지를 자르다 → A **gardener** 정원사
- who will **take care of issues on your vehicle** 차량 문제를 처리할 → A **mechanic** 차량 정비사
- regularly **contributed articles** to a local newspaper 기사를 기고했다 → A **journalist** 기자
- visit a customer's house to **fix a leak** 누수를 고치다 → A **plumber** 배관공
- I would be happy to **rearrange your hotel reservation** 호텔 예약을 조정하다 → A **secretary** 비서

PRACTICE 3

신분/직업/대상을 묻는 다음 문제를 풀어보세요.

1.
> **Hanna Bianchi** – As a writer of over 20 home recipe books, she will be making meatballs and pasta dishes using tomatoes grown from her own garden!
> **June Chung** – Not everyone is a meat eater, so he will be making some delicious tofu-based dishes and healthy soups and starters.
> **Huan Roberto** – Popular TV chef Huan Roberto will be teaching people how to grill the perfect steak and which vegetables and sauces should accompany it.

Q. Who most likely will make vegetarian dishes?

(A) Hanna Bianchi
(B) June Chung

2.
> The Parkway Community Center will host its annual Holiday Market next month in the center's gymnasium. The event will be held on Friday, December 17, from 10:00 A.M. to 6:00 P.M., and Saturday, December 18, from 2:00 P.M. to 8:00 P.M. A special early-access shopping time for senior members of the Parkway community will take place on Thursday from 9:00 A.M. to 2:00 P.M. The market will feature handmade crafts and live performances by community members.

Q. Who is invited to attend the market on Thursday?

(A) Community leaders
(B) Senior citizens

3.
> Hello Ms. Hassim,
>
> I am sorry to inform you that the fitness rooms at Greenwood Community Center are currently unavailable. Due to an electrical failure, we cannot hold any events in these rooms at this time. Technicians are working to resolve the issue as quickly as possible. In the meantime, you may use the Westfield Recreation Center to conduct your training sessions.

Q. Who most likely is Ms. Hassim?

(A) An event organizer
(B) A personal trainer

10분 단축 스킬 특정 이유를 묻는 Why: 언급된 사물/사람 키워드 확인

Q. **Why** did ❶ **Mr. Reed** change ❶ **the text** on his order?
(A) It was for the wrong company.
(B) It was an ❹ **outdated shade.**

To: amychung11@threadworkstshirts.com
From: jason@oakridgeevents.com
Date: Wednesday, July 10
Subject: Order #47216 - Follow-up
Attachment: Oakridge_NewLogo.png

Dear Amy,

I appreciate you putting my order on hold and explaining how to update the details. I'm really relieved I caught the mistake before the t-shirts went into production. It would have been a waste to have gotten 10 t-shirts that can't be used.

As I mentioned during our phone call, ❸ **I had mistakenly selected our former color code** for ❷ **the text** on the app. I've now updated it with the correct one using the same font style, and I would like to ask if you could double-check that this adjustment reflects the original I am attaching here. If so, you may proceed with the order.

Thank you,
❷ **Jason Reed**

❶ 질문에서 사람/사물을 확인
· **Mr. Reed**
· **the text**

❷ 지문에서 키워드를 확인
· **the text** on the app
  앱에 나타낸 텍스트
· **Jason Reed**

❸ 표현 앞에서 이유를 확인
· **I had mistakenly selected our former color code**
  실수로 이전의 색상 코드를 선택했습니다

❹ 패러프레이징으로 정답 확인
· **former** → **outdated**
  이전의
· **color code** → **shade**
  색조

이유에 대한 단서를 이끄는 표현들

- **I wanted to let you know that** ~라는 사실을 알려드리고자 합니다
- **Reason** for return 반환 사유
- **Please let me know** if you have any suggestions for ~에 대해 제안하실 점이 있다면 알려주십시오
- **I would like you to correct** the error in ~의 오류를 수정해 주시면 좋겠습니다
- **We need to make a decision** quickly before ~전에 결정을 내릴 필요가 있습니다
- If the schedule is too tight, **please** contact ~ 만약 이 일정이 빡빡하다면, ~에게 연락하세요
- **My only complaint is** that ~ 제 유일한 불만은 ~입니다

특정 이유를 묻는 다음 문제를 풀어보세요.

1.
> After placing my order, I found two more pairs of pants I would like to purchase. According to your Web site, purchasing two or more pairs qualifies for free shipping. I was hoping to add these additional items to my original order so that all three pairs would qualify for free shipping.
>
> Thank you for your assistance.
> Eric Jones

Q. Why will Mr. Jones most likely receive free delivery?

(A) He changed his order.
(B) He complained about a late delivery.

2.
> I had the pleasure of attending a half-day course at The African Culinary Institute. Ms. Redding was clear, friendly, and offered personalized tips throughout the session. The hands-on experience was ideal for someone like me who enjoys baking at home. The only downside was that the class was a bit fast-paced at times, but I still learned a lot. I highly recommend this course to anyone who enjoys a challenge and loves sweets!

Q. Why was Ms. Redding's course less than perfect?

(A) Her tips were hard to apply.
(B) It was taught too quickly.

3.
> The meal was very reasonably priced, and I would highly recommend this restaurant. The only inconvenience was that the dining area was extremely crowded when we visited, making it a bit difficult to move around comfortably. Despite that, the staff were attentive, and the food was delicious, making it a worthwhile experience overall. I especially enjoyed the homemade desserts, which were a perfect end to the meal.
> - Deborah Noris

Q. Why was Ms. Noris disappointed with the restaurant?

(A) It only has small rooms.
(B) It was very busy.

10분 단축 스킬 | 시간/장소를 묻는 When/Where: 언급된 행위 확인

Q. ❶ **Where** would ❶ **the sign** most likely ❶ **appear**?
(A) At a ❹ **work site**
(B) On an apartment door

❷ **WE APPRECIATE YOUR UNDERSTANDING**
❸ **Work in progress**: Renovation of Digital Hub
❸ **Scheduled date of completion**: October 15

Business Owner:
Tech Innovators, Inc.
201 Silicon Road
Cambridge, MA

❸ **Project Management**:
Bright Build Contractors
550 Innovation Drive
Boston, MA

All necessary construction permits have been issued by the Department of Urban Development.
If you have any queries regarding the ongoing work, please call the site manager at 555-0248.

We are committed to minimizing disruption during this period.
Thank you for your patience as we work to improve our facilities.

❶ 대상 사물과 행위를 확인
· the sign
· appear

❷ 목적을 나타내는 단서 확인
· **WE APPRECIATE YOUR UNDERSTANDING**
양해를 바랍니다

❸ 양해 내용 키워드 확인
· **Work in progress** 공사 중
· **Scheduled date of completion** 완공일
· **Project Management** 공사 관리

❹ 키워드를 통한 유추로 장소 정답 확인
· **Work / date of completion / Project Management** → work site
공사 현장

장소를 암시하는 단서 패턴

- enclose the **plans** for Lakewood Park 도면 → An **architecture office** 건축 사무소
- The **main microphone** doesn't work 마이크 → At a **conference room** 대회의실
- Hurry in to CM for **the latest mobile devices** 최신 모바일기기 → At an **electronic shop** 전자제품 매장
- Ms. Clarke **worked at Sky Motors** for 3 years before ~에서 근무했다 → **Sky Motors**
- **Founded in Seattle** more than 15 years ago 시애틀에서 설립되어 → **Seattle**
- plan a welcome gathering at **the Raul's Buffet** ~에서 환영모임을 예약하다 → **The Raul's Buffet**

PRACTICE 5

시간/장소를 묻는 다음 문제를 풀어보세요.

1.
> Convention visitors can click on sections of the map to learn more about different halls and meeting areas. For example, selecting the Harbor Hall will display all companies' booth layouts. Clicking on the Sunset Lounge will show details of the networking event for attendees on October 12. Choosing the Grand Pavilion will provide catering information and service locations. All maps can be printed to help guests navigate booths and displays more easily.

Q. Where are visitors able to meet one another?

(A) Harbor Hall
(B) Sunset Lounge

2.
> Dear Ms. Gorden,
>
> It was a real pleasure meeting you at the Miami conference last week. That was my first opportunity to see your firm's new Fireball 4D graphics technology, and I have been reflecting a great deal on your impressive product demonstration since then. You mentioned your willingness to visit our Seattle office to discuss the software and potential collaboration, and I would be glad to accept that offer.

Q. Where did Ms. Gorden visit last week?

(A) A computer graphics conference
(B) A business negotiation meeting

3.
> **FOR:** Sydney Brooks   **FROM:** David Kohl
> **DATE:** Tuesday, Sep. 12   **TIME:** 2:35 P.M.
> **MESSAGE:** I need to cancel today's 5:30 P.M. appointment due to an emergency meeting in Los Angeles that was scheduled at the last minute. I will be back on Thursday and would like to reschedule the meeting for Friday at 2:00 P.M. if possible. I would like to finalize the transition plans for New York next year.

Q. For what time is Mr. Kohl's meeting originally scheduled?

(A) 2:00 P.M.
(B) 5:30 P.M.

10분 단축 스킬 — 방법/수치를 묻는 How: 언급된 사람/행위 키워드 확인

Q. ❶ How can people ❶ register for a lottery?
   (A) By submitting an attendance ticket stub
   (B) By ❹ sending some information by phone

Watch & Win with *The Mark Walters Show*!

Want a fresh take on the day's biggest stories — and a chance to win exciting prizes?

Tune in to *The Mark Walters Show*, your go-to program for sharp analysis of daily news events, at 8 P.M., Monday through Friday.

Watch any episode this month and enter our *Watch & Win Lottery*! Every viewer has a chance to win prizes ranging from gift cards to exclusive show merchandise.

❷ **How to Join the Lottery:**
1. Watch *The Mark Walters Show* at 8 P.M. on your local station.
2. ❸ Look out for the "Daily Keyword" announced during the program.
3. ❸ Text the keyword along with your name to 1-800-6275 before the show ends.

Winners will be announced live on the show every Friday! Don't miss your chance to be informed and rewarded.

---

❶ 무엇에 대한 방법인지 확인
  · How
  · register for a lottery
  추첨에 응모하기

❷ 방법을 이끄는 키워드 확인
  · How to Join the Lottery

❸ 방법의 키워드 뒤에서 구체적인 행위를 확인
  · Look out for the "Daily Keyword"
  "오늘의 키워드"를 찾는다
  · Text the keyword along with your name
  이름과 함께 그 키워드를 문자로 전송한다

❹ 패러프레이징으로 정답 확인
  · text → sending ~ by phone
  폰으로 전송하다
  · the keyword along with your name →
  some information
  어떤 정보

방법/수치를 나타내는 패러프레이징

- Please **show** this ad to get an additional discount 광고를 보여주다
  → By **presenting** an ad 제시하다
- For brand-new items, **check out** our Web site 웹사이트를 확인하다
  → By **visiting** a Web site 방문하다
- just **e-mail** the serial number found on the box 메일로 보내다
  → By **submitting** a number 제출하다
- Send your résumé and portfolio to jmason@jmstudio.com
  → By **e-mail** 이메일
- You will receive an **annual** statement 연례 보고서
  → **Once a year** 연 1회

PRACTICE 6

방법/정도를 묻는 다음 문제를 풀어보세요.

1.
> **Notice**
> All workers should be aware that tomorrow, from 2:00 P.M. to 3:00 P.M., all computers will be offline for an upgrade to the online database software.
> If you experience any problems after the upgrade, assistance will be provided upon submission of a written request. Request forms can be picked up in my office. Thank you for your patience and cooperation.

Q. According to the notice, how may employees receive help?

(A) By turning in a form
(B) By calling the supervisor

2.
> We are pleased to note that your previous presentation at last year's festival was highly successful, drawing a larger audience than expected. To accommodate even more attendees this year, we are moving your session from the Maple Room (seating 80) to the Grand Pavilion, which holds up to 200 people. We would be delighted to schedule your session on the festival's closing day, when attendance is usually at its peak.

Q. How many people can the Grand Pavilion accommodate?

(A) 80
(B) 200

3.
> All rental bikes are available 24 hours a day and secured with our digital lock system, which uses a personalized access code. Registered customers may visit our office during business hours for assistance with their account or bike. Our staff will be happy to provide tips on recommended cycling routes in the city. Rent a bike on a weekly basis and enjoy a 15% discount on any type of bike!

Q. How can customers receive a discount?

(A) By renting electric bikes
(B) By renting a bike for a week

10분 단축 스킬 — Part 7 만점으로 통하는 패러프레이징 분석

■ 사람/사물을 찾는 패러프레이징

질문: What is the **primary function** of Clara Jones Academy? 클라라 존스 아카데미의 주요 기능은 무엇인가?

단서: Clara Jones Academy, established in Los Angeles a decade ago, **provides actors, extras, and on-site crew members** with excellent martial arts skills and certification **for action film studios.** 액션영화 스튜디오들에 배우, 단역, 현장 직원들을 공급하고 있다

정답: It **offers trained personnel for action film production.** 액션영화 제작에 훈련된 인력을 제공한다.

■ 시간/장소를 찾는 패러프레이징

질문: **When** is the park most likely **available for recreation?** 공원이 언제 휴식공간으로 개방될 것인가?

단서: As parking spaces are limited around the Wiseburn subway station, the Mayor's Office has announced that **the nearby Rosewood Park will be designated as a temporary parking area, except on weekends.**
근처 로즈우드공원이 주말을 제외하고 임시 주차시설로 지정된다

정답: **Sunday** afternoon 일요일 오후

■ 방법/이유를 찾는 패러프레이징

질문: **How** can **visitors have access** to the company's premises?
방문객은 어떻게 회사에 출입할 수 있을까?

단서: As of October 1, staff members are required to secure prior approval before bringing visitors into company offices, as a response to an increasing number of information theft incidents. Those expecting a visitor must register them at least three days before the visit **to allow time for identification checks.**
신원 확인을 위한 시간을 고려하여

정답: By **passing an ID screening process** 신원 조회를 통과하여

세부사항에 대해 출제되는 패러프레이징 패턴

1 명사 → 명사구

We need your **biography** along with your photo submissions. 제출하시는 사진과 함께 귀하의 **약력**이 필요합니다.

▶ A description of their background
배경 설명

2 부사구 → 부사구

Please confirm whether you will use our facility **daily or only on weekends.** 매월 또는 격월로 저희 시설을 이용하실 지 확인하세요.

▶ How often she will use the facility
얼마나 자주 시설을 이용할 지

3 동사구 → 동사구

Visit our Web site to **view testimonials from our users.**
저희 웹사이트에 오셔서 **사용자들의 후기를 보십시오.**

▶ To **read about others' experience**
남들의 경험을 읽으려고

PRACTICE 7

세부사항을 묻는 다음 문제를 풀어보세요.

1. At TuneMaster, customer care always comes first. Founded by Hena Winslow, who trained with master instrument makers, our shop is built on true craftsmanship and passion for music. Whether you need expert advice on instrument care or setting up the perfect music room, our friendly team is here for individuals, schools, and professionals alike. We also buy and sell rare and vintage instruments at unbeatable prices. If you own one and would like to sell it, call us today at 555-0233.

   Q. According to the advertisement, who is invited to call the shop?
   (A) Vocal trainers
   (B) Instrument owners

2. Dear Mr. Thompson,

   According to our records, you are scheduled to deliver a presentation titled "Innovations in Renewable Energy" on March 20 at the GreenTech Conference. Please confirm your availability and let us know if you need any additional equipment so we can prepare accordingly. In addition, kindly send us your presentation slides by March 18 to ensure a smooth setup.

   Q. What is Mr. Thompson asked to do?
   (A) Update his contact details
   (B) Provide some materials

3. We are currently seeking donations to help us bring inspiring arts programs to the community and expand our scholarship programs for young local artists. Your contribution, big or small, will make a meaningful difference in bringing this initiative to life. With your support, we can reach more aspiring artists and provide them with valuable opportunities. We would be delighted to share more details about the impact your contribution can create.

   Q. According to the letter, what will the funds be used for?
   (A) Building an art museum
   (B) Training local artists

실전 TEST

Questions 1-2 refer to the following notice.

Dear Little Explorers Members,

Little Explorers will unveil its newest indoor play area, the Adventure Zone on Sunday, May 5! Members can experience the excitement of this new space at our downtown location, 150 Maple Avenue. Feel free to come by and bring your membership card for one hour of free access to the Adventure Zone, plus a homemade snack from our snack bar, Kids Kafé. Enjoy a selection of nut-free cookies, including our best-seller, the red rocket cookie. Additional snacks and drinks will also be available for purchase on site.

Expansion and renovation plans for our other Little Explorers locations will be announced in the coming months. For updates on the schedule, visit www.littleexplorersplayspace.com.

We look forward to seeing you there!

1. What will Little Explorers do on May 5?
   (A) Partner with Kids Kafé
   (B) Close for renovation work
   (C) Introduce a new play space
   (D) Launch a new membership program

2. According to the notice, what is available on a Web site?
   (A) A voucher
   (B) A recipe
   (C) A sign-up form
   (D) A schedule

Questions 3-5 refer to the following article.

Art & Brew: City Gallery Partners with Urban Café

Sandford (10 August) — City Gallery and Urban Café have announced a new collaboration that will officially begin at the start of September. Soon, all City Gallery locations will feature a dedicated Urban Café corner offering freshly brewed artisanal coffee and light snacks. City Gallery director Rachel Stevenson expressed her enthusiasm about the partnership: "We believe that adding a quality coffee service will enrich our visitors' experience by offering a comfortable space to reflect on the art." This marks the first such collaboration since Ms. Stevenson assumed her role last year in November, following the retirement of Simon Brodsky. Shortly after taking charge, she launched a series of innovative exhibitions; since then, she has expanded community outreach programs and initiated local art workshops.

3. When will the partnership become official?

   (A) In August
   (B) In September
   (C) In October
   (D) In November

4. According to the article, what most likely was Mr. Brodsky's job?

   (A) A coffee shop owner
   (B) A top executive
   (C) An art instructor
   (D) A community event organizer

5. What does Ms. Stevenson plan to do at City Gallery?

   (A) Organize some exhibitions
   (B) Initiate community outreach programs
   (C) Lead local art workshops
   (D) Implement beverage services

DAY 03 | 의도파악/문장삽입/동의어/추론

출제 포인트
- 의도파악 & 문장삽입은 앞뒤 문장에서 연관성이 높은 키워드를 빨리 찾는 것이 중요하다.
- 어휘는 다의어가 사용되며, 사전적 의미가 아니라 문장 속에서 기능의 유사성을 묻는다.
- 추론은 주어진 단서에서 새로운 결론을 이끌어 내는 방식이므로 키워드가 지문에 나타나지 않는다.

10분 단축 스킬 | 의도파악: 앞뒤 문장에서 문맥상 연결 키워드 확인

Q. ① At 9:34 A.M., what does Mr. Rojas mean when he writes, ② "No problem"?
(A) He found the missing color.
(B) He will only ④ change the trim color.

Miguel Rojas (9:24 A.M.)
Hey, guys. I'm at the supply store picking up the paint, but they're out of the shade we need. Can you see if we have any leftover paint on site from yesterday? If not, I suppose I can choose a latex paint.

Tony Delgado (9:27 A.M.)
I think we are all out. Let me check with the crew leader.

Joe Mason (9:28 A.M.)
I'm tied up in a meeting right now, but keep me posted.

Tony Delgado (9:32 A.M.)
He says you can grab a slightly darker shade. ③ We might have to make some minor changes to the trim palette, but the walls can all stay the same.

Joe Mason (9:33 A.M.)
Sounds good. I'm counting on you, Miguel.

Miguel Rojas (9:34 A.M.)
No problem. Thanks!

① 제시된 시간 확인
· 9:34 A.M.

② 표현의 문맥상 기능 확인
· No problem. → 제안에 동의
TIP 표현 자체의 해석(물론이지.)이 아니라 표현이 문맥상 가지는 기능에 주목해야 한다.

③ 표현 앞에서 제안을 확인
· We might have to make some minor changes to the trim palette
테두리 색을 약간 변경해야 해
TIP 3자 대화일 때는 하나 건너 앞사람의 대화에 단서가 주어질 수도 있다.

④ 패러프레이징으로 정답 선택
· make some minor changes → change
변경하다

속기 쉬운 의도 파악 함정

- We should move in a new direction. → (o) We should diversify our business.
  새로운 방향으로 나가야 해.   사업 다각화가 필요
                                    (x) We should relocate our office. 사무실 이전

- I won't forget it. 잊지 않을게. → (o) He'll return a favor later. 신세를 갚을 것
                                    (x) He'll be on time. 제시간에 두착할 것

PRACTICE 1

표현의도를 묻는 다음 문제를 풀어보세요.

1.
Aiden Flores (10:15 A.M.)	Hey, Rachel. Just checking to see if you received the event schedule I sent over. It's the updated timeline for Saturday's charity auction.
Rachel Koh (10:16 A.M.)	I just opened it. Are we still starting with the silent auction?
Aiden Flores (10:17 A.M.)	Yes, but we've made a few adjustments to the guest speaker's slot. I'd like you to review the timing of that section.
Rachel Koh (10:22 A.M.)	Sure! Would you like me to suggest any changes?
Aiden Flores (10:23 A.M.)	Absolutely. You're great at event planning.

Q. At 10:23 A.M., what does Mr. Flores most likely mean when he writes, "Absolutely"?

(A) Ms. Koh should review the schedule.
(B) Ms. Koh may make any suggestions.

2.
Josh Lee (1:45 P.M.)	I attempted to follow our handbook, but my log-in problem persists. I have a webinar starting in 15 minutes, and I need the materials urgently.
Alex Kim (1:46 P.M.)	I'm here to help! Is your employee ID ST17345? I've just refreshed your account settings. Please try logging in again.
Josh Lee (1:48 P.M.)	Wow, finally! Everything is working. Thanks.

Q. At 1:46 P.M., what does Mr. Kim most likely mean when he writes, "I'm here to help"?

(A) He is always happy to help those in need.
(B) Mr. Lee will be able to access his materials.

3.
Jordan Lang (3:15 P.M.)	How did the training session with Ms. Vargas go today?
Lena Cross (3:16 P.M.)	I think she'll be a great addition to our customer support team. She's very patient and has excellent problem-solving skills.
Jordan Lang (3:18 P.M.)	Ryan, can you coordinate her schedule for the next training session? Is that possible?
Ryan Chen (3:20 P.M.)	Consider it done.

Q. At 3:20 P.M., what does Mr. Chen most likely mean when he writes, "Consider it done"?

(A) He is willing to organize the next training session.
(B) He will review Ms. Vargas's job application materials.

10분 단축 스킬 — 문장삽입: 앞뒤 문장에서 문맥상 연결 키워드 확인

Q. In which of the positions marked [1], [2], [3], and [4] does the following sentence best belong?

"❶ **This is located on** the corner of Berstein Drive and North Avenue."

(A) ❸ [1]　　　(B) [2]

Concord E-Waste Collection Day

Need to responsibly dispose of your old electronics? Come to Concord E-Waste Collection Day on April 15 from 9:00 A.M. to 12:00 P.M., hosted by EcoSafe Co.

A number of drop-off booths will be set up behind ❷ **the Concord Civic Center**. — [1] —. Bring your unwanted devices such as old phones, computers, and televisions. — [2] —. They will be securely collected and recycled by EcoSafe on site. Please note: this event is open only to Concord residents, and each household is limited to 7 kilograms of e-waste. EcoSafe representatives, who are experienced professionals in the tech industry, will also be available to provide tips on device management and data protection.

For more information, visit www.concordewaste.org.

❶ 주어진 문장의 특성을 확인
- **This is located on**
  이것의 위치는 ~이다
- TIP 지시대명사 This는 앞에 가리키는 대상이 존재하므로 번호 앞에서 단수의 사물을 파악한다.
- TIP located는 장소의 표현이므로 장소명사를 파악한다.

❷ 지문에서 단수 장소명사 확인
- behind **the Concord Civic Center**.
  콩코드 문화센터 뒤에

❸ 연결 관계 확인해 위치 결정
- will be set up behind **the Concord Civic Center. This is located on** the corner of
  콩코드 문화센터 뒤에 설치될 것이다. 이것(=콩코드 문화센터)은 ~에 위치해 있다

주요 문장삽입 연결 키워드 유형

- **지시대명사**: 지시대명사는 앞에 그것이 가리키는 단어 또는 설명을 동반
  - 구　The position offers a generous benefits package. ← **This** includes fully flexible work hours.
  - 절　should move to suburban areas to lower costs ← Some are already doing **that**.
- **인칭대명사**: 인칭대명사는 앞에 그것이 가리키는 사람/단체 명사를 동반
  - 사람명사　It is the most recommended model by users. ← **They** are highly praising its design.
  - 사물명사　Applicants must submit a business plan. ← Make sure **it** clearly shows your expertise.
- **접속부사**: 접속부사는 앞에 자신의 의미와 긴밀하게 연결되는 내용을 동반
  - 이유　Please note that the fee covers meals. ← **Therefore**, no extra payment is required.
  - 상반　You may notice no changes initially ← **However**, the effects will appear gradually.

PRACTICE 2

주어진 문장을 알맞은 자리에 넣어 보세요.

1. (June 3)—City officials have finalized plans to extend the Westwood Baywalk, a pedestrian and cycling pathway along the town's waterfront, from Bayview Park to the Northside Business District. — [1] —. The expansion is part of a broader initiative to improve public spaces and encourage outdoor recreation. Funding comes from municipal funds and private contributions. — [2] —. Construction will start on June 7, and the pathway will open within a year.

   Q. "Several more rest areas and scenic viewpoints are set to be added."

   (A) [1]
   (B) [2]

2. Happy Monday! We are excited to see all our club members at the monthly Wayne Country Club fundraiser! — [1] —. Our fundraising breakfast will be served this Saturday from 9:00 a.m. to 11:00 a.m. We hope you will all come along to enjoy a delicious selection of pancakes, eggs, bacon, sausages, coffee, tea, and juice. Please note that the breakfast has been moved to the meeting room on the second floor. — [2] —.

   Q. "The main hall will be used at the same time for the club's annual members' meeting."

   (A) [1]
   (B) [2]

3. Thank you for your interest in submitting a film for the Huntsville Cinema Showcase. — [1] —. Please note that all applicants must pay a $40 submission fee, regardless of whether they are submitting a short film or a feature-length project. Additionally, applicants must provide a minimum of three still images from their film. — [2] —. We also request that you submit a brief synopsis outlining the film's subject matter and key characters.

   Q. "These should clearly represent the themes or style of the film."

   (A) [1]
   (B) [2]

10분 단축 스킬 — 동의어: 사전상이 아닌, 문맥상 의미와 가까운 동의어 파악

Q. The word ❶ "void" in paragraph 4, line 4, is closest in meaning to
(A) empty
(B) ❹ invalidate

EcoFlow Water Systems

Thank you for choosing EcoFlow Water Systems!

Our newly upgraded filtration unit connects seamlessly to your home's water supply, utilizing advanced technology to purify water for drinking, cooking, and bathing. This system removes contaminants while maintaining essential minerals for health and taste.

All EcoFlow products undergo rigorous quality testing to ensure optimal performance. Additionally, we now offer a smartphone application that allows users to monitor water quality and receive filter replacement alerts. The app is available for download on our Web site.

Please note that EcoFlow filtration systems are designed for use with EcoFlow-certified replacement filters only. ❷ Using third-party filters may result in reduced efficiency and ❸ could void your product warranty.

❶ 질문 단어와 위치를 확인
· void a. 텅 빈, 무효인
　　　v. 비우다, 무효화하다
· in paragraph 4, line 4
TIP 단어를 안다고 바로 정답을 고르면 함정에 빠지기 쉽다. 반드시 주어진 문장으로 가서 사용된 품사 또는 의미를 확인한다.

❷ 주어진 위치의 문장 확인
· Using third-party filters
제3자의 부품을 사용
· could void your product warranty
제품보증을 무효화할 수 있다

❸ 단어의 문맥상 의미 확인
· could void your product warranty
· void v. 무효화하다

❹ 문맥상 동의어 선택
· void → invalidate
무효화하다

주의할 최신 기출 어휘 동의어
나머지 의미들도 정답으로 출제 가능

- **serve** as a testament 증거 역할을 하다 ① **function** 기능을 하다 ② **deliver** 제공하다 ③ **assist** 돕다
- **unwind** and recharge 긴장을 풀고 재충전하다 ① **relax** (긴장을) 풀다 ② **undo** 되돌리다 ③ **unfold** 펴다
- **outstanding** issues 미해결 사안들 ① **unresolved** 미해결의 ② **excellent** 훌륭한 ③ **superior** 뛰어난
- the **rest** of the team 나머지 팀원들 ① **remainder** 나머지 ② **pause** 중간 휴식 ③ **break** 휴식
- **appreciate** customer feedback 고객 피드백을 소중히 여기다 ① **value** 존중하다 ② **understand** 이해하다
- discuss a **solution** to ~의 해결책을 논의하다 ① **procedure** 절차 ② **mixture** 혼합물
- **cover** the issue raised by ~ 제기한 문제를 다루다 ① **address** 다루다, 처리하다 ② **pay** 지불하다

PRACTICE 3

문맥상 동의어를 묻는 다음 문제를 풀어보세요.

1.
> I am writing to express my gratitude for your contributions to Brighton Institute of Environmental Studies (BIES) and to inform you of some exciting developments. As one of our longest-serving researchers, you will know that BIES was originally established as a marine research center but has since expanded to include programs in forestry, climate science, and urban sustainability. Our scholars, once primarily local, now includes international researchers from across North America, Europe, and Asia.

Q. The word "established" in paragraph 1, line 3, is closest in meaning to

(A) founded
(B) confirmed

2.
> We welcome vendors interested in selling handmade crafts, local foods, and artwork. Please note that booths can only be reserved after payment has been received. In addition, outside tables are not permitted. Vendor applications will be accepted through December 10, and approved vendors may begin setup during the following times:
> • Monday to Thursday: 5:00 P.M. to 8:00 P.M.
> • Saturday: 12:00 P.M. to 1:30 P.M.

Q. The word "note" in paragraph 1, line 2, is closest in meaning to

(A) write down
(B) be aware

3.
> Halton Elementary Parent Group will host a community night on Saturday, July 10, at 6:00 p.m. at Prestige Community Center, 554 Mission Street. The Parent Group aims to raise over $10,000 through auction items such as lunch with the mayor, an African safari trip, cinema gift certificates, beauty product baskets, fitness classes, and more. All proceeds will directly support classroom programs. For information on how to participate in the auction, call Shiela Flowers at 555-328-2652.

Q. The word "raise" in paragraph 1, line 2, is closest in meaning to

(A) generate
(B) increase

10분 단축 스킬 — 추론: 질문에 언급된 사람/사물 키워드로 지문 내용 추론

Q. ❶ **What is suggested** about **Urban Sense Technologies'** products?
(A) They are intended for professional cyclists.
(B) They are designed for ❹ **eco-conscious bikers**.

Dear Editor,

I appreciated your recent feature on urban mobility solutions. ❷ **At Urban Sense Technologies**, we develop products that ❸ **support sustainable commuting habits**. One of our most popular innovations is the Smart Route Backpack, designed for urban cyclists. The backpack features an LED panel that connects to a mobile app, displaying turn signals and alerts to other road users. We also offer the Eco Pass Membership, which allows members to rent electric bicycles at a discount. The program has been particularly successful in reducing traffic congestion during rush hours in pilot cities.

If your readers are interested in smart, sustainable travel, we'd love for them to visit our Web site www.urbansensetech.com for more details.

Regards,
Daniel Cho
Urban Sense Technologies

❶ 질문에서 추론 키워드 확인
· **What is suggested** 암시
· **Urban Sense Technologies'**
TIP 질문에 suggested [indicated, implied, mentioned] about이 들어가면 추론이다.

❷ 지문에서 사물 키워드 확인
· **At Urban Sense Technologies**

❸ 사물 키워드 뒤의 단서 확인
· we develop products that **support sustainable commuting habits**

❹ 단서에서 정답 키워드를 유추
· **sustainable** →
  지속 가능한
  eco-conscious
  환경을 생각하는
TIP 환경의 관점인 sustainable에서 사람의 관점인 eco-conscious를 추론한다.

패러프레이징과 추론의 구분

❶ **패러프레이징**: 정답과 단서 사이에 직접 연관성이 존재하며 동의어/파생어 등 어휘력이 필요
· Our customer service is accessible **24 hours a day** → **At any time**

❷ **추론**: 정답과 단서 사이에 어휘 연관성이 없으므로 단서에서 새로운 결론을 이끌어 내는 논리력이 필요
· larger trucks that can **travel between states** → enable **long-distance delivery**
· Same-day **delivery guaranteed**. → Orders will **arrive on time**.
· I recently read **an article about your masterful baking skills**. → She was **covered in the media**.
· attend **our grand opening celebration** → They were **recently constructed**.

PRACTICE 4

추론을 통해 다음 문제를 풀어보세요.

1.
> As our photography contest takes place across multiple galleries, including outdoor exhibitions, we require all submissions to be high-resolution images suitable for various display formats. Please note that we receive a large number of landscape photography entries each year, making the competition especially strong in that category. If your submission is not selected this year, we encourage you to participate again in the future.

Q. What is indicated about the event?

(A) It is intended for landscape photographers.
(B) It is accessible to people in different areas of specialty.

2.
> Carmen Lee (11:12 A.M.): Tom, please review the latest market analytics before your briefing tomorrow.
> Tom Zhang (11:13 A.M.): Sure! I'll compile a summary and e-mail it shortly.
> Carmen Lee (11:16 A.M.): I have last week's digital campaign report saved from my previous briefing with some customers. I will forward it to you.
> Tom Zhang (11:17 A.M.): I'll look over that report later today. See you there.

Q. What is indicated about Ms. Lee?

(A) She led a client presentation recently.
(B) She is unable to attend the meeting.

3.
> ThreadWorks Apparel is excited to introduce Instant Threads, our brand-new app for designing personalized t-shirts. While you can still visit our shop in person as you have for the past ten years, we now have a platform to make designing t-shirts particularly fast and simple. Select from dozens of shirt styles, add your own text and graphics, and design fashionable high-quality t-shirts in no time. This move allows customers to create custom designs conveniently from their devices.

Q. What is implied about ThreadWorks Apparel?

(A) It has just ceased its offline operations.
(B) It is offering its service via technology.

10분 단축 스킬 — Part 7 만점으로 통하는 패러프레이징 분석

■ 의도파악의 패러프레이징

질문 What does Mr. Lane most likely mean when he writes, "**Sounds great**"?
래인 씨가 "정말 좋은 생각입니다."라고 말하는 의도는 무엇이겠는가?

단서 Sue Han (10:13 A.M.): I **can drive Ms. Hamilton to our factory** and show her around following the presentation.
설명회가 끝난 후에 **제가 해밀턴 씨를 우리 공장으로 모시고 가서** 견학시켜 드릴 수 있습니다.

정답 He agrees with a plan to **take a client to a factory**.
그는 **고객을 공장으로 데려간다**는 계획에 동의한다.

■ 의도파악의 패러프레이징

질문 What does Ms. Page most likely mean when she writes, "**I understand**"?
페이지 씨가 "이해해요."라고 말하는 의도는 무엇이겠는가?

단서 Bob Jackson (9:55 P.M.): **I can't come.** My car's in the shop with an engine problem, and it's already 30 minutes past the last bus.
나는 갈 수 없습니다. 차가 엔진 문제로 정비소에 들어가 있어요. 그리고 막차가 이미 30분 전에 끊긴 상태입니다.

정답 She is excusing Mr. Jackson's **absence**. 잭슨 씨의 **불참을 허락한다**.

■ 문장삽입 패러프레이징

질문 What is stated about **the breakfast**? 조식에 대해 무엇이라고 언급되는가?

단서 Our **fundraising breakfast** will be held this Saturday from 9 a.m. to 11 a.m. — [1] —.
저희 **모금 조찬**이 금주 토요일 오전 9시~11시까지 열릴 것입니다.

정답 It aims to **raise money** for the construction of a community library.
이 행사의 목적은 주민센터 도서관 건립을 위해 **모금하는** 것이다.

고난도 복합형 추론

Tune Stream will **no longer be available** as **Ace Music** has been **highly preferable** to all of **their current customers**.
튠 스트림은 더 이상 서비스되지 못할 것이다. 에이스 뮤직이 현 사용자들 모두에게 매우 선호되고 있기 때문이다.

➤ What is suggested about **Ace Music**?

It will **replace the current service**. 현 서비스를 대체할 것이다

I'm sorry to inform you that **we are unable to offer you the position** of Technical Supervisor at this time. **During our background check**, we discovered multiple unpaid traffic citations.
죄송하지만, 지금은 귀하에게 기술부장 **직을 제시할 수 없음**을 알려드립니다. **신원조회에서** 수 차례 교통 범칙금 미납 사실이 발견되었습니다.

➤ What is mentioned about Mr. Gimley's **background check**?

It has **prevented him from obtaining employment**.
일자리를 얻지 못하게 했다

PRACTICE 5

문맥을 묻는 다음 문제를 풀어보세요.

1.

Sam Hunt (3:41 p.m.)	You were right about the cooking class at Oakwood Center. The chef is really skilled and explains everything clearly.
Anna Davis (3:43 p.m.)	He's great, isn't he? I wish I still had the time to attend. But since I moved to an apartment across town, it's too far from my home.
Sam Hunt (3:45 p.m.)	That's a shame. How's the new place you go to? Do they have good instructors?
Anna Davis (3:46 p.m.)	I'm still looking.

Q. What can be inferred about Ms. Davis?

(A) She regularly goes to Oakwood Center.
(B) She recommended a class to Mr. Hunt.

2.

Thank you for considering a position with Emilia Art Gallery! We take pride in fostering creative talent and look forward to the possibility of working with you. Please send your résumé, a cover letter, and a portfolio of your artwork by mail or e-mail. — [1] —. After reviewing your materials, we will determine if and when we can offer you an interview. — [2] —.

Q. "Make sure each file name clearly corresponds to the title of the piece."

(A) [1]
(B) [2]

3.

Applicants must have at least three years of experience as a sports columnist, in print or online. Strong knowledge of local amateur sports is required. Experience at a weekly or monthly publication is preferred, as our columnists need to submit their work at least six hours before each issue goes to print. Only candidates who meet these requirements will be considered. Please e-mail your résumé, a letter of recommendation, and a writing portfolio to Jennifer Wyatt at jw89@wmedia.com.

Q. The word "meet" in paragraph 1, line 4, is closest in meaning to

(A) encounter
(B) fulfill

실전 TEST

Questions 1-3 refer to the following online chat discussion.

Olivia Park (3:57 P.M.)
Hello, team. I just wanted to touch base before the holidays. Daniel, how did your meeting with Crestwood Financial go?

Daniel Rivera (4:04 P.M.)
It went really well! They agreed to purchase a gold-level license for our data management software. I have the signed agreement ready to submit.

Olivia Park (4:05 P.M.)
Amazing! That's a huge win for us. This puts you ahead of everyone — you now have the largest account this quarter.

Liam Foster (4:07 P.M.)
Great job, Daniel! Also, if you can send me their logos, I'll add them to our Web site and promo materials once I'm back in the office.

Daniel Rivera (4:08 P.M.)
Really? I thought Noah Kim had just closed a major deal.

Olivia Park (4:09 P.M.)
Unfortunately, Noah's contract fell through at the last minute.

Daniel Rivera (4:11 P.M.)
That's a shame. And thanks for offering to do that, Liam!

Liam Foster (4:12 P.M.)
My pleasure!

1. What most likely is Ms. Park's job title?
   (A) Advertising Specialist
   (B) Human Resources Manager
   (C) Engineering Manager
   (D) Sales Director

2. What is indicated about Mr. Kim?
   (A) He failed to negotiate a deal.
   (B) He is currently away on business.
   (C) He is a new member of the team.
   (D) He has recently invested in a company.

3. At 4:12 P.M., what does Mr. Foster most likely mean when he writes, "My pleasure"?
   (A) He is happy to help with some company logos.
   (B) He is pleased to have successfully secured a new contract.
   (C) He feels relieved that he can finally go on a vacation.
   (D) He is prepared to attend an upcoming software conference.

Questions 4-6 refer to the following memo.

Memo

To: Gym Staff
From: Alex Ferrari, General Manager
Date: April 3

This week is Summit Fitness Professional Development week, and I want to take a moment to acknowledge your hard work and resilience this year. — [1] —. Everyone here has proven to be a remarkable team player. We are amazed by what you have accomplished for the company. — [2] —. We know that last year's merger with Pro Athletic Clubs was challenging and inconvenient for some. Your loyalty remained unwavering throughout the process, and you ensured a smooth adjustment for our larger-than-ever community. What an achievement!

— [3] —. On Tuesday, at 10:30 A.M., everyone will be given a training session on health and safety protocols. On Wednesday, we will attend a nutrition workshop in the afternoon. On Thursday, I will lead some team building activities at the yoga studio after lunch. On Friday, there will be a Q&A session during lunch where you can provide feedback. — [4] —. I look forward to this week and hope you get the most out of it.

4. Why did Mr. Ferrari write the memo?
   (A) To organize some group activities
   (B) To conduct some performance reviews
   (C) To share some training session schedules
   (D) To announce a new benefits system

5. What is suggested about Summit Fitness?
   (A) It has announced new job openings.
   (B) It receives many online reviews.
   (C) It hosts several sports events.
   (D) Its membership has increased.

6. In which of the positions marked [1], [2], [3], and [4] does the following sentence best belong?

   "To improve the quality of our services, management is providing opportunities for skills development this week."

   (A) [1]
   (B) [2]
   (C) [3]
   (D) [4]

DAY 04 | 사실확인 (True/Not)

> **출제 포인트**
> - True 유형은 세부사항 찾기와 유사하지만 추론이 종종 사용된다.
> - NOT 유형은 NOT required/indicated/mentioned/suggested/stated/listed 등의 형태로 제시된다.
> - NOT 유형은 사실 3개를 소거하는 것이 빠를 수 있으며, 가장 나중에 푸는 것이 시간 관리상 유리하다.

10분 단축 스킬 — 사실을 묻는 True: 언급된 사람/사물 키워드 확인

Q. What is ❶ **true about the Belmont Grand Cinema**?
(A) It has been suffering ❷ **financial difficulties**.
(B) It is ❸ **highly valued by** ❷ **local residents**.

Plans Underway to Revitalize the Belmont Grand Cinema

June 8—The Belmont Grand Cinema, once a bustling center for moviegoers, is now being reimagined for a new purpose. A development team is converting the historic theater into a mixed-use cultural complex, featuring a small performance hall, co-working spaces, and a rooftop café for community events.

Until March of last year, the city considered demolishing the aging building—a plan that drew strong objections from ❷-B **residents**, especially longtime patrons who ❸-B **viewed the theater as a landmark of local culture**.

"At its peak, this cinema welcomed more than 2,000 visitors every weekend," said project manager Clara Redmond. "Over time, ❷-A **attendance declined** and ❸-A **operations ceased**. With this transformation, we aim to reinvigorate the neighborhood while preserving the legacy of the building's past."

❶ 질문 대상 파악
· **true about the Belmont Grand Cinema**
사실 확인

❷ 언급된 키워드 위치를 파악
· **financial difficulties** → **attendance declined**
· **local residents** → **residents**

❸ 추론으로 정답 확인
· **operations ceased** ≠ **has been suffering financial difficulties**
폐업함 ≠ 자금난을 겪고 있음
사실 X
· **viewed the theater as a landmark of local culture**
≒ **highly valued**
높이 평가함 사실 O

사실을 확인하는 패러프레이징

- blinds that help **keep bedrooms dark** 침실을 어둡게 유지 → They will **block out sunlight**. 햇빛을 차단
- The chair **reclines up to 180 degrees** 180도로 눕는다 → It **adjusts flat**. 수평으로 조정된다
- thank you for **your 10 years of patronage** 10년간 애용 → She is **a long-time customer**. 단골 고객

특정 사람/사물에 대한 사실을 묻는 다음 문제를 풀어보세요.

1.
Name:	Jamey Frier
Date/Time of Pick-up:	November 12 / 11 a.m.
Rental Period:	2 days

   - How did you find out about our business? If you saw a printed advertisement, please include the name of the newspaper or magazine.
   I originally heard about your company from a colleague a few months back, and then I also noticed your ad while I was browsing the West Midlands Property Web site.

   Q. What is true about Mr. Frier?
   (A) He saw an online advertisement for the rental company.
   (B) He read about the rental company in a publication.

2. Joining the SpeechMakers Club means more than simply attending occasional meetings and giving a speech. It's about becoming part of a supportive local community, all working toward the same goal: building stronger communication and leadership skills. Your first meeting is free of obligation. Afterward, you can join by submitting an enrollment packet and paying the membership fee.

   Q. What is true about the SpeechMakers Club?
   (A) It meets weekly.
   (B) Members must pay to join.

3. At White Beach Public Library, the convenience of our patrons is always a top priority. That is why every branch provides the Quick Return and Renewal (QRR) service. Members who wish to avoid waiting at the circulation desk can instead use the QRR service terminals located in the lobby. These machines allow patrons to review borrowed items, renew eligible books, and pay any late fees quickly and easily.

   Q. What is true about the Quick Return and Renewal service?
   (A) It allows patrons to borrow books directly from their desk.
   (B) It is available through machines in the reception area.

10분 단축 스킬 사실 아님 확인 NOT: 선택지의 키워드를 확인하여 소거

Q. Which is ❶ **NOT scheduled to take place** at the event?
(A) ❹ A review of ❷ **sales figures**
(B) The presentation of ❷ **awards**

Hi, Mr. Olson,

I'm writing to update you on preparations for the July 14 event. I met with the Hasla Hotel manager this morning and reserved their banquet hall from 6:00 to 10:30 p.m. The facilities are excellent and will serve as a fitting venue to celebrate Mr. Gorden's 35 years as CFO. A tentative seating plan places him at the center of the executive table.

All staff are encouraged to attend, and ample seating will be provided. The evening will begin with a speech from CEO Alis Weisman, followed by a few words from Malinda Singe, Mr. Gorden's replacement. After the 5-course banquet, ❸-A **we'll review sales targets and last quarter's figures.** ❸-B **Outstanding employees will also be recognized by Mr. Weisman.**

Rochelle Dawes (Detroit) and Phil Oakley (Chicago) have confirmed roughly 45 and 55 attendees, respectively. Please send an approximate number and list of names for the Boston branch by the end of the month so I can finalize the seating plan and notify catering.

Regards,
Jim Taylor

❶ NOT의 대상 파악
· **NOT scheduled to take place**
발생하지 않을 일

❷ 다른 문제들을 먼저 풀면서 선택지 키워드 위치를 파악
· **sales figures** 매출 수치
· **awards** 시상

❸ 선택지 키워드가 언급된 부분을 지문에서 대조 확인
· **review sales targets and last quarter's figures**
매출 목표 및 전 분기 수치 평가
· Outstanding employees will also **be recognized**
우수 직원들이 치하받을 것

❹ 추론으로 정답 확인
· **review/targets/figures** ≒ A review of sales figures
매출 수치 평가 사실
· **be recognized** ≠ **awards**
치하받음 ≠ 상을 받음
사실 X

TIP awards는 상이 주목적인 행위이므로 다른 일에 부수적으로 발생하는 recognized는 awards가 아니다.

사실이 아닌 것을 확인하는 추론

- Thank you for choosing our **custom-made** shoes. 주문 제작된   → They **import** shoes. 수입한다
- Members **receive one food delivery** per day. 1일 1회 배달된다   → It serves food **on site**. 즉석에서 조리한다
- I was contracted by SG Group to **supply materials**. 재료를 납품   → He **worked at SG Group**. 근무했다
- **doesn't hold as much as advertised**. 광고된 용량을 못 담는다   → The size is **smaller than expected**. 크기가 작다

특정 사람/사물에 대해 사실이 아닌 것을 묻는 다음 문제를 풀어보세요.

1. While it is true that the Walton Bridge was an expensive project hampered by incessant delays, the finished structure is both attractive and necessary. No longer do drivers have to take the frequently congested Mills Avenue to enter the city from the east; they can now cut travel time by up to 50 percent by driving directly over the Bishaw River into the downtown area. It's been three months since its construction, and it has already proven extremely beneficial to the city.

   Q. What is NOT indicated about the Walton Bridge?

   (A) It has helped to alleviate traffic problems.
   (B) It took approximately three months to renovate the bridge.

2. Herold Bishop, public relations director for Heywood Apparel, announced that the company has signed a collaboration agreement with well-known designer Jim Powers. Mr. Powers has led numerous fashion projects for more than 23 years as an independent designer. Joining Mr. Bishop at the announcement, he said, "Working with Heywood Apparel is always an exciting experience for me. This time, the company is giving me the opportunity to design with cutting-edge technology and premium fabrics."

   Q. What is NOT suggested about Mr. Powers?

   (A) He has worked at some leading design companies before.
   (B) He has experience working with Heywood Apparel.

3. **Shared Electric Vehicles**
   - Car-sharing with electric vehicles helps reduce congestion and lower emissions.
   - Cities offer incentives such as discounted parking and access to priority lanes.

   Smart Traffic Management
   - AI-powered traffic lights adapt in real time to improve traffic flow.
   - Advanced navigation apps guide users with the best routes using live data.

   Q. What is NOT mentioned as a way to improve urban transportation?

   (A) Using real-time traffic control systems
   (B) Implementing citywide free parking

10분 단축 스킬 Part 7 만점으로 통하는 패러프레이징 분석

■ TRUE 패러프레이징

질문 What is true about the South Wells project? 사우스웰즈 공사에 대해 사실인 것은?

단서 The CFO of BMC Inc., Michel Brown, announced a nearly $2 million budget cut in the South Wells development project. 사우스웰즈 개발 공사에 대해 약 2백만 달러의 예산 삭감을 발표했다.

정답 A dramatic decrease in funds is expected. 상당한 자금 감축이 예상된다.

■ NOT 패러프레이징

질문 What is NOT mentioned about the gym? 이 체육관에 대해 언급되지 않은 것은?

단서 Members are welcome to join our community center's fitness classes. Our gym is supported by local sponsors and small contributions, which help us maintain quality equipment and instructors.
저희 체육관은 지역 후원자들과 소액의 기부금에 의해 고급 설비와 강사진을 유지하며 운영됩니다.

정답 It has small admission charges. 소액의 입장료를 받는다.

사실 확인에 대해 출제되는 추론 패턴

· Customers get a 10% discount by using the promo code CM80295 in the online form.

· Customer Name: Sheila Pearson
Credit Card Number: ****-****-****-8295
Promo Code: CM80295
온라인 주문 시 판촉코드를 입력하면 10% 할인

▶ What is indicated about Ms. Pearson?
She visited a Web site to order.
웹사이트 방문

Tim O'Brian (1:23 p.m.)
I was supposed to receive a confirmation e-mail for my room reservation three days before the scheduled date, but two days have gone by, and I still have not received it.
확인 이메일이 예약일 3일 전에 와야 하는데 이틀이 지났다.

▶ What is most likely true about Mr. O'Brian?
It is one day before his departure date.
출발 전날이다.

The film is expected to attract more than 20 million viewers worldwide by the end of the year, exceeding the figures of all other movies released this year.
이 영화는 연말까지 2천만 관객을 모을 것이며, 이 수치는 올해 개봉한 어떤 작품보다 높다.

▶ What is mentioned about the film?
It will likely become the greatest success of the year.
올해 최고의 영화가 될 것이다.

PRACTICE 3

사실 관계를 묻는 다음 문제를 풀어보세요.

1.
> The best way to keep customers buying your product and to strengthen brand recognition is to offer rewards. Here are some ideas:
> [ ] Add reward points to packaging, redeemable online after registration.
> [ ] Give free branded prizes like clothing or gadgets.
> [ ] Post prize winners on your Web site to build trust.
> [ ] Offer extra points for customer referrals.

Q. What is NOT mentioned as a promotional idea?

(A) Offering discounts for referrals
(B) Announcing prize winners online

2.
> Merger negotiations between BMC, Inc. and Northbridge Solutions have taken a tense turn. Sources report that Northbridge's proposal calls for a 25% budget cut, the potential shutdown of one or two BMC factories, and the elimination of seniority-based benefits, with no compensation for additional work.
>
> Industry analysts note that the terms have been met with resistance and warn that, unless revised, the deal could face serious obstacles moving forward.

Q. What is NOT mentioned as part of the negotiation?

(A) A reduced workforce
(B) A loss of additional payments

3.
> Quitting alcohol can be one of the most challenging yet rewarding decisions you make. Research suggests that people who stop drinking, especially earlier in life, can significantly improve their life expectancy. For heavy drinkers, quitting may add 1 to 5 years to their lifespan. The less a person drinks and the sooner they quit, the greater the long-term health benefits.
>
> To increase your chances of success, creating a solid plan is a powerful first step.

Q. According to the article, what is NOT true about those who quit drinking?

(A) Quitting earlier makes no difference in health.
(B) They can live longer than expected.

실전 TEST

Questions 1-2 refer to the following job advertisement.

Freelance Writers Wanted

The Glenwood Review, an online publication covering business, culture, and technology, is looking for freelance writers to contribute well-researched articles on a variety of topics. Applicants must be able to meet deadlines, follow editorial guidelines, and have excellent research skills. Previous experience in journalism is preferred.

Position Benefits:
- Set your own schedule — work as much or as little as you want.
- Diverse topics — write about industries that interest you.
- Competitive pay — compensation varies by article length and complexity.

To apply, visit www.glenwoodreview.com/careers.

---

1. According to the advertisement, what is NOT required for the position?
   (A) Punctuality
   (B) Editorial compliance
   (C) Investigative abilities
   (D) Experience in journalism

2. What is indicated about the job?
   (A) It offers a fixed work schedule.
   (B) It deals with a variety of writing topics.
   (C) It requires in-person meetings.
   (D) It provides a weekly salary.

Questions 3-5 refer to the following memo.

To All Customer Service Associates,

Crypton Mobile is pleased to announce that a managerial position has recently become available. In keeping with our tradition of promoting from within, CEO Marylin Hunt has asked that customer service associates take part in the nomination process to help identify the most suitable candidate who will work with them. We are looking for someone who has consistently demonstrated dedication to their role, including effectively resolving customer concerns and supporting colleagues in their work.

Nomination forms are available on the table near the main entrance of our office and may be completed by any customer service associate or manager. Once completed, forms should be submitted to the collection box outside the Human Resources office no later than May 1.

The hiring committee will carefully review all nominations and arrange interviews with those who receive the most support. The selected candidate will receive several rewards, including a higher salary, a signing bonus, a certificate of recognition signed by Ms. Hunt, and an invitation to the annual managerial banquet dinner. We encourage you to consider your nominations thoughtfully, and we appreciate your valuable participation in this process.

Sincerely,
Stephanie Miller

3. Where will the successful nominee most likely work?

   (A) In the CEO's office
   (B) In Customer Service
   (C) In Human Resources
   (D) In Research and Development

4. What is NOT stated about the promotion?

   (A) Eligible candidates must be new to the company.
   (B) Nominations will end on May 1.
   (C) Nominations are limited to Customer Service members.
   (D) It requires interviews to select an appointee.

5. What is stated about Crypton Mobile's CEO?

   (A) She will speak to all nominees personally.
   (B) She will autograph a document.
   (C) She will choose the best nominee.
   (D) She will answer questions about the nomination process.

DAY 05 | 다중지문 (Double/Triple)

출제 포인트
- 단일 지문 문제는 지문을 지목해 출제하는 경향이 있으므로, 지문 언급이 없다면 연계 질문의 확률이 높다.
- 이중지문은 대체로 셋째 또는 넷째 질문이 두 지문에 단서가 숨어 있는 연계 질문이다.
- 삼중지문은 대체로 셋째가 지문 1, 2 연계 그리고 넷째가 지문 1, 3 또는 지문 2, 3 연계 질문이다.

10분 단축 스킬 | 이중지문: 글 단서 → 표/리스트 단서 → 선택지 대조

Q. ❶ **Which course** did Mr. Evans most likely take?
(A) Course 1   (B) ❹ Course 2

The Wesley Culinary Arts School
Discover the art of cooking with our expertly designed courses for all levels.

Course 1: Mastering Italian Cuisine
Cook traditional Italian dishes, including pasta and sauces, in a full-day class. End the day by enjoying the meal you made.
❹ **Course 2: Pastry Perfection**
❸ **Learn to make pastries** like croissants, tarts, and éclairs in a half-day class. Great for anyone with a sweet tooth.
Course 3: Healthy Cooking for Busy Lives
Practice making quick, nutritious meals that take under an hour. We have easy recipes for healthy, tasty dishes.
Course 4: Vegan Cooking Fundamentals
Take this half-day course to learn about plant-based meals. Make vegan dishes that even meat-eaters will enjoy.

Our courses are led by professional chefs who guide you step by step. You will receive a recipe book at the end of each course.

Customer Review – The Wesley Culinary Arts School
❷ **I recently took one of their courses**, and it was amazing! In just a few hours, ❷ **I learned to make delicate pastries**, including croissants, tarts, and éclairs. The chef guided us through each step, and I loved practicing the techniques myself. The recipe book they provided makes it easy to recreate everything at home.
- Ross Evans

❶ 질문 대상 파악
 · Which course
   강의

❷ 두 번째 지문에서 키워드 단서 파악 및 강의 묘사 파악
 · Which course → I recently took one of their courses
   최근 이곳의 강의 하나를 들었다
 · I learned to make delicate pastries
   파스타 요리법

❸ 첫 번째 지문에서 패러프레이징으로 강의 제목 파악
 · I learned to make delicate pastries → Learn to make pastries → Course 2: Pastry Perfection

❹ 강의 제목으로 정답 확인
 · Course 2: Pastry Perfection → Course 2
   TIP 정답의 단서가 항목으로 주어질 때는 해석 없이 키워드 단어들을 잘 연결하면 빠르게 정답을 찾을 수 있다.

PRACTICE 1

이중지문 연계 유형인 다음 문제를 풀어보세요.

1.

Quantity	Product Description	Unit Price	Discounted Price	Total Price
1	Smart Home Assistant	$120.00	$96.00	$96.00
1	Wireless Noise-Canceling Headphones	$80.00	$64.00	$64.00

Have you had a chance to try out the gadget Ms. Jones left on your desk yet? It could really help with boosting staff productivity, because it would allow them to focus on their work without being distracted by background noise.

Q. How much did Ms. Jones spend on the product?

(A) $96.00
(B) $64.00

2.

Dear Ms. Hazel,

The initial meeting with Johanes Seafood is scheduled for next Monday, May 1, so it is imperative that I confirm your attendance by Thursday morning.

I have just learned that I have been hired for a Web design job, which requires me to start Friday, so I'm afraid I won't be able to assist you on Monday.

Q. What is indicated about Ms. Hazel?

(A) She cannot attend a meeting on Monday.
(B) She is supposed to work for Johanes Seafood.

3.

Candidates must have experience at a weekly or monthly publication and submit columns at least six hours before printing.

Mr. Huxley covered a wide range of major sports championships and he never failed to complete his articles within two hours after each game, so they could be printed in the next day's edition.

Q. How does Mr. Huxley satisfy a job requirement?

(A) He has covered sports events before.
(B) He has proven his ability to meet deadlines.

10분 단축 스킬 — 삼중지문: 사물찾기 유형은 해석 없이 연관 키워드만 연결

Q1 ❶ What items will most likely be unavailable until April 14?
(A) Bamboo steamers
(B) ❹ Sous vide machines

Q2 ❺ Which section of Culinary House was Ms. Rider impressed by?
(A) The Asian section
(B) ❽ The Mediterranean section

Welcome to Culinary House

Discover premium cookware and culinary tools at Culinary House—your destination for elevating every kitchen experience. Whether you're a seasoned chef or a home cook, our flagship showroom offers a curated selection and personalized recommendations you won't find in department stores.

Showroom Highlights
Explore four specialized sections:
- **Asian**: Woks, bamboo steamers, rice cookers, sushi tools
- **European**: Dutch ovens, cast iron pans, ❸ sous vide machines (Scandinavian imports)
- **American**: Elegant tableware, glassware, utensils for fine dining
- ❼ **Mediterranean: Brass trays, serving bowls**, pressure cookers

---

Important Updates
We're expanding! Our newly enhanced showroom opens May 21. To support your shopping during this transition:
- **Free delivery** is available for all online orders
- ❷ Scandinavian items will be temporarily unavailable March 9 – April 14 due to shipping delays
- **Virtual representatives** are ready to assist with personalized support

Thank you for your continued loyalty!

Customer Spotlight
"Culinary House made upgrading our kitchen a breeze. As a newcomer to high-end cookware, I appreciated the expert guidance and thoughtful recommendations. ❻ The metal trays and small bowls were especially impressive. Our kitchen looks amazing!"
— ❻ *Sophie Rider*

---

❶ 연계 지문 1-2
- What items → 지문 1
- April 14 → 지문 2

❷ 알려진 날짜 정보 확인
- Scandinavian items will be temporarily unavailable March 9-April 14

❸ 지문 2 정보와 지문 1 대조
- Scandinavian items →
- Sous vide machines (Scandinavian imports)

❹ 지문 1 단서로 정답 확인
- Sous vide machines → Sous vide machines

❺ 연계 지문 1-3
- Which section → 지문 1
- Ms. Rider impressed by → 지문 3

❻ 주어진 사람 정보 확인
- Sophie Rider
- The metal trays and small bowls were especially impressive

❼ 지문 3 정보와 지문 1 대조
- The metal trays and small bowls → Mediterranean: Brass trays, serving bowls

❽ 지문 1 단서로 정답 확인
- Mediterranean → The Mediterranean section

PRACTICE 2

삼중지문 연계 유형인 다음 문제를 풀어보세요.

1.
Mr. Nelson, here is a reminder of the schedule details we discussed:
- Presentation: Thursday, April 20, 10 A.M.
- Follow-up Meeting: Friday, April 21, 11:30 A.M. (may last over an hour)
- Venue: The Harriot Conference Centre (for both events)

An old colleague told me about a workshop with Maxwell Burton, which could be a great chance to connect with his organization. Since it overlaps with our hour-long follow-up meeting, I'll let you know soon whether we should change the time.

TEXI RECEIPT

Date: April 21
From: The Harriot Conference Centre
To: Westland Domestic Airport
Pick-up time: 13:05 P.M.
Drop-off time: 13:47 P.M.

Q. What can be concluded about Mr. Nelson, according to the receipt?

(A) He drove to the airport after the meeting.
(B) He maintained his planned schedule.

2.
This month, 30 members of my company are planning a day trip to Wilberg Campsite, and we'd like to rent vehicles for the outing. I've rented a car from your company before for personal use, but this is my first time renting for a large group.

Dear Mr. Nolan,
Thank you for your inquiry about our rental options for your upcoming event. Please find our current price list attached. If you have any questions or would like to make a reservation, feel free to call me at 555-4134.

Speedy Rentals – Price List

Option	Vehicle Type	Capacity	Daily Rate
Option 1	SUV	6 seats	$170
Option 2	Minivan	12 seats	$400
Option 3	Coach Bus	40 seats	$850

* Groups of ten or more qualify for a 10% discount.

Q. What is indicated about Mr. Nolan?

(A) He has never used a Speedy Rental service.
(B) He is eligible to receive a discount.

10분 단축 스킬 — Part 7 만점으로 통하는 패러프레이징 분석

■ 이중지문 패러프레이징

질문 What is indicated about **Ms. Carter**? 카터 씨에 대해 암시된 것은?

단서1 Ms. Carter has been **with Harper's Health Solutions since its inception**.
카터 씨는 창립 이후 줄곧 하퍼 건강솔루션에서 일하고 있다.

단서2 For **the past 10 years**, HHS has helped workers from all walks of life build healthier working habits. 지난 10년간 HHS는 다양한 계층의 근로자들이 건강한 근로 습관을 기르도록 도와주고 있다.

정답 She **has worked at HHS for ten years**. 하퍼 씨는 10년간 HHS에서 일하고 있다.

■ 삼중지문 패러프레이징

질문 What is suggested about **Mr. Higgins**? 히긴스 씨에 대해 알 수 있는 것은?

단서1 I am sorry to inform you that the electrical system for the fitness rooms at **Greenwood Community Center is not working**, but in the meantime, we are **offering complimentary passes** for all gym users **to use the Westfield Recreation Center's facilities** instead.
죄송하지만, 저희 그린우드 주민센터의 체육 시설에 전기가 들어오지 않음을 알려드립니다. 하지만 당분간 대신 웨스트필드 오락센터를 이용하시도록 회원 전부에게 무료 입장권을 제공할 것입니다.

단서2 Hi, I'm Ronald **Higgins**. I used the dumbbells and battle ropes **at Westfield Recreation Center** this evening **with a free pass from my usual gym**, which is closed for repairs.
안녕하세요, 저는 로널드 히긴스입니다. 수리로 문을 닫은 제가 다니는 체육관에서 제공한 무료 이용권을 이용해 오늘 저녁에 웨스트필드 오락센터에서 덤벨과 배틀로프를 이용했습니다.

정답 He **works out at the Greenwood Community Center**. 그린우드 주민센터에서 운동한다.

다중지문에서 사용되는 추론 (주로 단일지문에서 출제)

· Mix and Mingle (8:00 A.M. to 2:30 P.M.)
Connect with some of the finest fitness professionals in the city. **Bring your business cards, as attendees will have a chance to meet over seventy professionals.**
참석자들이 70명 이상의 전문가들을 만날 것이므로 명함을 가지고 오세요.

▶ What does **the event schedule** indicate?
Attendees can **meet potential business contacts.**
참석자들은 잠재적 사업 파트너들을 만날 것이다.

TO REGISTER:
Please fill out the questionnaire (**this can be done on any device**) along with a 100-word professional summary **at bsmw.org/workshops** no later than January 10.
등록 방법: bsmw.org/workshops 사이트에서 설문 작성 (모든 디바이스 가능) & 100자로 경력 요약 제출

▶ What is mentioned about **the workshop**?
Participants may **register online.**
온라인으로 등록한다.

PRACTICE 3

다음 연계 유형 문제를 풀어보세요.

1.

> **Skyview Building Improvement Plans**
> Riverstone (5 August) — The renovation of the Skyview Building by Crimson Building Solutions (CBS) is now underway, but the project is facing a slight delay. A CBS representative explained that discussions with the city over zoning adjustments and permits for commercial use have not yet been resolved.

> I am the owner of Datamining Technologies, and we are expanding our business into the Riverstone area. We have heard that you have started leasing units in the Skyview Building, and we are very interested in leasing retail space there.

Q. What is suggested about CBS?
  (A) It is offering retail spaces at a discounted rate.
  (B) It has received all required government permits.

2.

> We have made the decision to allocate several more training sessions to 2 of our most experienced session leaders. Jamie Robson will work with those in the sales industry, and Andrew Gibson will focus on management training and ways to resolve disputes between work colleagues.

Title	Length	Date	Leader	Location
Cold Calling - First Steps	Half Day	July 7	Jamie Robson	Turner Solutions HQ, Manchester
Management in Action - Supporting Your Team	Full Day	July 8	Andrew Gibson	Turner Solutions HQ, Manchester

> I think the session timings could be adjusted, as some of the sessions ran too long. Conversely, the half-day session could have been extended to include a Q&A segment.

Q. Who led the training session that needs to be extended with a Q&A segment?
  (A) Jamie Robson
  (B) Andrew Gibson

실전 TEST

Questions 1-5 refer to the following e-mail and advertisement.

To:	rabrams@qmail.com
From:	tgreen@qmail.com
Date:	March 2
Subject:	Possible retail property

Dear Mr. Abrams,

It was a pleasure speaking with you at the last Chamber of Commerce meeting. I recall you mentioning your search for a second retail location for your home goods store. I've since done some research and believe I've found an ideal property in exceptional condition for you. If you haven't yet committed to a place, I'd be delighted to show it to you. Should this property meet your needs, we could then discuss a real estate representation agreement.

This location is conveniently situated near the West Woods shopping mall, an area I'm sure you recognize as prime for your business. There are over 70 parking spots available for customer use, and this property is currently the only un-leased space in the immediate vicinity, benefiting from substantial foot traffic.

Please call me at your earliest convenience to discuss the property further.

Sincerely,
Tom Green
Gold Star Realtors

Real Estate Posting #4892

- **Location**: Designated for retail business, less than a mile from the West Woods shopping mall.
- **Condition**: Excellent, recently upgraded with new bamboo floors.
- **Lease Term**: Owner prefers a long-term lease agreement (minimum of 2 years).
- **Parking**: Includes 30 designated parking spots with the property.
- **Current Status**: The property is presently housing several shelves and racks—these will be completely removed within the month.
- **Exclusions**: Gas and electricity bills are not included in the monthly lease price.

1. Where did Mr. Green and Mr. Abrams meet?

   (A) At a mutual friend's birthday party
   (B) At a real estate investment seminar
   (C) At a gathering for businessmen
   (D) At a charity auction event

2. Who most likely is Mr. Green?

   (A) A retail store owner
   (B) A home appliance engineer
   (C) A real estate agent
   (D) A legal consultant

3. What is NOT true about the property?

   (A) It is located in an area with many pedestrians.
   (B) It is vacant at the moment.
   (C) It can be purchased in installments.
   (D) It has a large parking area.

4. What needs to be corrected in the e-mail?

   (A) The location of the property
   (B) The state of the property
   (C) The required length of the lease
   (D) The capacity of the parking lot

5. What will be removed from the property?

   (A) New bamboo flooring
   (B) All light fixtures
   (C) Some store furniture
   (D) Window coverings

Questions 6-10 refer to the following e-mails and schedule.

E-Mail Message

To: All Horizon Global Partners Employees
From: Sandra Martinez <s.martinez@hgp.com>
Date: 22 November
Subject: Laura Benitez
Attachment: Schedule

Dear Team,

I'm excited to inform you that Ms. Laura Benitez will be with us for a few days next week as she participates in the interview process for the Chief Operating Officer position here at Horizon Global Partners. With her impressive track record in global finance, Ms. Benitez appears to be an excellent match for this role. I encourage everyone to give her a very warm welcome.

Our leadership believes it's essential for every team member to have the opportunity to interact with Ms. Benitez. Accordingly, I ask that you join her at several prearranged events during her visit. Please refer to the attached agenda and confirm that you are available to participate. On 27 November, we ask that you arrive ten minutes before the scheduled 2 o'clock start time. Further details will be shared soon.

Best regards,
Sandra Martinez
CEO, Horizon Global Partners

Schedule for Laura Benitez's Visit

Date	Time	Event / Invitees
27 November	8:30 a.m.	Breakfast Meeting – Department Heads
27 November	11:00 a.m.	Office Tour – All Employees
27 November	2:00 p.m.	Q&A Session – All Employees
27 November	6:30 p.m.	Dinner Reception – Board Members
28 November	9:00 a.m.	Morning Briefing – All Employees

To:	Sandra Martinez <s.martinez@hgp.com>
From:	Laura Benitez <l.benitez@greenresearch.org>
Date:	29 November
Subject:	Follow-up on My Visit

Dear Ms. Martinez,

Thank you for hosting me at Horizon Global Partners last week. I greatly appreciated meeting your team and experiencing the innovative spirit of your organization. I especially enjoyed my conversation with Mr. Torrance during breakfast — his insights into your sustainability initiatives were inspiring. It was unfortunate that I missed the dinner reception on 27 November, but I had to join a crucial conference call. However, the office tour and Q&A further strengthened my interest in the Chief Operating Officer role. I am excited about the chance to contribute to Horizon Global Partners' future success, whether at the current headquarters or the new facility.

Thank you again for the warm welcome. I look forward to the next steps and am glad to provide any further information you may need.

Sincerely,
Laura Benitez

6. What is the main purpose of the first e-mail?

(A) To announce a job opportunity
(B) To praise a colleague's achievements
(C) To invite employees to a training workshop
(D) To inform staff of an upcoming visit

7. What event are all employees encouraged to arrive early for?

(A) The office tour
(B) The Q&A session
(C) The dinner reception
(D) The morning briefing

8. What is the main reason Ms. Benitez writes to Ms. Martinez?

(A) To explain her current job
(B) To show her interest in a position
(C) To arrange another meeting
(D) To request additional information

9. Who most likely is Mr. Torrance?

(A) A new employee
(B) A catering coordinator
(C) A department supervisor
(D) A member of the board

10. What does the second e-mail indicate about Horizon Global Partners?

(A) It is advertising several job vacancies.
(B) It plans to open a new business location.
(C) It has won awards for its sustainability initiatives.
(D) Its CEO has recently retired.

10분 단축
토익 PART 7
실전문제집

10분 단축 스킬 해설

1 Part 7 10분 단축 스킬 PRACTICE 해설
2 Part 7 10분 단축 스킬 실전 TEST 해설

DAY 01 글의 목적 / 이유 찾기

10분 단축 스킬

주방 직원들께:

식품안전검사가 다가오면서, 시 당국 규제 하에 꼭 준수해야 할 주방 관행에 대한 중요한 주의사항을 전달하고자 합니다.

1. 회사가 지급한 복장만 착용할 것
2. 눈에 띄는 상처는 모두 청색 반창고로 가리고 업무 시작 전에 조장에게 검사를 받을 것
3. 항상 검정색 미끄럼 방지 신발을 착용하고 끈을 조일 것
4. 머리는 단정하게 묶고 항상 어깨 위로 유지할 것

이 이메일을 출력 후, 상기 정책사항을 고지받고 이해했다는 표시로 서명과 날짜를 기입하십시오. 협조에 감사드립니다.

Q 이 메모의 목적은 무엇인가?
(A) 새로운 정책을 소개하기
(B) 의무 규정을 전달하기

어휘 with A -ing: A가 ~한 가운데 inspection 검사, 조사 near v. 다가오다 prep. ~근처에 send out ~을 (대량) 발송하다, 배포하다 reminder 주의, 환기 regarding ~에 관해 required 의무인, 꼭 준수해야 하는 kitchen 주방 practice 관행 under ~에 의해, ~을 근거로 regulation (정부) 규제, 규정 company-issued 회사가 지급한 uniform 제복 be worn 착용되다 (wear-wore-worn) visible 볼 수 있는, 드러나는 wound 상처 cover A with B: A를 B로 가리다 bandage 반창고 inspect ~을 검사하다 shift manager 근무조장, 작업반장 kitchen work 주방 업무 lace-up 꽉 조인, 단정하게 묶은 skid-resistant 미끄럼 방지된 at all times 항상 tie up ~을 단단히 묶다 off the shoulders 어깨에 닿지 않게, 어깨 위로 print out ~을 출력하다 affix ~을 첨부하다, 넣다 signature 서명 record ~을 기록하다 receipt 수령, 접수 understanding 이해 above 위의 policy 정책 cooperation 협조 distribute ~을 배포하다 a set of 일련의 mandated 의무적인 standard 기준, 표준

PRACTICE 1

1

챈드라 씨에게,

귀하께서 저희 제과점에 대해 '인디안 요리' 잡지에 기고하신 글에 대해 뭐라고 감사의 말씀을 드려야 할지 모르겠습니다. 저희가 전국 매체에 소개된 것이 이번이 처음은 아니지만, 저희 직원들이 느끼는 엄청난 흥분은 아직도 가라앉지 않고 있습니다. 귀사가 저희 이야기와 가치를 기사화한 방식은 정말로 독자들에게 큰 반향을 일으킨 듯합니다. 그 특집기사가 나온 이후로, 저희는 벌써 고객 관심이 눈에 띄게 증가한 것을 느끼고 있습니다.

Q 이 편지의 주 목적은 무엇인가?
(A) 저자에게 감사를 표하기
(B) 기사의 오류를 정정하기

해설 본론을 먼저 밝히는 것이 예의인 비즈니스 글에서 글 전체의 목적은 주로 첫 문장 또는 첫 단락에 나타난다. 첫 문장이 정중한 감사 표현인 I can't thank you enough for로 시작하는 것에서, 감사를 표시하는 목적임을 알 수 있으므로 (A)가 정답이다.

어휘 I can't thank you enough for ~에 대해 정말로 감사하다 article 기사 bakery 제과점 cuisine 요리 our first time being presented to ~에게 소개된 첫 경험 national audience 전국 독자층 excitement 흥분 staff 직원들 remain 아직도 ~상태이다 exceptionally 몹시, 정말로 capture ~을 포착하다, 기록하다 value 가치 truly 정말로 resonate with ~에게 반향을 일으키다 notice ~을 목격하다 meaningful 의미 있는, 중대한 increase in ~의 증가 customer interest 고객의 관심 since ~이래로 feature 특집기사 come out 나타나다, 발간되다 gratitude 감사 correct ~을 수정하다 mistake 실수

Paraphrase I can't thank you enough ~ you wrote
⇒ show gratitude to a writer

2

맥킨지 씨에게,

제 청구서에 대해 궁금한 점이 있습니다. 제가 제 컴퓨터들에 사용할 키보드 두 개를 주문했었는데, 어제 하나를 팔았기 때문에 더 이상 키보드 두 개가 필요하지 않습니다. 제가 사용하지 않는 것을 매장 포인트 또는 환불로 반품 가능할까요? 물건은 아직 원래 포장 그대로이며, 개봉조차 하지 않은 상태입니다. 제가 반품을 하려면 어떤 절차를 거쳐야 하는지 알려주시기 바랍니다.

Q 이 이메일의 주 목적은 무엇인가?
(A) 청구 오류에 대해 항의하기
(B) 회사 정책에 대해 문의하기

해설 첫 문장에서 I have a question으로 글을 쓴 목적을 밝히고 있다. 그리고 마지막의 Can I return the unused one for store credits or a refund?에서 회사의 반품 정책을 묻는 것임을 추론할 수 있으므로 (B)가 정답이다.

어휘 bill 청구서 order 주문하다 since ~이므로 sell 팔다 (sell-sold-sold) no longer ~ 더 이상 ~않다 return v. ~을 반품하다 n. 반품 unused 사용하지 않은 store credit 매장 적립금 refund 환불 item 상품, 품목 still 아직도 in its original packaging 원래 포장 그대로 be opened 개봉되다 let me know ~을 알려주세요 take steps to do ~하려는 조치를 하다 proceed with ~을 진행하다, 추진하다 complain 불평하다 billing 청구

Paraphrase I have a question ⇒ inquire
Inference Can I return ⇒ a company policy

3

공지

주민 여러분께 어제 해리스버그의 다슨 공원이 10개월의 조경과 구조물 공사를 마치고 다시 대중에 공개됨을 알려드리고자 합니다. 수요일, 시 의원들과 지역 주민들이 개막식을 위해 공원 정문 근처에 모였습니다. 베로니카 험볼트 시장이 청중에게 연설을 하였으며, 이 일과 관련된 모든 분들의 노고를 특별히 치하하였습니다. 어서 공원으로 놀러오세요!

Q 이 공지의 목적은 무엇인가?
(A) 주민들에게 공공 시설의 재개장에 대해 알리기
(B) 지역 주민들이 행사에 참석하도록 권유하기

해설 첫 문장에 We would like to(~하고자 합니다)라며 글의 목적을 암시하고 있다. 그리고 그 뒤로 notify residents that이 연결되므로, 주민들에게 뭔가에 대해 알리는 목적임을 알 수 있다. 따라서, 동사 notify의 동의어인 inform이 포함된 (A)가 정답이다. 이렇게 핵심 동사만 확인해도 정답일 확률이 매우 높다는 것을 알아두자.

어휘 notice 공지, 주목, 경고 notify A that: A에게 ~라고 알리다 resident 주민 once again 다시 한번 open to ~에게 개방된 the public 대중 as of+날짜/요일 ~부로 landscaping 조경 construction (구조물) 건축 council member 시 의원 local 지역 gather 모이다 near ~근처에 entrance 출입구 ribbon-cutting event 개막식 address ~에게 연설하다, ~을 강조하다 crowd 군중 note v. ~을 특히 언급하다, 유념하다 n. 기록, 주목,

유의 hard work 노고 those involved 관련된 사람들 reopening 재개장 public facility 공공 시설

Paraphrase notify ⇒ inform
is once again open ⇒ the reopening of

10분 단축 스킬

고객서비스 담당자께,

제가 편지를 드리는 이유는 귀사의 웹사이트에서 주문한 생일선물에 대해 과도하게 청구된 금액에 이의를 제기하기 위해서입니다. 저는 '12인치 대리석판에 맞춤형 사진 음각'을 선택하고, 가족 사진을 업로드했으며, 조각할 문구를 추가한 후 결제 내역을 제출했습니다. 결제 단계에서 나타난 총액은 54.95달러였습니다.

하지만, 12월 3일 제 신용카드에 "Written in Stone"으로부터 135.59달러가 청구되었습니다. 이 금액은 예상보다 거의 100달러나 많은 것입니다. 완성품에는 만족하지만, 이렇게 높은 비용을 승인하지 않았을 것입니다. 가능하다면, 반품하고 전액 환불받고 싶은 심정입니다.

제가 이미 신용카드사에 청구 오류를 신고하였으니, 카드사에서도 연락이 갈 것입니다. 이 문제를 신속히 해결해 주시면 고맙겠습니다. 제 연락처는 353-2334입니다.

감사합니다.
마크 레빈

Q 왜 이 편지가 씌어졌는가?
(A) 잘못된 청구에 이의를 제기하기 위해
(B) 부분 환불을 요청하기 위해

어휘 I'm writing to ~하려고 글을 씁니다 dispute ~에 이의를 제기하다, 논쟁하다, 반론하다 amount 금액, 수량 overcharge ~에게 과도하게 청구하다 gift 선물 order ~을 주문하다 through ~을 통해 custom a. 맞춤의, 주문 방식의 n. 관습, 관세 photo engraving 사진 음각 marble slab 대리석판 upload ~을 전송하다 add ~을 더하다 submit ~을 제출하다 payment 지불 details 상세정보 total 총액 at checkout 결제 단계에서 however 하지만 be charged 금액: ~금액이 청구되다 nearly 거의 while ~한 반면에 I'm happy with ~에 만족하다 finished product 완제품 would not have p.p.: (알았더라면) ~하지 않았을 것이다 approve ~을 승인하다 charge that high 그렇게 높은 가격 (that high는 후치 형용사구) If possible 만약 가능하다면 return

~을 반품하다 for a full refund 전액 환불로 incorrect 부정확한 credit card provider 신용카드사 so 따라서 hear from ~에게서 연락을 받다 as well 마찬가지로 I'd appreciate ~해준다면 감사하다 prompt 신속한 resolution to ~에 대한 해결책 reach ~에게 연락하다 contest ~에 이의를 제기하다 wrong charge 잘못된 청구 request ~을 요청하다 partial 부분적인, 일부의

PRACTICE 2

1

안녕하세요 리사,

당신이 올해의 회사 창립일 기념 파티 준비를 맡은 것으로 아는데요. 한 가지 제안드릴 게 있습니다. 지난 여름, 제 아들이 결혼 피로연을 차이나타운에 있는 시스타 식당에서 열었습니다. 굉장한 곳이었습니다. 그곳은 우아하면서도 편안했으며, 서비스도 상당히 훌륭했습니다. 우리 행사 장소로 이곳도 확인해 볼 가치가 있을 것 같습니다.

Q 이 이메일이 리사에게 보내진 이유는 무엇인가?
(A) 파티에 대한 조언을 구하기 위해
(B) 파티 장소를 추천하기 위해

해설 파티 준비를 맡은 사람에게 I have a suggestion(제안이 있다)이라고 하면서 식당을 언급하고 있고, 끝에서 It might be worth checking out for our event as well(우리 행사 장소로 이곳도 확인해 볼 가치가 있을 것 같다)라고 구체적으로 요청하고 있다. 즉, 파티 장소를 추천하는 것이 목적임을 알 수 있으므로 (B)가 정답이다.

어휘 responsible for ~에 책임이 있는, ~을 지휘하는 organize ~을 조직하다 anniversary n. (연례) 기념일 a. 기념하는 suggestion 제안 wedding reception 결혼 피로연 international district 외국인 구역 fantastic 굉장한, 멋진 venue (매장, 행사장 등 특정 목적의) 장소 space 공간, 장소 elegant 우아한 comfortable 안락한, 편안한 outstanding 상당히 훌륭한 worth -ing ~할 가치가 있다 check out ~을 확인하다 as well 마찬가지로 ask for ~을 요청하다 advice 충고 recommend ~을 추천하다

Paraphrase I have a suggestion ⇒ recommend checking out for our event ⇒ a venue for a party

2

편집자께,

귀 신문의 오랜 독자로서, 저는 평소 기사 내용에 대해 의견을 드리지 않는 편입니다. 하지만, 지난 일요일 판에 실린 기사에 대해서는 제 우려를 공유해볼까 합니다. 저는 레너드 피어슨 씨가 쓴 최신 기사 "극복해야 할 장벽인가?"를 읽었는데요. 보통 그분의 글과 논리에 감탄하는 편이지만, 유난히 이 기사에서는 그분의 태도가 좀 불쾌하고 불공정하다고 느꼈습니다.

Q 왜 이 편지가 쓰였는가?
(A) 기자를 칭찬하기 위해
(B) 기사에 대해 평을 하기 위해

해설 이 글이 I don't usually share feedback. However(평소에는 의견을 제시하지 않는 편이다. 하지만)이라는 말로 시작하므로, 의견을 제시하는 것이 목적임을 알 수 있다. 또한, However 뒤에서 I wanted to share my concern(우려를 공유하고 싶다)라는 말을 통해 목적을 재확인할 수 있으므로, 이것을 패러프레이즈한 (B)가 정답이다.

어휘 long-time reader 오랜 독자 share feedback on ~에 대한 의견을 공유하다 content 글 내용 however 하지만 concern 우려 publish an article 기사를 내다 edition (신문, 잡지) 판 recent 최근의 piece 글, 작품 titled ~라는 제목의 while ~한 반면에 normally 보통, 일반적으로 admire ~에게 감탄하다, 존중하다 writing 글 reasoning 논리 take a stance 입장을 취하다 particular 특히 이 ~, 특별한 article 기사 somewhat 상당히, 꽤 harsh 신랄한, 불쾌한 unjust 불공정한 compliment ~를 칭찬하다 journalist 기자, 언론인 comment on ~에 대해 평하다

Paraphrase share feedback on / share my concerns about ⇒ comment on

3

아이네즈 씨에게,

저희 팀에 들어오신 걸 축하하고 환영합니다. 저희는 귀하가 오셔서 보여주실 업계 전문 지식과 경험에 대해 굉장히 기대가 크며, 귀하가 출근하시는 다음 달까지 기다릴 수가 없을 지경입니다. 귀하가 지금 애틀랜타로의 이사 및 그와 관련된 제반 사항들을 처리하시느라 아마도 매우 분주하실 것이라고 생각합니다만, 귀하가 일정표에 표시해 두실 수 있도록 제가 몇 가지 사항에 대해 알려드리고자 합니다.

Q 왜 이 편지가 씌어졌는가?
(A) 직원의 이사를 지원하기 위해

(B) 직원에게 향후 일정을 알려주기 위해

해설 만약 첫 문장에서 목적을 이끄는 표현을 찾을 수 없다면, 글의 목적이 끝에서 제시될 가능성이 높다. 글 후반에 나오는 목적을 이끄는 표현 I wanted to let you know(알려드릴 것이 있다)에서 패러프레이즈된 동사 inform을 가진 (B)가 정답이다. 너무 세부적인 것에 집중하다 보면, 중간에 나오는 moving에 속아서 (A)를 고를 수도 있으므로 주의해야 한다.

어휘 congratulations 축하합니다 welcome to ~에 온 것을 환영하다 be excited about ~에 대해 매우 들뜨다, ~을 몹시 기대하다 expertise 전문 지식, 전문 기술 experience 경험 bring to the table 가져오다 can't wait until ~을 몹시 기다리다 probably 아마도 busy with ~로 바쁜 moving to ~로 이사하기 details 세부사항들 involved with ~와 관련된 let you know of ~을 알려주다 item 사항 so one can ~할 수 있도록 put A on one's calendar: A를 일정표에 표시하다 assist A with B: B에 대해 A를 지원하다 relocation 이사, 이전 inform A of B: A에게 B에 대해 알려주다 upcoming 다가올, 향후 event 일, 행사

Paraphrase let you know ⇒ inform
a few items ~ put them on your calendar ⇒ upcoming events

PRACTICE 3

1

유림 오디오 시스템 직원 여러분,

기쁜 마음으로 우리의 새 식구들을 환영합니다. 런던 지사의 애쉴리 스미스 씨가 래리 하인즈 씨의 뒤를 이어 이곳 뉴욕 본사의 신임 운영부장이 되실 것입니다. 래리 하인즈 씨는 해외사업부 본부장으로 승진하셨습니다. 또한 팀 헤일리 씨가 이번 주에 이곳 본사에서 신임 수석 회계사로 근무를 시작하실 것입니다. 헤일리 씨는 재무 보고를 감독하고, 산업 규정과 표준이 준수되도록 감독하실 것입니다.

Q 이 이메일의 주 목적은 무엇인가?
(A) 직원 변동을 알리기
(B) 몇 군데의 신 사옥 위치를 논의하기

해설 첫 문장에서 글의 목적을 밝히는 표현 I am pleased to(기쁜 마음으로 ~합니다)라는 표현이 나오므로, 그 뒤의 welcome our new additions(새 식구들을 환영합니다)가 이 글의 목적임을 알 수 있다. 보통은 new additions(새로운 직원들)가 staff(직원들)로 패러프레이즈된 것만으로도 (A)를 정답으로 고르기에 충분하다. 하지만, 만약 확신이 서지 않는다면, 뒤에 나오는 the new operations manager, the new chief accountant 등의 직함에서 new(신임)가 changes(변동)로 패러프레이즈된 것을 통해 (A)가 정답임을 재확인할 수 있다. 하지만, 시간 관리가 중요한 Part 7에서는, 확신을 가지고 한 번에 정답을 고르는 능력이 필요하다.

어휘 staff 직원들 be pleased to do 즐겁게 ~하다 welcome ~를 환영하다 addition 추가, 신입 operations manager 운영부장 headquarters 본사 replace ~를 대체하다 be promoted to ~로 승진하다 director 본부장, 이사 global operations 해외사업부 also 또한 chief accountant 수석 회계사 oversee ~을 감독하다 financial reporting 재무 보고 ensure ~을 보장하다 compliance with ~의 준수 regulation 규정, 규제 standard 기준, 표준 inform A of B: A에게 B를 고지하다 staff change 직원 변동 discuss ~을 논의하다 location 위치, 장소

Paraphrase our new additions ⇒ staff changes

2

공지

최근의 고객 설문 이후에, 챔벌린 시 교통공사는 주말 버스에 대한 운행 시간을 조정할 것입니다. 고객 의견을 바탕으로, 새벽과 심야 운행 노선 몇 군데의 운행 시간이 연장될 것입니다. 8월 1일부로 다음의 운행 일정이 정식으로 변경됩니다.

Q 이 공지의 목적은 무엇인가?
(A) 새로운 버스 노선 소개하기
(B) 서비스 개선을 알리기

해설 첫 문장에서 a recent customer survey(최근의 고객 설문)이 언급되었고, 그 결과로 will be adjusting the running hours(운행 시간을 조정할 것)라고 밝히고 있다. 그러므로, adjusting the running hours(운행 시간 조정)를 service improvements(서비스 개선)로 패러프레이즈한 (B)가 정답이다.

어휘 notice 공지, 안내 following prep. ~ 후에 a. 다음의 recent 최근의 customer survey 고객 설문 Transit Authority 교통공사 adjust ~을 조정하다 running hours 운행 시간 based on ~에 근거하여 rider 승객 feedback 의견 several 몇 가지 early morning 이른 아침 late-night 심야의 route 노선 be extended 연장되다 effective + 날짜: ~일 부로 schedule change 일정 변경 take place 발생하다 introduce ~을 소개하다, 도입하다 announce ~을 발표하다 improvement 개선, 향상

Paraphrase adjusting the running hours ⇒ service improvements

3

레몬 씨께,

전 최근 집 근처에 있는 귀하의 신발 매장을 방문했지만, 제가 찾는 트레킹화에 대해 알맞은 치수를 찾을 수 없었습니다. 가게 직원인 레슬리 씨가 저를 도와주셨고, 그 신발을 찾으려고 진심으로 노력하셨습니다. 하지만, 마침내 그 신발을 신어보았을 때, 발볼 크기 때문에 제 발에 잘 맞지 않았습니다. 귀하의 매장이 다양한 발 모양을 가진 고객들의 편의를 더 도모할 수 있도록 더 다양한 치수를 제공하면 좋겠습니다.

Q 이 이메일의 목적은 무엇인가?
(A) 특별한 요청을 하기
(B) 발송일을 문의하기

해설 모든 목적이 글의 첫 부분에 나타나는 것은 아니다. 만약 첫 문장이 "최근에 ~했는데"처럼 과거의 경험을 전달하는 형식이라면, 그 경험을 상세히 설명한 후 글의 후반부에서 원하는 것을 밝히는 것이 일반적이다. 희망을 나타내는 표현 I hope(~를 바란다)를 make a request(요청하다)로 패러프레이즈한 (A)가 정답이다. hope의 내용이 special request로 패러프레이즈되고 있지만, 굳이 이런 세부사항까지 확인할 필요는 없다.

어휘 **recently** 최근에 **footwear** 신발류 **near** ~근처에 **trekking shoes** 트레킹화 **look for** ~을 찾다 **clerk** 점원, 직원 **assist** ~을 돕다, 보조하다 **make a effort to do** ~하기 위해 노력하다 **genuine** 진심인, 성실한 **however** 하지만, 그런데 **finally** 마침내 **try on** ~을 시험삼아 신어보다 **fit** 맞다 **properly** 제대로 **due to** ~때문에 **width** 넓이, 폭 **forefoot** 발 앞부분, 발볼 **offer** 제공하다, 판매하다 **a wider range of** 더 다양한 **better** 더 맞게, 더 제대로 **accommodate** ~의 편의를 도모하다 **customer** 고객 **with** ~을 지닌 **varying** 다양한 **foot shape** 발 모양

Paraphrase I hope ⇒ make a request

실전 TEST

1. (B)　**2.** (C)　**3.** (D)　**4.** (C)

1-2 다음 웹페이지를 참조하시오.

http://www.riversideutilities.com

서비스 공지
리암 파텔, 리버사이드 수자원공사
5월 26일

1 주민들께 알립니다. 저희 주요 정수 처리시설 중 한 곳의 장비 고장으로 오늘 시 일부 지역에서 평소보다 낮은 수압을 겪으실 수 있습니다. 저희 기사들이 문제의 원인을 파악하였으며 복구 작업을 활발히 진행 중입니다. 수도 서비스가 작동 중이기는 하지만, **2** 주민들께서는 시스템이 완전히 복구될 때까지 중요하지 않은 물 사용을 자제해 주시도록 당부드립니다. 저녁 늦게 정상적인 수압으로 회복될 것으로 예상합니다. 협조해 주셔서 감사합니다.

어휘 **resident** 주민 **due to** ~때문에 **equipment** 장비 **failure** 고장 **treatment facilities** (정수) 처리시설 **experience** ~을 겪다 **lower-than-usual** 평소보다 낮은 **water pressure** 수압 **technician** 기사 **identify** ~을 찾아내다, 파악하다 **issue** 문제 **actively** 활발히 **work on** ~에 대해 작업하다 **repair** 수리 **while** ~하는 반면에, ~이긴 하지만 **water service** 수도 서비스 **remain** 계속 ~상태이다 **operational** 작동 중인, 가동 중인 **advise A to do** A가 ~하도록 권고하다 **limit** ~을 제한하다 **nonessential** 중요하지 않은 **water use** 물 사용 **until** ~까지 **fully** 완전히 **restore** ~을 복구하다, 회복시키다 **estimate that** ~라고 추정하다 **normal** 보통의 **pressure level** 수압 수준 **return** 회복되다 **by late evening** 저녁 늦게 **cooperation** 협조, 협력

1 이 공지의 목적은 무엇인가?
(A) 공사 지연에 대해 보고하기
(B) 공공 서비스의 문제를 대중에게 고지하기
(C) 새로운 요금 체계를 도입하기
(D) 물 절약 프로그램을 홍보하기

해설 첫 문장에서 Attention residents로 주목을 요구하므로 알리려는(inform) 목적임으로 알 수 있으며, 그 다음에 알리는 내용이 제시될 것을 예측할 수 있다. equipment failure(장비 고장), main treatment facilities(주 정수 처리시설), lower-than-usual water pressure(평소보다 낮은 수압) 등의 단서들을 통해 공공서비스 상의 issue(문제)를 고지하는 목적을 추론할 수 있으므로 (B)가 정답이다.

어휘 **construction** ~공사 **delay** 지연 **inform of** ~에 대해 공지하다 **utility service** (수도, 전기, 가스 등) 공공서비스 **issue** 문제 **introduce** ~을 소개하다, 도입하다 **billing** 청구 **promote** ~을 홍보하다, 촉진하다, 승진시키다 **conservation** 절약

Paraphrase Attention residents ⇒ inform

2 이 공지에서 무엇을 권고하는가?
(A) 대체 물 공급원을 이용할 것

(B) 환불을 위해 고객서비스로 연락할 것
(C) 물 사용을 일시적으로 줄일 것
(D) 물을 마시기 전에 끓일 것

해설 먼저 권고를 나타내는 주요 표현을 찾아야 하는데, 후반부에 advise(권고하다)가 나온다. we advise residents to limit nonessential water use(중요하지 않은 물 사용을 자제해주시기 바랍니다)라고 하므로 동사 limit을 reduce로 패러프레이즈한 (C)가 정답이다.

어휘 recommend ~을 권고하다 alternative n. 대안, 대체물 a. 대안의, 대체하는 water source 수원 cuisine 요리 our first time appearing before ~ 앞에 등장한 첫 경험 national audience 전국적 독자층 excitement 흥분 staff 직원들 remain 아직도 ~상태이다 exceptionally 몹시, 정말로

Paraphrase limit nonessential water use until
⇒ reduce water usage temporarily

3-4 다음 보고서를 참조하시오.

> 4월 5일
> 벨리시모 비스트로 – 신 메뉴 시식 보고
>
> 시식일: 3월 20-22일
> 참가자 수: 15명
>
> 개요:
> **3** 이 보고는 최근 시식회에서 수집된 고객 의견을 평가하기 위함입니다. 이때 한 고객 그룹이 초대되어 벨리시모 비스트로의 여름 메뉴로 검토 중인 신 메뉴 요리들을 시식했습니다. 참가자들은 해물 파스타, 구운 야채 모듬요리, 레몬허브 치킨, 그리고 계절 과일 타르트 등 4가지 다른 요리들에 대한 의견을 제공했습니다.
>
> 결과:
> **4** 레몬허브 치킨이 가장 인기가 낮았는데, 다섯 분이 양념이 너무 강하다고 말했습니다. 게다가, 세 분은 이 요리의 소스가 더 두터웠다면 먹기가 더 좋았을 거라는 의견을 주었습니다. 다음 주에 조정된 조리법을 또 다른 시식회에서 시험해 볼 것입니다.

어휘 participant 참가자 overview 개요 evaluate ~을 평가하다 customer feedback 고객 의견 gather ~을 수집하다 recent 최근의 tasting session 시식회 sample ~을 시식하다 item 품목, 상품 consider A for B: B의 용도로 A를 검토하다 provide ~을 제공하다 dish 요리 seafood 해물 grilled 구운 platter 모듬요리 herb 약초, 허브 seasonal 계절의 fruit tart 과일 타르트 findings (조사) 결과 the least popular 가장 인기가 낮은 with A -ing: A가 ~한 가운데 note ~라고 언급하다 seasoning 양념 additionally 게다가 comment that ~라는 의견을 말하다 enjoyable 즐길만한, 즐거운 thicker 더 두터운 sauce 소스, 양념 adjustment to ~에 대한 조정 recipe 요리법 in another round of 또 한 차례의

3 이 보고서의 목적은 무엇인가?
(A) 손님들 사이에 가장 인기 있는 상품을 파악하기
(B) 신 메뉴 상품의 가격을 평가하기
(C) 조사 결과를 직원들의 예측과 비교하기
(D) 신상품에 대한 고객 반응을 평가하기

해설 Overview(개요) 단락의 첫 문장에서 목적을 이끄는 표현 This report is to(이 보고서의 목적은 ~입니다)가 제시되므로 그 뒤에 주목한다. evaluate(평가하다)을 assess로 패러프레이즈한 (D)가 정답이다. 지문의 evaluate와 같은 동사를 사용한 (B)는 가장 먼저 소거할 대상이다. 헷갈린다면 customer feedback(고객 의견)이 customer responses로 패러프레이즈된 것에 확신할 수 있지만, 첫 번째 직감을 믿어야 시간을 줄일 수 있다.

어휘 determine ~을 파악하다, 결정하다 popular 인기 있는 among ~사이에 evaluate ~을 견적하다, 평가하다 compare A with B A를 B와 비교하다 survey (설문) 조사 expectation 기대 assess ~을 평가하다 response 반응, 응답

Paraphrase evaluate ⇒ assess
customer feedback ⇒ customer responses

4 어느 음식의 요리법이 수정되겠는가?
(A) 해물 파스타
(B) 구운 야채 모듬요리
(C) 레몬허브 치킨
(D) 계절 과일 타르트

해설 질문의 be revised(수정되다)는 시식 결과에 대응한 조치이므로 Findings(결과) 단락에서 단서를 찾는다. The lemon herb chicken was the least popular에서 레몬허브 치킨이 가장 인기가 적은 것으로 언급되고 있으므로 (C)가 정답임을 예측할 수 있다. 이 문제는 「가장 인기가 낮다」라는 말에서 「요리법이 수정될 것이다」라는 새로운 결론을 도출하는 추론 유형이다. 질문에 언급된 be revised의 패러프레이즈 표현인 Adjustments to를 찾아도 the recipe가 무엇인지 알 수가 없다.

어휘 most likely 아마도 revise ~을 수정하다, 개정하다

Paraphrase the least popular
⇒ most likely to be revised

DAY 02 세부사항 (5W 1H) 찾기

10분 단축 스킬

테크노바는 혁신적인 저희 3D 프린팅 기술을 소개해 드리게 되어 기쁘게 생각하며, 이는 현재 자동차 및 항공우주 업계에 속한 50곳이 넘는 회사에 의해 활용되고 있습니다.

작동 원리는 이렇습니다. 저희 첨단 3D 프린터는 초정밀 레이저 소결 방식을 이용해 분말 재료를 겹겹이 녹임으로써 **높은 정확성으로 복잡한 부품들을 만들어 냅니다.** 이 덕분에 주문 제작 및 신속한 시제품화가 가능하게 되어, 전통적인 제조 방식보다 생산 시간 및 비용을 상당히 줄여 줍니다.

모델 번호	레이저 전력	제안되는 사용처
TN100	20 W	디자인 스튜디오 및 교육 기관
TN500	100 W	소규모 제조업
TN1000	200 W	대규모 공업 생산

Q 테크노바 제품은 무엇을 하도록 고안되었는가?
(A) 정교한 부품을 만들기
(B) 고품질 문서를 인쇄하기

어휘 **introduce** ~을 소개하다, 출시하다 **innovative** 혁신적인 **utilize** ~을 활용하다 **automotive** 자동차의 **aerospace** 항공우주의 **work** (기계 등이) 작동하다 **advanced** 첨단의, 진보한 **high-precision** 초정밀 **sintering** 소결 (가루 상태의 물질을 어떤 형상으로 압축한 것을 가열할 때 서로 엉기고 굳어지는 현상) **fuse** ~을 녹이다 **powdered** 분말 상태의 **material** 재료, 소재 **layer** 겹, 층, 막 **complex** 복잡한 **component** (구성) 요소, 부품 **exceptional** 놀라운, 이례적인 **accuracy** 정확성 **process** 과정 **allow for** ~을 가능하게 하다 **customization** 주문 제작, 맞춤 제작 **prototyping** 시제품화 **significantly** 상당히, 많이 **reduce** ~을 줄이다, ~을 감소시키다 **compared to** ~에 비해 **traditional** 전통적인 **method** 방식 **suggest** ~을 제안하다 **small-scale** 소규모의 **generate** ~을 생성하다 **detailed** 세부적인, 상세한 **high-quality** 고품질의

PRACTICE 1

1

브라운빌 여객 항구의 확장을 위한 준비 작업이 한창입니다. 이 프로젝트는 브라운빌과 빅터 아일랜드를 오가는 여객들에게 더 신속하고 더 효율적인 선택지를 제공할 것입니다. 공사는 5월에 시작됩니다. **아름다운 해안 경관에 미칠 부정적 변화의 가능성에 대해 우려의 목소리를 내려는 지역사회 의견 청취 회의가 2월과 3월, 그리고 4월로 계획되어 있습니다.** www.brownvilleferryport.com을 방문하셔서 회의에 관한 정보를 얻으시기 바랍니다.

Q 무엇이 지역 주민 회의에서 논의될 것인가?
(A) 공사 기계에서 나는 소음 문제
(B) 공사가 자연 경관에 미치는 영향

해설 키워드인 지역 주민 회의(community meeting)가 언급되는 지문 중반부에, 아름다운 해안 경관에 미칠 부정적 변화의 가능성에 대해 우려의 목소리를 내려고 하는 목적이 나타나 있으므로 potential negative changes를 impact로 패러프레이즈한 (B)가 정답이다.

어휘 **preparation** 준비 **in motion** 진행 중인 **expansion** 확장, 확대 **efficient** 효율적인 **community** 지역사회 **feedback** 의견 **voice** v. ~의 목소리를 내다 **concern** 우려, 걱정 **potential** 잠재적인 **negative** 부정적인 **coastline** 해안 지대 **obtain** ~을 얻다, ~을 획득하다 **issue** 문제, 사안 **machinery** 기계(류) **impact of A on B**: A가 B에 미치는 영향

Paraphrase potential negative changes ⇒ impact
the scenic coastline ⇒ natural scenery

2

행사는 앙상블이 모던 재즈 표준곡들을 연주하면서 마무리될 것입니다. 이 연주 후에, 관객들께서 무대 위로 올라가 **트럼펫 또는 색소폰으로 곡을 연주하고** 앙상블의 음악 전문가들로부터 팁을 받도록 초대될 것입니다.

Q 관객들이 무엇을 할 수 있을 것인가?
(A) 어떤 악기들을 연주하기
(B) 워크숍에 참가하기

해설 질문의 able to do를 암시하는 표현을 찾아보면, 중반에 will be invited up to the stage(무대 위로 초대될 것)이 나온다. 그러므로 그 뒤의 play some pieces(곡을 연주하다)를 play some instruments(악기를 연주하다)로 패러프레이즈한 (A)가 정답이다.

어휘 **conclude** 종료되다, 끝나다 **standard** 스탠다드, 표준

연주 곡목　performance 공연, 연주(회)　audience members 관객, 청중　invite ~에게 요청하다　piece (글, 음악, 그림 등의) 작품　receive ~을 받다　be able to do ~할 수 있다　instrument 악기　participate in ~에 참가하다

Paraphrase play some pieces on the trumpet or the saxophone ⇒ Play some instruments

3

> 알렉스 킴 (오후 3:15)
> 안녕하세요. 테크구루 고객지원부입니다.
> 조던 리 (오후 3:16)
> 안녕하세요, 저는 조던이며, 제 온라인 강좌 자료를 이용하는 데 문제를 겪고 있습니다.
> 알렉스 킴 (오후 3:17)
> 안녕하세요, 조던 씨. 제가 도와드리겠습니다. 브라우저 캐시를 삭제해 보셨나요?

Q　킴 씨의 직업이 무엇일 것 같은가?
　　(A) 소프트웨어 개발자
　　(B) 고객지원부 직원

해설　킴 씨가 첫 번째 메시지에서 테크구루 고객지원부에 오신 것을 환영한다(Welcome to TechGuru Support.)라고 소속을 밝히는 것에서 고객지원부 소속 직원인 것으로 추론할 수 있으므로 (B)가 정답이다.

어휘　have trouble -ing ~하는 데 문제를 겪다　access ~을 이용하다, ~에 접근하다　material 자료, 재료, 물품　assist 돕다, 지원하다　try -ing 한번 ~해 보다　occupation 직업　representative n. 직원, 대표자

Inference Welcome to TechGuru Support
　　　　　⇒ A customer support representative

10분 단축 스킬

> 블레이크 씨께,
>
> 제 이름은 앨리샤 먼로이며, 베버스 웰니스 센터(BWC)의 프로그램 편성 책임자입니다. 저에 관해 조금 더 말씀드리자면, 저는 초창기부터 베버스 웰니스와 함께 해 왔습니다. 추가로, 저는 <마인드 오버 머니>와 <시크릿 투 CEO>를 포함해 네 권의 책을 집필했으며, 저 두 권 모두 <월드 비즈니스 매거진>에 언급되기도 했습니다. 저희 BWC는 전 직원이 지역사회 구성원들의 삶을 향상시키는 것에 대해 열정적입니다.
>
> 귀하의 문의사항과 관련해, 곧 열릴 저희 스트레스 관리 워크숍 시리즈에 빈 자리에 있다는 사실을 알려 드리게 되어 기쁩니다. 저희 코치들은 귀하와 같은 직종에 계신 분들과 함께하는 데 경험이 풍부한 사실을 말씀드리고자 합니다.
>
> 첨부해 드린 결제 양식을 작성하셔서 1월 25일까지 이메일로, 또는 베버스 웰니스 센터를 직접 방문하셔서 제게 제출해주시기 바랍니다. 2월 5일에 열릴 저희 첫 번째 워크숍에서 귀하를 볼 수 있기를 고대합니다.
>
> 감사합니다.
> 앨리샤 먼로

Q　블레이크 씨가 무엇을 하도록 요청받는가?
　　(A) 제공된 양식을 작성 완료하기
　　(B) 설문지를 작성하기

어휘　coordinator 편성 책임자, 진행 담당자　inception 초기, 시작　in addition 추가로　including ~을 포함해　mention ~을 언급하다　passionate 열정적인　improve ~을 향상시키다, ~을 개선하다　community 지역사회　regarding ~와 관련해　inquiry 문의　let A know that: A에게 ~임을 알리다　free spot 빈 자리　upcoming 다가오는, 곧 있을　would like to do ~하고자 하다, ~하고 싶다　assure A that: A에게 ~임을 보장하다　experienced 경험 많은, 유능한　profession 직종, 직업　fill out ~을 작성하다　attach ~을 첨부하다, ~을 부착하다　form 양식, 서식　either A or B: A 또는 B 둘 중 하나　in person 직접 (가서)　by (기한) ~까지　look forward to -ing ~하기를 고대하다　session (특정 활동을 위한) 시간　questionnaire 설문지

PRACTICE 2

1

> 우선, 광고팀과 우리 고객들께서 서로 의사소통하실 수 있는 토론용 포럼을 설치해 두었습니다. 캠페인이 시작되기 전에, 여전히 몇 가지 문제를 해결하기 위해 노력하고 있기 때문에, 자료를 살펴보고 의견을 제공할 수 있도록 금요일에 우리 본사로 자원 봉사자 그룹을 초대해 놓은 상태입니다. 제가 이 일이 적합한 분들을 찾을 수 없었기 때문에, 제이슨 무어 씨와 비니 크리스틴 씨에게 이를 감독하고 제게 결과를 보고하도록 요청해 두었습니다.

Q　무어 씨와 크리스틴 씨가 금요일에 무엇을 할 것인가?
　　(A) 테스트 시간을 관리하기
　　(B) 몇몇 테스트 자료를 살펴보기

해설 질문에 언급된 Moore와 Kristine을 지문에서 찾아보면, 마지막 문장에서 I've asked Jason Moore and Vinni Kristine to oversee this라고 나온다. 그러므로 oversee를 manage로 패러프레이즈한 (A)가 정답이다. (B)는 volunteers가 할 일로, 질문의 대상을 제대로 확인하지 않으면 이런 함정에 빠지기 쉽다.

어휘 set up ~을 설치하다, ~을 준비하다 discussion 토론, 논의 advertising 광고 (활동) communicate with ~와 의사소통하다 resolve ~을 해결하다 issue 문제, 사안 launch ~을 시작하다, ~을 출시하다 volunteer 자원봉사자 review ~을 살펴보다, ~을 검토하다 material 자료, 재료, 물품 feedback 의견 ask A to do: A에게 ~하도록 요청하다 oversee ~을 감독하다 result 결과 session (특정 활동을 위한) 시간 review ~을 살펴보다, ~을 검토하다

Paraphrase to oversee this ⇒ Manage a testing session

2

애비게일 씨께,

귀하의 리프트 5일 이용권과 함께, 스노보드 및 헬멧에 대한 대여 서비스가 준비되었다는 사실을 확인해 드리고자 합니다. 체크인하실 때 숙소 및 장비 비용 지불에 사용하신 카드를 제시해 주시기 바랍니다. 셔틀버스 서비스 대신 자동차 대여를 선택하셨기 때문에, 차량 대여 기간이 귀하의 여행 기간에 맞춰 조정되었습니다.

Q 애비게일 씨가 체크인할 때 무엇을 보여 주도록 요청받는가?
(A) 대여 계약서
(B) 신용카드

해설 질문의 키워드 show를 지문에서 찾아보면, 둘째 문장에 Please present the card라고 요청하고 있으므로 present의 목적어인 (B)가 정답이다.

어휘 would like to do ~하고자 하다, ~하고 싶다 confirm that ~임을 확인해 주다 rental 대여 along with ~와 함께 pass 이용권, 탑승권, 출입증 arrange ~을 준비하다, ~을 조치하다 present ~을 제시하다, ~을 제공하다 accommodation 숙소, 숙박 시설 equipment 장비 rental 대여 instead of ~ 대신 vehicle 차량 adjust ~을 조정하다, ~을 조절하다 match ~에 맞추다, ~에 어울리다 length (시간, 거리 등의) 기간, 길이 be requested to do ~하도록 요청받다 agreement 계약(서), 합의(서)

Paraphrase Please present ⇒ requested to show

3

레나 크로스 [오후 3:24]
조던 씨, 당신이 가르시아 씨의 교육 훈련을 실시할 예정인 것으로 알고 있어요. 이분이 소매판매부에서 부서 이동하시는 것이기 때문에, 우리 통화 분배 시스템에 관해 추가 안내가 필요하실 수 있습니다. 그리고, 의무인 보건 안전 교육을 이수하시는 것도 중요합니다.

조던 휴즈 [오후 3:25]
알겠습니다. 그 부분을 명심하겠습니다.

Q 대화 내용에 따르면, 가르시아 씨가 무엇을 하도록 요청받을 것 같은가?
(A) 교육 과정을 수강하기
(B) 전화를 걸기

해설 대화에서 be asked to do와 관련된 단서를 찾아야 하는데, 마지막 문장에서 it's important that이라고 하면서 중요사항을 전달하고 있는데, 이 사항을 가르시아 씨에게 시키라는 의도를 추론할 수 있다. 그러므로 complete the mandatory health and safety course를 Take a course로 패러프레이즈한 (A)가 정답이다.

어휘 oversee ~을 감독하다 session (특정 활동을 위한) 시간 transition (소속 등을) 옮기다, 이전하다, 전환하다 retail 소매(업) extra 추가의, 별도의 guidance 안내, 설명, 지시 call routing system 통화 분배 시스템 (고객의 전화를 자동으로 담당 부서 등에 연결) complete ~을 이수하다, ~을 완료하다 mandatory 의무적인 keep A in mind: A를 명심하다 be asked to do ~하도록 요청받다

Paraphrase complete ⇒ Take

10분 단축 스킬

메인 스트리트 극장
지금 www.mainstreettheatre.com/tickets에서 축제 입장권을 구입하시기 바랍니다.

다가오는 공연:
5월 10일-18일: <더 글래스 타워> (Q&A 포함 2시간)
7월 8일-16일: <한 여름 밤의 비밀> (Q&A 포함 3시간)
9월 20일-28일: <마지막 편지> (Q&A 미포함, 90분)
12월 5일-13일: <스테이지 라이트> (Q&A 포함 4시간)
모든 공연은 리걸 플레이하우스에서 펼쳐질 것이며, 오후 7시 30분에 막이 오릅니다.

<떠오르는 목소리> 시리즈
저희 <떠오르는 목소리> 시리즈가 해외 배우들을 국내 출연진과 나란히 무대에 모십니다. 이 예술가들의 숨이 멎을 듯한 공연을 놓치지 마시기 바라며, 세계 각지에서 저희 무대를 찾아오는 연극 배우들을 성원해 주십시오. 각 공연은 저희 <떠오르는 목소리> 운영위원회에 의해 초청된 객원 공연자를 집중 조명할 것입니다.

5월 10일: 엘레나 브룩스
7월 8일: 마커스 리우
9월 20일: 소피 델가도
12월 5일: 앤드류 휘트모어

Q 누가 <한 여름 밤의 비밀>에서 공연할 것 같은가?
(A) 마커스 리우
(B) 소피 델가도

해설 언급된 *A Midsummer Night's Secret*를 찾아보면 앞에서 July 8-16이라는 공연 일자를 알 수 있다. 이 공연 일자를 하단의 초대 배우 명단에서 확인해 보면, July 8 옆에서 Marcus Liu를 찾을 수 있다. 그러므로 (A)가 정답이다.

어휘 perform 공연하다, 연기하다 purchase ~을 구입하다 upcoming 다가오는, 곧 있을 Q&A 질의 응답 hold ~을 개최하다, ~을 열다 curtains 무대 막 emerging 떠오르는, 신흥의 bring A to the stage: A를 무대에 올리다 alongside ~와 나란히 local 국내의, 현지의 cast 출연진 miss ~을 놓치다 breathtaking 숨이 멎을 듯한 performance 연기 show support 성원을 보내다, 지지하다 live-theatre actor 연극 배우 from around the world 전 세계에서 spotlight ~을 집중 조명하다 board 위원회

PRACTICE 3

1

한나 비안치 - 20권이 넘는 가정용 요리책의 집필자로서, 개인 소유 정원에서 기른 토마토를 이용해 미트볼과 파스타 요리를 만들 예정입니다.
준 정 - 모든 사람이 육식을 하지는 않으므로, 이분이 몇몇 맛있는 두부 기반의 요리 및 건강에 좋은 수프와 전채 요리를 만들 예정입니다.
후안 로베르토 - 인기 TV 요리사 후안 로베르토 씨가 완벽한 스테이크를 굽는 방법 및 어느 채소와 소스를 곁들여야 하는지 사람들에게 가르쳐 줄 예정입니다.

Q 누가 채식주의 요리를 만들 것 같은가?
(A) 한나 비안치
(B) 준 정

해설 질문의 vegetarian dishes와 관련이 있는 키워드는 Not everyone is a meat eater이다. Not ~ meat-eater(육식 아님)에서 vegetarian(채식)을 추론할 수 있으므로 그 앞에 언급된 요리사인 (B)가 정답이다.

어휘 recipe 조리법 grow ~을 기르다, ~을 재배하다 A-based: A를 기반으로 하는 how to do ~하는 방법 accompany ~을 동반하다

Inference Not ~ a meat-eater ⇒ vegetarian

2

저희 파크웨이 지역 문화센터가 다음 달에 센터 내 체육관에서 연례 '홀리데이 마켓'을 주최할 것입니다. 이 행사는 12월 17일 금요일 오전 10시부터 오후 6시까지, 그리고 12월 18일 토요일 오후 2시부터 오후 8시까지 개최됩니다. 파크웨이 지역사회의 노인들을 위한 특별 조기 입장 쇼핑이 목요일 오전 9시부터 오후 2시까지 진행될 것입니다. 이 마켓은 수제 공예품 및 지역사회 구성원들의 라이브 공연이 특징입니다.

Q 누가 목요일에 마켓에 참석하도록 요청받는가?
(A) 지역사회 지도자들
(B) 노인들

해설 지문 끝 부분에 Thursday가 등장하는데, 이 문장에서 사람 명사를 확인하면 된다. senior members를 Senior citizens로 패러프레이즈한 (B)가 정답이다.

어휘 host ~을 주최하다 annual 연례적인, 해마다의 gymnasium 체육관 hold ~을 개최하다 early-access 조기에 입장하는, 먼저 입장하는 community 지역 사회 take place 진행되다, 개최되다 feature ~을 특징으로 하다 craft 공예(품) performance 공연, 연주(회) be invited to do ~하도록 요청받다 attend ~에 참석하다

Paraphrase senior members ⇒ Senior citizens

3

안녕하세요, 하심 씨,

죄송하지만, 그린우드 지역 문화센터의 피트니스 공간들을 지금 이용하실 수 없다는 사실을 알려 드립니다. 전기 문제로 인해, 지금 저희가 이 공간에서 어떤 행사도 진행할 수 없습니다. 기사들이 가급적 신속히 이 문제를 해결하기 위해 노력하고 있습니다. 그 동안, 웨스트필드 레크리에이션센터를 이용해 귀하의 피트니스 강좌를 진행하실 수 있습니다.

Q 하심 씨가 누구일 것 같은가?
(A) 행사 주최자
(B) 개인 트레이너

해설 하심 씨의 신분을 묻고 있으므로, 직업을 암시하는 키워드를 찾아야 한다. 마지막 지문에서 웨스트필드 레크리에이션센터 이용을 안내하면서 to conduct your training sessions라고 언급하고 있다. your training sessions에서 트레이너 신분임을 추론할 수 있으므로 (B)가 정답이다.

어휘 inform A that: A에게 ~라고 알리다 currently 현재 unavailable 이용할 수 없는 due to ~로 인해 electrical failure 전기 문제, 정전 hold ~을 개최하다 at this time 현재 resolve ~을 해결하다 issue 문제, 사안 as ~ as possible 가능한 한 ~하게[~한] in the meantime 그 사이에 conduct ~을 실시하다 training 훈련, 교육 session (특정 활동을 위한) 시간 organizer 주최자, 조직자

Paraphrase your training sessions ⇒ A personal trainer

10분 단축 스킬

수신: amychung11@threadworkstshirts.com
발신: jason@oakridgeevents.com
날짜: 7월 10일, 수요일
제목: 주문번호 47216 - 후속 조치
첨부: Oakridge_NewLogo.png

에이미 씨께,

제 주문을 보류해 주시고 상세 정보를 업데이트하는 방법도 설명해 주셔서 감사합니다. 티셔츠가 생산에 들어가기 전에 실수를 발견하게 되어 정말 다행입니다. 사용할 수 없는 티셔츠 10장을 받았다면 낭비였을 겁니다.

통화 중에 제가 언급한 바와 같이, 제가 앱에서 실수로 저희 문구에 대해 이전의 색상 코드를 선택했습니다. 지금 동일한 서체를 이용하는 정확한 코드로 업데이트해 두었으며, 이 조정 사항이 제가 첨부해 드리는 원본과 같은지 다시 한번 확인해 주시도록 부탁드립니다. 확인하신 후에, 주문 사항을 진행하셔도 됩니다.

감사합니다.
제이슨 리드

Q 리드 씨가 왜 주문품의 문구를 변경했는가?
(A) 다른 회사용이었다.
(B) 오래된 색조였다.

어휘 outdated 오래된, 구형의 shade 색조 put A on hold: A를 보류하다 explain ~을 설명하다 how to do ~하는 방법 details 상세 정보, 세부 사항 relieved 다행인, 안심인 go into production 생산에 돌입하다 would have p.p. ~했을 것이다 mention 언급하다 mistakenly 실수로, 잘못하여 select ~을 선택하다 former 이전의, 과거의 text 문구, 문자 (메시지), 글 correct 정확한, 옳은 font style 서체 double-check ~을 다시 한번 확인하다 adjustment 조정, 조절 reflect ~을 반영하다, ~을 나타내다 original n. 원본 attach ~을 첨부하다, ~을 부착하다 proceed with ~을 진행하다

PRACTICE 4

1

주문한 후에, 저는 구입하고 싶은 바지를 두 벌 더 발견했습니다. 귀사의 웹사이트에 따르면, 바지를 두 벌 이상 구입하면 무료 배송 자격이 주어집니다. 저는 세 벌 모두 무료 배송 자격이 있도록, 제 원 주문에 이 추가 제품들을 넣을 수 있기를 바랍니다.

도움에 감사드립니다.

에릭 존스

Q 존스 씨가 왜 무료 배송을 받을 것 같은가?
(A) 주문을 변경했다.
(B) 늦은 배송에 대해 불만을 제기했다.

해설 질문의 free delivery가 지문에서 free shipping으로 패러프레이즈되어 있다. 결론을 나타내는 so that 절에서 all three pairs would qualify for free shipping이라고 하므로 그 앞에서 존스 씨가 원하는 내용이 원인에 해당한다. 그러므로 add these additional items to my original order를 change his order로 패러프레이즈한 (A)가 정답이다.

어휘 place one's order 주문하다, 발주하다 would like to do ~하고 싶다, ~하고자 하다 according to ~에 따르면 qualify for ~에 대한 자격이 있다 free 무료의 shipping 배송, 발송 add ~을 추가하다 additional 추가적인 so that (결과) 그래서, 그러므로 (목적) ~하도록(can) assistance 도움, 지원 delivery 배송(품) complain 불만을 제기하다, 불평하다

Paraphrase add these additional items to my original order ⇒ changed his order

2

저는 아프리카 요리 연구원의 반나절 강좌에 참석하는 것이 즐거웠습니다. 레딩 씨는 강좌 내내 명확하고, 친절하셨으며, 개인에게 맞춰진 팁도 제공해 주셨습니다. 실습 경험은 집에서 빵 굽는 것을 즐기는 저 같은 사람에게 이상적이었습니다. 유일한 단점이라면 강좌가 때때로 조금 빠른 속도로 진행된다는 점이었지만, 그럼에도 불구하고 많은 것을 배웠습니다. 저는 누구든 도전을 즐기고 달콤한 것을 아주 좋아하는 분이라면 이 강좌를 적극 추천합니다!

Q 레딩 씨의 강좌가 왜 완벽하지 못했는가?
(A) 팁을 응용하기가 힘들었다.
(B) 너무 빠르게 진행되었다.

해설 왜 완벽하지 못했는지 묻고 있으므로 부정적인 정보를 찾아야 한다. 지문 중반부에서 The only downside(유일한 단점)라고 언급되는데, 그 뒤의 the class was a bit fast-paced를 taught too quickly로 패러프레이즈한 (B)가 정답이다.

어휘 attend ~에 참석하다 personalized 개인에게 맞춰진 throughout (기간) ~ 내내, (장소) ~ 전역에 걸쳐 session (특정 활동을 위한) 시간 hands-on 실습의, 실무의 ideal 이상적인 downside 단점, 부정적인 면 a bit 조금, 약간 fast-paced 진행 속도가 빠른 at times 때때로 highly 대단히, 매우 sweets 달콤한 것 less than perfect 완벽하지 못한 apply ~을 적용하다

Paraphrase the class was a bit fast-paced ⇒ It was taught too quickly

3

그 식사는 가격이 매우 합리적이었기 때문에, 저는 이 레스토랑을 적극 추천할 것 같습니다. 유일한 불편은 식사 공간이 저희가 방문했을 때 매우 붐벼서, 편하게 이동하기가 조금 어려웠습니다. 그럼에도 불구하고, 직원들은 세심했고, 음식이 맛있었기 때문에, 전반적으로 가치 있는 경험이 되었습니다. 저는 특히, 집에서 만든 디저트를 즐겼는데, 이것으로 식사를 완벽하게 마무리할 수 있었습니다.

– 데보라 노리스

Q 노리스 씨가 왜 이 레스토랑에 실망했는가?
(A) 오직 작은 공간들만 있다.
(B) 너무 분주했다.

해설 질문의 disappointed를 패러프레이즈한 inconvenience 뒤에 the dining area was extremely crowded라고 말하므로 extremely crowded를 very busy로 패러프레이즈한 (B)가 정답이다.

어휘 reasonably 합리적으로 priced 가격이 책정된 inconvenience 불편함 dining 식사 extremely 매우, 대단히, 극도로 crowded 붐비는 make it 형용사 to do: ~하는 것을 …하게 만들다 a bit 조금, 약간 comfortably 편하게 despite ~에도 불구하고 attentive 세심한, 신경 쓰는 worthwhile 가치 있는 overall 전반적으로 be disappointed with ~에 실망하다

Paraphrase extremely crowded ⇒ very busy

10분 단축 스킬

여러분의 양해에 감사드립니다
진행 중인 작업: 디지털 허브 개조 공사
예정된 완료 날짜: 10월 15일

건축주:
테크 이노베이터스 주식회사
실리콘 로드 201번지
케임브리지, MA

시공사:
브라이트 건축 계약회사
이노베이션 드라이브 550번지
보스턴, MA

모든 필수 건축 허가증이 도시개발부에 의해 발급되었습니다. 진행 중인 공사와 관련된 어떤 문의 사항이든, 555-0248번 현장 관리자에게 전화하시기 바랍니다.

저희는 이 기간에 지장을 최소화하려고 노력하고 있습니다. 저희 시설 개선 노력의 과정에 대한 여러분의 인내에 감사드립니다.

Q 이 안내 표지판이 어디에서 보일 것 같은가?
(A) 공사 현장에서
(B) 아파트 출입문에서

어휘 in progress 진행 중인 renovation 개조, 보수 completion 완료 contractor 계약업체 necessary 필수의, 필요한 permit n. 허가증 issue v. ~을 발급하다, ~을 지급하다 urban 도시의 query 문의 regarding ~와 관련된 ongoing 지속 중인, 계속되는 site 현장, 부지 be committed to -ing ~하는 데 전념하다 minimize ~을 최소화하다 disruption 지장, 방해, 중단 patience 인내(심) improve ~을 개선하다, ~을 향상시키다 facility 시설(물)

PRACTICE 5

1

> 컨벤션 방문객들께서는 안내도의 여러 영역들을 클릭하셔서 서로 다른 홀과 회의 구역들에 관해 더 상세히 알아보실 수 있습니다. 예를 들어, '하버 홀'을 선택하시면 모든 회사의 부스 배치가 보일 것입니다. '썬셋 라운지'를 클릭하시면 10월 12일 참석자들의 사교 행사 세부사항이 보일 것입니다. '그랜드 파빌리온'을 선택하시면 출장 요리 정보 및 서비스 위치를 제공해드릴 것입니다. 손님들께서 부스와 전시물들의 위치를 더욱 쉽게 찾으실 수 있도록 모든 지도를 출력하실 수 있습니다.

Q 방문객들이 어디에서 서로 만날 수 있는가?
(A) 하버 홀
(B) 썬셋 라운지

해설 방문객들이 서로 만날 수 있는 장소를 묻고 있으므로 meet one another를 패러프레이즈한 networking event for attendees의 장소 정보를 확인해야 한다. 이를 위해 '썬셋 라운지'를 클릭하라고 하므로 (B)가 정답이다.

어휘 select ~을 선택하다 display v. ~을 보여 주다, ~을 드러내다 n. 전시(품), 진열(품) booth (행사장 등에 임시로 설치하는) 부스, 칸막이 공간 layout 배치(도) details 세부 사항, 상세 정보 networking 교류, 인맥, 사교 attendee 참석자 choose ~을 선택하다 catering 출장요리 제공(업) location 위치, 지점 help A do: A가 ~하도록 돕다 navigate ~의 위치를 찾다 one another 서로

Paraphrase meet one another ⇒ networking

2

> 고든 씨께,
>
> 지난주에 열린 마이애미 컨퍼런스에서 귀하를 만나 뵙게 되어 정말 기뻤습니다. 그 시간은 제가 귀하의 새로운 파이어볼 4D 그래픽 기술을 처음 확인할 수 있었던 기회였으며, 그 이후로 귀하의 인상적인 제품 시연회에 대해 깊이 생각해보고 있습니다. 귀하께서 저희 시애틀 사무소를 방문해 그 소프트웨어 및 협업 가능성에 대해 논의하고자 하는 의향을 언급해 주셨는데, 그 제안을 기쁘게 받아들이고 싶습니다.

Q 고든 씨가 지난주에 방문한 곳이 어디인가?
(A) 컴퓨터 그래픽 컨퍼런스
(B) 사업 협상 회의

해설 지문에서 last week을 찾아 해당 장소를 확인해야 한다. meeting you at the Miami conference를 That으로 받으면서 see your firm's new Fireball 4D graphics technology라고 언급하므로, 이 컨퍼런스의 주제가 computer graphics임을 추론할 수 있다. 그러므로 (A)가 정답이다.

어휘 opportunity 기회 firm 회사, 업체 reflect on ~을 되돌아보다, ~을 곰곰이 생각하다 a great deal 아주 많이 impressive 인상적인 demonstration 시연(회), 시범 since then 그때 이후로 mention ~을 언급하다 willingness to do ~하고자 하는 의향 potential 잠재적인 collaboration 협업, 공동 작업 accept ~을 받아들이다 offer 제안, 제공(되는 것) negotiation 협상, 협의

Paraphrase conference / graphics technology
⇒ A computer graphics conference

3

> 수신: 시드니 브룩스 발신: 데이빗 콜
> 날짜: 9월 12일, 화요일 시간: 오후 2:35
>
> 메시지: 제가 막판에 일정이 잡힌 LA 긴급 회의로 인해 오늘 오후 5시 30분 약속을 취소해야 합니다. 제가 목요일에 돌아올 것이므로, 가능하다면 금요일 오후 2시로 회의 일정을 재조정했으면 합니다. 저는 내년 뉴욕으로의 이전 계획을 최종 확정하고자 합니다.

Q 콜 씨의 회의가 원래 몇 시로 예정되어 있는가?
(A) 오후 2시
(B) 오후 5시 30분

해설 회의가 원래 몇 시로 예정되어 있는지(originally scheduled) 묻고 있는데, 반대로 취소된(canceled) 상황으로 추론하는 것이 일반적이다. 그러므로 canceled 뒤에 나타나는 (B)가 정답이다.

어휘 cancel ~을 취소하다 appointment 약속, 예약 due to ~로 인해, ~ 때문에 emergency 긴급 상황, 비상 사태 at the last minute 막판에 would like to do ~하고 싶다 reschedule ~의 일정을 재조정하다 if possible 가능하다면 finalize ~을 최종 확정하다 transition 이전, 전환 originally 원래, 애초에

10분 단축 스킬

> **<더 마크 월터스 쇼>를 시청하고 당첨되세요!**
>
> 하루 중 가장 중요한 기사에 대한 참신한 시각과 흥미로운 경품 당첨 기회를 원하세요?
>
> 매일 뉴스 사건에 대한 날카로운 분석을 위해 믿고 찾는 프로그램 <더 마크 월터스 쇼>에 월요일부터 금요일까지

오후 8시 채널 고정하시기 바랍니다.

이달의 어떤 회차든 시청하신 후, 저희 '시청자 사은 추첨'에 등록하세요! 모든 시청자에게 상품권부터 프로그램 관련 독점 굿즈에 이르는 경품 당첨 기회가 주어집니다.

추첨 등록 방법:
1. 여러분의 지역 방송국에서 오후 8시 <더 마크 월터스 쇼>를 시청하세요.
2. 프로그램 중에 노출되는 "오늘의 키워드"를 찾아보세요.
3. 프로그램 종료 전에 여러분의 이름과 함께 1-800-6275번으로 그 키워드를 전송해 주세요.

당첨자는 매주 금요일 프로그램을 통해 생방송으로 발표됩니다! 당첨 통지와 보상받을 기회를 놓치지 마십시오.

Q 사람들이 어떻게 추첨 행사에 등록할 수 있는가?
(A) 관람권 절취 부분을 제출함으로써
(B) 전화로 어떤 정보를 전송함으로써

어휘 fresh take 참신한 시각 prize 경품, 상품 tune in to ~에 채널을 맞추다 go-to 믿고 찾는 analysis 분석 episode 방송 한 회분 enter ~에 등록하다(= join) lottery 추첨 행사 range from A to B: (범위가) A에서 B에 이르다 exclusive 독점적인, 전용의 merchandise 상품 how to do ~하는 방법 local 지역의, 현지의 look out for ~을 찾아 보다 text v. ~을 문자 메시지로 보내다 along with ~와 함께 miss ~을 놓치다, ~을 지나치다 inform ~에게 알리다 reward ~에게 보상하다 register for ~에 등록하다 by (방법) ~함으로써, ~해서 submit ~을 제출하다 attendance ticket 관람권, 입장권

PRACTICE ⑥

1

공지

전 직원은 내일 오후 2시부터 3시까지, 모든 컴퓨터가 온라인 데이터베이스 소프트웨어의 업그레이드 작업으로 오프라인 상태가 된다는 점에 유의하시기 바랍니다. 업그레이드 후에 어떤 문제든 겪으시는 경우, 서면 요청서 제출 즉시 지원이 제공될 것입니다. 요청 양식은 제 사무실에서 가져가실 수 있습니다. 여러분의 인내와 협조에 감사드립니다.

Q 공지에 따르면, 직원들이 어떻게 도움을 받을 수 있는가?
(A) 양식을 제출함으로써
(B) 부서장에게 전화함으로써

해설 질문의 receive help를 패러프레이즈한 assistance will be provided 부근에 정답이 있다. 다행히, 바로 뒤에 upon submission of a written request로 제시되므로 이것을 패러프레이즈한 (A)가 정답이다.

어휘 be aware that ~임에 유의하다, ~임을 알고 있다 experience ~을 겪다, ~을 경험하다 assistance 지원, 도움 upon ~ 즉시, ~하자마자 submission 제출(되는 것) request 요청(서) form 양식, 서식 pick up ~을 가져가다 patience 인내(심) cooperation 협조, 협력

Paraphrase submission of a written request
⇒ turning in a form

2

작년 축제에서 진행하신 귀하의 지난 번 발표가 대단히 성공적이어서, 예상보다 더 많은 청중을 끌어들였다는 사실을 말씀드리게 되어 기쁩니다. 올해에는 훨씬 더 많은 참석자를 수용할 수 있도록, 저희가 귀하의 강연을 80석의 메이플 룸에서 최대 200명까지 수용하는 그랜드 파빌리온으로 옮깁니다. 저희가 귀하의 시간을 축제 폐막일로 잡게 된다면 좋겠습니다. 보통 그때 참석률이 정점에 이릅니다.

Q 그랜드 파빌리온이 얼마나 많은 사람들을 수용할 수 있는가?
(A) 80명
(B) 200명

해설 질문의 동사 accommodate를 패러프레이즈한 표현을 찾아야 하는데, 지문 중간에 holds up(수용하다)으로 제시된다. 그러므로 그 뒤의 숫자인 (B)가 정답이다. 이렇게 선택지가 단순 정보일 경우 패러프레이즈 키워드 하나만 찾아도 쉽게 문제가 풀린다.

어휘 inform A that: A에게 ~라고 알리다 previous 이전의, 과거의 session (특정 활동을 위한) 시간 highly 대단히, 매우 draw ~을 끌어들이다 audience 청중, 관객, 시청자들 than expected 예상보다 accommodate ~을 수용하다 even (비교급 강조) 훨씬 attendee 참석자 seat v. ~을 착석시키다 hold ~을 수용하다, ~을 유지하다 up to 최대 ~까지 presentation 발표(회) attendance 참석률, 참석자 수 usually 일반적으로, 보통 at one's peak 정점에 있는, 최고조에 달한

3

모든 대여용 자전거는 하루 24시간 이용 가능하며, 개인 맞춤 접근 코드를 이용하는 저희 디지털 잠금 시스템으로 보호받고 있습니다. 등록 고객께서는 영업 시간 중에 저희 사무실을 방문하셔서 계정 또는 자전거에 대해 도움을 받으실 수 있습니다. 저희 직원들이 기꺼이 시내 자전거 추천 경로에

관한 팁을 제공해 드릴 것입니다. 일주일 단위로 자전거를 대여하시고 어떤 유형이든 15퍼센트 할인 혜택을 즐기세요!

Q 고객들이 어떻게 할인을 받을 수 있는가?
(A) 전기 자전거를 대여함으로써
(B) 일주일 동안 자전거를 대여함으로써

해설 질문의 receive a discount를 패러프레이즈한 표현을 찾으면 되는데, 마지막 문장에 enjoy a 15% discount가 나온다. 그러므로 그 앞에서 on a weekly basis를 for a week로 패러프레이즈한 (B)가 정답이다.

어휘 **rental** 대여 **available** 이용 가능한 **secure** v. ~을 고정하다 **personalized** 개인에게 맞춰진 **access** 접근, 이용 **register** ~을 등록시키다 **assistance** 도움, 지원 **account** 계정, 계좌 **route** 경로, 노선 **rent** ~을 대여하다 **on a ~ basis** ~ 단위로, ~마다

Paraphrase on a weekly basis ⇒ for a week

PRACTICE 7

1

저희 튠마스터에서는, 고객 관리가 언제나 최우선 순위입니다. 악기 제작 명인에게 사사한 헤나 윈슬로 씨가 설립한 저희 매장은 진정한 장인 정신과 음악에 대한 열정을 바탕으로 세워졌습니다. 여러분께서 악기 관리에 관한 전문 조언이 필요하시든, 아니면 완벽한 음악실 설치에 관한 전문 조언이 필요하시든 상관없이, 친절한 저희 팀은 개인과 학교, 그리고 전문가 모두를 위해 대기하고 있습니다. 저희는 또한 타의 추종을 불허하는 가격으로 희귀 악기 및 골동품 악기도 매매합니다. 소유하고 계신 악기를 판매하시려는 경우, 555-0233번으로 오늘 저희에게 전화주시기 바랍니다.

Q 광고에 따르면, 누가 매장에 전화하도록 요청받는가?
(A) 보컬 트레이너들
(B) 악기 소유자들

해설 질문의 call the shop을 call us today로 패러프레이즈한 앞에 그 조건이 제시된다. 그러므로 If you own one을 Instruments owners로 패러프레이즈한 (B)가 정답이다.

어휘 **care** 관리, 돌봄, 주의, 관심 **train** v. 교육을 받다 **master** 대가 **instrument** 악기 **craftsmanship** 장인 정신 **passion** 열정 **whether A or B**: A이든 B이든 상관없이 **expert** a. 전문적인, 전문가 **set up** ~을 설치하다 **individual** n. 개인 **professional** n. 전문가 **A and B alike**: A와 B 모두 똑같이 **rare** 희귀한, 드문 **vintage** 골동품의, 빈티지한 **unbeatable** 타의 추종을 불허하는

would like to do ~하고자 하다, ~하고 싶다 **be invited to do** ~하도록 요청받다 **owner** 소유자

Paraphrase If you own one ⇒ Instrument owners

2

톰슨 씨께,

저희 기록에 따르면, 귀하께서 3월 20일에 그린테크 컨퍼런스에서 "재생 가능 에너지 분야의 혁신"이라는 제목으로 발표하실 예정입니다. 귀하의 참석 여부를 확정하시고, 저희가 미리 준비할 수 있도록 혹시 추가 장비가 필요하신지 저희에게 알려 주시기 바랍니다. 덧붙여, 순조로운 준비를 보장할 수 있도록, 3월 18일까지 저희에게 발표 슬라이드를 보내 주시기를 정중히 요청 드립니다.

Q 톰슨 씨가 무엇을 하도록 요청받는가?
(A) 연락처 정보를 업데이트하기
(B) 자료를 제공하기

해설 질문의 asked를 패러프레이즈한 표현을 찾아야 하는데, 일단 요청을 암시하는 Please confirm ~ let us know 그리고 kindly send 두 가지가 제시되어 있다. 따라서, 이 단서 뒤의 내용을 선택지에 대입해 보면, presentation slides를 some materials로 패러프레이즈한 (B)가 정답이다.

어휘 **according to** ~에 따르면 **be scheduled to do** ~할 예정이다 **deliver a presentation** 발표하다 **tilted** ~라는 제목의 **innovation** 혁신 **renewable** 재생 가능한 **confirm** ~을 확정하다, ~을 확인해 주다 **availability** 참석 가능성 **let A know if**: A에게 ~인지 알리다 **additional** 추가적인 **equipment** 장비 **accordingly** 그에 따라 **in addition** 추가로, 게다가 **by** (기한) ~까지 **ensure** ~을 보장하다, 반드시 ~하도록 하다 **smooth** 순조로운 **setup** 준비, 설치, 설정 **be asked to do** ~하도록 요청받다 **contact details** 연락처 정보 **material** 자료, 재료, 물품

Paraphrase send us your presentation slides
⇒ Provide some materials

3

저희는 현재 영감을 주는 예술 프로그램들을 지역사회에 도입하고, 지역 내 젊은 예술가들을 대상 장학금 프로그램을 확대하는 데 도움이 될 기부를 받고 있습니다. 크든 작든, 귀하의 기부가 이 계획에 활기를 불어넣는 데 의미 있는 변화를 만들어 낼 것입니다. 귀하의 지원을 통해, 저희는 더 많은 예술가 지망생들에게 다가가고 그들에게 소중한 기회를 제공할 수 있습니다. 귀하의 기부가 만들어 낼 수 있는 영향에 관해 더 상세한 정보를 공유해 드릴 수 있다면 기쁠 것입니다.

Q 편지 내용에 따르면, 자금이 무엇을 위해 쓰일 것인가?
(A) 미술관 건립하기
(B) 지역 내 예술가들을 교육하기

해설 질문의 What ~ used for?는 용도를 묻는 것이므로 용도 또는 쓰임을 나타내는 키워드를 먼저 찾아야 한다. 첫 문장에 목적을 나타내는 to부정사가 나타나므로 동사 부분을 확인해야 하는데, To expand 아래에서 local artists를 발견할 수 있으며, 또한 scholarship programs의 목적에서 training을 추론할 수 있으므로 (B)가 정답이다.

어휘 currently 현재 seek ~을 구하다, ~을 찾다 donation 기부(금) help A do: ~하는 데 A에게 도움이 되다 inspiring 영감을 주는 community 지역사회 expand ~을 확대하다, ~을 확장하다 scholarship 장학금 local 지역의, 현지의 contribution 기부(금), 기여, 공헌, 기고(문) meaningful 의미 있는 bring A to life: A에 활기를 불어넣다 initiative n. 계획, 솔선수범, 진취(성) reach ~에게 다가가다 aspiring 장래의, 장차 ~가 되려는 provide A with B: A에게 B를 제공하다 valuable 소중한 opportunity 기회 share ~을 공유하다 details 상세 정보, 세부 사항 impact 영향 create ~을 만들어 내다 fund 자금, 기금 train ~을 교육하다, ~을 훈련시키다

Paraphrase our scholarship programs for local artists
⇒ Training local artists

실전 TEST

1. (C) **2.** (D) **3.** (B) **4.** (B) **5.** (D)

1-2 다음 공지를 참조하시오.

어린이 탐험대 회원 여러분께,

1 5월 5일 일요일에 '어린이 탐험대'가 최신 실내 놀이 공간인 '어드벤처 존'을 선보일 것입니다! 회원들은 메이플 애비뉴 150번지에 위치한 저희 시내 지점에서 이 새로운 시설의 흥미로움을 경험해 볼 수 있습니다. 편안한 마음으로 들르시되, '어드벤처 존'의 무료 1시간 이용뿐만 아니라, 저희 매점 '키즈 카페'의 수제 간식 이용을 위해 회원카드를 지참하고 오시기 바랍니다.

저희 베스트셀러인 레드 로켓 쿠키를 포함해, 다양한 견과류 무첨가 쿠키를 즐겨 보세요. 구내에서 추가 간식과 음료를 구입하실 수도 있습니다. 저희 '어린이 탐험대'의 다른 지점들에 대한 확장 및 개축 공사 계획이 앞으로 몇 달 안에 발표될 것입니다. **2** 최신 일정을 확인하시려면, www.littleexplo

rersplayspace.com을 방문하시기 바랍니다.

곧 뵐 수 있기를 고대합니다!

어휘 explorer 탐험가 unveil ~을 선보이다 excitement 흥미로움, 흥분(감) downtown 시내의 location 지점, 위치 Feel free to do 얼마든지 ~하세요, 마음껏 ~하세요 come by 들르다 free 무료의 access 접근, 이용 plus ~뿐만 아니라, ~에 더해 a selection of 다양한 A-free: A가 없는 including ~을 포함해 additional 추가적인 available 이용 가능한 on site ad. 구내에서, 현장에서 expansion 확장, 확대 renovation 개축, 보수 look forward to -ing ~하기를 고대하다

1 '어린이 탐험대'가 5월 5일에 무엇을 할 것인가?
(A) 키즈 카페와 제휴를 맺기
(B) 개조 공사를 위해 휴관하기
(C) 새로운 놀이 공간을 개장하기
(D) 새로운 회원 프로그램을 개시하기

해설 May 5라는 특정 날짜를 지닌 문장을 찾아보면, 첫 문장에서 unveil its newest indoor play area, the Adventure Zone이라고 나온다. 그러므로 unveil을 introduce로 패러프레이즈한 (C)가 정답이다.

어휘 partner with ~와 제휴 관계를 맺다 Introduce ~을 소개하다, ~을 도입하다 launch ~을 시작하다, ~을 출시하다

Paraphrase unveil its newest indoor play area
⇒ Introduce a new play space

2 공지에 따르면, 웹사이트에서 무엇이 이용 가능한가?
(A) 상품권
(B) 조리법
(C) 신청 양식
(D) 일정표

해설 질문의 available과 같은 맥락의 표현을 찾아야 한다. 그런데 두 번째 단락에서 웹사이트 주소 앞에 For updates on이라는 전형적인 웹사이트 방문 유도 표현이 제시되어 있는데, 뒤에 얻으려는 대상물로 schedule을 언급하고 있으므로 (D)가 정답이다.

어휘 voucher 상품권, 쿠폰 sign-up 신청, 등록 form 양식, 서식

3-5 다음 기사를 참조하시오.

> **미술과 음료: 어번 카페와 협력하는 시티 갤러리**
>
> 샌드포드 (8월 10일) — 시티 갤러리와 어번 카페가 **3** 9월 초 공식 출범하는 새로운 협력 사업을 발표했다. 곧, 모든 시티 갤러리 지점들은 갓 끓여낸 장인 커피와 가벼운 간식을 제공하는 어번 카페 전용 코너를 갖추게 될 것이다. **4** 시티 갤러리 레이첼 스티븐슨 관장은 이 협력 관계에 대한 열정을 이렇게 나타냈다: "**5** 저희는 고품질 커피 서비스를 추가함으로써 미술품에 대해 곰곰이 생각해 볼 수 있는 편안한 공간을 제공하고 방문객들의 경험을 풍성하게 해 줄 것이라고 생각합니다." **4** 이는 사이먼 브로드스키 씨가 은퇴하고 스티븐슨 씨가 작년 11월 그 직책을 맡은 이래로 성사된 첫 번째 제휴에 해당한다. 취임 직후, 스티븐슨 씨는 일련의 혁신적인 전시회를 시작했으며, 그 이후, 지역사회 봉사 프로그램을 확대하고 지역 미술 워크숍을 시작해 왔다.

어휘 **brew** n. (커피, 차 등 뜨겁게 끓이는) 음료 v. (차 등) ~을 끓이다 **partner with** ~와 협력하다, ~와 제휴 관계를 맺다 **collaboration** 협업, 공동 작업 **officially** 공식으로 **location** 지점, 위치 **feature** ~을 특징으로 하다 **dedicated** 전용의 **artisanal** 장인의 **express** (생각 등) ~을 표현하다 **enthusiasm** 열정, 열의 **add** ~을 추가하다 **quality** a. 양질의, 고품질의 **enrich** ~을 풍성하게 하다 **comfortable** 편안한 **reflect on** ~에 대해 곰곰이 생각하다 **mark** ~에 해당하다 **assume** (직책, 책임 등) ~을 맡다 **following** ~ 후에 **retirement** 은퇴, 퇴직 **shortly after** ~ 직후에 **take charge** 책임을 맡다 **launch** ~을 시작하다, ~을 출시하다 **innovative** 혁신적인 **exhibition** 전시(회) **since then** 그때 이후로 **expand** ~을 확대하다, ~을 확장하다 **community outreach** 지역 사회 봉사 활동 **initiate** ~을 시작하다, ~을 개시하다 **local** 지역의, 현지의

3 제휴 관계가 언제 공식화될 것인가?
(A) 8월에
(B) 9월에
(C) 10월에
(D) 11월에

해설 When 질문이므로 시점을 나타내는 표현을 찾은 후 해당 문장에서 partnership을 패러프레이즈한 표현을 찾아야 한다. 일단 첫 문장에 September가 등장하는데, partnership의 패러프레이즈 표현인 collaboration이 언급되므로 (B)가 정답이다. 일단 정답을 찾았다면, 시간 단축을 취해 November 등 다른 시점은 무시하고 넘어가도록 한다.

어휘 **official** 공식적인, 정식의
Paraphrase partnership ⇒ collaboration

4 기사에 따르면, 브로드스키 씨의 직업이 무엇이었을 것 같은가?
(A) 커피 매장 소유주
(B) 최고위 임원
(C) 미술 강사
(D) 지역사회 행사 주최자

해설 Brodsky라는 이름이 언급되는 지문 후반부에, Ms. Stevenson assumed her role last year in November, following the retirement of Simon Brodsky라고 나온다. Ms. Stevenson이 Brodsky의 후임이므로 두 사람은 직책이 동일하다. 이제 Ms. Stevenson의 직책을 확인해야 하는데, 인터뷰 바로 앞에 City Gallery director Rachel Stevenson라고 나오므로 City Gallery director를 패러프레이즈한 (B)가 정답이다.
이렇게 단서를 이중으로 꼬아놓는 경우도 종종 있으므로 이에 대비한 연습도 해야 한다.

어휘 **owner** 소유주 **director** 임원, 이사 **instructor** 강사 **organizer** 주최자, 조직자
Paraphrase City Gallery director ⇒ A top executive

5 스티븐슨 씨가 시티 갤러리에서 무엇을 할 계획인가?
(A) 몇 차례 전시회를 개최하기
(B) 지역사회 봉사 프로그램을 시작하기
(C) 지역 미술 워크숍을 이끌기
(D) 음료 서비스를 제공하기

해설 질문의 Ms. Stevenson 다음에 나오는 인터뷰에 주목한다. adding a quality coffee service will enrich라고 하는 것에서 coffee service를 beverage services로 패러프레이즈한 (D)가 정답임을 알 수 있다.
Part 7에서는 지문에 인터뷰가 포함된다면, 정답 단서가 될 확률이 높다.

어휘 **organize** ~을 주최하다, ~을 조직하다 **lead** ~을 이끌다, ~을 진행하다 **implement** ~을 시행하다 **beverage** 음료
Paraphrase adding a quality coffee service
⇒ Implement beverage services

DAY 03 의도파악 / 문장삽입 / 동의어 / 추론

10분 단축 스킬

미구엘 로하스 (오전 9:24)
안녕하세요, 여러분. 제가 페인트를 구입하려고 용품점에 와 있는데, 우리에게 필요한 색이 품절입니다. 어제 현장에서 남은 페인트가 좀 있는지 확인해 주시겠어요? 그렇지 않다면, 라텍스 페인트를 선택할 수도 있을 것 같습니다.

토니 델가도 (오전 9:27)
제 생각엔 다 떨어진 것 같아요. 제가 작업반장에게 확인해 보겠습니다.

조 메이슨 (오전 9:28)
저는 지금 당장은 회의에 묶여 있지만, 계속 알려 주세요.

토니 델가도 (오전 9:32)
작업반장은 살짝 더 어두운 색으로 해도 된다고 하시네요. 테두리 장식 부분의 색상 조합은 약간 변경해야 할지도 모르겠지만, 벽면은 모두 그대로 유지할 수 있습니다.

조 메이슨 (오전 9:33)
괜찮은 것 같아요. 부탁해요, 미구엘 씨.

미구엘 로하스 (오전 9:34)
걱정하지 마세요. 감사합니다!

Q 오전 9시 34분에, 로하스 씨가 "No problem"이라고 쓸 때, 무엇을 의미하는가?
(A) 떨어진 색을 찾았다.
(B) 테두리 장식 부분의 색만 바꿀 것이다.

어휘 supply store 용품점 pick up ~을 구입하다, ~을 가져가다 be out of ~이 품절이다, ~이 다 떨어지다 shade 색조 leftover (쓰거나 먹다가) 남은 on site ad. 현장에, 구내에 suppose (that) ~라고 생각하다 choose ~을 선택하다 check with ~에게 확인해 보다 crew 작업반, 작업조 be tied up in (일 등) ~에 발이 묶여 있다 keep A posted: A에게 계속 알리다 grab ~을 가져오다, ~을 붙잡다 slightly 약간, 조금 might have to do ~해야 할지도 모르다 make a change to ~을 변경하다 trim 테두리 (장식) palette 색상 조합 stay the same 계속 그대로 있다 count on ~을 믿다, ~에 의지하다

PRACTICE 1

1

에이든 플로레스 (오전 10:15) 안녕하세요, 레이첼 씨. 제가 전송해 드린 행사 일정표를 받으셨는지 확인하는 중입니다. 토요일 자선 경매 행사에 대한 최신 진행 일정표입니다.
레이첼 고 (오전 10:16) 방금 열어 봤어요. 여전히 비공개 경매로 시작하는 건가요?
에이든 플로레스 (오전 10:17) 네, 하지만 초청 연사 시간대에 몇 가지 조정이 이루어졌습니다. 그 부분의 타이밍을 검토해 주셨으면 합니다.
레이첼 고 (오전 10:22) 좋습니다! 제가 어떤 변경 사항이든 제안해 드려도 되나요?
에이든 플로레스 (오전 10:23) 물론이죠. 행사 기획 전문가이시잖아요.

Q 오전 10시 23분에, 플로레스 씨가 "Absolutely"라고 쓸 때, 무엇을 의미할 것 같은가?
(A) 고 씨가 일정표를 검토해야 한다.
(B) 고 씨가 어떤 제안이든 할 수 있다.

해설 Absolutely는 상대의 말에 대한 강한 긍정을 나타내는 표현이다. 그러므로 상대의 말이 무엇인지 확인해야 한다. 바로 앞의 메시지에서 고 씨가 어떤 변경 사항이든 제안해 주기를 원하는지(Would you like me to suggest any changes?) 묻고 있으므로 suggest any changes를 make any suggestions로 패러프레이즈한 (B)가 정답이다.

어휘 receive ~을 받다 send over ~을 전송하다 timeline 진행 일정(표) charity 자선 (활동), 자선 단체 auction 경매 make an adjustment to ~을 조정하다 slot 시간대 would like A to do: A에게 ~하기를 원하다 review ~을 살펴보다, ~을 검토하다 section 부분, 영역 suggest ~을 제안하다 Absolutely (강한 긍정) 당연하죠, 물론이죠 be great at ~을 아주 잘하다

Paraphrase suggest any changes
⇒ make any suggestions

2

조쉬 리 (오후 1:45) 제가 우리 직무 안내서대로 해보고 있지만, 제 로그인 문제가 계속되고 있어요. 제가 15분 후에 시작하는 웨비나가 있어서, 자료가 긴급히 필요합니다.
알렉스 킴 (오후 1:46) 제가 이제 도와드리겠습니다! 사원번호가 ST173450이죠? 방금 계정 설정을 초기화했습니다. 다시 한번 로그인해 보세요.
조쉬 리 (오후 1:48) 와, 드디어 됐네요! 다 잘 되네요. 감사합니다.

Q 오후 1시 46분에, 킴 씨가 "I'm here to help"라고 쓸 때, 무엇을 의미할 것 같은가?

(A) 그는 항상 도움이 필요한 사람들을 즐겁게 돕는다.
(B) 리 씨가 자신의 자료를 이용할 수 있을 것이다.

해설 킴 씨가 "I'm here to help"라고 말한 의도를 알려면 상대의 문제가 무엇인지를 파악해야 한다. 바로 앞의 메시지에서, 리 씨가 15분 뒤에 열릴 웨비나에 사용할 자료가 긴급히 필요하다고 하면서 I need the materials urgently라고 문제를 밝히고 있으므로, 이 말에서 will be able to access his materials라고 추론한 (B)가 정답이다.

어휘 attempt to do ~하려 시도하다 follow ~을 따르다 handbook 직무 안내서, 설명서 persist 지속되다 webinar 웨비나 (인터넷으로 하는 세미나) in 시간: ~ 후에 material 자료, 재료, 물품 urgently 긴급히 refresh (화면을) 새로 고치다, 새로운 활력을 주다 account 계정, 계좌 setting (기계 등의) 설정 try -ing 한번 ~해 보다 work (기계, 방법 등이) 작동하다 those ~ (후치 수식어구와 함께) ~하는 사람들 in need 도움이 필요한 be able to do ~할 수 있다 access ~을 이용하다, ~에 접근하다

Paraphrase need the materials urgently
⇒ will be able to access his materials

3

> 조던 랭 (오후 3:15) 오늘 바르가스 씨에 대한 교육은 어땠나요?
> 레나 크로스 (오후 3:16) 저는 그가 우리 고객 지원팀에 훌륭한 보탬이 될 거라고 생각해요. 아주 인내심이 많고, 뛰어난 문제 해결 능력을 지니고 있어요.
> 조던 랭 (오후 3:18) 라이언 씨, 그분의 다음 교육일정을 짜주시겠어요? 가능할까요?
> 라이언 첸 (오후 3:20) 다 된 거나 같습니다.

Q 오후 3시 20분에, 첸 씨가 "Consider it done"이라고 쓸 때, 무엇을 의미할 것 같은가?

(A) 다음 교육 일정을 준비할 것이다.
(B) 바르가스 씨의 구직 지원 자료를 검토할 것이다.

해설 질문의 Consider it done은 '다 된 걸로 여겨도 좋다'는 뜻으로 상대의 요청을 수락하는 표현이다. 여기서 it이 무엇인지는 앞사람의 대화에 단서가 있다. 앞에서 랭 씨가 바르가스 씨의 다음 교육 일정을 잡아달라(Ryan, can you coordinate her schedule for the next training session?)고 요청하였으므로, coordinate her schedule for를 organize로 패러프레이즈한 (A)가 정답이다.

어휘 How did A go?: A는 어떻게 되었나요? training 교육 session (특정 활동을 위한) 시간 addition 보탬(이 되는 것), 추가(되는 것) patient 인내심이 있는 problem-solving 문제 해결의 coordinate ~을 편성하다, ~을 조정하다 Consider it done. 다 된 거나 마찬가지. be willing to do 기꺼이 ~하다, ~할 의향이 있다 organize ~을 마련하다, ~을 조직하다 review ~을 검토하다, ~을 살펴 보다 application 지원(서), 신청(서) material 자료, 재료, 물품

Paraphrase coordinate her schedule for ⇒ organize

10분 단축 스킬

콩코드 전자 폐기물 수거의 날

낡은 전자제품을 확실히 처리하셔야 하나요? 4월 15일 오전 9시부터 오후 12시까지 에코세이프 사가 주최하는 콩코드 전자 폐기물 수거의 날에 방문하시기 바랍니다.

다수의 수거용 부스가 콩코드 시민회관 뒤편에 설치될 것입니다. 이곳은 버스타인 드라이브와 노스 애비뉴가 만나는 모퉁이에 위치해 있습니다. 낡은 전화기, 컴퓨터, 텔레비전 같이 쓸모없는 기기들을 가져오세요. 현장에서 에코세이프 사에 의해 안전하게 수거되고 재활용됩니다. 주의하세요. 이 행사는 콩코드 주민에게만 공개되며, 가정 당 7kg의 전자 폐기물로 제한됩니다. 기술업계의 유능한 전문가인 에코세이프 직원들이 나와서 기기 관리 및 데이터 보호에 관한 팁도 제공해 드릴 것입니다.

더 상세한 정보를 원하시면, www.concordewaste.org으로 방문하시기 바랍니다.

Q [1], [2]로 표시된 위치들 중에서 다음 문장이 들어가기에 가장 적합한 곳은 어디인가?

"이곳은 버스타인 드라이브와 노스 애비뉴가 만나는 모퉁이에 위치해 있습니다."

(A) [1]
(B) [2]

어휘 e-waste 전자 폐기물 collection 수거, 수집 responsibly 책임감 있게 dispose of ~을 처리하다, ~을 처분하다 electronics 전자 제품 host ~을 주최하다 drop-off 갖다 놓기, 내려 놓기 set up ~을 설치하다, ~을 마련하다 unwanted 원치 않는 device 기기, 장치 securely 안전하게 recycle ~을 재활용하다 note 유의하다, 주목하다 resident 주민 be limited to ~로 제한되다 representative n. 직원, 대표자 experienced

경험 많은 professional n. 전문가 industry 업계, 산업 available 시간이 나는, 이용 가능한 protection 보호 be located 위치해 있다

PRACTICE 2

1

(6월 3일) — 시 당국이 베이뷰 공원에서 노스사이드 상업지구까지 시의 강변지역을 따라 이어지는 보행자 및 자전거 전용 도로인 웨스트우드 베이워크를 확장하는 계획을 최종 확정했습니다. 휴식 공간과 경치 좋은 전망대들이 몇 군데 더 추가될 예정입니다. 이 확장 공사는 공용 공간을 개선하고 야외 여가활동을 장려하기 위한 더 큰 계획의 일부입니다. 자금은 시의 예산 및 민간 기부금으로 충당됩니다. 공사는 6월 7일에 시작되며, 이 도로는 1년 내로 개통됩니다.

Q "휴식 공간과 경치 좋은 전망대들이 몇 군데 더 추가될 예정입니다."
(A) [1]
(B) [2]

해설 제시된 문장은 여러 추가 휴식 공간과 경치 좋은 전망대가 추가될 예정이라는 뜻으로 계획의 세부사항에 속한다. 세부사항이 나오려면 먼저 개괄적인 계획인 공개되어야 하므로, 확장 계획을 확정했다는 내용의 뒤인 [1]의 위치가 적합하다. 또한 정관사가 앞에 구체적인 내용을 동반한다는 데 착안해 The expansion 앞의 [1]의 자리를 고를 수도 있다. 그러므로 (A)가 정답이다.

어휘 official n. 관계자, 당국자 finalize ~을 최종 확정하다 extend ~을 확장하다, ~을 연장하다 pedestrian 보행자 along (길 등) ~을 따라 waterfront 강변, 해안가 expansion 확장, 확대 broad 폭넓은 initiative n. 계획, 솔선수범, 진취(성) improve ~을 개선하다 encourage ~을 장려하다 funding 자금 municipal 시의, 자치도시의 contribution 기부(금), 기여, 공헌 rest 휴식 viewpoint 전망대 be set to do ~할 예정이다 add ~을 추가하다

2

즐거운 월요일입니다! 월간 웨인 컨트리 클럽 모금 행사를 찾아 주신 클럽 회원 여러분 반갑습니다! 저희 기금 마련 아침 식사는 이번 주 토요일 오전 9시부터 오전 11시까지 진행될 것입니다. 모두 오셔서 맛있는 팬케이크, 달걀, 베이컨, 소시지, 커피, 차, 그리고 주스 등 다양한 음식을 즐기시기를 바랍니다. 아침식사 장소가 2층에 위치한 회의실로 옮겨졌다는 사실에 유의하시기 바랍니다. 같은 시간에 본관 홀이 저희 클럽의 연례 회원 모임에 사용될 것입니다.

Q "같은 시간에 본관 홀이 저희 클럽의 연례 회원 모임에 사용될 것입니다."
(A) [1]
(B) [2]

해설 제시된 문장은 본관 홀이 같은 시간에 다른 용도로 사용된다는 사실을 알리고 있다. 즉, 장소를 사용할 수 없는 것에 대한 사유를 나타내므로, 그 앞에는 장소 변경 내용이 오는 것이 타당하다. 그러므로 식사 장소가 변경됨을 알리는 내용 뒤인 [2]에 들어가는 것이 자연스러우므로 (B)가 정답이다.

어휘 monthly 월간의, 매월의 fundraiser (주로 식사를 동반하는) 모금 행사 serve (음식 등) ~을 제공하다, ~을 내오다 come along 함께 오다 a selection of 다양한 note that ~에 유의하다, 주목하다 annual 연례적인, 해마다의

3

헌츠빌 시네마 홍보행사에 영화를 출품하는 것에 대한 귀하의 관심에 감사드립니다. 모든 지원자들은 단편영화든, 장편영화든 상관없이, 40달러의 출품 수수료를 지불하셔야 하는 점에 유의하시기 바랍니다. 추가로, 지원자들께서는 각자의 영화에서 최소 세 장의 스틸 이미지도 제공하셔야 합니다. 이것들은 주제와 영화 스타일을 명확히 나타내야 합니다. 저희는 또한, 영화의 주제 및 핵심 인물들을 개괄적으로 설명하는 간략한 개요도 제출하시도록 요청드립니다.

Q "이것들은 주제와 영화 스타일을 명확히 나타내야 합니다."
(A) [1]
(B) [2]

해설 제시된 문장의 주어 These는 앞서 언급된 복수명사를 가리키는 대명사이다. 그러므로 앞의 문장에서 복수명사를 포함하는 위치를 선택하면 된다. 그런데 [2]의 앞 문장에 three still images라는 복수명사가 포함되므로 (B)가 정답이다.

어휘 interest in ~에 대한 관심 submit ~을 제출하다 note that ~임에 유의하다, ~임에 주목하다 applicant 지원자, 신청자 submission 제출(되는 것) fee 수수료, 요금 regardless of ~와 상관없이 whether A or B: A이든 B이든 short film 단편영화 feature-length 장편의 additionally 추가로 a minimum of 최소 ~의 request that ~하도록 요청하다 brief 간략한, 짧은 synopsis 개요 outline ~을 개괄적으로 설명하다 subject matter 주제 represent ~을 표현하다, ~에 해당하다 theme 주제

10분 단축 스킬

에코플로우 수도 시스템

저희 에코플로우 수도 시스템을 선택해 주셔서 감사합니다!

새롭게 업그레이드된 저희 정수 장치는 여러분 가정의 수도에 깔끔하게 연결되며, 첨단 기술을 활용해 식수와 요리, 그리고 목욕물을 정수해 드립니다. 이 시스템은 오염 물질을 제거하면서도, 건강과 맛에 필요한 필수 무기물은 유지합니다.

모든 에코플로우 제품은 최적의 성능을 보장하기 위해 엄격한 품질 테스트를 거칩니다. 추가로, 저희는 이제 이용자들이 수질도 관찰하고 필터 교체 알림 메시지도 받을 수 있게 하는 스마트폰 애플리케이션을 제공해 드립니다. 이 앱은 저희 웹사이트에서 다운로드하실 수 있습니다.

저희 에코플로우 정수 시스템은 에코플로우가 인증한 교체용 필터만 이용하도록 고안되었습니다. 제3자가 제작한 필터를 이용하시면 효과가 줄어들 수 있으며, 품질 보증 혜택을 받지 못하실 수 있습니다.

Q 네 번째 단락, 네 번째 줄의 단어 "void"와 의미가 가장 가까운 것은 무엇인가?
(A) 비우다
(B) 무효화하다

어휘 choose ~을 선택하다 filtration unit 정수 장치, 여과 장치 seamlessly 이음새 없이, 자연스럽게, 깔끔하게 utilize ~을 활용하다 advanced 진보한, 발전된 purify ~을 정화하다 remove ~을 제거하다 contaminant 오염 물질 while -ing ~함과 동시에, ~하면서 maintain ~을 유지하다 essential 필수적인 mineral 무기물 undergo ~을 거치다, ~을 겪다 rigorous 엄격한 quality 품질, 질 ensure ~을 보장하다, 반드시 ~하도록 하다 optimal 최적의 performance 성능, 수행 (능력), 성과 additionally 추가로 allow A to do: A에게 ~할 수 있게 해 주다 monitor v. ~을 관찰하다 replacement 교체(품), 대체(품) alert 알림 (메시지) available 이용 가능한 note that ~임에 유의하다, ~임에 주목하다 certified 인증된 third-party 제3자의, 제3자가 제공한 result in ~을 초래하다, ~라는 결과를 낳다 reduce ~을 감소시키다 efficiency 효율성 void ~을 무효화하다 warranty 품질 보증(서)

PRACTICE 3

1

저희 브라이트 환경공학연구소(BIES)에 대한 귀하의 공헌에 감사의 뜻을 표현하기 위해, 그리고 몇 가지 흥미로운 진행 상황을 알려 드리기 위해 이 글을 드립니다. 저희 최장기 재직 연구원들 중 한 분인 귀하는 저희 연구소가 원래 해양 연구센터로 설립되었으나, 그 이후로 산림과 기후 과학, 그리고 도시 지속 가능성 분야의 프로그램들을 포함하며 확장해 왔다는 사실을 아실 것입니다. 한때 주로 지역 기반이었던 저희 연구진은 현재 북미와 유럽, 그리고 아시아 전역에서 온 외국 연구원들을 포함하고 있습니다.

Q 첫 번째 단락, 세 번째 줄의 단어 "established"와 의미가 가장 가까운 것은 무엇인가?
(A) 설립된
(B) 확인된

해설 was originally established의 주어인 BIES가 단체 이름이므로 동사 established는 '단체를 설립하다'라는 의미로 쓰인 것이다. 그러므로 같은 의미인 동사 found의 과거분사 (A) founded가 정답이다.

어휘 express (생각 등) ~을 표현하다 gratitude 감사(의 뜻) contribution 공헌, 기여 inform A of B: A에게 B를 알리다 development 진행 상황, 진전 long-serving 장기 재직 중인 researcher 연구원 originally 원래, 애초에 establish (단체를) 설립하다, (이론, 명성을) 확립하다 marine 해양의 since ad. 그 이후로 expand 확대되다, 확장되다 include ~을 포함하다 forestry 임학, 산림학 climate science 기후 과학 urban 도시의 sustainability 지속 가능성 scholar 학자 once 한때 primarily 주로 local 지역의 from across ~전역에서 온

2

수제 공예품과 토속 음식, 그리고 예술품을 판매하는 데 관심이 있는 노점상들을 환영합니다. 부스가 비용이 선 지불된 후에 예약될 수 있다는 점에 유의하시기 바랍니다. 추가로, 야외 테이블은 허용되지 않습니다. 노점 신청서는 12월 10일까지 접수될 것이며, 승인된 노점상은 아래의 시간대에 설치 작업을 시작하실 수 있습니다.

- 월요일부터 목요일: 오후 5시부터 오후 8시
- 토요일: 오후 12시부터 오후 1시 30분

Q 첫 번째 단락, 두 번째 줄의 단어 "note"과 의미가 가장 가까운 것은 무엇인가?
(A) 적어두다

(B) 유의하다

해설 동사 note에는 적어두다, 유의하다, 알아채다 등 다양한 의미가 있는데, 동반하는 내용에 따라 의미를 구분할 수 있다. note 뒤의 that절이 부스가 선 지불 후에 예약된다는 중요한 원칙을 알려주므로 '~에 주목하다, 유의하다'라는 의미로 쓰였음을 알 수 있다. 따라서, '주의하다'라는 의미를 지니는 (B)가 정답이다.

어휘 vendor 노점상 interested in ~에 관심이 있는 craft 공예(품) local 지역의, 현지의 note that ~임에 유의하다, ~임에 주목하다 reserve ~을 예약하다 payment 지불 receive ~을 받다 in addition 추가로 outside 외부의 permit ~을 허용하다 application 신청(서), 지원(서) accept ~을 받아들이다 approve ~을 승인하다 setup 설치, 준비, 설정 following 아래의, 다음의 write down 적어두다 aware 알고 있는, 인식하고 있는

3

핼턴 초등학교 학부모회가 7월 10일 토요일 오후 6시, 미션 스트리트 554번지에 위치한 프레스티지 지역 문화센터에서 지역사회의 밤 행사를 주최할 것입니다. 저희 학부모회는 시장님과의 오찬회, 아프리카 사파리 여행, 영화 상품권, 미용품 바구니, 피트니스 강좌 외 다수의 경매 상품을 통해 **1만 달러 이상을 모금하는** 것을 목표로 하고 있습니다. 모든 수익금은 수업 프로그램들을 직접 지원하게 됩니다. 이 경매에 참여하는 방법에 관한 정보가 필요하시면, 555-328-2562번 쉴라 플라워스 씨에게 전화하시기 바랍니다.

Q 첫 번째 단락, 두 번째 줄의 단어 "raise"와 의미가 가장 가까운 것은 무엇인가?
(A) 발생시키다
(B) 증가시키다

해설 동사 raise는 generate와 increase의 뜻을 모두 가지고 있으므로 문장에서 사용된 의미를 확인해야 하는데, 목적어의 형태로 0.1초만에 정답을 결정할 수 있다. 목적어가 금액이면 generate, 목적어가 일반 명사면 increase인데, 이 문장에서는 목적어로 over $10,000가 사용되므로 (A)가 정답이다.

어휘 host ~을 주최하다 community 지역사회 aim to do ~하는 것을 목표로 하다 raise ~을 모금하다, ~을 모으다, ~을 증가시키다 auction 경매 mayor 시장 gift certificate 상품권 proceeds 수익금 how to do ~하는 방법 participate in ~에 참가하다

10분 단축 스킬

편집자께,

도시 교통 해결책에 관한 귀사의 최근 특집 기사에 대해 감사했습니다. 저희 어번 센스 테크놀로지 사는 **지속 가능한 통근 습관을 지원하는 제품을 개발합니다**. 가장 인기 있는 저희 혁신 제품들 중 하나는, 도시 자전거 이용자들을 위해 고안된 스마트 경로 배낭입니다. 이 배낭은 모바일 앱과 연결되는 LED 패널이 장착되어 있으며, 방향 지시등 및 타 도로 이용자들에 대한 경고 기능을 합니다. 저희는 에코 패스 회원권도 제공하고 있는데, 이를 통해 회원들은 할인가로 전기 자전거를 대여할 수 있습니다. 이 프로그램은 여러 시범 도시에서 혼잡 시간대에 교통 체증을 감소시키는 데 특히 성공적이었습니다.

귀사의 독자들이 스마트하고 지속 가능한 교통에 관심이 있다면, 그분들께서 전달할 추가 상세 정보를 위해 저희 웹사이트 www.urbansensetech.com을 꼭 방문해 보셨으면 합니다.
안녕히 계십시오.

대니얼 조,
어번 센스 테크놀로지

Q 어번 센스 테크놀로지 사의 제품과 관련해 암시된 것은 무엇인가?
(A) 전문 자전거 선수들을 대상으로 한다.
(B) 환경에 관심 있는 자전거 이용자들을 위해 만들어진다.

어휘 appreciate ~에 대해 감사하다 recent 최근의 feature n. 특집 기사 v. ~을 특집으로 다루다 urban 도시의 mobility 이동성, 교통 solution 해결책 sustainable (환경이) 지속 가능한 commuting 통근 innovation 혁신 connect to ~와 연결되다 display ~을 표시하다, ~을 나타내다 turn signal 방향 지시등 alert 알림, 경보 allow A to do: A가 ~할 수 있게 해 주다 rent ~을 대여하다 particularly 특히 reduce ~을 감소시키다 traffic congestion 교통 체증 rush hours 혼잡 시간대 pilot 시범의, (실제 시행 전에) 시험하는 be interested in ~에 관심이 있다 would love for A to do: A가 꼭 ~하기를 원하다 details 상세 정보, 세부 사항 be intended for ~을 대상으로 하다 eco-conscious 환경을 의식하는

PRACTICE 4

1

> 저희 사진 촬영 경연대회가 야외 전시회를 포함해, 다수의 미술관에 걸쳐 개최되므로, 모든 사진을 다양한 전시 방식에 적합한 고해상도 이미지로 출품하시도록 요청드립니다. 매년 아주 많은 풍경사진들이 참가하고 있어서, 그 부문에서 경쟁이 매우 치열하다는 점에 유의하시기 바랍니다. 여러분의 출품작이 올해 선정되지 않는 경우, 나중에 다시 참가하시기를 권해 드립니다.

Q 행사와 관련해 암시된 것은 무엇인가?
(A) 풍경 사진작가들을 대상으로 한다.
(B) 서로 다른 전문 영역에 속한 사람들이 참가할 수 있다.

해설 in that category에서 경쟁이 심하다는 표현은 다른 category들이 존재한다는 것을 암시한다. 그러므로 in that category에서 in different areas를 추론한 (B)가 정답이다.

어휘 photography 사진 촬영(술) take place 발생하다 multiple 다수의, 다양한 including ~을 포함해 exhibition 전시(회) require A to do: A가 ~하도록 요청하다 submission 제출물, 출품작 high-resolution 고해상도의 suitable for ~에 적합한 display 전시(물), 진열(품) format 방식 note that ~임에 유의하다, ~임에 주목하다 a large number of 아주 많은 landscape 풍경 entry 참가(작), 출품(작) make A 형용사: A를 ~하게 만들다 competition 경쟁 category 부문, 범주 select ~을 선정하다 encourage A to do: A에게 ~하도록 권하다 participate 참가하다 be intended for ~을 대상으로 하다 accessible to ~가 접근할 수 있는, ~가 이용할 수 있는 specialty 전문(성)

Inference especially strong in that category
⇒ people in different areas of specialty

2

> **카르멘 리 (오전 11:12)** 톰, 내일의 브리핑에 앞서, 최신 시장 분석 자료를 검토해 보세요.
> **톰 장 (오전 11:13)** 물론이죠! 제가 요약본을 정리해서 곧 이메일로 보내 드리겠습니다.
> **카르멘 리 (오전 11:16)** 제가 몇몇 고객들을 대상으로 진행한 브리핑에서 사용하고 남은 지난주 디지털 캠페인 보고서가 있어요. 그걸 전송해 드릴게요.
> **톰 장 (오전 11:17)** 오늘 이따가 그 보고서를 살펴보겠습니다. 내일 뵙겠습니다.

Q 리 씨와 관련해 암시된 것은 무엇인가?
(A) 최근에 고객 대상의 발표를 진행했다.
(B) 회의에 참석할 수 없다.

해설 리 씨가 11시 16분에 작성한 메시지에서 my previous briefing with some customers라고 언급하고 있는데, my previous briefing에서 led a client meeting을 추론할 수 있으므로 (A)가 정답이다.

어휘 review ~을 검토하다, ~을 살펴보다 analytics 분석 자료, 분석 정보 briefing 브리핑, 요약 보고 compile (자료를 모아) ~을 정리하다 summary 요약(본) shortly 곧, 머지않아 have A p.p.: A를 ~되게 하다 previous 이전의, 과거의 forward ~을 전송하다 lead ~을 진행하다, ~을 이끌다 presentation 발표(회) recently 최근에 be unable to do ~할 수 없다 attend ~에 참석하다

Paraphrase my previous briefing with some customers
⇒ led a client presentation

3

> 저희 스레드웍스 어패럴이 드디어 개인 맞춤 티셔츠를 디자인하는 완전히 새로운 앱, '인스턴트 스레즈'를 공개합니다. 여러분께서 지난 10년간 해 오신 것처럼 직접 저희 매장을 방문하실 수도 있지만, 이제 저희는 티셔츠 디자인 작업을 특히 빠르고 간편하게 만들어 주는 플랫폼을 보유하게 되었습니다. 수십 가지 셔츠 스타일 중에 선택하시고, 여러분만의 문구와 그래픽을 추가하신 다음, 순식간에 세련된 고품질 티셔츠를 디자인해 보시기 바랍니다. 이 앱의 출시로 고객 여러분께서는 각자의 기기에서 편리하게 맞춤형 디자인을 만드실 수 있습니다.

Q 스레드웍스 어패럴과 관련해 암시된 것은 무엇인가?
(A) 막 오프라인 사업 운영을 중단했다.
(B) 기술을 통해 서비스를 제공하려고 한다.

해설 첫 문장에서 ThreadWorks Apparel is excited to introduce Instant Threads, our brand-new app for designing personalized t-shirts라고 나온다. 여기서 알 수 있는 것은 app에서 티셔츠를 디자인할 수 있다는 것이다. 그러므로 app을 technology로 패러프레이즈한 (B)가 정답이다.

어휘 introduce ~을 소개하다, ~을 도입하다 brand-new 완전히 새로운 personalized 개인에게 맞춰진 in person 직접 (가서) make A 형용사: A를 ~하게 만들다 particularly 특히 select from ~에서 선택하다 dozens of 수십 개의 add ~을 추가하다 text 문구, 글, 문자 (메시지) high-quality 고품질의 in no time 순식간에 move 조치, 움직임 allow A to do: A에게 ~할 수 있게 해 주다 create ~을 만들어 내다 conveniently 편리하게 device 기기, 장치 cease ~을 중단하다 operation 운영,

영업, 작동 offer ~을 제공하다, 판매하다 via ~을 통해 technology 기술

Paraphrase our brand-new app for designing personalized t-shirts
⇒ offering its service via technology

PRACTICE 5

1

> 샘 헌트 (오후 3:41) 오크우드 센터에서 열린 요리 강좌와 관련해서 당신 말이 맞았어요. 요리사님이 정말 숙련되고 모든 것을 명확히 설명해 주십니다.
> 애나 데이비스 (오후 3:43) 그분 대단하시지 않나요? 저도 참석할 시간이 나면 좋겠어요. 하지만 제가 시 반대편에 있는 아파트로 이사했기 때문에, 저희 집에서 너무 멀어요.
> 샘 헌트 (오후 3:45) 안타깝네요. 당신이 새로 다니는 곳은 어떤가요? 거기에 좋은 강사님들이 계신가요?
> 애나 데이비스 (오후 3:46) 여전히 알아보는 중이에요.

Q 데이비스 씨와 관련해 추론할 수 있는 것은 무엇인가?
(A) 정기적으로 오크우드 센터에 다닌다.
(B) 헌트 씨에게 강좌를 하나 추천해 주었다.

해설 헌트 씨가 3시 41분에 작성한 메시지에서, You were right about the cooking class at Oakwood Center.라고 한다. 이 말은 데이비스 씨가 칭찬하는 말을 듣고 강좌에 갔다가 그 말에 동의한다는 뜻이다. 여기서 데이비스 씨가 헌트 씨에게 그 강좌를 소개해 주었다고 추론할 수 있으므로 (B)가 정답이다.

어휘 chef 요리사 skilled 숙련된, 능숙한 explain ~을 설명하다 clearly 명확히, 확실히 I wish I 과거동사: ~한다면 좋겠다 (아쉬움) have the time to do ~할 시간이 나다 attend 참석하다 That's a shame 안타깝네요, 아쉽네요 across town 도시 반대쪽으로 instructor 강사 look 알아보다, 찾아보다 regularly 주기적으로, 규칙적으로 recommend ~을 추천하다

Inference You were right about the cooking class
⇒ recommended a class

2

> 저희 에밀리아 미술관의 자리를 고려해 주셔서 감사합니다! 저희는 창의적인 인재 양성을 자랑스럽게 생각하며, 함께 일할 수 있는 가능성을 고대하고 있습니다. 우편 또는 이메일로 이력서와 자기 소개서, 그리고 작품 포트폴리오를 보내 주시기 바랍니다. 반드시 각 파일명이 작품 제목과 일치하도록 해 주시기 바랍니다. 자료를 검토한 후, 면접을 제안해 드릴 수 있는지, 그렇다면 언제 가능한지 결정할 것입니다.

Q "반드시 각 파일명이 작품 제목과 일치하도록 해 주시기 바랍니다."
(A) [1]
(B) [2]

해설 make sure는 앞에서 한 지시나 당부에 대해 아주 주의할 사항을 강조하는 표현이다. 그러므로 앞에 지시/요청이 있는 위치를 찾으면 되는데, 가장 대표적인 지시/요청의 표현이 Please이다. 그러므로 [1]에 들어가 앞의 요청과 관련된 주의 사항을 전달하는 흐름이 타당하므로 (A)가 정답이다.

어휘 consider ~을 고려하다 position 직책, 일자리 take pride in ~을 자랑스럽게 생각하다 foster ~을 양성하다, ~을 조성하다 creative 창의적인 talent 인재 look forward to ~을 고대하다 possibility 가능성 résumé 이력서 cover letter 자기 소개서 portfolio 포트폴리오 (구직 시 제출하는 작품 모음집) review ~을 검토하다, ~을 살펴보다 material 자료, 재료, 물품 determine ~을 결정하다 make sure (that) 반드시 ~하도록 하다 clearly 명확히, 확실히 correspond to ~와 일치하다, ~에 상응하다 piece (글, 그림, 음악 등의) 작품

3

> 지원자들은 인쇄 매체든 아니면 온라인 매체든, 스포츠 칼럼니스트로서 최소 3년의 경력을 지녀야 합니다. 지역 아마추어 스포츠계에 대한 뛰어난 지식은 필수입니다. 주간 또는 월간 간행물에서의 경력이 선호되는데, 저희 칼럼니스트들은 잡지가 인쇄에 돌입하기 최소 6시간 전에 작업물을 제출해야 하기 때문입니다. 이 자격 요건을 충족하는 지원자만 심사받을 것입니다. 이력서와 추천서, 그리고 저술한 포트폴리오를 jw89@wmedia.com의 제니퍼 와이엇 씨에게 보내 주시기 바랍니다.

Q 첫 번째 단락, 네 번째 줄의 단어 "meet"과 의미가 가장 가까운 것은 무엇인가?
(A) 만나다
(B) 충족하다

해설 동사 어휘는 목적어와의 관계만 잘 따지면 바로 정답을 고를 수 있다. 해당 문장에서 meet의 목적어가 these requirements이므로 요건을 충족하는 의미로 사용되었음을 알 수 있다. 그러므로 '충족하다'라는 의미인 (B) fulfill이 정답이다.

어휘 applicant 지원자, 신청자 at least 최소한, 적어도 knowledge 지식 local 지역의, 현지의 required 필수의,

필요한 publication 출판(물) preferred 선호되는 submit ~을 제출하다 work 작업물, 작품 issue (출판물 등의) 호 candidate 지원자, 후보자 meet (조건 등) ~을 충족하다 requirement 자격 요건, 필수 조건 consider ~을 고려하다 résumé 이력서 portfolio 포트폴리오 (구직 시 제출하는 작품집)

실전 TEST

1. (D) 2. (A) 3. (A) 4. (C) 5. (D) 6. (C)

1-3 다음 온라인 채팅을 참조하시오.

> **올리비아 박 (오후 3:57)**
> **1** 안녕하세요, 팀원 여러분. 연휴 전에 간단히 상황을 점검하려고 합니다. 대니얼 씨, 크레스트우드 파이낸셜과의 회의는 어떻게 되었나요?
> **대니얼 리베라 (오후 4:04)**
> 정말 잘 진행되었습니다! **1** 그쪽에서 우리 데이터 관리 소프트웨어의 골드급 저작권을 구매하는 데 동의했습니다. 계약서 서명도 완료되어 바로 제출할 수 있습니다.
> **올리비아 박 (오후 4:05)**
> 대단해요! 우리 팀에게 엄청난 성과예요. 이 건으로 대니얼 실적이 모두를 앞서게 됐는데, 이제 대니얼이 이번 분기 최대 고객사 보유자입니다.
> **리암 포스터 (오후 4:07)**
> 정말 수고했어요, 대니얼! 그리고, **3** 제게 그쪽 로고들을 보내주실 수 있다면, 제가 사무실로 복귀하는 대로 그것들을 바로 우리 웹사이트와 홍보 자료에 추가할게요.
> **대니얼 리베라 (오후 4:08)**
> 정말인가요? **2** 저는 노아 킴 씨가 막 대형 계약을 따냈다고 생각했어요.
> **올리비아 박 (오후 4:09)**
> 아쉽게도, **2** 노아 씨의 계약은 막판에 무산됐어요.
> **대니얼 리베라 (오후 4:11)**
> 안타깝네요. 그리고 **3** 그렇게 해 주신다고 말씀해 주셔서 감사합니다, 리암!
> **리암 포스터 (오후 4:12)**
> 천만에요!

어휘 touch base 정보를 공유하다, (잠깐) 연락하다 how did A go?: A는 어떻게 되었나요? go well 잘 진행되다 agree to do ~하는 데 동의하다 license (사용) 허가증, 면허증 agreement 계약(서), 합의(서) submit ~을 제출하다 huge 엄청난 win 성과, 성공 put A ahead of B: A를 B보다 앞서게 하다 account 고객 (계정), 거래처 quarter 분기 add A to B: A를 B에 추가하다 promo materials 홍보 자료, 판촉물 once ~하는 대로, 일단 ~하면 close a deal 계약을 따내다, 거래를 성사시키다 major 대형의, 주요한 unfortunately 유감스럽게도, 안타깝게도 contract 계약(서) fall through 무산되다, 실패하다 at the last minute 막판에 That's shame. 안타깝네요, 아쉽네요 offer to do ~하겠다고 제안하다 My pleasure. (감사에 대해) 천만에요.

1 박 씨의 직책이 무엇일 것 같은가?
(A) 광고 전문가
(B) 인사부장
(C) 엔지니어링 책임자
(D) 영업부장

해설 박 씨가 대화를 시작하면서 Hi, team. I just wanted to touch base라고 하므로 팀의 리더인 것을 추론할 수 있다. 다음으로 팀의 업종을 파악해야 하는데, 리베라 씨가 They agreed to purchase a gold-level license for our data management software라고 회의 결과를 보고하는 것에서 소프트웨어 라이선스 영업부서임을 추론할 수 있다. 그러므로 영업부서 책임자를 나타내는 (D)가 정답이다.

어휘 human resources 인사(부), 인적 자원 advertising 광고 specialist 전문가 director 부장, 소장, 이사

Inference They agreed to purchase a gold-level license for our data management software ⇒ sales

2 킴 씨와 관련해 암시된 것은 무엇인가?
(A) 계약 협상에 실패했다.
(B) 현재 업무로 출장 중이다.
(C) 새로운 팀원이다.
(D) 최근에 한 회사에 투자했다.

해설 리베라 씨가 4시 08분 메시지에서 노아 킴 씨의 계약과 관련해 이야기를 꺼내자, 바로 다음 메시지에서 박 씨가 Noah's contract fell through at the last minute라고 사실을 알려주므로 fell through를 failed로 패러프레이즈한 (A)가 정답이다.

어휘 fail to do ~하는 데 실패하다, ~하지 못하다 negotiate ~을 협의하다, ~을 협상하다 deal 계약, 거래 currently 현재 away 자리를 비운, 멀리 있는 recently 최근에 invest in ~에 투자하다

Paraphrase contract fell through ⇒ failed to negotiate a deal

3 오후 4시 12분에, 포스터 씨가 "My pleasure"라고 쓸 때, 무엇을 의미할 것 같은가?
(A) 어떤 회사의 로고에 대해 기꺼이 도울 것이다.

(B) 성공적으로 새 계약을 따내서 기뻐하고 있다.
(C) 마침내 휴가를 떠날 수 있게 되어 안도감을 느끼고 있다.
(D) 다가오는 소프트웨어 컨퍼런스에 참석할 준비가 되어 있다.

해설 4시 11분 메시지에서 다니엘 리베라 씨가 And thanks for offering to do that, Liam!이라고 감사 인사를 하자, 포스터 리암 씨가 돕는 것이 당연하다는 뜻으로 My pleasure로 대답하는 상황이다. 의도 파악의 핵심은 My pleasure의 의미가 아니라 돕는 내용인 offering to do that을 파악하는 것이다. 앞서 4시 07분 메시지에서, 포스터가 다니엘에게 if you can send me their logos, I'll add them to our Web site and promo materials라고 제안하였으므로, 이 제안에서 help with some company logos를 추론한 (A)가 정답이다.

어휘 help with ~에 대해 돕다 be pleased to do ~하여 기쁘다 secure ~을 따내다, 확보하다 relieved 안도하는 go on a vacation 휴가를 떠나다 be prepared to do ~할 준비가 되다 attend ~에 참석하다 upcoming 다가오는, 곧 있을 conference 회의, 회담

Inference send me their logos / I'll add them to our Web site and promo material
⇒ help with some company logos

4-6 다음 회람을 참조하시오.

회람

수신: 체육관 직원
발신: 알렉스 페라리, 총무부장

날짜: 4월 3일

4 이번 주는 '써밋 피트니스 직원 전문성 개발' 주간이며, 올해 여러분이 보여주신 노고와 회복 탄력성을 치하하는 시간을 잠시 갖고 싶습니다. 이곳의 모든 분이 훌륭한 팀원임을 입증하셨습니다. 우리는 여러분이 회사를 위해 이루신 것에 감탄합니다. 작년 프로 어슬레틱 클럽과의 합병이 힘들었고 어떤 분께는 불편한 일이었음을 알고 있습니다. 여러분의 애사심은 그 과정 전반에서 요지부동 상태였으며, **5** 여러분은 우리가 역대 최대 규모의 조직으로 전환하는 데 중요한 역할을 하셨습니다. 정말 대단한 성과입니다!

우리 서비스의 질을 개선하기 위해, 경영진에서 이번 주에 여러 능력 개발 기회를 제공합니다. **4 6** 화요일, 오전 10시 30분에 모든 분에게 보건 및 안전 규정에 관한 교육이 실시될 것입니다. **4** 수요일에는, 오후에 영양 워크숍에 참석할 것입니다. 목요일에는, 점심식사 후에 제가 요가 스튜디오에서 몇 가지 팀 단합 활동들을 진행할 것입니다. **4** 금요일에는, 점심시간 중에 여러분이 의견을 제공하실 수 있는 질의 응답 시간이 있을 것입니다. 저는 이번 주를 고대하고 있으며, **5** 여러분이 그 시간을 최대한 활용하시기를 바랍니다.

어휘 take a moment to do ~할 시간을 잠시 갖다 acknowledge ~을 인정하다 resilience (어려움, 최악의 상황을 극복할 수 있는) 회복 탄력성 prove to be A: A임이 입증되다, A인 것으로 드러나다 remarkable 놀라운, 주목할 만한 be amazed by ~에 놀라다 accomplish ~을 이루다, ~을 성취하다 merger 합병, 통합 challenging 힘든, 까다로운 inconvenient 불편한 loyalty 충성심 remain 형용사: 계속 ~한 상태이다, ~한 상태를 유지하다 unwavering 확고한, 흔들리지 않는 process 과정 ensure ~을 보장하다, 반드시 ~하도록 하다 smooth 순조로운, 원활한 adjustment 적응, 조정, 조절 larger-than-ever 그 어느 때보다 더 큰 achievement 업적, 성취 training 교육, 훈련 session (특정 활동을 위한) 시간 protocol 규정, 규약 attend ~에 참석하다 nutrition 영양 lead ~을 진행하다, ~을 이끌다 feedback 의견 look forward to ~을 고대하다 get the most out of ~을 최대한 활용하다

4. 페라리 씨가 왜 회람을 작성했는가?
(A) 몇 가지 그룹 활동을 조직하기 위해
(B) 어떤 성과의 평가를 시행하기 위해
(C) 몇 가지 개발 교육 일정을 공유하기 위해
(D) 새로운 복지 혜택을 알리기 위해

해설 글을 쓴 목적의 질문이므로 첫 부분에 주목한다. 이번 주가 전문성 개발 주간이라고 선언한 후 I want to take a moment to acknowledge your hard work and resilience this year라고 말하고 있다. 하지만 이 뒷부분은 교묘한 함정으로, 앞의 전문성 개발 주간을 선언한 것에 집중해야 한다. 둘째 단락에서 요일별로 교육 프로그램에 대해 설명하고 있으므로 Professional Development week에서 some training session schedules를 추론한 (C)가 정답이다.
첫 단락을 보고 (B)를 고를 수도 있는데, performance를 칭찬한 것이지 그 내용을 검토(review)한 것이 아니므로 오답이다. 또한 둘째 단락에 포커스를 제대로 두고 activities를 떠올릴 수도 있었겠지만, 이미 짜인 일정을 발표하는 것이지 조직하는(organize) 것이 아니므로 (A)도 오답이다.

어휘 organize ~을 주최하다, ~을 조직하다 conduct ~을 실시하다 performance 성과, 실적, 수행 review 검토, 평가 share ~을 공유하다 benefit 혜택, 이점

5 써밋 피트니스와 관련해 암시된 것은 무엇인가?
(A) 새로운 채용 공고를 냈다.
(B) 온라인 후기가 많다.
(C) 몇 가지 스포츠 행사를 주최한다.
(D) 회원 규모가 늘었다.

해설 먼저 선택지의 키워드만 가지고 지문에 해당 언급이 있는지 빠르게 확인하고, 없다면 소거하는 것이 시간 단축 요령이다. Job openings, online review, sports events의 언급은 지문에 없으므로 소거하면 (D)만 남는다. 첫 단락 끝에서 membership을 가리키는 members를 찾을 수 있는데, our larger-than-ever community of members를 Its membership has increased로 패러프레이즈한 (D)가 정답임을 확인할 수 있다.

어휘 **job opening** 채용 **receive** ~을 받다 **host** ~을 주최하다 **increase** 늘다, 증가하다

Paraphrase our larger-than-ever community of members ⇒ membership has increased

6 [1], [2], [3], [4]로 표시된 위치들 중에서 다음 문장이 들어가기에 가장 적합한 곳은 어디인가?

"우리 서비스의 질을 개선하기 위해, 경영진에서 이번 주에 여러 능력 개발 기회를 제공합니다."

(A) [1]
(B) [2]
(C) [3]
(D) [4]

해설 제시된 문장의 요지는 이번 주에 여러 능력 개발 프로그램을 제공한다는 의미이다. 그러므로 이 문장의 뒤에는 그런 프로그램들이 구체적으로 언급되어야 한다. 따라서, 첫 번째인 Tuesday 교육 앞의 [3] 위치가 가장 적절하므로 (C)가 정답이다.

어휘 **improve** ~을 개선하다 **quality** 품질 **management** 경영(진), 관리(진) **provide** ~을 제공하다 **opportunity** 기회 **skills development** 능력 개발, 기술 개발

DAY 04 사실확인 (True / Not)

10분 단축 스킬

벨몬트 그랜드 시네마 부활 계획 진행 중

6월 8일 — 한때 영화 관람객들에게 성지였던 벨몬트 그랜드 시네마가 현재 새로운 용도로 재창조되고 있다. 한 개발팀이 이 역사적인 극장을 다용도 문화 복합건물로 변신시키고 있으며, 지역 행사를 위한 작은 공연용 홀과 공용 사무공간, 그리고 옥상 카페를 갖추게 된다.

작년 3월까지만 해도 시에서는 노후한 이 건물을 철거하는 것을 고려했는데, 이 계획은 주민들, 특히 이 극장을 지역 문화의 명소로 여겼던 오랜 고객들의 강한 반발을 불러일으켰다.

"전성기에 이 극장은 주말마다 2,000명이 넘는 관람객을 맞이했습니다,"라고 프로젝트 매니저 클라라 레드먼드 씨가 밝혔다. "시간이 흐를수록, 관람율이 낮아지면서 운영이 중단되었죠. 이 변신 과정을 통해, 저희는 이 건물이 지닌 과거의 유산을 보존함과 동시에, 지역에 새로운 활기를 불어넣는 것을 목표로 하고 있습니다."

Q 벨몬트 그랜드 시네마와 관련해 사실인 것은 무엇인가?
(A) 재정적 어려움을 계속 겪고 있다.
(B) 지역 주민들에게 높이 평가받고 있다.

어휘 **underway** 진행 중인 **revitalize** ~을 부활시키다 **bustling** 북적이는, 부산한 **moviegoer** 영화 관람객 **reimagine** ~을 재창조하다 **convert A into B**: A를 B로 변모시키다[전환하다] **mixed-use** 다용도의 **complex** 복합건물, 복합단지 **feature** ~을 갖추다, 특징으로 하다 **co-working** 공동 업무의, 공용 업무의 **community** 지역사회 **consider -ing** ~하는 것을 고려하다 **demolish** ~을 철거하다 **age** v. 노후화되다 **objection** 반발, 반대 **resident** 주민 **patron** 고객, 후원자 **view A as B**: A를 B로 여기다 **landmark** 명소 **local** 지역의, 현지의 **peak** 전성기, 성수기 **attendance** 참석(률), 참석자 수 **decline** 감소하다, 하락하다 **operation** 운영, 영업, 가동 **cease** 중단되다 **transformation** 변모, 탈바꿈 **aim to do** ~하는 것을 목표로 하다 **reinvigorate** ~에 새로운 활기를 불어넣다 **neighborhood** 지역, 이웃, 인근 **while -ing** ~함과 동시에, ~하면서 **preserve** ~을 보존하다 **legacy** 유산

PRACTICE ❶

1

성명:	제이미 프라이어
수령 날짜/시간:	11월 12일 / 오전 11시
대여 기간:	2일

- 저희 업체에 대해 어떻게 알게 되었나요? 인쇄물 광고를 보신 경우, 해당 신문 또는 잡지의 이름을 포함해 주시기 바랍니다.
  원래 몇 달 전에 동료 직원을 통해 귀사에 관한 얘기를 들었는데, 그 뒤에 제가 웨스트 미들랜즈 부동산 웹사이트를 둘러보던 중에도 귀사의 광고를 보았습니다.

Q 프라이어 씨와 관련해 사실인 것은 무엇인가?
(A) 이 임대 회사에 대한 온라인 광고를 보았다.
(B) 이 임대 회사에 관한 글을 출간물에서 읽었다.

해설 프라이어 씨의 메모 끝에 I also noticed your ad while I was browsing the West Midlands Property Web site라고 언급하므로 이것을 saw an online advertisement라고 패러프레이즈한 (A)가 정답이다.

어휘 pick-up 가져가기, 찾아가기 rental 대여(의), 임대(의) find out about ~에 관해 알게 되다 advertisement 광고(= ad) include ~을 포함하다 originally 원래, 애초에 colleague 동료 (직원) and then 그리고서, 그 후에 notice ~을 알아보다, 주목하다, 통지하다 browse (웹사이트를) 둘러보다 property 부동산, 건물, 자산 publication 출판(물)

Paraphrase noticed your ad while I was browsing
⇒ saw an online advertisement

2

스피치메이커스 클럽에 가입하는 것은 그저 가끔 모임에 참석해 말을 하는 것 이상을 의미합니다. 이는 도움을 주는 지역 사회의 일부가 되는 것을 의미하며, 모두 같은 목표, 즉 더 강력한 소통 및 지도 능력을 기르기 위해 노력하는 것입니다. 첫 모임 참석은 의무가 아닙니다. 그 후에는, 등록 서류들을 제출하고 회비를 지불하여 가입하실 수 있습니다.

Q 스피치메이커스 클럽과 관련해 사실인 것은 무엇인가?
(A) 일주일마다 모인다.
(B) 회원 가입을 하려면 비용을 지불해야 한다.

해설 지문 후반부에서 첫 모임 참석이 의무는 아니라고 말한 뒤, you can join by submitting an enrollment packet and paying the membership fee라고 하므로 paying the membership fee를 Members must pay to join으로 패러프레이즈한 (B)가 정답이다.

어휘 join (~에) 가입하다 attend ~에 참석하다 occasional 때때로 있는, 가끔의 give a speech 말하다, 연설하다 supportive 도움을 주는, 지원하는 local 지역의, 현지의 community 지역사회 work toward ~을 위해 노력하다 goal 목표 build ~을 기르다, 형성하다 communication 소통 free of ~이 없는 obligation 의무 afterward 그 후에, 나중에 by (방법) ~함으로써 submit ~을 제출하다 enrollment 등록 packet (문서 등의) 묶음 fee 요금, 수수료

Paraphrase join by ~ paying the membership fee
⇒ pay to join

3

저희 화이트 비치 공공 도서관은 이용하시는 여러분의 편의를 항상 최우선 순위에 두고 있습니다. 그렇기 때문에, 모든 지점이 '신속 반환 및 연장(QRR)' 서비스를 제공해 드리고 있습니다. 대출계에서 대기하지 않으려는 회원들께서는 대신 로비에 위치한 QRR 서비스 단말기를 이용하실 수 있습니다. 이 단말기들은 여러분께서 대출된 도서들을 살펴보고, 가능한 도서 대출 기한을 연장하며, 연체료가 있다면 신속하고 편리하게 지불하실 수 있도록 해 드립니다.

Q '신속 반환 및 연장 서비스'와 관련해 사실인 것은 무엇인가?
(A) 고객들이 자신의 자리에서 바로 도서를 빌릴 수 있게 해 준다.
(B) 안내 구역에 있는 기계들을 통해 이용할 수 있다.

해설 '신속 반환 및 연장 서비스'가 언급되는 지문 중반부에 그 특징을 설명하면서 can instead use the QRR service terminals located in the lobby라고 하므로 in the lobby를 in the reception area로 패러프레이즈한 (B)가 정답이다.

어휘 convenience 편의(성) patron 고객, 손님 priority 우선 순위 branch 지점, 지사 return 반환, 반품 renewal 연장, 갱신 avoid -ing ~하는 것을 피하다 circulation desk 대출계 instead 대신 terminal 단말기 located 위치한 allow A to do: A에게 ~할 수 있게 하다 review ~을 살펴보다, ~을 검토하다 borrow ~을 빌리다 item 항목, 품목 renew ~을 연장하다, ~을 갱신하다 eligible 적합한, 자격 있는 late fee 연체료 available 이용할 수 있는 reception area 안내 구역, 접수 구역

Paraphrase use the QRR service terminals located in the lobby
⇒ available through machines in the reception area

10분 단축 스킬

안녕하세요, 올슨 씨,

7월 14일 행사의 준비 작업과 관련된 소식을 전해 드리기 위해 글을 씁니다. 제가 오늘 아침에 하슬라 호텔 관리자와 만나 그곳 연회홀을 오후 6시부터 10시 30분까지 예약했습니다. 그곳 시설은 훌륭하며, 고든 씨가 35년간 최고재무책임자로 재직하신 것을 기념하기에 알맞은 장소가 될 것입니다. 임시 좌석 배치도에는 고든 씨가 임원 테이블 한 가운데에 위치해 있습니다.

전 직원이 참석하도록 권고되며, 충분한 좌석이 제공될 것입니다. 저녁 행사는 앨리스 와이즈먼 대표이사의 연설로 시작될 것이며, 그 후에 고든 씨의 후임인 맬린다 신지 씨가 전하는 말씀이 이어집니다. 5가지 코스로 구성된 연회 후에는, **판매 목표 및 지난 분기의 수치를 살펴볼 것입니다. 또한 우수 사원들이 와이즈먼 대표이사에 의해 공로를 치하받을 것입니다.**

로셸 도즈 씨(디트로이트)와 필 오클리 씨(시카고)가 각각 약 45명과 55명의 참석자를 확인해 주셨습니다. 제가 좌석 배치를 최종 확정하고 출장요리 업체에 알릴 수 있도록, 이달 말까지 보스턴 지사의 대략적인 숫자 및 명단을 보내 주시기 바랍니다.

안녕히 계십시오.

짐 테일러

Q 행사에서 어느 것이 진행되지 않을 예정인가?
(A) 판매 수치 평가
(B) 시상

어휘 update A on B: B에 관한 최신 소식을 A에게 전하다 preparation 준비 reserve ~을 예약하다 banquet 연회 facility 시설 serve as ~의 역할을 하다 fitting 적합한, 어울리는 venue 행사장, 개최 장소 celebrate ~을 기념하다, ~을 축하하다 tentative 잠정적인 seating 좌석 공간 place ~을 위치시키다 executive 임원, 이사 be encouraged to do ~하도록 권장되다 attend 참석하다 ample 충분한 followed by A: A가 뒤따르는 replacement 후임(자), 대체(품) review v. ~을 살펴 보다, ~을 검토하다 n. 평가, 검토, 후기 sales 판매(량), 영업 quarter 분기 figure 수치, 숫자 outstanding 우수한, 뛰어난 recognize ~을 인정하다, 알아주다, 감사하다 confirm ~을 확인해 주다 roughly 약, 대략 attendee 참석자 respectively 각각 approximate 대략적인 branch 지사, 지점 by (기한) ~까지 finalize ~을 최종 확정하다 notify ~에게 통보하다 catering 출장요리

제공(업) take place 발생하다 presentation 제공, 수여

PRACTICE 2

1

월튼교가 끊임없는 지연 문제로 난항을 겪었던 고비용 프로젝트였음이 사실이기는 하지만, 완공된 다리는 매력적이면서도 필수적이다. 더 이상 운전자들이 동쪽에서 시내로 진입할 때 상습 정체 지역인 밀즈 애비뉴를 이용할 필요가 없으며, 이제는 비숑 강을 바로 건너 도심으로 진입함으로써 **최대 50퍼센트까지 이동 시간을 줄일 수 있다.** 이 다리가 완공된 지 3개월이 지났지만, 벌써 시에 대단히 유익한 것으로 드러났다.

Q 월튼교와 관련해 언급되지 않은 것은 무엇인가?
(A) 교통 문제를 완화하는 데 도움이 되고 있다.
(B) 개축하는 데 약 3개월이 소요됐다.

해설 NOT 문제는 선택지의 키워드를 지문에서 찾아 빠르게 대조하는 것이 요령이다. (A)는 traffic problems를 지문 중간의 take the frequently congested Mills Avenue에서 찾을 수 있는데, 바로 뒤에 나오는 cut travel time by up to 50 percent가 alleviate traffic problems로 패러프레이즈된 사실이므로, 남은 (B)가 정답이다.
(B)의 three months는 마지막 문장 It's been three months since its construction에서 확인할 수 있는데, construction을 renovation으로 속인 것으로, 사실이 아니다. 하지만, 정답이 확인된 후에 오답을 검증하는 습관 때문에 이런 함정에 빠지기 쉽다.

어휘 hamper ~을 방해하다 incessant 끊임없는 delay 지연, 지체 structure 구조물, 건축물 both A and B: A와 B 둘 다 attractive 매력적인 necessary 필수적인, 필요한 no longer 더 이상 ~ 않다 take (도로, 교통편 등) ~을 이용하다, ~을 타다, (시간) ~만큼 시간이 걸리다 congested 정체된, 혼잡한 cut ~을 줄이다 by (차이) ~만큼, ~ 정도, (방법) ~함으로써, ~해서 up to 최대 ~까지 since ~ 이후로 prove 형용사: ~한 것으로 드러나다, ~한 것으로 입증되다 extremely 대단히, 매우, 극도로 beneficial 유익한, 이로운 alleviate ~을 완화하다 approximately 약, 대략

Paraphrase cut travel time by up to 50 percent
⇒ alleviate traffic problems

2

> 헤이우드 어패럴의 홍보부장 헤럴드 비숍 씨는 회사가 유명한 디자이너 짐 파워즈 씨와 협력 계약을 맺었다고 밝혔다. 파워즈 씨는 23년 동안 독립 디자이너로서 수많은 패션 프로젝트를 진행해 왔다. 발표 자리에 비숍 씨와 함께 한 그는 다음과 같이 말했다. "헤이우드 어패럴과 협업하는 것은 언제나 제게 흥미로운 경험입니다. 이 회사는, 이번에는 제게 최신 기술 및 고급 직물로 디자인할 수 있는 기회를 제공하고 있습니다."

Q 파워즈 씨와 관련해 암시되지 않은 것은 무엇인가?
(A) 전에 몇몇 일류 디자인 회사에서 근무한 적이 있다.
(B) 헤이우드 어패럴과 함께 일한 경험이 있다.

해설 선택지 (A)의 키워드 leading design companies를 지문에서 확인하면, has led numerous fashion projects ~ as an independent designer라고 나온다. 지문의 as an independent designer(외주자로)와 has worked at(직원으로) 부분이 충돌하므로, 사실이 아닌 (A)가 정답이다. (B)는 인터뷰 첫 문장 Working with Heywood Apparel is always an exciting experience for me.에서 always를 통해 사실임을 확인할 수 있다.

어휘 public relations director 홍보부장 collaboration 협업, 공동 작업 agreement 계약(서), 합의(서) well-known 잘 알려진 lead ~을 이끌다 numerous 수많은, 다수의 independent 독립적인 join ~와 함께 하다, ~에 합류하다 the opportunity to do ~할 수 있는 기회 cutting-edge 최신의, 최첨단의 premium 고급의 fabric 섬유, 직물

Inference as an independent designer ≠ has worked at
Paraphrase Working with ~ is always an exciting experience ⇒ has experience working with

3

> **전기 자동차 함께 타기**
> - 전기 자동차 함께 타기는 교통 혼잡과 배기 가스를 줄이는 데 도움이 됩니다.
> - 시마다 주차 요금 할인 및 우선 차로 배정 등의 보상책을 제공하고 있습니다.
>
> **스마트 교통 관리**
> - AI로 작동되는 교통 신호등이 교통 흐름을 개선하기 위해 실시간으로 조정합니다.
> - 첨단 내비게이션 앱들이 실시간 데이터를 이용하여 이용자들에게 최적의 경로를 안내합니다.

Q 도시 교통을 개선할 수 있는 방법으로 언급되지 않은 것은 무엇인가?
(A) 실시간 교통 제어 시스템을 이용하기
(B) 도시 전역에 무료 주차 서비스를 시행하기

해설 (A)의 traffic control system은 두 번째 단락 첫 번째 항목의 AI-powered traffic lights adapt in real time에서 사실임을 확인할 수 있다. (B)의 free parking은 첫 번째 단락 두 번째 줄의 incentives such as discounted parking에서 확인할 수 있는데, 무료가 아니라 discounted parking이므로 (B)가 정답이다.

어휘 share ~을 공유하다, 나누다 vehicle 차량 help do ~하는 데 도움이 되다 reduce ~을 줄이다, 감소시키다 congestion 혼잡 lower v. ~을 낮추다 emission 배기 가스 incentive 보상책 parking 주차(장) access 이용, 접근 priority lane 우선 차로 traffic 교통량, 차량들 AI-powered 인공지능으로 작동하는 adapt 조정하다, 적응하다 in real time 실시간으로 improve ~을 개선하다 flow 흐름 advanced 첨단의, 발전된 route 경로, 노선 urban 도시의 transportation 교통(편) implement ~을 시행하다 citywide 도시 전역의

Inference discounted parking ≠ free parking
Paraphrase AI-powered traffic lights adapt in real time ⇒ real-time traffic control systems

PRACTICE 3

1

> 고객들이 계속 귀사 제품을 구입하게 하고 브랜드 인지도를 강화하는 최고의 방법은 보상을 제공하는 것입니다. 몇 가지 아이디어를 보여드립니다.
>
> [ ] 보상 포인트를 포장에 추가: 제품 등록 후 온라인에서 교환 가능
> [ ] 브랜드가 인쇄된 의류, 기기 등의 무료 경품을 제공
> [ ] 웹사이트에 경품 당첨자 명단을 게시하여 신뢰를 구축
> [ ] 고객 추천에 대해 추가 포인트 제공

Q 홍보 아이디어로 언급되지 않은 것은 무엇인가?
(A) 추천에 대해 할인을 제공하기
(B) 온라인으로 경품 당첨자를 발표하기

해설 선택지의 키워드를 아이디어 항목과 빠르게 대조한다. (A)는 마지막 Offer extra points for customer referrals에서 확인되는데, 제공되는 것이 discounts가 아니라 extra points이므로 정답이다. (B)의 prize winners는 세 번째 Post prize winners on your Web site에서 사실로 확인되므로 오답이다. 하지만, 시험장에서는 오답 확인 습관을 버려야 시간을 줄일 수 있다.

어휘 way to do ~하는 방법 keep A -ing: A를 계속 ~하게 하다 customer 고객 product 제품 strengthen ~을 강화하다 brand recognition 브랜드 인지도 reward

보상 add ~을 추가하다 packaging 포장 redeemable (상품권 등을 제품으로) 교환할 수 있는 registration 등록 branded 브랜드가 인쇄된 clothing 의류 gadget (소형) 기기, 장치 post ~을 게시하다 prize 경품, 상(품) build ~을 구축하다, 형성하다 trust 신뢰 offer ~을 제공하다 extra 추가의, 별도의 referral 추천, 소개

Paraphrase Post prize winners on your Web site
⇒ Announcing prize winners online

2

BMC 사와 노스브리지 솔루션즈 사이의 합병 협상이 긴장 국면을 맞이했다. 소식통에 따르면, 노스브리지의 제안은 25퍼센트의 예산 감축, BMC 공장 한두 곳의 잠재적 폐쇄, 그리고 추가 근무에 대한 무보수 조건과 함께 근속연한 기반의 복지 혜택 폐지를 요구하고 있다.

업계 분석가들은 이런 조건들이 반대에 부딪혔음에 주목하면서, 조건이 변경되지 않을 경우, 합병 거래가 진척되는 데 중대한 장애물에 직면할 수 있다고 경고한다.

Q 협상의 일부로 언급되지 않은 것은 무엇인가?
(A) 인력 감축
(B) 추가 급여의 지급 중지

해설 질문의 negotiation이 협상 내용, 즉 조건을 가리키므로, 요구를 가리키는 동사 calls for 이후를 확인한다. (A) workforce에 대해서는 두 번째 조건인 the potential shutdown of one or two BMC factories를 보고 추론할 수 있다고 착각할 수 있겠지만, 계약 또는 협상 조건 등 법률적 조건은 엄격히 해석되어야 하므로 이러한 추론을 허용하지 않는다. 따라서, 인력 감축은 협상에 속하지 않으므로 (A)가 정답이다. (B)의 loss of additional payments는 네 번째 조건 with no compensation for additional work를 통해 협상 조건의 일부로 확인할 수 있다.

어휘 merger 합병 negotiation 협상, 협의 take a tense turn 긴장 국면으로 전환하다 source 소식통, 출처, 원천 proposal 제안 call for ~을 요구하다 budget 예산 cut 감축, 축소 potential 잠재적인 shutdown 폐쇄 elimination 폐지, 제거 seniority-based 근속연한 기반의 benefit 혜택, 수당 compensation 보상 additional 추가의 analyst 분석가 note that ~임에 주목하다 term 조건 be met with resistance 저항에 부딪히다 warn that ~라고 경고하다 unless ~하지 않는다면, ~가 아니라면 revise ~을 변경하다, 수정하다 deal 거래, 계약 face ~에 직면하다 obstacle 장애물 move forward 전진하다, 진전을 이루다 mention ~을 언급하다 as part of ~의 일부로 reduced 감축된 workforce 인력, 직원 수 loss 상실, 손실 payment 지불,

지급
Paraphrase no compensation for additional work
⇒ A loss of additional payments

3

금주는 우리가 내리는 가장 어려우면서 보람 있는 결정들 중 하나일 수 있다. 연구에 따르면, 특히 삶의 초반에 금주하는 사람들은 기대 수명을 상당히 개선할 수 있는 것으로 나타난다. 과도한 음주자에게는 금주가 수명을 1~5년 정도 연장할 수도 있다. 술을 덜 마실 수록, 그리고 더 일찍 끊을 수록, 장기적인 건강상의 이점은 더욱 커진다.

성공 가능성을 높이기 위해서는, 강력한 첫 걸음으로 탄탄한 금주 계획을 세워야 한다.

Q 기사에 따르면, 금주하는 사람들에 대해 사실이 아닌 것은 무엇인가?
(A) 더 일찍 끊는 것은 건강 측면에서 아무런 차이가 없다.
(B) 예상보다 더 오래 살 수 있다.

해설 선택지 키워드를 지문에서 확인해 본다. (A)의 Quitting earlier를 패러프레이즈한 첫 단락 마지막 문장의 the sooner they quit 다음을 보면, the greater the long-term health benefits라고 나온다. 여기에서 차이가 없다는 것이 사실이 아님을 추론할 수 있으므로, (A)가 정답이다.

어휘 quit ~을 그만두다 challenging 어려운, 힘든 rewarding 보람 있는 make a decision 결정을 내리다 significantly 상당히, 많이 improve ~을 개선하다, ~을 향상시키다 life expectancy 기대 수명 heavy (정도, 수량 등이) 많은, 심한 add A to B: A를 B에 추가하다 lifespan 수명 the 비교급, the 비교급: 더 ~할수록, 더 ~하다 long-term 장기적인 benefit 이점, 혜택 increase ~을 높이다, ~을 증가시키다 chance 가능성 create ~을 만들다 solid 탄탄한, 견고한, 확실한 first step 첫걸음 those who ~하는 사람들 make no difference 차이가 없다 longer than expected 예상보다 더 오래

Paraphrase the sooner they quit ⇒ Quitting earlier
Inference the greater the long-term health benefits
≠ make no difference in health

실전 TEST

1. (D)　**2.** (B)　**3.** (B)　**4.** (A)　**5.** (B)

1-2 다음 구인 광고를 참조하시오.

프리랜스 작가 모집

비즈니스, 문화 및 기술 분야를 다루는 온라인 간행물 <더 글렌우드 리뷰>가 다양한 주제에 대해 탄탄한 조사 기반의 기사를 기고하실 프리랜스 작가를 모집니다. 지원자는 반드시 **1-(A)** 마감기한을 맞출 수 있어야 하고, **1-(B)** 편집 지침을 준수해야 하며, **1-(C)** 훌륭한 조사 능력을 지녀야 합니다. 언론 경력자는 우대됩니다.

혜택:
• 개인 일정 설정 – 원하는 만큼 많이 또는 적게 근무 가능합니다.
• **2** 다양한 주제 – 관심이 있는 업계에 대해 취재합니다.
• 경쟁력 있는 급여 – 기사 길이 및 복잡성에 따라 급여가 달라집니다.

지원하시려면, www.glenwoodreview.com/careers를 방문하시기 바랍니다.

어휘 freelance n. 자유계약자 v. 자유계약으로 일하다 publication 간행물, 출판물 cover (주제 등) ~을 다루다, 취재하다 look for ~을 찾다 contribute ~을 기고하다 well-researched 탄탄하게 조사된 a variety of 다양한 be able to do ~할 수 있다 applicant 지원자 meet (조건 등) ~을 맞추다 deadline 마감기한 follow ~을 준수하다, ~을 따르다 editorial 편집의 previous 이전의, 과거의 preferred 선호되는 position 일자리 benefit 혜택, 이점 as A as B: B만큼 A한 diverse 다양한 industry 업계, 산업 interest ~의 관심을 끌다 competitive 경쟁력 있는 pay n. 급여 compensation 보수 vary 상이하다, 다양하다 complexity 복잡(성) apply 지원하다, 신청하다

1 광고에 따르면, 이 자리에 대해 무엇이 필수적이지 않은가?
(A) 시간 엄수
(B) 편집 지침 준수
(C) 조사 능력
(D) 언론계 종사 경력

해설 구인 광고에서 자리에 대한 requirements는 Applicants must의 형식으로 제시된다. 첫 단락의 두 번째 문장에서 meet deadlines, follow editorial guidelines, 그리고 have excellent research skills 등 세 가지가 제시되어 있지만, journalism은 언급되지 않으므로 (D)가 정답이다.

참고로, 다음 문장에 journalism 언급이 있지만, 이것은 requirements(필수)가 아니라 preferred(우대)를 나타내는 함정이다.

어휘 required 필수인 punctuality 시간 엄수 compliance 준수 investigative 조사의 ability 능력

Paraphrase meet deadlines ⇒ Punctuality
follow editorial guidelines
　　⇒ Editorial compliance
　　　research skills ⇒ Investigative abilities

2 해당 일자리와 관련해 언급된 것은 무엇인가?
(A) 고정된 근무 일정을 제공한다.
(B) 다양한 집필 주제를 다룬다.
(C) 대면 회의를 필요로 한다.
(D) 주급을 제공한다.

해설 선택지의 키워드가 패러프레이즈된 것을 지문에서 빠르게 찾아 대조한다. (A)의 work schedule은 work as much or as little as you want에서 유연함을 확인할 수 있으므로 fixed work schedule은 사실과 다르다. (B)의 writing topics는 Diverse topics라고 제시되므로 Diverse를 a variety of로 패러프레이즈한 (B)가 정답이다. 참고로, (C)의 meeting에 대한 단서는 없으며, (D)의 salary도 weekly인지는 알 수 없다.

어휘 indicate ~을 암시하다 fixed 고정된 deal with ~을 다루다 a variety of 아주 다양한 require ~을 필요로 하다 in-person 대면하는, 직접 방문하는 salary 급여

Paraphrase Diverse topics ⇒ a variety of writing topics

3-5 다음 회람을 참조하시오.

모든 고객서비스 직원들께,

크립톤 모바일에서 관리직 한 자리가 최근 지원 가능해졌다는 사실을 알려 드립니다. 사내 승진 전통에 따라, **5** 매릴린 헌트 대표이사께서 **3** 자신들과 함께 일할 가장 적합한 후보자를 찾아내는 데 도움이 되도록 고객서비스 직원들이 후보 추천 과정에 참여할 것을 요청하셨습니다. 우리는 고객 우려사항을 효과적으로 해결하고, 동료들의 업무를 지원하는 등 꾸준히 자신의 역할에 헌신하는 분을 찾고 있습니다.

후보 추천 양식은 사무실 중앙 출입구 근처에 있는 테이블에서 가져가실 수 있으며, **4-(C)** 고객서비스 직원 또는 관리자 누구든 작성할 수 있습니다. 일단 양식이 작성 완료되면, 인사부 사무실 바깥에 있는 수거함에 **4-(B)** 늦어도 5월 1일까지 제출되어야 합니다.

고용 위원회가 모든 후보 추천서를 신중히 검토하고 **4-(D) 가장 많은 지지를 얻은 분들과 면접 시간을 마련할 것입니다.** 최종 합격한 분은 몇 가지 보상을 받게 되는데, 이에는 연봉 인상, 계약금, **5 헌트 대표이사께서 서명하신 공로 인정서,** 그리고 연례 관리자 만찬 참석 등이 포함됩니다. 신중히 후보를 추천해 주시기 드리며, 여러분의 소중한 참여에 감사드립니다.

안녕히 계십시오.
스테파니 밀러

어휘 customer service 고객서비스 associate 동료, 동업자 managerial position 관리직 recently 최근에 available 이용 가능한 in keeping with ~에 따라, ~에 부합하여 tradition 전통 promote ~을 승진시키다 from within 내부로부터 take part in ~에 참여하다, ~에 참가하다 nomination 후보 지명, 후보 추천 process 과정 help do ~하는 데 도움이 되다 identify ~을 파악하다, 찾아내다 suitable 적합한, 알맞은 candidate 후보자, 지원자 look for ~을 찾다 consistently 꾸준히, 한결같이 demonstrate ~을 보여주다, 발휘하다 dedication 헌신, 전념 including ~을 포함해 effectively 효과적으로 resolve ~을 해결하다 concern 우려, 걱정 support v. ~을 지원하다, ~을 지지하다 n. 지원, 지지 colleague 동료 form 양식, 서식 complete ~을 완료하다, 작성하다 once 일단 ~하는 대로, ~하자마자 submit ~을 제출하다 collection 수거, 수집 no later than 늦어도 ~까지 hiring committee 고용 위원회 carefully 신중히 review ~을 검토하다 arrange ~을 마련하다, ~을 준비하다 reward 보상 certificate 증명(서), 자격증 recognition (공로 등의) 인정 annual 연례적인, 해마다의 banquet 연회 encourage A to do: A에게 ~하도록 권하다 consider ~을 고려하다 thoughtfully 사려 깊게 valuable 소중한 participation 참여, 참가

3 합격한 후보는 어디에서 근무할 것인가?
(A) 대표이사실에서
(B) 고객서비스부에서
(C) 인사부에서
(D) 연구개발부에서

해설 합격자가 소속될 부서의 질문이므로 부서 이름이 나오는 부분들을 집중 확인한다. 먼저 CEO의 당부 내용인 customer service associates take part in the nomination process에 Customer Service가 등장한다. 그런데 customer service associates가 자신들과 일할 후보(candidate who will work with them)를 추천한다고 하므로 Customer Service에서 근무할 것이라는 (B)가 정답이다.

어휘 successful 성공한, 합격한 nominee 후보

4 승진과 관련해 언급되지 않은 것은 무엇인가?
(A) 적합한 후보가 회사에 처음 오는 사람이어야 한다.
(B) 후보 추천이 5월 1일에 마감된다.
(C) 후보 추천은 고객서비스 구성원들로 제한된다.
(D) 합격자를 선정하는 데 면접이 필요하다.

해설 질문의 키워드 promotion이 나타내는 위치에서 선택지 키워드를 대조해야 한다. 첫 단락 둘째 문장의 In keeping with our tradition of promoting from within에서 promoting from within이 (A)의 new to the company와 상반되므로 (A)가 정답이다.
참고로, 두 번째 단락 끝에서 no later than May 1를 확인할 수 있으므로 (B)는 사실, 그 앞 문장에서 may be completed by any customer service associate or manager라고 하므로 (C)도 사실, 그리고 arrange interviews with those who receive the most support에서 (D)도 사실임을 확인할 수 있다. 시험장에서는 지문과 선택지 모두 해당 문장 전체를 해석하는 것이 아니라 키워드만 빠르게 대조해야 시간을 단축할 수 있으며, 또한 오답을 확인하는 습관도 버려야 한다.

어휘 eligible 적격인, 자격이 있는 end 종료하다 be limited to ~에게로 제한되다 require ~을 필요로 하다 appointee 피임명자, 합격자

Inference promoting from within
≠ be new to the company

5 크립톤 모바일 사의 대표이사에 대해 언급된 것은 무엇인가?
(A) 모든 후보 지명자들과 직접 이야기를 나눌 것이다.
(B) 어떤 문서에 서명할 것이다.
(C) 최고의 후보를 선정할 것이다.
(D) 후보 선정 과정에 관한 질문에 답변할 것이다.

해설 질문의 CEO가 언급된 부분을 지문에서 찾아 대조해 본다. 첫 번째 단락에서 CEO의 이름이 Marylin Hunt인 것을 알 수 있는데, 마지막 단락에서 rewards를 설명하는 중간에 a certificate of recognition signed by Ms. Hunt라고 이름이 언급된다. 그러므로 a certificate of recognition을 a document로, signed를 autograph로 패러프레이즈한 (B)가 정답이다.

어휘 autograph ~에 서명하다 choose ~을 선택하다

Paraphrase a certificate of recognition signed
⇒ autograph a document

DAY 05 다중지문 (Double/Triple)

10분 단축 스킬

웨슬리 요리학교
모든 레벨을 대상으로 전문적으로 고안된 저희 강좌들을 통해 요리의 예술세계를 발견해 보세요.

과정 1: 이탈리아 요리 정복
종일 강좌를 통해 파스타와 소스를 포함한 전통 이탈리아 음식들을 요리해 보세요. 자신이 만든 요리를 음미하면서 하루를 마무리하세요.

과정 2: 페이스트리 완성
반나절 강좌를 통해 크루아상과 타르트, 그리고 에클레어 같은 페이스트리를 만드는 법을 배워 보세요. 달콤한 것을 좋아하시는 모든 분께 알맞은 강좌입니다.

과정 3: 바쁜 사람들을 위한 건강 요리
1시간 내에 속성으로 만드는 영양가 높은 요리를 연습해 보세요. 건강에 좋고 맛도 좋은 요리를 만드는 간편한 조리법을 제공합니다.

과정 4: 채식주의 요리 기초
채소 기반의 식사에 관해 배우는 반나절 강좌를 수강해 보세요. 심지어 육식하시는 분들도 좋아하실 채식 요리들을 만들어 보세요.

저희 강좌들은 여러분을 단계별로 이끌어 주실 전문 요리사들로 진행됩니다. 각 강좌가 끝날 때 요리책을 한 권 받으실 것입니다.

고객 후기 – 웨슬리 요리학교
제가 최근 이 강좌들 중 하나를 수강했는데, 놀라웠습니다! 불과 몇 시간 만에 크루아상과 타르트, 그리고 에클레어를 포함해, 맛있는 페이스트리를 만드는 법을 배웠습니다. 요리사님이 저희에게 각 단계를 차근차근 설명해 주셨고, 직접 조리법들을 연습해 보는 것이 정말 좋았습니다. 제공된 요리책은 모든 걸 집에서 다시 만들어 보기가 쉽게 해 줍니다.
– 로스 에반스

Q 에반스 씨가 어느 과정을 수강했을 것 같은가?
(A) 과정 1
(B) 과정 2

어휘 culinary 요리, 음식 art of cooking 요리법 discover ~을 발견하다 expertly 전문적으로 design ~을 고안하다 master v. ~을 완벽히 터득하다 cuisine 요리 traditional 전통적인 dish 요리 including ~을 포함해 sauce 소스, 양념 full-day 종일의 meal 식사, 음식 pastry 빵, 과자류 perfection 완성 learn to do ~하는 법을 배우다 croissant 크루아상 tart 타르트 éclair 에클레어 sweet tooth 단 것을 좋아하는 사람 practice ~을 연습하다, 실행하다 nutritious 영양가 높은 take ~의 시간이 걸리다 recipe 조리법 tasty 맛있는 vegan 채식주의자 fundamental n. 기초, 토대 plant 식물, 야채 A-based: A를 기반으로 하는 meat-eater 육식주의자 be led by ~가 이끌다 chef 요리사 guide ~을 이끌다, 인도하다 step by step 단계별로 receive ~을 받다 at the end of ~이 끝나고 customer review 고객 후기, 이용 후기 recently 최근에 amazing 놀라운 in a few hours 몇 시간 후에 delicate 맛있는, 섬세한, 정교한 guide A through B: A에게 B를 차근차근 설명해 주다 technique 기교, 기법 oneself (부사처럼 쓰여) 직접, 스스로 make it easy to do: ~하는 것을 쉽게 만들다 recreate ~을 재현하다

PRACTICE ❶

1

수량	제품 설명	단가	할인가	총액
1	스마트 홈 도우미	$120.00	$96.00	$96.00
1	무선 노이즈 캔슬링 헤드폰	$80.00	$64.00	$64.00

혹시 존스 씨가 당신 책상에 두고 간 기기를 써 보셨나요? 그게 직원 생산성을 높이는 데 정말 도움이 될 수 있는데, 주변 소음에 방해받지 않고 각자의 업무에 집중할 수 있게 해주기 때문입니다.

Q 존스 씨는 이 제품에 얼마를 지출했는가?
(A) $96.00
(B) $64.00

해설 도표에서 제품 특성을 나타내는 키워드를 둘째 지문에서 찾아야 한다. 마지막 문장의 noise가 키워드로, without being distracted by background noise에서 Noise-Canceling 제품을 추론할 수 있으며, Total Price에서 $64.00를 확인할 수 있으므로 (B)가 정답이다.

어휘 quantity 수량 description 설명, 묘사 unit 제품 한 개 discounted 할인된 total 전체의, 총~ assistant 보조, 조수 wireless 무선의 noise-canceling 소음 제거 (헤드폰에서 주변 소음을 줄이는 기술) have a chance to do ~할 기회를 가지다 try out ~을 시험하다 gadget

(소형) 기기, 장치 **help with** ~에 도움이 되다 **boost** ~을 높이다, ~을 증진하다 **productivity** 생산성 **allow A to do**: A에게 ~할 수 있게 해 주다 **focus on** ~에 집중하다 **without -ing** ~하지 않고, ~없이 **distract** ~을 방해하다, ~에 지장을 주다 **spend on** ~에 지출하다 **product** 제품

Inference without being distracted by background noise ⇒ Noise-Canceling

2

헤이젤 씨께,

요하네스 시푸드 사와의 첫 회의가 다음 주 월요일, 5월 1일로 예정되어 있기 때문에, 제가 목요일 오전까지 당신의 참석 여부를 확인해야 합니다.

제가 웹디자인 일자리에 채용되었다는 사실을 막 알게 되었는데, 금요일에 일을 시작해야 합니다. 그래서 월요일에 도와드릴 수 없을 것 같습니다.

Q 헤이젤 씨에 대해 암시된 것은 무엇인가?
(A) 월요일 회의에 참석할 수 없다.
(B) 요하네스 시푸드에서 근무할 것이다.

해설 첫 번째 지문에 Dear Ms. Hazel이 있으므로 두 번째 지문 작성자가 Ms. Hazel이다. 첫 지문 The initial meeting with Johanes Seafood is scheduled for next Monday에서 월요일에 회의가 있음을 알 수 있다. 그리고 두 번째 지문 I'm afraid I won't be able to assist you on Monday.에서 Ms. Hazel이 월요일에 회의에 참석할 수 없음을 추론할 수 있으므로 (A)가 정답이다.

어휘 **initial** 처음의, 초기의 **be scheduled for** 시점: ~로 예정되어 있다 **imperative** 필수인, 필요한 **confirm** ~을 확인해주다 **attendance** 참석 **by (기한)** ~까지 **learn that** ~임을 알게 되다 **hire** ~을 고용하다 **require A to do**: A가 ~하도록 하다 **I'm afraid** (부정적인 일에 대해) 아무래도 ~같다, 유감이지만 ~이다 **be able to do** ~할 수 있다 **assist** ~을 돕다, ~을 지원하다 **attend** ~에 참석하다 **be supposed to do** ~할 것이다, ~하기로 되다

Inference won't be able to assist you on Monday ⇒ cannot attend a meeting on Monday

3

지원자들은 반드시 주간 또는 월간 간행물에 대한 경험이 있어야 하며, 인쇄하기 최소 6시간 전에 칼럼을 제출해야 합니다.

헉슬리 씨는 아주 다양한 주요 스포츠 선수권 대회를 취재하셨으며, 다음 날 신문에 실릴 수 있도록, 매 경기 종료 후 2시간 내로 기사를 완성하지 못한 적이 없습니다.

Q 헉슬리 씨가 어떻게 지원 요건을 충족하는가?
(A) 전에 스포츠 경기들을 취재한 적이 있다.
(B) 마감기한을 준수할 능력을 입증했다.

해설 첫 번째 지문에 must submit columns at least six hours before printing은 마감 준수(meet deadlines) 조건이다. 두 번째 지문에서 he never failed to complete his articles within two hours after each game이라고 제시하였는데, 이것을 meet deadlines로 패러프레이즈한 (B)가 정답이다.

어휘 **candidate** 지원자, 후보자 **publication** 출판(물) **submit** ~을 제출하다 **at least** 최소한, 적어도 **cover** ~을 취재하다, (주제 등) ~을 다루다 **a wide range of** 아주 다양한 **be required to do** ~해야 하다, ~할 필요가 있다 **complete** ~을 완료하다 **edition** (출판물 등의) 호, 판 **satisfy** ~을 충족하다, ~을 만족시키다 **requirement** (자격) 요건, 필수 조건 **meet** (조건 등) ~을 충족하다 **deadline** 마감 기한

Paraphrase never failed to complete his articles within two hours after each game
⇒ proven his ability to meet deadlines

10분 단축 스킬

컬리너리 하우스에 오신 것을 환영합니다

모든 주방 경험을 격상시키기 위한 분들의 목적지인 저희 컬리너리 하우스에서 고급 주방 기구 및 요리도구를 찾아보십시오. 유능한 요리사이든, 아니면 가정에서 요리하시는 분이든 상관없이, 저희 대표 전시장은 백화점에서 찾아볼 수 없는 엄선된 제품 및 개인 맞춤 추천 서비스를 제공해 드립니다.
전시장 하이라이트
네 곳의 전문 구역을 둘러보세요:
· **아시아 상품**: 웍, 대나무 찜기, 전기밥솥, 초밥 제조도구
· **유럽 상품**: 더치 오븐, 주철 팬, **1** 수비드 기구 (스칸디나비아산 수입품)
· **아메리카 상품**: 우아한 식기류, 유리제품류, 도구, 고급 식사용 기구
· **2** **지중해 상품**: 황동 쟁반, 서빙 볼, 압력 밥솥

최신 주요 소식
저희가 확장합니다! 5월 21일 새로 개선된 전시장이 개장합니다. 이 기간에 다음과 같이 여러분의 쇼핑을 지원합니다.
· **무료 배송**이 모든 온라인 주문에 가능
· **1** 스칸디나비아산 제품들은 배송 지연 문제로 3월 9일부터 4월 14일까지 일시적으로 구입 불가능
· **가상현실 직원들**이 개인 맞춤 지원 서비스를 지원
여러분의 지속적인 성원에 감사드립니다!

고객 스포트라이트
컬리너리 하우스 덕분에 저희 주방을 업그레이드하는 일이 식은 죽 먹기였습니다. 최신 주방 기구가 처음인 저는 전문적인 설명과 사려 깊은 추천이 고마웠습니다. **2** 금속 쟁반과 소형 볼이 특히 인상적이었습니다. 저희 주방이 굉장해 보입니다!"
— *소피 라이더*

Q1 어떤 상품들이 4월 14일까지 구매할 수 없을 것인가?
(A) 대나무 찜기
(B) 수비드 기구

Q2 라이더 씨가 컬리너리 하우스의 어떤 구역에 대해 감동을 받았는가?
(A) 아시아 상품
(B) 지중해 상품

어휘 discover ~을 발견하다 cookware 주방 기구 culinary 요리의 destination 목적지 elevate ~을 격상시키다, ~을 끌어올리다 whether A or B: A든, B든 상관없이 seasoned 유능한, 숙련된 flagship 대표적인 curated 엄선된 selection 선택, 종류 personalized 개인에게 맞춰진 recommendation 추천 highlight 가장 두드러진 부분 explore ~을 둘러보다, ~을 탐사하다 specialized 전문화된, 특수화된 section 구역 wok 중국식 프라이팬 bamboo 대나무 steamer 찜기 cast iron 주철 sous vide 수비드 (저온 장시간 조리법) import n. 수입(품) elegant 우아한 tableware 식기류 glassware 유리제품류 utensil (주방)도구 fine dining 고급 식사 Mediterranean 지중해의 brass 황동 tray 접시 bowl 공기, 사발 pressure 압력 expand 확장하다, 확대하다 enhance ~을 개선하다, ~을 강화하다 showroom 전시장 support ~을 지원하다 transition 전환 delivery 배송 available 이용할 수 있는, 구입할 수 있는(↔ unavailable) order 주문 temporarily 일시적으로, 임시로 due to ~로 인해, ~ 때문에 shipping 배송 delay 지연, 지체 virtual 가상현실의 representative n. 직원, 대표자 assist with ~을 돕다 personalized 맞춤형의 continued 지속적인

loyalty 충성(심) spotlight 주목, 주시 breeze 식은 죽 먹기 newcomer 신입, 초보 high-end 최신의, 고급의 appreciate ~에 대해 감사하다 expert a. 전문적인, 전문가의 guidance 안내, 지도 thoughtful 사려 깊은 especially 특히 impressive 인상적인 look 형용사: ~하게 보이다 amazing 훌륭한, 대단한

PRACTICE 2

1

넬슨 씨, 다음은 함께 논의했던 일정 상세 정보를 상기시켜 드리는 전달 사항입니다:
· 발표: 4월 20일, 목요일, 오전 10시
· 후속 회의: 4월 21일, 금요일, 오전 11시 30분 (한 시간 이상 소요)
· 장소: 해리엇 컨퍼런스 센터 (두 행사 모두 해당)

제 오랜 동료 한 분이 맥스웰 버튼 씨와 함께 하는 워크숍에 관해 이야기해 주었는데, 이는 그분의 단체와 교류할 수 있는 아주 좋은 기회가 될 수 있습니다. 그 모임이 우리 1시간짜리 후속 회의와 겹치기 때문에, 시간을 변경해야 하는지 곧 알려 드리겠습니다.

택시 영수증
날짜: 4월 21일
출발: 해리엇 컨퍼런스 센터　　승차 시간: 오후 13:05
도착: 웨스트랜드 국내 공항　　하차 시간: 오후 13:47

Q 영수증 내용에 따르면, 넬슨 씨에 대해 어떤 결론을 내릴 수 있는가?
(A) 회의 후에 직접 운전하여 공항으로 갔다.
(B) 예정된 일정을 유지했다.

해설 언급된 마지막 영수증의 정보를 빨리 확인하고 대조할 지문이 첫 번째인지, 두 번째인지 판단해야 한다. 주요 정보가 시간과 날짜이므로 같은 정보가 등장하는 첫째 지문에 단서가 있음을 알 수 있다.
영수증의 Pick-up time: 13:05 P.M. 정보를 첫 번째 일정표와 대조하면, 11:30 A.M. (may last over an hour)라고 나온다. 11시 30분부터 1시간 이상 후속 회의를 한다면, 13시 5분에 공항행 택시를 타는 것이 예정된 일정을 준수했다고 추론할 수 있으므로 (B)가 정답이다.
삼중지문은 이중지문과 풀이 전략이 동일하지만, 참조할 두 번째 지문이 나머지 둘 중 어느 지문인지 판단해야 하는 점이 다르다.

어휘 reminder 상기, 주의 환기 details 상세정보

presentation 발표회, 설명회 follow-up 후속의, 뒤따르는 last ~동안 지속하다 venue 장소, 행사장 colleague 동료 a great chance to do ~할 수 있는 기회 connect with ~와 교류하다, ~와 연결되다 organization 단체, 기관 since ~때문에 overlap with ~와 겹치다 hour-long 1시간 길이의 let A know: A에게 알려주다 whether ~인지 pick-up 차에 태우기 drop-off 차에서 내려주기 conclude 결론을 내리다 drive to 직접 운전하여 ~에 가다 maintain ~을 유지하다 planned 예정된

Inference 11:30 A.M. (may last over an hour)
⇒ Pick-up time: 13:05 P.M.
⇒ maintained his planned schedule

vehicle 차량 outing 야유회, 짧은 여행 for personal use 개인 용도로 inquiry 문의 rental 대여 upcoming 다가오는, 곧 있을 current 현재의 attach ~을 첨부하다 make a reservation 예약하다 feel free to do 부담 없이 ~하세요 capacity 수용 인원, 수용력 daily 하루의 rate 요금, 비율, 속도, 등급 coach bus (장거리용) 대형 버스 qualify for ~에 대한 자격이 있다 discount 할인 be eligible to do ~할 자격이 있다 receive ~을 받다

Paraphrase 30 members of my company
⇒ Groups of 10 or more qualify for a 10% discount
⇒ is eligible to receive a discount

2

이번 달에 저희 회사 직원 30명이 윌버그 캠핑장으로 당일 여행을 계획하고 있으며, 이 야유회를 위해 차량을 대여하고자 합니다. 제가 전에 개인적인 용도로 귀사에서 차량을 대여한 적은 있지만, 대규모 단체용으로 대여하는 건 이번이 처음입니다.

놀란 씨께,
다가올 행사를 위해 저희 대여 상품에 대해 문의해 주셔서 감사합니다. 저희 현행 요금 목록을 첨부해 드렸으니 확인해 보시기 바랍니다. 궁금한 점이 있으시거나 예약하시려는 경우, 언제든지 제게 555-4134번으로 전화를 주십시오.

스피디 렌탈 – 요금 목록

옵션	차량 종류	수용 인원	일일 요금
옵션 1	SUV	6석	$170
옵션 2	미니밴	12석	$400
옵션 3	대형 버스	40석	$850

*10인 이상의 단체 고객은 10% 할인 자격이 있습니다.

Q 놀란 씨에 대해 암시된 것은 무엇인가?
(A) 스피디 렌탈 서비스를 이용한 적이 전혀 없다.
(B) 할인을 받을 자격이 있다.

해설 첫 번째 지문에 30 members of my company라고 하는데, 세 번째 지문에서 30 members를 패러프레이즈한 Groups of ten or more가 제시되었다. 그러므로 그 뒤의 qualify for a 10% discount가 유효하다는 것을 알 수 있으므로 qualify for를 is eligible to receive로 패러프레이즈한 (B)가 정답이다.
참고로, 두 지문에 숫자가 나온다면 이를 이용한 연계 문제가 나오기 쉽다는 것을 기억해 두자.

어휘 would like to do ~하려고 하다 rent ~을 대여하다

PRACTICE 3

1

스카이뷰 빌딩 개선 계획
리버스톤 (8월 5일) — 크림슨 빌딩 솔루션즈(CBS)에 의한 스카이뷰 빌딩 개축 공사가 현재 진행 중인 가운데, 이 공사가 약간 지연될 위기에 직면했다. CBS 대리인은 상업적 용도를 위한 공간 배정 및 허가 문제를 두고 시와 진행하는 협상이 아직 해결되지 않았다고 해명했다.

저는 데이터마이닝 테크놀로지 사의 소유주이며, 저희는 리버스톤 지역으로 저희 사업을 확장하고 있습니다. 귀사가 스카이뷰 빌딩 내의 점포들을 임대하기 시작했다는 이야기를 들었으며, 저희는 그 빌딩의 매장 공간을 임대하는 데 아주 관심이 많습니다.

Q CBS와 관련해 암시된 것은 무엇인가?
(A) 매장 공간을 할인 요금으로 제공하고 있다.
(B) 정부의 필수 허가를 모두 받았다.

해설 두 지문에서 공통된 CBS 관련 내용을 찾아야 한다. 첫 번째 지문에서 discussions with the city over ~ permits for commercial use have not yet been resolved라고 나온다. 그런데 두 번째 지문에서 you have started leasing units in the Skyview Building이라고 밝히고 있다. 따라서, 시로부터 임대 사업에 필요한 허가를 모두 받았음을 추론할 수 있으므로 (B)가 정답이다.

어휘 improvement 개선, 향상 renovation 개축 underway 진행 중인 face v. ~에 직면하다 slight 약간의, 조금의 delay 지연, 지체 representative 대표자, 직원 explain that ~라고 설명하다 zoning adjustment (건축) 사용 용도 배정 permit n. 허가(증) commercial 상업적인 resolve ~을 해결하다 owner 소유주 expand ~을

확장하다 lease ~을 임대하다 unit (다세대 건물의) 세대 be interested in ~에 관심이 있다 retail 소매(업) at a discounted rate 할인된 요금에 receive ~을 받다 required 필수의

Inference permits for commercial use have not yet been resolved
⇒ you have started leasing units
⇒ received all required government permits

2

우리는 여러 추가 교육 시간들을 가장 경험 많은 교육 진행자들 중 두 분께 배정해 드리기로 결정을 내렸습니다. 제이미 롭슨 씨는 영업 업계에 속하신 분들과 협업하실 것이며, 앤드류 깁슨 씨는 관리직 교육 및 직장 동료들 간의 분쟁 해결법에 초점을 맞추시게 됩니다.

제목	길이	날짜	진행자	장소
콜드콜 - 첫 단계	반나절	7월 7일	제이미 롭슨	터너 솔루션즈 본사, 맨체스터
실천적 관리 - 소속 팀 지원하기	전일	7월 8일	앤드류 깁슨	터너 솔루션즈 본사, 맨체스터

저는 교육 시간들이 조정될 필요가 있다고 생각하는데, 그 중 일부가 너무 길게 진행되었기 때문입니다. 반대로, 반나절 교육 시간은 질의 응답 코너를 포함하도록 연장되면 좋을 것입니다.

Q 누가 질의 응답 코너로 연장될 필요가 있는 교육 시간을 진행 했는가?
(A) 제이미 롭슨
(B) 앤드류 깁슨

해설 두 번째 지문에서 질문 키워드인 Q&A segment를 찾아서 주어인 the half-day session을 확인한다. 다음은 표에서 half-day를 찾아야 하는데, 첫 번째 줄에서 Half Day, July 7, Jamie Robson을 확인할 수 있다. 그러므로 (A)가 정답이다.

어휘 make a decision 결정을 내리다 allocate A to B: A를 B에게 배정하다 training 교육, 훈련 session (특정 활동을 위한) 시간 experienced 경험 많은 leader 진행자 those + 전치사구 ~인 사람들 industry 업계, 산업 focus on ~에 초점을 맞추다 way to do ~하는 방법 resolve ~을 해결하다 dispute 분쟁 colleague 동료 cold calling 콜드콜 (약속 없이 전화하는 영업 방식) step 단계 HQ 본사 in action 실천하는, 실행 중인 support ~을 지원하다, ~을 지지하다 adjust ~을 조정하다 run 진행되다, 운영되다 conversely 반대로 could have p.p. ~할 수도 있었을 것이다, ~하는 게 좋겠다 extend ~을 연장하다, ~을 확장하다 include ~을 포함하다 segment 부분, 일부 lead ~을 진행하다, ~을 이끌다

실전 TEST

1. (C) 2. (C) 3. (C) 4. (D) 5. (C)
6. (D) 7. (B) 8. (B) 9. (C) 10. (B)

1-5 다음 이메일과 광고를 참조하시오.

수신: rabrams@qmail.com
발신: tgreen@qmail.com
날짜: 3월 2일
제목: 매장 건물 후보

에이브람스 씨께,

1 지난 상공회의소 모임에서 함께 말씀을 나눌 수 있어서 즐거웠습니다. 귀하께서 가정용품 판매장의 두 번째 매장 자리를 찾고 계신다고 언급하신 게 기억납니다. **2** 그 뒤로 제가 조사를 좀 해보았는데, 귀하께 알맞은 상태가 아주 좋은 건물을 찾은 것 같습니다. 아직 계약을 하신 곳이 없다면, 제가 기꺼이 그곳을 소개해 드리겠습니다. 이 건물이 귀하의 요구를 충족한다면, 그 후에 부동산 중개 계약을 논의해 볼 수 있을 것입니다.

이 장소는 웨스트 우즈 쇼핑몰 근처에 편리하게 위치해 있는데, 이 지역이 분명 귀하의 사업에 최적이라고 느끼실 것입니다. **3-(D)** **4** 고객들이 이용 가능한 주차 공간이 70개 이상이며, 이 건물은 현재 바로 인근에서 **3-(B)** 유일하게 임대되지 않은 공간으로, **3-(A)** 상당한 유동인구로부터 혜택을 보고 있습니다.

이 건물에 관해 더 상세히 논의하시려면, 가급적 빨리 제게 전화를 주시기 바랍니다.

안녕히 계십시오.
톰 그린
골드 스타 부동산

부동산 게시번호 4892
· **위치**: 소매업 용도로 지정됨, 웨스트 우즈 쇼핑몰에서 1마일 이내의 거리.
· **상태**: 훌륭함, 최근 신형 대나무 바닥재로 업그레이드됨.

- **임대 기간**: 소유주가 장기 임대 계약을 선호함 (최소 2년).
- **4 주차**: 건물에 30개의 지정 주차 공간이 포함됨.
- **5 현황**: 건물은 현재 여러 개의 선반과 거치대들을 보관 중이며, 이번 달 내로 완전히 치워질 것임.
- **제외사항**: 가스 및 전기요금은 월 임대료에 포함되지 않음.

어휘 retail 소매(업) property 건물, 부동산 recall A -ing: A가 ~한 것이 기억나다 mention ~을 언급하다 location 지점, 위치 since ad. 그 이후로 ideal 이상적인 exceptional 뛰어난, 이례적인 condition 상태, 조건 commit to ~와 계약하다, ~을 약속하다 be delighted to do 기꺼이 ~하다 Should ~ 만약 ~라면(= if) meet (조건 등) ~을 충족하다 real estate 부동산 representation 대리, 대표 agreement 계약(서), 합의(서) be situated near ~근처에 위치해 있다 conveniently 편리하게 recognize A as B: A를 B라고 인식하다 prime 최상의 parking 주차(장) spot 자리, 지점 available 이용 가능한 currently 현재 un-leased 임대되지 않은 in the immediate vicinity 바로 인근에 currently 현재 benefit from ~로부터 혜택을 보다 substantial 상당한, 많은 foot traffic 유동인구 at your earliest convenience 가급적 빨리 further 더 상세히, 한층 더 posting 게시물 location 장소 designated 지정된 less than ~미만의 recently 최근에 bamboo 대나무 lease 임대 (계약) term 기간 owner 소유주 prefer ~을 선호하다 long-term 장기간의 minimum 최소한도 current 현재의 status 상황, 상태 presently 현재 house v. ~을 보관하다 shelf 선반 rack 거치대, ~걸이 completely 완전히 remove ~을 치우다 exclusion 제외(사항) electricity bill 전기세 monthly 월간의, 달마다의

1 그린 씨와 에이브람스 씨가 어디서 만났는가?
(A) 서로 아는 친구의 생일 파티에서
(B) 부동산 투자 세미나에서
(C) 사업가들을 위한 모임에서
(D) 자선 경매 행사에서

해설 질문의 키워드 meet과 같은 의미의 표현을 찾아보면, 첫 지문 첫 단락에 It was a pleasure speaking with you at the last Chamber of Commerce meeting이라는 말이 나온다. 따라서, meeting을 gathering으로 패러프레이즈한 (C)가 정답이다. 이때 Chamber of Commerce가 business 단체인지까지 확인할 필요는 없다.

어휘 mutual 서로의, 상호간의 investment 투자 gathering 모임 charity 자선 (단체) auction 경매

Paraphrase meeting ⇒ gathering

2 그린 씨가 누구일 것 같은가?
(A) 매장 소유주
(B) 가전제품 엔지니어
(C) 부동산 중개업자
(D) 법률 자문가

해설 질문의 키워드인 Mr. Green은 이메일 작성자이다. 그러므로 주어 I 뒤에서 직업의 단서를 찾는다. 두 번째 문장에 I've since done some research and believe I've found an ideal property라고 나온다. found an ideal property에서 Mr. Green이 부동산 중개인임을 추론할 수 있으므로 (C)가 정답이다.

Inference I've found an ideal property
⇒ A real estate agent

3 해당 건물에 대해 사실이 아닌 것은 무엇인가?
(A) 보행자가 많은 지역에 위치해 있다.
(B) 현재 비어 있는 상태이다.
(C) 할부로 매입될 수 있다.
(D) 넓은 주차 구역이 있다.

해설 NOT 질문은 선택지의 키워드가 등장하는 곳을 빠르게 찾아 대조해야 한다. (A)의 located는 첫 지문 두 번째 단락의 location is conveniently situated에서 찾을 수 있는데, 그 뒤의 substantial foot traffic을 many pedestrians라고 패러프레이즈하므로 사실이다. (B)의 vacant는 같은 문장에서 currently the only un-leased space라고 설명되는데, vacant를 un-leased로 패러프레이즈한 것이므로 사실이다. 그런데, 지불 방법을 나타내는 (C)의 in installments는 지문에서 지불과 관련된 정보를 찾을 수 없다. 그러므로 사실 확인이 안되는 (C)가 정답이다. (D)는 굳이 확인일 필요는 없지만, 첫 지문에 over 70 parking spots라고 나오므로 사실이다.

어휘 be located in ~에 위치해 있다 pedestrian 보행자 vacant 비어 있는 at the moment 현재 purchase ~을 구입하다 in installment 할부로

Paraphrase be located ⇒ be situated
substantial foot traffic ⇒ many pedestrians
over 70 parking spots ⇒ a large parking area

4 이메일에서 무엇이 수정되어야 하는가?
(A) 건물 위치
(B) 건물 상태
(C) 필수 임대 기간
(D) 주차장 수용 규모

해설 첫 지문과 둘째 지문에 공통으로 등장하는 정보를 찾아야 한다. 첫 지문 두 번째 단락에는 There are over 70 parking spots available이라고 언급되어 있는데, 광고인 두 번째 지문의 Parking 항목에서는 Includes 30 designated parking spots라고 나온다. 인용한 첫 지문의 주장 공간 수치가 수정되어야 하므로 parking spots를 parking capacity로 패러프레이즈한 (D)가 정답이다.

어휘 **correct** v. ~을 정정하다, ~을 바로잡다 **state** 상태 **required** 필수의, 필요한 **length** 길이, 기간 **capacity** 수용 능력, 자리 수

Paraphrase parking spots ⇒ parking capacity

5 건물에서 무엇이 치워질 것인가?
(A) 신형 대나무 바닥재
(B) 모든 조명기구
(C) 어떤 매장 가구
(D) 창문 가리개

해설 질문의 키워드 removed가 두 번째 지문 첫 번째 단락의 Current Status 항목에 나온다. presently housing several shelves and racks—these will be completely removed라고 하므로 shelves and racks를 furniture로 패러프레이즈한 (C)가 정답이다.

어휘 **flooring** 바닥재 **light fixture** 조명기구 **furniture** 가구 **covering** 가리개, 덮개

Paraphrase shelves and racks ⇒ furniture

6-10 다음 두 이메일과 일정표를 참조하시오.

수신: 호라이즌 글로벌 파트너스 전 직원
From: 샌드라 마티네즈 <s.martinez@hgp.com>
날짜: 11월 22일
제목: 로라 베니테즈
첨부: 일정표

팀원 여러분,

6 로라 베니테즈 씨가 다음 주에 이곳 호라이즌 글로벌 파트너스 사의 최고운영이사 면접에 참여하시면서 며칠 동안 우리와 함께 하신다는 사실을 알려드립니다. 국제 금융 분야에서의 인상적인 실력을 보면, 베니테즈 씨는 이 직책에 훌륭한 적임자로 보입니다. 모두 이분을 아주 따뜻하게 맞이해 주시기 바랍니다.

경영진은 모든 팀원이 베니테즈 씨와 교류할 기회를 꼭 가져야 한다고 생각합니다. 따라서, 저는 여러분께서 베니테즈 씨의 방문 중에 참석하실 것으로 예약된 여러 행사에서 참여하시도록 요청합니다. 첨부된 일정표를 참고하셔서 참여하실 시간을 확인해 주시기 바랍니다. **7** 11월 27일은 예정 시작 시간인 2시보다 10분 일찍 도착하시기 바랍니다. 더 상세한 정보가 곧 공유될 것입니다.

안녕히 계십시오.
샌드라 마티네즈
호라이즌 글로벌 파트너스 대표이사

로라 베니테즈 씨의 방문 일정

날짜	시간	행사 / 초대 대상자
11월 27일	오전 8:30	**9** 조식 모임 – 부서장
11월 27일	오전 11:00	사무실 견학 – 전 직원
7 11월 27일	오후 2:00	질의 응답 시간 – 전 직원
11월 27일	오후 6:30	환영 만찬 – 이사진
11월 28일	오전 9:00	오전 브리핑 – 전 직원

수신: 샌드라 마티네즈 <s.martinez@hgp.com>
발신: 로라 베니테즈 <l.benitez@greenresearch.org>
날짜: 11월 29일
제목: 제 방문 관련 후속 연락

마티네즈 씨께,

지난주에 호라이즌 글로벌 파트너스에서 저를 환대해 주셔서 감사합니다. 귀하의 팀을 만나고 귀하의 조직이 지닌 혁신 정신을 경험하게 되어 대단히 감사했습니다. **9** 특히, 아침식사 중에 토랜스 씨와 나눈 대화가 즐거웠는데, 귀사의 지속 가능성 계획에 대한 그분의 통찰력이 고무적이었습니다. 제가 11월 27일 환영 만찬 행사를 놓친 것이 아쉬웠는데, 아주 중요한 화상회의에 참석해야 했습니다. 하지만, **8** 사무실 견학과 질의 응답 시간은 최고운영이사 역할에 대한 제 관심을 훨씬 더 높여주었습니다. 저는 앞으로 호라이즌 글로벌 파트너스의 성공에 기여할 기회가 기대됩니다. **10** 현재의 본사에서든 아니면 새로운 시설에서든 상관없습니다.

따뜻한 환영에 다시 한번 감사드립니다. 다음 단계들을 고대하며, 필요하신 정보가 있다면 무엇이든 기꺼이 제공해 드리겠습니다.

안녕히 계십시오.
로라 베니테즈

어휘 **inform A that:** A에게 ~라고 알리다 **participate in** ~에 참여하다 **process** 과정 **position** 직책, 일자리 **impressive** 인상적인 **track record** 실적 **appear to do** ~하는 것 같다 **match** 적임자 **encourage A to do:** A에게

~하도록 권하다 give A a warm welcome: A를 따뜻하게 맞이하다 essential 필수적인 opportunity to do ~할 수 있는 기회 interact with ~와 교류하다 accordingly 그에 따라 join ~와 함께 하다, ~에 합류하다 prearranged 사전에 준비된 refer to ~을 참고하다 attach ~을 첨부하다, ~을 부착하다 agenda 안건, 의제 confirm that ~임을 확인해 주다 available 시간이 나는 ask that ~하도록 요청하다 arrive 도착하다 further 추가적인, 더 깊이 있는 details 상세 정보, 세부 사항 share ~을 공유하다 invitee 초대 손님 department head 부서장 session (특정 활동을 위한) 시간 reception (환영) 연회 board members 이사진 briefing 브리핑, 요약 보고 follow-up 후속 연락, 후속 조치 host ~를 접대하다, ~을 주최하다 appreciate ~에 대해 감사하다 experience ~을 경험하다 innovative 혁신적인 organization 단체, 기관 insight 통찰력, 안목 sustainability 지속 가능성 initiative n. 계획, 운동, 솔선수범, 진취(성) inspiring 영감을 주는, 고무적인 unfortunate 안타까운, 아쉬운 miss ~을 놓치다, ~을 지나치다 crucial 중대한 conference call 화상회의 further 한층 더 strengthen ~을 강화하다 interest in ~에 대한 관심 contribute to ~에 기여하다 whether A or B: A이든 B이든 상관없이 current 현재의 headquarters 본사 facility 시설(물) look forward to ~을 고대하다

6 첫 번째 이메일의 목적이 무엇인가?
(A) 채용을 공지하기
(B) 동료의 업적을 칭찬하기
(C) 직원들을 교육 워크숍에 초대하기
(D) 직원들에게 곧 있을 방문을 알리기

해설 이메일의 목적은 주로 지문 첫 부분에 나타난다. 목적을 이끄는 표현 I'm excited to 다음에 inform you that Ms. Laura Benitez will be with us for a few days next week라고 말하므로 이것을 upcoming visit으로 패러프레이즈한 (D)가 정답이다.
어휘 praise ~을 칭찬하다 colleague 동료 achievement 업적, 성취 training 교육, 훈련 inform A of B: A에게 B를 알리다 upcoming 곧 있을, 다가오는
Paraphrase will be with us for a few days next week ⇒ an upcoming visit

7 전 직원이 어떤 행사에 일찍 도착하도록 권고되는가?
(A) 사무실 견학
(B) 질의 응답 시간
(C) 저녁 환영 만찬
(D) 오전 브리핑

해설 질문의 arrive early를 arrive ten minutes before로 패러프레이즈한 첫 지문의 On November 27, we ask that you arrive ten minutes before the scheduled 2 o'clock start time에 단서가 있다. 2 o'clock start time에 해당하는 행사를 두 번째 표에서 찾아보면, 2:00 p.m. / Q&A Session으로 제시되므로 (B)가 정답이다.
어휘 be encouraged to do ~하도록 권고되다 arrive early 일찍 도착하다
Paraphrase arrive early ⇒ arrive 10 minutes before

8 베니테즈 씨가 마티네즈 씨에게 글을 쓰는 주된 이유가 무엇인가?
(A) 자신의 현재 직업을 설명하기 위해
(B) 직책에 대한 관심을 표명하기 위해
(C) 또 다른 회의 일정을 잡기 위해
(D) 추가 정보를 요청하기 위해

해설 이메일의 목적은 주로 글의 초반에 나타난다. 그런데 Thank you for hosting me at Horizon Global Partners last week.에서 hosting이 무엇인지 알 수 없고 선택지에 감사하는 동사도 없다. 이럴 때는 바로 중반 이후를 살펴보아야 하는데, 중대한 내용 전환을 암시하는 역접 접속사 However에 주목한다. 그 뒤에 the office tour and Q&A further strengthened my interest in the Chief Operating Officer role이라고 글의 목적이 제시되는데, further strengthened my interest를 show her interest로 패러프레이즈한 (B)가 정답이다.
어휘 explain ~을 설명하다 current 현재의 show one's interest in ~에 대한 관심을 표명하다 arrange ~의 일정을 잡다, ~을 준비하다 request ~을 요청하다 additional 추가적인
Paraphrase further strengthened my interest ⇒ show her interest

9 토랜스 씨가 누구일 것 같은가?
(A) 신입직원
(B) 출장요리 편성 책임자
(C) 부서장
(D) 이사회 구성원

해설 Mr. Torrance의 이름이 언급되는 세 번째 지문 첫 번째 단락에, I especially enjoyed my conversation with Mr. Torrance during breakfast라고 나온다. 다음으로 두 번째 지문에서 breakfast를 찾아보니 Breakfast Meeting – Department Heads라고 나온다. 그러므로 Department Heads를 A department supervisor로 패러프레이즈한 (C)가 정답이다.

어휘 catering 출장 요리 제공(업) coordinator 편성 책임자, 조정 담당자 supervisor 책임자, 감독, 상사

Paraphrase Department Heads
⇒ A department supervisor

10 두 번째 이메일에서 호라이즌 글로벌 파트너스 사에 대해 암시하는 것은 무엇인가?
(A) 다수의 채용을 광고하고 있다.
(B) 새로운 사업장을 열 계획이다.
(C) 자사의 지속 가능성 계획으로 여러 상을 받았다.
(D) 대표이사가 최근에 은퇴했다.

해설 두 번째 이메일에서 Horizon Global Partners가 나오는 부분을 확인하면 된다. 이메일 첫 단락 끝에서 I am excited about the chance to contribute to Horizon Global Partners' future success, whether at the current headquarters or the new facility라고 나온다. 자신이 일하고 싶은 회사의 위치를 whether at the current headquarters or the new facility라고 표현했으므로 the new facility를 a new business location으로 패러프레이즈한 (B)가 정답이다.

어휘 advertise ~을 광고하다 job vacancy 공석, 결원 plan to do ~할 계획이다 open 개점하다, 개장하다 business location 사업장, 매장 win an award 상을 받다 recently 최근에 retire 은퇴하다, 퇴직하다

Paraphrase the new facility
⇒ a new business location

10분 단축
토익 PART 7
실전문제집

실전 모의고사 해설

1 TEST 1 해설
2 TEST 2 해설
3 TEST 3 해설
4 TEST 4 해설
5 TEST 5 해설

PART 7 실전 모의고사 TEST 1

정답

147. (C)	148. (B)	149. (C)	150. (A)	151. (A)	152. (C)
153. (B)	154. (C)	155. (C)	156. (D)	157. (A)	158. (C)
159. (B)	160. (C)	161. (B)	162. (C)	163. (C)	164. (B)
165. (D)	166. (A)	167. (D)	168. (B)	169. (C)	170. (B)
171. (A)	172. (C)	173. (C)	174. (D)	175. (C)	176. (B)
177. (C)	178. (B)	179. (A)	180. (C)	181. (C)	182. (D)
183. (D)	184. (C)	185. (C)	186. (A)	187. (B)	188. (B)
189. (C)	190. (D)	191. (C)	192. (B)	193. (C)	194. (D)
195. (C)	196. (C)	197. (D)	198. (D)	199. (A)	200. (C)

147-148 다음 문자 메시지 대화를 참조하시오.

> 타라 커시 (오전 8:30) 안녕하세요, 마테오 씨. 오늘 오전에 투자 클럽 회의에 오시나요?
> 마테오 콜린스 (오전 8:31) 그럴 생각은 아니었어요. 제가 그곳에 가기를 원하시나요?
> 타라 커시 (오전 8:32) 우리가 예상한 것보다 더 많은 기업체 소유주들이 자금 지원을 신청했어요. **147** 우리는 누가 우리의 재정 지원을 받을 만한지 결정해야 하는데, 당신의 경험이 도움이 될 수 있습니다.
> 마테오 콜린스 (오전 8:33) 그렇다면 참석하겠습니다. **148** 그곳에 꼭 10시까지 가야 하는 건가요?
> 타라 커시 (오전 8:34) 물론입니다. 그리고 대회의실 C에서 열린다는 것 잊지 마세요. 감사합니다, 마테오 씨. 그곳에서 뵙겠습니다.

어휘 investment 투자(금) intend to do ~할 생각이다, ~할 작정이다 apply for ~을 신청하다, ~에 지원하다 funding 자금 (지원) anticipate ~을 예상하다, ~을 기대하다 be worthy of ~을 받을 만하다 financial 재정의, 재무의 support 지원, 후원, 지지 come in handy 도움이 되다, 쓸모가 있다 by (기한) ~까지 Absolutely (강한 긍정) 물론입니다, 당연합니다

147 커시 씨가 언급하는 회의의 목적이 무엇인가?
(A) 어느 투자자에게 업체를 홍보하기
(B) 회사의 연례 예산을 최종 확정하기
(C) 자금 지원이 필요한 기업가들을 심사하기
(D) 회사에 온 신입 사원들을 환영하기

해설 커시 씨가 8시 32분에 작성한 메시지에서, 회의 중에 하는 일로 누가 재정 지원을 받을 만한지 결정하는 (We need to decide who is worthy of our financial support) 일을 언급하고 있다. 이를 consider entrepreneurs for funding로 패러프레이즈한 (C)가 정답이다.

어휘 pitch (영업 등을 위한) 설명, 구매 권유 investor 투자자 finalize ~을 최종 확정하다 annual 연례적인, 해마다의 budget 예산 consider ~을 심사하다, ~을 고려하다 entrepreneur 기업가 new recruit 신입사원

Paraphrase decide ⇒ consider
financial support ⇒ funding

148 오전 8시 34분에, 커시 씨가 "물론입니다"라고 쓸 때 무엇을 의미할 것 같은가?
(A) 회의 시간이 확정되지 않았다.
(B) 콜린스 씨가 정시에 도착해야 한다.
(C) 대회의실 한 곳이 예약되었다.
(D) 콜린스 씨가 반드시 양식에 서명해야 한다.

해설 8시 33분 메시지에 콜린스 씨가 10시까지 가는 게 중요한지(Is it important to get there by 10?) 묻는 질문에 대해 '물론입니다'라고 동의하는 흐름이다. 따라서, 정시에 도착해야 한다고 패러프레이즈한 (B)가 정답이다.

어휘 confirm ~을 확정하다 promptly 정확히 제시간에, 지체 없이 reserve ~을 예약하다 form 양식, 서식

Paraphrase important to get there by 10
⇒ should arrive promptly

149-150 다음 안내 표지판을 참조하시오.

> **스카이리치 천문대에 오신 것을 환영합니다**
>
> 저희 스카이리치 천문대 관람이 예정된 여러분을 맞이하게 되어 기쁩니다. **149** 가이드가 동반되는 각각의 관람은 천문대 돔, 대화형 전시물, 그리고 고성능 망원경을 갖춘 관람 테라스의 이용이 포함됩니다.
>
> 망원경의 가시성이 구름의 양 또는 대기 상태의 영향을 받을 수 있지만, 관람은 날씨와 상관없이 계획대로 진행된다는 점에 유의하시기 바랍니다. 밤에 더 추워지면, 저희가 라운지에서 무료로 따뜻한 음료를 제공해 드립니다. 사진 촬영은 허용되지만, 천문대의 특정 구역에서는 플래시 사용이 금지됩니다. **150** 여러분께 배정된 시간보다 최소 10분 전에 안내데스크에서 입장 수속을 하시기 바랍니다.

어휘 observatory 천문대, 전망대 guided 가이드가 동행하는 session (특정 활동을 위한) 시간 include ~을 포함하다 access 이용, 접근 astronomy 천문학 dome 둥근 천정 interactive 대화형의, 상호 작용하는 exhibit 전시(물)

viewing 관람 equipped with ~을 갖춘 high-powered 고성능의 telescope 망원경 be aware that ~임에 유의하다, ~임을 알고 있다 visibility 가시성 affect ~에 영향을 미치다 cloud cover 구름의 양 atmospheric 대기의 condition 상태, 조건, 환경 proceed 진행되다 as planned 계획대로 regardless of ~와 상관없이 complimentary 무료의 beverage 음료 photography 사진 촬영(술) prohibit ~을 금지하다 certain 특정한, 일정한 at least 최소한, 적어도 assign ~을 배정하다, ~을 할당하다

149 안내 표지판이 누구를 대상으로 할 것 같은가?
 (A) 천문대 직원들
 (B) 하늘 사진작가들
 (C) 천문 동호인들
 (D) 망원경 엔지니어들

해설 첫 단락에 천문대 돔과 대화형 전시물, 그리고 고성능 망원경을 갖춘 관람 테라스의 이용을 포함한다(includes access to the astronomy dome, interactive exhibits, and the viewing terrace equipped with high-powered telescopes)라고 나온다. 이러한 서비스는 천문학에 관심이 많은 사람들이 이용할 것으로 추론할 수 있으므로 (C)가 정답이다.

어휘 astronomer 천문가, 천문학자

150 안내 표지판에서 방문객들에게 무엇을 하도록 권하는가?
 (A) 미리 도착할 것
 (B) 강좌에 등록할 것
 (C) 장비를 가져올 것
 (D) 일기예보를 확인할 것

해설 두 번째 단락에서 배정된 시간보다 최소 10분 전에 안내데스크에서 입장 수속을 하도록(Please check in at the front desk at least ten minutes before your assigned time) 권하는 말이 나온다. ten minutes before를 in advance로 패러프레이즈한 (A)가 정답이다.

어휘 in advance 미리, 먼저 register for ~에 등록하다 equipment 장비

Paraphrase at least ten minutes before your assigned time ⇒ in advance

151-152 다음 제조 안내서 발췌문을 참조하시오.

151 경량 알루미늄이 캠핑용 취사 도구에 널리 이용되는 한 가지 이유는 디자인 맞춤 제작의 편리함입니다. 브랜드 로고와 모델명, 그리고 제품 정보 같은 세부 사항이 냄비 또는 팬이 주조되고 난 뒤에 그 표면에 곧바로 새겨질 수 있습니다. "포스트 에칭 기법"이라고 불리는, 이 방식은 가장 덜 비싼 방식이지만, 그 표기가 기본적인 문자로 제한됩니다. **152** 더 상세한 로고나 여러 색상을 지닌 브랜드에 대해서는, 취사 도구의 형태를 만들기 전에 에칭 작업이 완료됩니다. 이 과정은, '프리 에칭 기법'이라고 알려진 것으로서, 비용이 약 15퍼센트 더 들지만, 야외용 장비 업체들은 흔히 이것을 선호하는데, 시선을 끄는 디자인에 고객들이 긍정적으로 반응해, 더 많은 판매량으로 이어지기 때문입니다.

어휘 lightweight 경량의 simplicity 간편함, 단순함 customize ~을 맞춤 제작하다, ~을 주문 제작하다 details 세부사항, 상세 정보 etch A into B: A를 B에 새겨 넣다 surface 표면 mold ~을 주조하다 approach 방식, 접근 방법 limit A to B: A를 B로 제한하다 marking 표기, 표시 text 문자, 글자 detailed 상세한 shape v. ~의 형태를 만들다 process 과정 known as ~라고 알려진 costly 비싼, 많은 돈이 드는 equipment 장비 retailer 소매업체, 소매업자 favor v. ~을 선호하다 respond to ~에 반응하다 positively 긍정적으로 eye-catching 시선을 끄는 result in (결과) ~로 이어지다, ~을 초래하다

151 알루미늄 취사 도구와 관련해 언급된 것은 무엇인가?
 (A) 맞춤 제작하기 쉽다.
 (B) 다른 소재보다 더 안전하다.
 (C) 운송하기 어렵다.
 (D) 음식을 더 오래 따뜻하게 유지해 준다.

해설 지문 시작 부분에 경량 알루미늄이 캠핑용 취사 도구에 널리 이용되는 한 가지 이유가 디자인 맞춤 제작의 간편함(the simplicity of customizing the design)이라고 밝히고 있으므로 이를 easy to customize로 패러프레이즈한 (A)가 정답이다.

어휘 material 소재, 재료 transport ~을 운송하다

Paraphrase the simplicity of customizing the design ⇒ easy to customize

152 고객들이 왜 프리 에칭 기법으로 만든 취사 도구를 선호하는가?
 (A) 쉽게 재활용될 수 있다.
 (B) 더 비용 효율적이다.
 (C) 디자인이 더 상세하다.
 (D) 품질 보증 기간이 더 길다.

해설 지문 중반부 이후로 '프리 에칭 기법'에 관해 설명하면서, 더 상세한 로고나 여러 색상을 지닌 브랜드에 대해 이용하는 방식(For more detailed logos or multi-colored

branding, the etching is done)이라고 설명하고 있다. 따라서, more detailed logos, multi-colored branding 등을 a more detailed design으로 패러프레이즈한 (C)가 정답이다.
- 어휘 prefer ~을 선호하다 recycle ~을 재활용하다 cost effective 비용 효율적인 come with ~을 포함하다, ~가 딸려 있다 warranty 품질 보증(서)
- Paraphrase more detailed logos or multi-colored branding ⇒ a more detailed design

153-154 다음 온라인 채팅을 참조하시오.

> **리암 오코너 [오후 3:45]**
> 안녕하세요, 엠마, 엘리엇 씨의 강연이 오늘 저녁에 45분 더 일찍 시작하기로 조정되었다는 얘기를 방금 들었어요. 제가 지금 그쪽으로 가는 중입니다.
>
> **엠마 존슨 [오후 3:47]**
> 알려주셔서 감사합니다! 팀에서는 관계 형성 및 효과적인 영업 방식에 관한 그분의 통찰력을 들어 보기를 간절히 바라고 있어요. 그분이 그 분야의 전문가이시거든요.
>
> **리암 오코너 [오후 3:49]**
> 맞습니다. **153** 제가 에든버러대학교에 다닐 때, 그분의 강의가 아주 인기가 높았어요.
>
> **엠마 존슨 [오후 3:50]**
> 그래요. **154** 강연 전에 우리에게 그분의 발표 슬라이드를 제공해 주실 수 있는지 여쭤보면 유익할 겁니다.
>
> **리암 오코너 [오후 3:52]**
> 좋은 생각입니다. 제가 그분의 도착 시간을 확인하기 위해 전화 드리기로 되어서, 말씀드려 보겠습니다.
>
> **엠마 존슨 [오후 3:53]**
> 찬성입니다. 팀원들이 고마워할 거예요.

- 어휘 get word that ~라는 얘기를 듣다 reschedule ~의 일정을 재조정하다 head over ~쪽으로 향해 가다 be eager to do ~하기를 간절히 바라다 insight 통찰력, 식견 rapport 관계 effective 효과적인 sales 영업, 판매(량), 매출 approach 방식, 접근 방법 expert 전문가 field 분야 beneficial 유익한, 이로운 be supposed to do ~하기로 되어 있다, ~해야 하다 confirm ~을 확인하다 mention ~을 언급하다 appreciate ~에 대해 감사하다

153 엘리엇 씨가 누구일 것 같은가?
(A) 잠재 투자자
(B) 대학교수
(C) 영업 보조직원
(D) 행사 기획자

- 해설 오코너 씨가 3시 49분에 작성한 메시지에서, 엘리엇 씨를 his로 지칭해 자신이 에든버러 대학교에 다닐 때, 엘리엇 씨의 강의가 아주 인기가 많았다고(When I was a student at the University of Edinburgh, his lectures were very popular) 말한다. 따라서, 대학교수인 것으로 추론할 수 있으므로 (B)가 정답이다.
- 어휘 potential 잠재적인 investor 투자자 assistant 보조, 조수 coordinator 기획자, 진행자
- Inference at the University of Edinburgh / his lectures ⇒ college professor

154 오후 3시 52분에, 오코너 씨가 "좋은 생각입니다"라고 쓸 때 무엇을 의미하는가?
(A) 엘리엇 씨의 도착 시간에 만족한다.
(B) 존슨 씨가 강연해야 한다고 생각한다.
(C) 어떤 자료를 받는 것에 관해 문의할 것이다.
(D) 엘리엇 씨가 아는 것이 많다는 데 동의한다.

- 해설 3시 50분 메시지에서, 존슨 씨가 강연 전에 엘리엇 씨가 발표 슬라이드를 제공해 줄 수 있는지 물어보면 좋을 거라고(It would be beneficial to ask him if he could provide his presentation slides for our team before the talk) 언급하자, 오코너 씨가 이에 동의하는 흐름이다. 따라서, ask him을 inquire로 패러프레이즈한 (C)가 정답이다.
- 어휘 be satisfied with ~에 만족하다 arrival 도착 give a talk 강연하다, 연설하다 inquire 문의하다 material 자료, 재료, 물품 agree that ~라는 데 동의하다 knowledgeable 아는 것이 많은, 박식한
- Paraphrase ask him ⇒ inquire
  his presentation slides ⇒ some materials

155-157 다음 이메일을 참조하시오.

> 발신: 제이미 린
> 수신: 토머스 에어즈
> 발송일: 10월 12일, 오전 10:22
> 제목: 이동 진료소에 대한 지원
> 첨부: 강연 요약본.doc
>
> 에어즈 씨께,
>
> 킨리 이니셔티브를 대표해 연락드립니다. 저희 회사의 목표는 이동 의료 차량 및 디지털 의료 도구의 이용을 통해 **155** 외딴

지역사회에서 기본적인 의료 서비스의 접근성을 개선하는 것입니다. **156** 저희는 의료 및 기술 분야 전반에 걸쳐 제휴 업체들과 협력하고 있으며, 귀 단체와 함께 하는 협업을 모색하고자 합니다.

10월 28일 오후 3시에, 저희 킨리가 <찾아가는 원격 의료>라는 제목으로 온라인 행사를 주최할 것입니다. 이 실시간 행사는 화상회의를 통해 진행되며, 원격 진단 및 환자 관리를 지원하기 위해 저희 제휴 업체들에 의해 개발된 여러 도구를 사용할 것입니다. 저희 라일리 무어 프로그램 운영이사가 이동 진료소가 이용하는 현재의 기술들을 발표하실 것입니다. 추가로, 네 분의 의료 전문가들이 저희 제휴 관계를 통해 개발된 시스템을 이용해 어떻게 서비스 취약 지역에 서비스를 제공하고 있는지도 공유하실 것입니다.

이 행사에 등록하시고 저희가 하고 있는 활동에 관해서 더 많이 알아보시려면, 저희 웹사이트 www.kinleyinitiative.org를 방문하시기 바랍니다. **157** 참석하실 계획이라면, 강연을 더 잘 이해하실 수 있도록 첨부해 드린 요약본을 미리 살펴보시기 바랍니다.

어떤 질문이든 있으시면 제게 알려 주십시오. 부디 참석을 고려해 주시기 바랍니다.

제이미 린
킨리 이니셔티브
지역사회 협력 담당관

어휘 health clinic 진료소 summary 요약(본) reach out 연락하다 on behalf of ~을 대표해, ~을 대신해 mission (조직의) 사명, 목표 improve ~을 개선하다 access 접근(성), 이용 healthcare 의료 remote 외딴, 원격의 community 지역 사회 mobile medical unit 이동 의료 차량 sector 분야, 부문 explore ~을 모색하다, ~을 탐구하다 collaboration 협업, 공동 작업 organization 단체, 조직 host ~을 주최하다 virtual 가상의 session (특정 활동을 위한) 시간 titled ~라는 제목의 telehealth 원격 의료 on the move 이동하는, 움직이는 hold ~을 개최하다 via ~을 통해 feature ~을 갖추다, ~을 특징으로 하다 diagnostics 진단 patient 환자 care 관리, 돌봄, 관심, 주의 present ~을 발표하다, ~을 제공하다 current 현재의 in addition 추가로, 게다가 share ~을 공유하다 underserved area 서비스 취약 지역 register for ~에 등록하다 effort 활동, 노력 plan to do ~할 계획이다 attend 참석하다 review ~을 살펴 보다, ~을 검토하다 attach ~을 첨부하다, ~을 부착하다 in advance 미리 let A know: A에게 알리다 consider -ing ~하는 것을 고려하다 get involved 참여하다, 관련되다

155 킨리 이니셔티브는 무엇을 하는가?
(A) 진료소에 필요한 소프트웨어를 개발하기
(B) 의료용품을 유통하기
(C) 의료 서비스의 접근 가능성을 향상시키기
(D) 도시 지역 병원의 의사들을 교육하기

해설 첫 단락에 글쓴이가 소속된 킨리 이니셔티브라는 단체의 사명이 외딴 지역사회에서 기본적인 의료 서비스에 대한 접근성을 개선하는 것(improve access to basic healthcare in remote communities)이라고 언급되므로, 이를 Enhance accessibility to healthcare로 패러프레이즈한 (C)가 정답이다.

어휘 distribute ~을 유통하다, ~을 나눠 주다 supplies 용품, 물품 enhance ~을 향상시키다, ~을 강화하다 accessibility 접근 가능성, 이용 가능성 train v. ~을 교육하다, ~을 훈련시키다 urban 도시의

Paraphrase improve access to basic healthcare
⇒ Enhance accessibility to healthcare

156 에어즈 씨가 어디에 근무하고 있을 것 같은가?
(A) 지역 문화센터
(B) 소셜 미디어 웹사이트
(C) 애플리케이션 개발업체
(D) 의료 서비스 단체

해설 첫 단락에 글쓴이의 단체가 의료 및 기술 분야 전반에 걸친 제휴 업체들과 협력하고 있다(work with partners across the medical and technology sectors)는 사실을 알리고 있으므로, 그 중에 medical sector에 속하는 (D)가 정답이다.

157 린 씨가 에어즈 씨에게 무엇을 하도록 요청하는가?
(A) 배경 자료를 살펴보기
(B) 오프라인 회의에 참석하기
(C) 자원봉사자 자리에 지원하기
(D) 이동 진료 차량을 방문하기

해설 마지막 단락에서, 참석할 계획이면 첨부한 요약본을 미리 살펴보도록 권유하고(we recommend reviewing the attached summary in advance to better understand his lecture) 있다. 그러므로 attached summary를 background material로 패러프레이즈한 (A)가 정답이다.

어휘 material 자료, 재료, 물품 apply for ~에 지원하다, ~을 신청하다 volunteer 자원봉사자 position 일자리

Paraphrase reviewing the attached summary
⇒ Review background material

158-160 다음 이메일을 참조하시오.

수신: 멜라니 아바시 <mabassi@marcom.com>
발신: 예약 <reservations@greenoakretreat.com>
날짜: 5월 8일
제목: 그린 오크 웰니스 휴양지

아바시 씨께,

저희 그린 오크 웰니스 휴양지에 귀하의 숙박 예약을 등록해 주셔서 감사합니다. 6월 5일부터 6월 9일까지 저희 휴양 시설에서 귀하를 모실 수 있기를 기대합니다.

저희는 일일 요가 및 명상 강좌, 채식 식당, 그리고 등산로를 포함해, **158** 다양한 편의시설을 제공해 드리고 있습니다. **159** 저희는 또한 차량으로 방문하실 계획이신 분들을 위한 지하 주차장도 보유하고 있습니다. 하지만, 저희 그린 오크 웰니스는 편리한 곳에 위치해 있으며, 기차역과 버스 터미널에서 도보로 이동 가능한 거리 내에 있습니다. 대중교통에 가까이 위치할 뿐만 아니라, **160** 저희는 추가 요금을 통해 공항 셔틀버스도 제공해 드립니다. 운행 시간을 확인해 보시려면, 저희 웹사이트 www.greenoakretreat.com/resources를 방문하시기 바랍니다. 저희 휴양 시설 및 인근에서 진행되는 활동 정보를 담은 일정표도 확인해 보실 수 있습니다. 질문이 있으시거나 도움이 필요하시면, 이 이메일로 바로 문의하시기 바랍니다.

안녕히 계십시오.

미아 오닐
그린 오크 웰니스 휴양지

어휘 reservation 예약 register for ~에 등록하다 retreat 휴양지, 야유회 a variety of 다양한 amenities 편의시설 including prep. ~을 포함해 meditation 명상 trail 산길, 오솔길 parking 주차(장) plan to do ~할 계획이다 be located 위치해 있다 conveniently 편리하게 in addition to ~뿐만 아니라, ~ 외에도 close to ~와 가까이 public transportation 대중교통 charge (청구) 요금 itinerary 일정(표) in the vicinity 인근에 view ~을 보다 assistance 도움, 지원

158 이메일의 주 목적이 무엇인가?
(A) 여행 날짜들에 대한 변경을 요청하기
(B) 손님에게 새로운 요금을 알리기
(C) 편의시설에 관한 설명을 제공하기
(D) 최근의 손님으로부터 의견을 얻기

해설 두 번째 단락 첫 문장에서 다양한 편의시설을 제공한다(We are pleased to offer a variety of amenities)라고 언급한 뒤로, 이용 가능한 시설 및 서비스에 대해 설명하는 내용이 대부분을 구성하고 있으므로 (C)가 정답이다.

어휘 request ~을 요청하다, ~을 요구하다 inform ~에게 알리다 description 설명, 묘사 obtain ~을 얻다 feedback 의견 recent 최근의

159 휴양지에서 손님들에게 무엇을 제공하는가?
(A) 무료 아침식사
(B) 주차 시설
(C) 옥외 수영장
(D) 도심 도보 투어

해설 두 번째 단락 초반부에 차량으로 방문하는 사람들을 위한 지하 주차장도 보유하고 있다(We also have underground parking for those who plan to come by car)라고 언급하므로 (B)가 정답이다.

어휘 complimentary 무료의 facility 시설(물)
Paraphrase underground parking ⇒ A parking facility

160 이메일 내용에 따르면, 아바시 씨가 웹사이트에서 무엇을 찾을 수 있는가?
(A) 이미지 갤러리
(B) 현지 안내도
(C) 셔틀버스 시간표
(D) 상세한 영수증

해설 두 번째 단락 끝부분의 웹사이트 주소 앞에서 an airport shuttle이 제시되면서 To check its service hours라고 하므로 service hours를 timetable로 패러프레이즈한 (C)가 정답이다.

어휘 be able to do ~할 수 있다 local 현지의, 지역의 timetable 시간표 detailed 상세한 receipt 영수(증), 수취

161-163 다음 이메일을 참조하시오.

수신: 전 주민
발신: 리사 미첨
날짜: 10월 14일
제목: 센트럴 시티 퍼레이드

모든 브라이어뷰 하이츠 주민 여러분께,

제40회 연례 센트럴 시티 퍼레이드가 다음 주 일요일에 개최될 것입니다. 올해는 최초로 행진 경로가 파크사이드 블러바드까지 연장될 것입니다. 그 결과, 다양한 행진 악단들과 연기자들, 그리고 차량 행렬들을 포함해 **162** 3,000명이 넘는 참가자들이 우리 건물 정면 진입로 입구를 통과할 것입니다.

118 10분 단축 토익 PART 7 실전문제집

161 파크사이드 블러바드가 오전 8시 30분부터 오후 12시 사이에 모든 차량에 대해 폐쇄된다는 점에 유의하시기 바랍니다. 이는 주민들께서 그 시간대에 배송을 받으시거나 차량으로 이동하실 수 없으며, 탑승 서비스도 이용할 수 없음을 의미합니다. 필요 시에는 미리 대체 계획을 세워 두시기 바랍니다.

163 퍼레이드 안내도와 퍼레이드 참가자에 관한 상세 정보, 그리고 대체 교통편에 관해 알아보시려면, 웹사이트 www.centralcityparade.org로 방문하시기 바랍니다.

안녕히 계십시오.
리사 미첨
브라이어뷰 하이츠 관리소장

어휘 **resident** 주민 **annual** 연례적인, 해마다의 **take place** 개최되다, 진행되다 **route** 경로, 노선 **extend** 연장되다, 확장되다 **as a result** 그 결과 **participant** 참가자 **including** prep. ~을 포함해 **float** n. 행진 차량 **past** ~을 지나 **driveway** 진입로 **note that** ~임에 유의하다, ~임에 주목하다 **motor vehicle** 자동차 **be able to do** ~할 수 있다 **ride** (차량 등의) 탑승 **alternative** a. 대체의, 대안의 n. 대체(하는 것), 대안 **in advance** 미리, 사전에 **if needed** 필요 시에 **details** 상세 정보, 세부 사항 **transportation** 교통(편)

161 이메일의 목적이 무엇인가?
(A) 건물 수리 작업의 지연을 알리기
(B) 주민들에게 도로 폐쇄를 알리기
(C) 공개 행사를 홍보하기
(D) 지역사회 행사들에 관한 의견을 요청하기

해설 목적 질문은 항상 이슈가 되는 점을 먼저 파악해야 한다. 두 번째 단락에서, 주요 사항을 공지하는 표현 Please note that 다음에 파크사이드 블러바드가 오전 8시 30분부터 오후 12시 사이에 모든 차량에 대해 폐쇄된다(Parkside Boulevard will be closed to all motor vehicles between 8:30 A.M. and 12:00 P.M.)고 나온다. 그러므로 Parkside Boulevard will be closed를 road closure로 패러프레이즈한 (B)가 정답이다.

어휘 **delay** 지연, 지체 **repair** 수리 **notify** ~에게 알리다 **promote** ~을 홍보하다, ~을 승진시키다, ~을 증진하다 **request** ~을 요청하다, ~을 요구하다 **feedback** 의견 **community** 지역사회

Paraphrase Parkside Boulevard will be closed ⇒ a road closure

162 파크사이드 블러바드와 관련해 언급된 것은 무엇인가?
(A) 여러 주요 버스노선이 지난다.
(B) 최근에 재포장되었다.
(C) 대체 경로로 추천된다.
(D) 어떤 아파트 건물로 이어진다.

해설 파크사이드 블러바드가 언급되는 첫 단락에서, 3,000명이 넘는 참가자들이 우리 건물 정면 진입로 입구를 바로 통과한다(~ will travel directly past the entrance to our building's front driveway)라고 알리고 있으므로, 참가자들의 이동 경로인 파크사이드 블러바드가 아파트 건물 진입로로 이어진다는 것을 알 수 있다. 그러므로 travel directly past를 lead to로 패러프레이즈한 (D)가 정답이다.

어휘 **several** 여럿의, 몇몇의 **recently** 최근에 **resurface** (도로 등) ~을 재포장하다 **lead to** ~로 이어지다

Paraphrase travel directly past ⇒ lead to

163 센트럴 시티 웹사이트에서 무엇을 찾을 수 있는가?
(A) 도시 안내도
(B) 등록 비용
(C) 음악가 명단
(D) 무료 셔틀버스 일정표

해설 웹사이트가 등장하는 마지막 단락에서, 퍼레이드 안내도와 퍼레이드 참가자에 관한 상세 정보, 그리고 대체 교통편에 관한 정보를 웹사이트에서 찾을 수 있다(For a parade map, details about parade participants, and transportation alternatives, please visit www.centralcityparade.org)라고 안내한다. 그런데 첫 단락에서 퍼레이드 참가자에 행진 악단이 포함됨(over 3,000 participants including various marching bands)을 알 수 있으므로, marching bands를 musicians로 패러프레이즈한 (C)가 정답이다.

어휘 **registration** 등록 **fee** 요금, 수수료

Paraphrase marching bands ⇒ a list of musicians

164-167 다음 기사를 참조하시오.

잠깐 폐쇄 후에 영업을 재개하는 샌더스 베이
– 자레드 멘사, 현장 특파원

164 어제 발생한 일시적인 수도 공급 중단 문제로 인해 샌더스 베이 시내에 위치한 여러 식당과 여가활동 센터들이 할 수 없이 하루 동안 문을 닫아야 했다. 정확한 원인은 여전히 조사 중이지만, 당국은 이른 아침의 낮은 기온으로 인한 파이프 손상을 유력한 요인으로 보고 있다.

165 선착장 근처에서 방문객들에게 자연 산책 활동을

정답 및 해설 **119**

진행하고 있었던 키요코 아라타 씨는 신속히 계획을 조정했다. "저희는 보통 지역 내 식당 한 곳을 방문하면서 각 투어를 종료합니다,"라고 아라타 씨가 말했다. "하지만, 이곳의 식당들이 거의 대부분 급수 중단 문제로 문을 닫았기 때문에, 저희는 대신 스트랫포드 공원 내에서 진행하는 피크닉으로 신속히 대처했습니다."

166 샌더스 베이 해양미술관은 입장료 판매 손실이 없다고 밝혔는데, 이곳은 보통 매주 월요일 일반인들을 대상으로 문을 닫기 때문이다. 한편, 샌더스 베이 호텔은 구내에 이동식 욕실을 설치했으며, **167** 일시적인 물 부족 문제에 대한 보상으로 고객들에게 무료 식권을 제공했다. 하지만, 여러 부정적인 후기들이 호텔 웹사이트에 게시되었다. 다행히도, 오늘부로, 샌더스 베이의 모든 시설이 다시 완전히 정상 운영되고 있다.

어휘 brief 잠시 동안의, 짧은 shutdown 폐쇄 temporary 일시적인, 임시의 supply failure 공급 중단 A force B to do: A로 인해 B가 어쩔 수 없이 ~하다 exact 정확한 cause 원인 under ~ 중인, ~상태인 investigation 조사 official n. 당국자, 관계자 due to ~로 인해, ~ 때문에 temperature 기온, 온도 likely 가능성 있는 factor 요인 lead ~을 진행하다, ~을 이끌다 adapt ~을 조정하다 normally 일반적으로, 보통 conclude 종료되다, 끝나다 local 지역의, 현지의 disruption 중단, 두절, 방해 organize ~을 마련하다, ~을 조직하다 instead 대신 loss 손실, 손해 sales 판매(량), 영업, 매출 the public 일반인들, 대중 meanwhile 한편, 그 사이에 set up ~을 설치하다, ~을 준비하다 portable 이동식의, 휴대용의 facility 시설(물) grounds 구내, 부지 complimentary 무료의 voucher 상품권, 쿠폰 compensation 보상 lack 부족 as of + 시점 ~부로, ~부터 thankfully 다행히, 감사하게도 fully 완전히 operational (정상으로) 운영되는, 가동되는

164 기사의 주제가 무엇인가?
(A) 지역 관광산업의 축소
(B) 공공 서비스의 중단
(C) 최근 증가한 악천후
(D) 재해 후의 복구 활동

해설 기사의 주제는 보통 글의 시작 부분에 드러난다. 첫 문장에서 어제 발생한 일시적인 수도 공급 중단 문제(A temporary water supply failure yesterday)를 언급하고 있으므로, 이를 패러프레이즈한 (B)가 정답이다.

어휘 decrease in ~의 축소, ~의 감소 tourism 관광산업 recent 최근의 increase in ~의 증가 severe 극심한, 가혹한 recovery 복구, 회복 effort 활동, 노력 disaster 재해, 재난

Paraphrase A temporary water supply failure
⇒ A disruption to public services

165 아라타 씨가 누구일 것 같은가?
(A) 기자
(B) 공원 관리인
(C) 박물관장
(D) 관광 가이드

해설 아라타 씨의 이름이 언급되는 두 번째 단락 첫 문장에서, 아라타 씨가 선착장 근처에서 방문객들을 위한 자연 산책 활동을 진행했다(Kiyoko Arata, who was leading a nature walk for visitors near the marina)라는 내용이 제시되어 있다. 그러므로 was leading a nature walk를 tour guide로 패러프레이즈한 (D)가 정답이다.

어휘 journalist 언론가, 기자 park ranger 공원 관리인 tour guide 관광 가이드

Paraphrase was leading a nature walk
⇒ A tour guide

166 기사에서 샌더스 베이 해양미술관과 관련해 언급하는 것은 무엇인가?
(A) 수입 손실을 겪지 않았다.
(B) 도시의 해안 지대에 위치해 있다.
(C) 월요일에 더 일찍 문을 닫았다.
(D) 새 전시 시리즈를 시작할 것이다.

해설 샌더스 베이 해양 미술관이 언급되는 세 번째 단락에서 그곳이 입장료 판매 손실이 없었다(The Sanders Bay Maritime Gallery reported no loss in ticket sales)라고 하므로 이를 패러프레이즈한 (A)가 정답이다.

어휘 revenue 수입, 수익 be located 위치해 있다 waterfront 해안 지대 launch ~을 시작하다, ~을 출시하다 exhibit 전시(물)

Paraphrase no loss in ticket sales
⇒ did not experience a revenue loss

167 [1], [2], [3], [4]로 표시된 위치들 중에서 다음 문장이 들어가기에 가장 적합한 곳은 어디인가?

"하지만, 여러 부정적인 의견들이 호텔 웹사이트에 게시되었다."

(A) [1]
(B) [2]
(C) [3]
(D) [4]

해설 주어진 문장에 the hotel Web site가 언급되므로 바로 앞에 호텔에 대한 내용이 나오는 [4] 위치에 들어가는 것이 가장 자연스러우므로 (D)가 정답이다.

어휘 several 여럿의, 몇몇의 negative 부정적인 review 후기, 평가, 검토 post v. ~을 게시하다

168-171 다음 기사를 참조하시오.

스카이 테크, 카브리지로 사업을 확장하다

(4월 22일) – 재생 가능 에너지 분야를 주도하는 회사인 스카이 테크가 카브리지에 새로운 사업 시설을 설립할 계획을 세우고 있다. 이 회사는 **169** 태양열 에너지 시장으로 진출하기 위한 계획의 일환으로 **168** 연구 개발 센터를 열고자 하는 것으로 전해진다. 스카이 테크 경영진은 아직 이 프로젝트와 관련해 어떤 구체적 사항도 공식으로 공개하지 않고 있지만, **170** 회사와 가까운 소식통에 의하면, 이 새로운 시설이 75명 이상의 엔지니어와 연구원들을 수용할 것이다. 이 소식통에 따르면, 새로운 센터가 들어설 가능성이 가장 높은 곳은, 도심 바로 외곽에 위치한 카브리지 산업단지 인근 부지이다. 모든 건축 허가가 신속히 승인된다면, **171** 이달 말쯤에 착공될 수도 있다.

어휘 expand to ~로 확장하다 leading 선도하는, 일류의 renewable 재생 가능한 sector 분야, 부문 plan to do ~할 계획이다 establish ~을 설립하다 operation 운영, 영업, 가동, 작동 facility 시설(물) reportedly 전하는 바에 따르면 look to do ~하기를 바라다 as part of ~의 일환으로, ~의 일부로 initiative n. 계획, 솔선수범, 진취(성) management 경영진 disclose ~을 공개하다, ~을 드러내다 specific 구체적인, 특정한 details 세부사항, 상세 정보 source 소식통, 출처, 원천, 근원 accommodate ~을 수용하다 probable 가능성 있는, 있을 것 같은 according to ~에 따르면 site 부지, 장소, 현장 provided that ~한다는 가정 하에, 만일 ~한다면 permit n. 허가증 approve ~을 승인하다 promptly 신속히 groundbreaking 착공(식) be likely to do ~할 가능성이 있다 take place 진행되다, 개최되다

168 스카이 테크가 카브리지에서 무엇을 할 계획을 세우고 있는가?
(A) 새로운 재생 가능 에너지 제품을 출시하기
(B) 새로운 연구 시설을 열기
(C) 회사의 본사를 이전하기
(D) 제조 공장을 짓기

해설 둘째 문장에 open a research and development center라고 언급되므로 (B)가 정답이다. 그 앞의 a new operating facility를 보고 성급하게 (D)를 고르지 않도록 주의한다.

어휘 launch ~을 출시하다, ~을 시작하다 relocate ~을 이전하다, ~을 재배치하다 headquarters 본사 manufacturing 제조(업) plant 공장

Paraphrase open a research and development center
⇒ Open a new research facility

169 스카이 테크와 관련해 사실인 것은 무엇인가?
(A) 지역 내에서 유일한 재생 에너지 회사이다.
(B) 이미 카브리지에서 탄탄한 존재감을 지니고 있다.
(C) 자사의 제품군을 다양화하기를 원한다.
(D) 에너지 시장에서 새로 떠오르는 회사이다.

해설 지문 초반부에 태양 에너지 시장으로 진출하기 위한 계획(its initiative to expand into the solar energy market)을 가지고 있다고 한다. 새로운 사업 영역을 추가하는 것은 곧 회사의 제품 규모를 확대하는 것이라고 추론할 수 있으므로 (C)가 정답이다.

어휘 region 지역 presence 존재(감) diversify ~을 다양화하다 emerging 새롭게 떠오르는, 신흥의

Inference expand into the solar energy market
⇒ diversify its product lines

170 기자가 기사에 필요한 정보를 어떻게 얻었을 것 같은가?
(A) 회사의 소식지를 통해
(B) 스카이 테크에 관해 잘 아는 사람들에게 연락해서
(C) 공공 기록을 살펴보는 방법을 통해
(D) 기자 회견에 참석해서

해설 지문 중반부에 회사와 가까운 소식통(but sources close to the company)을 언급하므로 이를 people with knowledge of Sky Tech로 패러프레이즈한 (B)가 정답이다.

어휘 contact ~에게 연락하다 review ~을 살펴보다, ~을 검토하다 attend ~에 참석하다 press conference 기자 회견

Paraphrase sources close to the company
⇒ people with knowledge of Sky Tech

171 기사 내용에 따르면, 곧 무슨 일이 있을 것 같은가?
(A) 새로운 시설에 대한 공사가 시작될 것이다.
(B) 카브리지의 모든 산업단지가 잠시 문을 닫을 것이다.
(C) 스카이 테크가 신입직원들을 고용하기 시작할 것이다.
(D) 카브리지가 친환경 에너지 컨퍼런스를 주최할 것이다.

해설 지문 마지막 문장에, 착공될 수도 있다(groundbreaking is likely to take place by the end of this month)라는

정보가 언급되어 있으므로 groundbreaking을 Construction으로 패러프레이즈한 (A)가 정답이다.

어휘 temporarily 일시적으로, 임시로 hire ~을 고용하다 host ~을 주최하다 green 친환경의

Paraphrase groundbreaking is likely to take place
⇒ Construction will begin

172-175 다음 편지를 참조하시오.

베이라인 오션프런트 호텔
7월 5일

조엘 멘데스 씨
설립자, 호라이즌 코스털 어드벤처스
비컨 웨이 442번지
매리너 쇼어즈, FL 32655

멘데스 씨께,

저희 손님과 귀사 고객들 모두의 경험을 향상시킬 가능성이 있는 조치를 논의하기 위해 연락드립니다. **173** 귀사의 스노클링 및 패들보딩 여행이 저희 숙박 후 설문 조사에서 지속적으로 우수한 평가를 받고 있습니다.

하지만, **175** 저희가 손님들로부터 자주 듣는 한 가지 문제는, 성수기에 귀사의 투어에서 자리를 따내는 것이 얼마나 어려운 일인가 하는 점입니다. 많은 분들께서 현장에 도착한 후에 귀사의 투어 자리가 전부 예약된 상태임을 알고 실망하고 계십니다. 이런 이유로, **172** 호라이즌 코스털 어드벤처스에서 저희 호텔의 중앙 접수 구역 내에 직접 소형 예약용 단말기를 운영해 보시도록 제안하고자 합니다.

저희가 제안하는, 안내데스크와 인접한 2X2미터 공간이 표시된 **174** 저희 지상층 로비의 도표를 동봉해 드렸습니다. 설치 작업은 어떤 구조적 변경도 필요하지 않을 것이며, 관심이 있으실 경우에, 8월 중순쯤 완성될 수 있습니다.

이 문제를 더 깊이 있게 논의하실 수 있도록, 편리한 시간을 제게 알려 주시기 바랍니다. manager@baylinehotel.com 또는 555-8123번으로 언제든지 제게 연락주시면 됩니다.

안녕히 계십시오.

타냐 모리슨
총지배인
베이라인 오션프런트 호텔

어휘 founder 설립자, 창립자 reach out 연락하다 arrangement 조치, 마련, 처리 enhance ~을 향상시키다,

~을 강화하다 excursion 짧은 여행, 야유회 consistently 지속적으로, 한결같이 outstanding 뛰어난, 우수한 feedback 의견 post-stay 숙박 후의 survey 설문 조사(지) issue 문제, 사안 frequently 자주, 빈번히 confirm ~을 확정하다, ~을 확인해 주다 spot 자리 peak season 성수기 would like to do ~하고자 하다 propose that ~하자고 제안하다 operate ~을 운영하다, ~을 가동하다 booking 예약 kiosk 단말기 enclose ~을 동봉하다 diagram 도표 suggest ~을 제안하다 adjacent to ~와 인접한 setup 설치, 준비, 설정 require ~을 필요로 하다 structural 구조적인 complete ~을 완성하다 by ~쯤, ~ 무렵

172 편지의 목적이 무엇인가?
(A) 고객 서비스 관련 문제를 알리는 것
(B) 투어 손님들에게 할인된 숙박시설을 제공하는 것
(C) 사업 관련 조치를 제안하는 것
(D) 행사의 취소를 요청하는 것

해설 둘째 단락에서, 이유와 목적을 나타내는 표현 For this reason, I'd like to가 나타나므로 그 뒤에 이어지는 propose Horizon Coastal Adventures operate a small booking kiosk가 글의 목적으로, propose를 suggest로 패러프레이즈한 (C)가 정답이다.

어휘 lodging 숙박시설 cancellation 취소

Paraphrase propose ⇒ suggest

173 호라이즌 코스털 어드벤처스와 관련해 언급된 것은 무엇인가?
(A) 새로운 리조트를 개장할 계획이다.
(B) 훌륭한 평가를 받아왔다.
(C) 본사를 이전한다.
(D) 이용 가능한 호텔 객실을 준비할 필요가 있다.

해설 호라이즌 코스털 어드벤처스가 편지의 수신자이므로 주어가 you로 등장하는 문장을 확인한다. 첫 단락에서 Your snorkeling and paddleboarding excursions have consistently received outstanding feedback on our post-stay surveys라고 언급되므로 outstanding feedback을 excellent reviews로 패러프레이즈한 (B)가 정답이다.

어휘 plan to do ~할 계획이다 review 평가, 후기, 검토 availability 이용 가능성

Paraphrase received outstanding feedback
⇒ has received excellent reviews

174 모리슨 씨가 편지에 무엇을 첨부했는가?

(A) 계절 판촉행사 일정표
(B) 고객 의견 목록
(C) 예약 신청서
(D) 호텔 평면도

해설 질문의 동사 include와 같은 단어를 찾아보면, 세 번째 단락에 모리슨 씨가 속한 호텔 지상층 로비의 도표를 동봉한(I've enclosed a diagram of our ground-level lobby) 사실이 나오므로 a diagram of our ground-level lobby를 패러프레이즈한 (D)가 정답이다.

어휘 promotion 판촉 (행사), 홍보, 승진, 촉진 comment 의견, 발언 reservation 예약 form 양식, 서식 floor plan 평면도

Paraphrase a diagram of our ground-level lobby
⇒ A hotel floor plan

175 [1], [2], [3], [4]로 표시된 위치들 중에서 다음 문장이 들어가기에 가장 적합한 곳은 어디인가?

"많은 분들께서 현장에 도착하신 후에 투어 자리가 전부 예약된 상태임을 알고 실망하고 계십니다."

(A) [1]
(B) [2]
(C) [3]
(D) [4]

해설 제시된 문장에 앞서 언급된 복수명사를 대신하는 대명사 them이 포함되므로, 예약 가능한 명사를 가리키는 복수명사를 찾는다. 둘째 문단 첫 문장에서 confirm spots on your tours가 나오므로 그 뒤의 [3] 위치인 (C)가 정답이다.

어휘 be disappointed to do ~해서 실망하다 find A B: A가 B하다는 것을 알다 fully 전부, 완전히, 최대로 book ~을 예약하다 arrive 도착하다

176-180 다음 주문서와 이메일을 참조하시오.

뉴트리스토어 주문번호 24680
날짜: 3월 15일
배송 방식: 24시간 특급 배송
177 배송 주소: 브룩빌 메이플 애비뉴 12번지, CA 90210
결제 방법: 신용카드 — 대니얼 리

제품 번호	설명	가격
179 8934	**176** 멀티비타민 젤리	$25
7131	**176** 오메가-3 어유 캡슐	$30
8346	**176** 비타민 D3 정제약	$20
7954	프로바이오틱 보조제	$35
8938	칼슘 마그네슘 정제약	$28
	특급 배송	$15
	총액	$153

어휘 express 특급의, 급행의 shipping 배송, 선적 method 방법 gummy 젤리 tablet 정제약 supplement 보조(제), 보충(제)

수신: 뉴트리스토어 <customerservice@nutristore.com>
발신: 대니얼 리 <daniel.lee@wellnesscorp.com>
날짜: 3월 22일
제목: 주문번호 24680

고객 서비스부 귀중

제가 최근에 뉴트리스토어에서 주문번호 24680번으로 주문했습니다. 제가 구입한 보조제는, 최근에 더 건강한 생활 방식을 유지하는 데 관심을 갖게 된 제 조카딸 에밀리 트란의 건강 패키지 용도였습니다. **177** 저는 배송지로 제 조카딸의 주소를 제공했고, 제품들이 내일로 예정된 조카딸의 영양 상담 시간보다 훨씬 먼저 도착할 수 있도록 특급 배송을 선택했습니다. 하지만, 배송품은 하루 늦게 도착했습니다. 제 주요 관심사는 아니지만, 이 배송 지연 문제를 조사해 주신다면 감사하겠습니다.

배송품을 받은 후, **179** 상자를 개봉한 에밀리는 젤리 봉지가 터져서 상자 안에 흩어져 있는 것을 발견했습니다. 에밀리는 즉시 제게 연락해 이 파손 문제를 알려주었습니다. **178** 에밀리가 촬영한 파손된 상품 사진을 하나 첨부해 드립니다. 이 상품에 대해 전액 환불해 주시리라 생각합니다.

180 뉴트리스토어의 장기 고객으로서, 저는 귀사의 제품 또는 서비스에 대해 다른 어떤 문제도 겪은 적이 전혀 없으며, 이번 일이 단지 한 차례의 불운한 경우였기를 바랍니다. 귀사의 즉각적인 처리를 고대합니다.

안녕히 계십시오.
대니얼 리

어휘 recently 최근에 place an order 주문하다 be intended as ~로서 의도된 것이다 take an interest in ~에 관심을 갖다 maintain ~을 유지하다 destination 목적지, 도착지 select ~을 선택하다 ensure (that) ~임을 보장하다, 반드시 ~하도록 하다 arrive 도착하다 nutrition 영양

scheduled for 시점: ~로 예정된 look into ~을 조사하다
delay 지연, 지체 primary concern 주요 관심사 burst
터지다 scatter ~을 흩뿌리다 contact ~에게 연락하다
immediately 즉시 damage n. 손상, 손해, 피해 v. ~을
손상시키다 attach ~을 첨부하다, ~을 부착하다 assume
(that) ~라고 생각하다 refund 환불(액) issue 문제, 사안
case 경우, 사례 look forward to ~을 고대하다 prompt
즉각적인, 지체 없는 response 대응, 반응, 답변

176 뉴트리스토어가 무엇을 전문으로 하는 것 같은가?
(A) 스포츠 의류
(B) 건강 보조제
(C) 운동 장비
(D) 유기농 식품

해설 첫 지문 하단의 제품 설명에 멀티비타민 젤리(Multivitamin Gummies), 오메가-3 어유 캡슐(Omega-3 Fish Oil Capsules), 비타민 D3 정제약(Vitamin D3 Tablets) 등이 쓰여 있는데, 이는 모두 건강 보조제에 해당하므로 (B)가 정답이다.

어휘 specialize in ~을 전문으로 하다 apparel 의류
equipment 장비 organic 유기농의

177 메이플 애비뉴 12번지와 관련해 추론할 수 있는 것은 무엇인가?
(A) 뉴트리스토어 본사이다.
(B) 리 씨의 주소이다.
(C) 트란 씨의 거주지이다.
(D) 건강증진 센터이다.

해설 메이플 애비뉴 12번지는 첫 지문 상단에 배송 주소로 표기되어 있는데, 두 번째 지문 첫 단락에서 조카인 에밀리 트란의 건강 패키지 용도였고(intended as a wellness package for my niece, Emily Tran), 배송지로 조카딸의 주소를 제공했다(I provided her address as the delivery destination)라고 언급하고 있다. 여기서 이 주소가 Ms. Tran의 집주소인 것을 추론할 수 있으므로 (C)가 정답이다.

어휘 headquarters 본사 residence 거주지

178 리 씨가 자신의 이메일에서 무엇을 요청하는가?
(A) 향후 구매에 대한 할인
(B) 파손된 제품에 대한 환불
(C) 상세한 제품 카탈로그
(D) 소식지 구독 서비스

해설 리 씨의 이메일인 두 번째 지문 두 번째 단락에서 제품이 손상되었음을 보여주는 사진을 첨부했다(a photograph Emily took showing the damaged product)고 하면서, 그 제품에 대해 전액 환불을 제공하리라 생각한다(I assume you will provide a full refund for this item)라고 말하므로 이를 패러프레이즈한 (B)가 정답이다.

어휘 purchase 구매(품) detailed 상세한 catalog (제품 등을 설명하는) 카탈로그 subscription (서비스 등의) 구독, 가입

Paraphrase the damaged product / a full refund
⇒ A refund on the damaged item

179 리 씨가 어느 제품에 대한 사진을 첨부했는가?
(A) 제품번호 8934
(B) 제품번호 7131
(C) 제품번호 8346
(D) 제품번호 7954

해설 두 번째 지문 두 번째 단락에 젤리 봉지가 터진 문제(the bag of gummies had burst)를 언급하였고, 첫 번째 지문 하단에 젤리(gummies) 제품의 번호가 8934로 표기되어 있으므로 (A)가 정답이다.

어휘 include ~을 포함하다

180 이메일 내용에 다르면, 리 씨에 대해 사실인 것은 무엇인가?
(A) 뉴트리스토어의 신규 고객이다.
(B) 지연된 고객 서비스에 만족하지 못하고 있다.
(C) 전에는 뉴트리스토어의 서비스에 만족했다.
(D) 온라인 대신 실제 매장에서의 쇼핑을 선호한다.

해설 두 번째 지문 두 번째 단락에서, 장기 고객으로서 뉴트리스토어의 제품 또는 서비스에 대해 다른 어떤 문제도 전혀 겪은 적이 없다(As a long-time customer of NutriStore, I have never had any other issues with your products or services)라고 하므로, 계속 뉴트리스토어 제품과 서비스에 만족해 왔음을 추론할 수 있다. 그러므로 (C)가 정답이다.

어휘 be dissatisfied with ~에 만족하지 못하다 be pleased with ~에 만족해 하다 previously 이전에, 과거에 prefer ~을 선호하다 physical 실제의, 물리적인 rather than ~ 대신, ~가 아니라

Inference have never had any other issues with
⇒ has previously been pleased with

181-185 다음 웹페이지와 이메일을 참조하시오.

http://www.windlyninstruments.com

윈들린 인스트루먼츠 – 과학 교육가들을 위한 맞춤 해결책

교실에서 사용할 과학실험 기구 세트를 개선하고자 하십니까? **182-(A)** 저희 윈들린 인스트루먼츠는 물리학과 생물학, 그리고 환경과학 전반에 걸친 교육가들을 위해 내구성이 뛰어나고 사용하기 편리한 도구를 전문적으로 제작합니다. 저희 대량 주문 카탈로그는 실험실 유리 용기와 실험용 규격 부품, 디지털 센서, 그리고 교육용 차트 등을 주요 상품으로 갖추고 있으며, 요청 시에, 모두 상품은 **182-(C)** 여러분의 학교 이름 또는 학군 로고를 표기할 수 있습니다.

전 세계의 여러 교육기관에 20년 넘게 서비스를 제공한 경험을 통해, 저희는 신속한 납품 및 계절별 제품 목록 혁신에 매진하고 있습니다. **181** 신제품이 매 학기 저희 재고 목록에 추가되고 있으며, **182-(B)** 문의하시면, 평가용으로 사용할 수 있는 무료 샘플 제품도 제공합니다.

대량 주문에 대해 가격 할인이 가능합니다. 저희는 전 세계로 배송해 드리며, 배송료는 주문 수량 및 도착지를 기준으로 결정됩니다. 전 제품이 반품 또는 환불 불가이지만, 드물게 발생하는 배송품 파손의 경우에는 매장 포인트로 지급될 수 있다는 점에 유의하시기 바랍니다.

시작할 준비가 되셨나요? 저희 온라인 포털을 통해 여러분 학교를 등록해 보세요. **183** 고객 상담 전문가가 1영업일 이내에 연락하여 여러분의 첫 주문에 대해 차근차근 안내해 드릴 것입니다.

어휘 custom 맞춤 제공의 solution 해결책 look to do ~하기를 바라다 lab 실험실 kit (도구 등의) 세트 specialize in ~을 전문으로 하다 craft (공들여) ~을 제작하다 durable 내구성이 좋은 physics 물리학 biology 생물학 bulk-order 대량 주문의 catalog (제품 등을 설명하는) 카탈로그 feature 주로 ~로 구성되다, ~을 특징으로 하다 glassware 유리 용기 experiment 실험 module (본체 등을 구성하는) 단위 부품, 구성 단위 instructional 교육용의 be branded with ~로 상표를 표기하다 district 학군, 지구, 구역 upon ~할 시에, ~ 즉시 institution 기관, 협회 be committed to ~에 매진하다, 전념하다 fulfillment 주문 처리, 납품 innovation 혁신, 새로운 것의 도입 add ~을 추가하다 inventory 재고 (목록), 재고 조사 academic term 학기 unit 제품(의 한 개) available 이용 가능한 evaluation 평가 inquiry 문의 pricing 가격 (책정) large-volume 대량의 determine ~을 결정하다 destination 도착지 note that ~임에 유의하다, ~임에 주목하다 store credit 매장 포인트 issue v. ~을 지급하다, ~을 발급하다 rare 드문, 희귀한 in the case of ~의 경우에 damaged 손상된, 피해를 입은

shipment 배송(품) register ~을 등록하다 be in touch 연락하다 guide A through B: A에게 B를 차근차근 안내하다

수신: 엘리 먼로 <emunroe@windlyninstruments.com>
발신: 토마시아 셰일 <tomasia@questlearning.co.za>
날짜: 2월 5일
제목: 재주문 요청

먼로 씨께,

저희는 지난달에 받은 회로 기판 세트의 품질에 대해 대단히 깊은 인상을 받았습니다. **183** 모든 일이 아주 순조롭게 처리되도록 해주신 귀하의 도움에 다시 한번 감사드립니다. 주문품들은 이미 저희 방과 후 로봇 공학 동아리에서 사용되고 있으며, 긍정적인 의견뿐입니다.

185 이번에, 저희가 동일한 세트를 재주문하려고 하는데, 수량을 더 늘리려고 합니다. 대량 주문 가격 혜택을 받기 위해 충족해야 할 **184** 한계 수량에 대해 조언해 주시겠습니까? 정말 감사합니다.

안녕히 계십시오.
토마시아 셰일
퀘스트 러닝 이니셔티브

어휘 repeat order 재주문 request 요청, 요구 be impressed with ~에 감동하다 quality 품질 circuit board 회로 기판 receive ~을 받다 get A p.p.: A를 ~되게 하다 process v. ~을 처리하다 smoothly 순조롭게 incorporate A into B: A를 B의 일부로 만들다, A를 B의 품목으로 지급하다 after-school 방과 후에 이뤄지는 robotics 로봇 공학 club 동아리 feedback 의견 nothing but 오직 ~뿐 positive 긍정적인 would like to do ~하고 싶다 reorder ~을 재주문하다 quantity 수량 Would you mind -ing? ~해주시겠습니까? threshold 한계점 meet ~을 충족하다 in order to do ~하기 위해 qualify for ~에 대한 자격을 얻다 in advance 미리, 사전에

181 윈들린 인스트루먼츠와 관련해 언급된 것은 무엇인가?
(A) 과학 교사들에 의해 설립되었다.
(B) 미국 내에서 독점적으로 판매한다.
(C) 구성 제품이 주기적으로 바뀐다.
(D) 비영리 단체에 할인을 제공한다.

해설 윈들린 인스트루먼츠에 대해 설명하는 첫 지문 두 번째 단락에서, 매 학기마다 신제품이 재고 목록에 추가되고 있다(New items are added to our inventory every academic term)라는 설명에서 제품이 주기적으로 변경됨을 추론할 수 있으므로 (C)가 정답이다.

어휘 found ~을 설립하다 exclusively 독점적으로 lineup 구성(표) frequently 자주, 빈번히 nonprofit 비영리의

Inference New items are added / every academic term ⇒ product lineup changes regularly

182 윈들린 인스트루먼츠의 서비스에 대해 언급된 혜택이 아닌 것은 무엇인가?
(A) 과학 교육에 필요한 아주 다양한 제품을 제공한다.
(B) 요청 시에 샘플 제품을 제공한다.
(C) 제품에 고객 로고가 표기될 수 있게 해준다.
(D) 해외 주문에 대해 무료 배송 서비스를 제공한다.

해설 NOT 문제는 선택지 키워드를 빠르게 지문과 대조해야 한다. (A)의 science education은 첫 단락의 specializes in crafting durable and easy-to-use tools for educators across physics, biology, environmental science에서 확인할 수 있다. (B)의 sample products는 free sample units are available에서 사실임을 알 수 있다. (C)의 client logos는 can be branded with your school's name or district logo upon request에서 사실을 확인할 수 있다. 하지만, 해외 주문에 대한 무료 배송 여부는 언급되지 않으므로 (D)가 정답이다.

어휘 a wide selection of 아주 다양한 allow A to do: A가 ~할 수 있게 해주다

183 먼로 씨가 누구일 것 같은가?
(A) 창고관리 책임자
(B) 물류 담당자
(C) 영업사원
(D) 고객상담 전문가

해설 Ms. Munroe는 이메일의 수신자인데, 메일에서 Shale 씨는 일 처리가 순조롭도록 도와준 것에 대해 먼로 씨에게 감사하고(Thank you again for your help in getting everything processed so smoothly) 있다. 그런데 첫 지문 마지막 단락에서, client adviser가 바로 연락하여 첫 주문을 처리해 준다(A client advisor ~ to guide you through your first order)라고 한다. 일 처리가 순조롭도록 돕는 것이 첫 주문을 돕는 것과 같은 일이므로 Ms. Munroe가 client advisor라고 추론할 수 있다. 따라서, (D)가 정답이다.

어휘 warehouse 창고 supervisor 책임자, 상사, 감독 logistics 물류, 실행 계획 coordinator 편성 담당자, 진행 책임자 associate n. 직원, 동업자, 동료

184 이메일에서, 두 번째 단락, 두 번째 줄의 단어 "threshold"와 의미가 가장 가까운 것은 무엇인가?
(A) 기회
(B) 최소한도
(C) 출입구
(D) 목적

해설 해당 문장에서 threshold 뒤에 이어지는 we need to meet in order to qualify for bulk pricing이라는 내용으로 볼 때, threshold가 대량 구매자 자격을 얻는 데 필요한 조건의 뜻으로 사용된 것을 알 수 있다. 그러므로 최소한의 수량을 의미하는 (B)가 정답이다.

185 셰일 씨에 의해 언급된 것은 무엇인가?
(A) 일부 제품에 대해 전적으로 만족하지 못했다.
(B) 다른 종류의 제품을 시험해 보고자 한다.
(C) 더 많은 제품을 주문하고자 한다.
(D) 1월 주문에 대해 할인을 받았다.

해설 (A)의 not fully satisfied는 이메일 첫 문장에서 We were very impressed라고 하므로 사실이 아니다. (B)의 a different type은 두 번째 지문의 reorder the same kits에서 사실이 아님을 알 수 있다. (C)의 a larger order는 (B)의 단서 뒤에서 but in greater quantity라고 하므로 사실임을 알 수 있다. 그러므로 in great quantity를 a larger order로 패러프레이즈한 (C)가 정답이다.

어휘 be satisfied with ~에 만족하다 fully 전적으로, 완전히, 최대로 try out ~을 시험해 보다

Paraphrase reorder / in greater quantity ⇒ place a larger order

186-190 다음 두 이메일과 일정표를 참조하시오.

수신: 체육관 전 회원
발신: 피트 인 짐
날짜: 7월 30일
제목: 신규 강좌
첨부: 챌린지 위크.doc

피트 인 짐 회원 여러분께,

많이 기대하셨던 저희 여름 챌린지 위크가 드디어 시작됩니다! 저희는 이 강좌들에 대해 만석을 예상하고 있습니다. **187** 꼭 참석하실 시간은 유럽 스타일의 복싱 시연회이며, 이는 저희 피트 인 짐에서 처음 프로그램을 진행하시는 코치가 진행합니다.

모든 피트니스 강좌 등록은 항상 온라인으로 진행되며, 골드 회원들이 우선 이용권을 가지고 있으므로, 훨씬 일찍

예약하셔야 하는데, **186** 가장 공간이 좁은 두 개의 강좌, 16대의 사이클 기계가 있는 더 볼트와, 10대의 러닝머신만 있는 더 트랙은 특히 그렇습니다. 비록 각각 최대 40명의 회원을 수용할 수 있기는 하지만, 높은 인기로 인해 더 아레나와 더 로프트에 대해서도 조기 등록이 권장됩니다.

어휘 much-anticipated 많이 기대했던, 큰 기대를 모은 predict ~을 예상하다 must-attend 반드시 참석해야 하는 것 demo 시연(회), 시범 registration 등록 priority access 우선 이용권 make sure to do 반드시 ~하도록 하다 book ~을 예약하다 in advance 미리, 사전에 particularly 특히 due to ~로 인해, ~ 때문에 popularity 인기 accommodate ~을 수용하다 up to 최대 ~까지 participant 참가자

피트 인 짐

챌린지 위크 일정표

활동	강사	날짜 및 시간	장소
스피닝	마리오 오닐	8월 28일, 오후 5-6시	더 볼트
187 복싱	칼 테부트	8월 29일, 오후 6-7시	더 아레나
러닝	모건 첸	8월 30일, 오전 7-8시	더 트랙
188 HIIT	마크 토레스	9월 1일, 오후 6-7시	더 펄스
필라테스	줄리안 밀러	9월 2일, 오전 8-9시	더 로프트
러닝	앨라나 미넷	9월 3일, 오후 5-6시	더 트랙

수신: 소피 윈터스 <swinters@fitingym.com>
발신: 마크 토레스 <mtorres@fitpress.com>
날짜: 8월 9일
제목: 예정된 피트니스 강좌

윈터스 씨께,

188 챌린지 위크의 9월 1일자 제 시간이, 그날 제가 결혼식에 참석해야 하는 것을 감안해, 다른 날짜로 옮겨져야 함을 말씀드리기 위해 이메일을 씁니다. 제가 체육관 회원들께서 분명 아주 좋아하실 거라고 생각하는 몇 가지 재미있는 운동들을 미리 준비해 두었으므로, 저는 여전히 이 강좌를 진행하고 싶습니다. 이 강좌가 현재 더 펄스에서 진행되는 것으로 예약되어 있는데, 이곳은 제가 계획한 순환 운동을 진행하기에 크기가 아주 적당합니다. **190** 이곳은 또한 제 강좌에 필요한 모든 웨이트 기구들도 갖춰져 있으므로, 이 공간을 그대로 이용하고자 합니다.

제 일정 조정이 초래할 수 있는 모든 불편에 대해 죄송하게 생각하지만, 제 기술을 가르치기를 고대하고 있기 때문에, 이 강좌의 일정을 조정하는 **189** 총괄 관리자로서 귀하의 도움에 미리 감사드립니다.

안녕히 계십시오.

마크 토레스

어휘 inform A that: A에게 ~하고 알리다 spot 시간대, 자리 will have to do ~해야 할 것이다 given that ~임을 감안해, ~임을 고려해 attend ~에 참석하다 put together ~을 준비하다 would like to do ~하고 싶다, ~하고자 하다(= would prefer to do) currently 현재 take place 진행되다, 개최되다 circuit 순환 (운동) plan on -ing ~할 계획이다 be equipped with ~가 갖춰져 있다 regret ~에 대해 유감스럽게 생각하다 inconvenience 불편함 reschedule ~의 일정을 재조정하다 cause ~을 초래하다 assistance 도움, 지원 get A p.p.: A를 ~되게 하다 look forward to -ing ~하기를 고대하다

186 어느 공간이 수용 규모가 가장 작은가?
 (A) 더 볼트
 (B) 더 아레나
 (C) 더 펄스
 (D) 더 로프트

해설 첫 번째 지문 두 번째 단락에서, 가장 규모가 작은 두 곳의 공간으로 더 볼트와 더 트랙이 언급된다.(our two smallest spaces, The Vault ~ and The Track). 그러므로 둘 중 하나인 (A)가 정답이다.
어휘 capacity 수용 규모, 용량

187 누가 피트 인 짐의 새로운 강사로 언급되는가?
 (A) 오닐 씨
 (B) 테부트 씨
 (C) 밀러 씨
 (D) 미넷 씨

해설 첫 지문 첫 번째 단락에서, 복싱 강좌가 피트 인 짐에서 처음 프로그램을 진행하는 코치에 의해 제공된다(European-style boxing, given by a coach who will be giving his first program at Fit In Gym)라고 나타난다. 그리고 두 번째

지문에 제시된 도표에서 복싱 강좌의 담당 강사 이름이 Karl Tebutt이므로 (B)가 정답이다.

어휘 mention ~을 언급하다

188 어떤 강좌의 일정이 재조정되어야 할 것인가?
(A) 스피닝
(B) HIIT
(C) 필라테스
(D) 러닝

해설 세 번째 지문 첫 단락에서, 작성자인 토레스 씨가 9월 1일 자신의 시간대가 결혼식 참석으로 인해 다른 날짜로 옮겨져야 할 것(my spot for Challenge Week on September 1 will have to be moved to another date)이라고 알리고 있다. 그리고, 두 번째 지문의 도표에서 9월 1일로 표기된 강좌 이름이 HIIT이므로 (B)가 정답이다.

189 윈터스 씨가 누구일 것 같은가?
(A) 피트니스 트레이너
(B) 장비 기사
(C) 체육관 관리자
(D) 결혼식 기획 담당자

해설 윈터스 씨에게 보내는 이메일인 세 번째 지문 두 번째 단락에서, 총괄 관리자로서 윈터스 씨의 도움에 감사한다(I appreciate your assistance as general manager)라고 하므로 (C)가 정답이다.

어휘 equipment 장비 technician 기사, 기술자

190 토레스 씨와 관련해 언급된 것은 무엇인가?
(A) 공간 제약으로 장소를 변경하고 싶어 한다.
(B) 9월 1일에 체육관에 갈 것이다.
(C) 다음 달에 결혼할 계획을 세우고 있다.
(D) 자신의 강좌에서 특정 장비를 이용하려고 한다.

해설 토레스 씨가 작성한 이메일인 세 번째 지문 첫 번째 단락에서, 더 펄스가 자신의 강좌에 필요한 모든 웨이트 기구들을 갖추고 있어 그 방을 계속 이용하고 싶다(It's also equipped with all the weights needed for my class, so I would prefer to keep that room)라는 의사를 밝히고 있으므로 (D)가 정답이다.

어휘 venue 행사장, 개최 장소 limited 제한적인 get married 결혼하다 certain 특정한, 일정한

Paraphrase all the weights needed for my class
⇒ certain equipment in his class

191-195 다음 이메일과 웹 페이지, 그리고 거래 내역서를 참조하시오.

발신: rleung@quantechlogistics.com
수신: elandry@modupartitions.com
191 날짜: 3월 14일
제목: 사무실 파티션 (제품번호 30591)

랜드리 씨께,

191 올해 초에 있었던 저희 회사의 합병 후에, 저희는 공용 사무공간으로 이전했으며, 모두 파티션즈 사에서 12개의 조립식 파티션을(제품번호 30591 – 회색) 구입했습니다. 안타깝게도, 몇 주 만에, 여러 벽판들이 흔들거리면서 받침대에서 분리되기 시작했습니다.

당시에 저희에게 무료 교체품을 발송해 주셔서 감사하기는 했지만, 그들 중 상당수가 이후로 같은 문제를 보여왔습니다.

192 193 저희는 현재 12개의 벽판에 대해 더 높은 품질을 지닌 것으로 보이는 귀사의 프리미엄 디바이더 제품군에 속한 모델들로 전량 교환을 요청하는 바입니다. 저희는 또한 더 신형 모델이 각각 119달러의 정가 대신, 최초의 저희 구입품과 유사하게 가격이 책정되기를 요청합니다. 이 요청을 수용하실 수 없는 경우, 저희는 귀사에서 판매하신 결함 상품에 대해 전액 환불을 요구할 수밖에 없습니다.

안녕히 계십시오.

리나 렁
콴테크 로지스틱스 운영 관리자

어휘 following prep. ~ 후에 merger 합병 shared 공용의 modular 조립식의 wobble 흔들거리다, 뒤뚱거리다 detach 분리되다, 떨어져 나오다 complimentary 무료의 replacement 교체(품), 대체(품) a number of 많은 (수의) since ad. 그 이후로 request v. ~을 요청하다 n. 요청 exchange 교환 range 제품군, 범위 appear to do ~하는 것으로 보이다 quality 품질 price v. ~의 가격을 책정하다 similarly 유사하게 purchase 구입(품) rather than ~ 대신, ~가 아니라 be unable to do ~할 수 없다 accommodate ~을 수용하다 will have to do ~해야 할 것이다 seek ~을 요구하다, ~을 구하다 refund 환불(액) defective 결함이 있는 merchandise 상품 supply ~을 제공하다

https://www.modupartitions.com/premium-divider-panel

| 홈 | **제품** | 지원 서비스 | 회사 정보 |

프리미엄 디바이더 패널

역동적인 업무 환경을 위해 설계된 프리미엄 디바이더 패널은 강화 철골 및 흡음 소재로 제작되어 안정성과 사생활 둘 모두를 보장합니다. **194 이 제품은 10년의 내구성 보증 서비스를 포함하고 있으며**, 설치가 간편합니다. 네 가지 중립적 색상으로 구입 가능함.

패널 개당 119달러

- 블랙 – 제품코드 80221
- 화이트 – 제품코드 80222
- **195 브라운 – 제품코드 80223**
- 그레이 – 제품코드 80224

어휘 solution 해결책, 해답, 해법 last v. 지속되다 dynamic 역동적인 reinforce ~을 강화하다 steel frame 철골 sound-absorbing 소리를 흡수하는 material 소재, 재료 ensure ~을 보장하다, 반드시 ~하도록 하다 both A and B: A와 B 둘 모두 stability 안정(성) come with ~을 포함하다, ~가 딸려 있다 durability 내구성 guarantee 보증(서) install ~을 설치하다 available 구입 가능한, 이용 가능한 neutral 중립의, 치우치지 않는

모두 파티션즈: 내구력이 뛰어난 조립식 사무가구의 해답
거래 내역서

고객: 콘테크 로지스틱스
주소: 레이니언 드라이브 870번지, 세다 리지, OR
날짜: 3월 20일

제품	수량	가격	총액
프리미엄 디바이더 패널, **195** 제품 번호 80223	12	**193** $119.00	$1,428.00
	소계:		$1,428.00
	193 호의 표시 할인:		-$100.00
	총계:		$1,328.00

도움이 필요하실 경우, support@modupartitions.com으로 연락하시기 바랍니다.

어휘 invoice 거래 내역서, 청구서 quantity 수량 goodwill gesture 호의 표시 assistance 도움, 지원

---

191 콘테크 로지스틱스에 대해 사실인 것은 무엇인가?
(A) 최근에 본사를 보수했다.
(B) 사무용품을 생산한다.
(C) 막 신제품을 출시했다.
(D) 기업 합병을 완료했다.

해설 첫 지문 첫 단락에서, 올해 초의 회사 합병(our company's merger earlier this year)이 언급되어 있으므로 (D)가 정답이다.
어휘 recently 최근에 renovate ~을 개축하다, ~을 개조하다 headquarters 본사 supplies 용품, 물품 launch ~을 출시하다, ~을 시작하다 complete ~을 완료하다

192 렁 씨가 랜드리 씨에게 무엇을 하도록 요청하는가?
(A) 무료 교체품을 보낼 것
(B) 추가 비용 없이 결함 제품을 업그레이드할 것
(C) 전액 환불해 줄 것
(D) 설치 날짜를 확정할 것

해설 셋째 단락의 요청을 이끄는 표현 We are now requesting 이후에, 프리미엄 디바이더 제품군에 속한 모델들로 전량 교체을 요청하면서(a full exchange of all 12 panels with models from your Premium Divider range which appear to be of higher quality.), 개당 119달러의 정가 대신, 최초의 구입품과 유사하게 가격이 책정해 줄 것을 요구한다.(We also ask that this newer model be priced similarly to our original purchase, rather than at the full price of $119 each). 따라서, 추가로 비용을 지불하지 않고 더 좋은 제품을 교환하도록 요청하는 상황임을 알 수 있으므로 (B)가 정답이다.
어휘 at no additional cost 추가 비용 없이 confirm ~을 확정하다, ~을 확인해 주다 installation 설치

Paraphrase be priced similarly to our original purchase ⇒ at no additional cost

193 모두 파티션즈와 관련해 암시된 것은 무엇인가?
(A) 최초의 제품들을 최소 비용으로 교체했다.
(B) 부분 환불을 제공했다.
(C) 렁 씨의 요청에 완전히 동의하지 않았다.
(D) 재방문 고객에게 할인을 제공했다.

해설 첫 지문 세 번째 단락에서, 개당 119달러의 정가 대신, 최초의 구입품과 유사하게 가격을 책정해 달라고 요청하고(this newer model be priced similarly to our original purchase, rather than at the full price of $119 each) 있다. 하지만, 세 번째 지문 중반부의 가격표에서 제품 가격이 정가인 119달러($119.00)로 기재되어 있고, 하단에

정답 및 해설 129

호의 표시 할인(Goodwill Gesture Discount) 명목으로 100달러가 표시되었다. 따라서, 렁 씨의 요청을 받아들이지 않으면서 약간의 할인을 적용했음을 추론할 수 있으므로 (C)가 정답이다.

어휘 replace ~을 교체하다, ~을 대체하다 partial 부분적인 fully 완전히, 전적으로, 최대로 agree to ~에 동의하다 repeat customer 재방문 고객

194 프리미엄 디바이더 패널과 관련해 언급된 것은 무엇인가?
(A) 최근에 강철로 보강되었다.
(B) 전문적인 설치를 필요로 한다.
(C) 맞춤형 주문 색상으로 출시된다.
(D) 뛰어난 내구성을 보장한다.

해설 프리미엄 디바이더 패널에 대해 설명하는 두 번째 지문 중반부에서, 10년의 내구성 보증 서비스를 포함하고 있다(It comes with a 10-year durability guarantee)는 내용이 제시되므로 durability guarantee를 패러프레이즈한 (D)가 정답이다.

어휘 require ~을 필요로 하다 come in ~한 상태로 출시되다 customized 주문 제공되는, 맞춤 제작되는 be guaranteed to do ~하도록 보장되다 durable 내구성이 뛰어난

Paraphrase comes with a 10-year durability guarantee
⇒ is guaranteed to be durable

195 콘테크 로지스틱스가 어떤 색상으로 프리미엄 디바이더 패널을 주문했을 것 같은가?
(A) 블랙
(B) 화이트
(C) 브라운
(D) 그레이

해설 세 번째 주문 명세서 중반부의 표에 제품번호가 80223(Item #80223)으로 나오는데, 이를 두 번째 지문 하단의 제품코드 목록에서 확인하면 80223이다. 이 제품번호의 색상이 Brown이므로(Brown - Item Code 80223) (C)가 정답이다.

196-200 다음 안내 책자와 양식, 그리고 이메일을 참조하시오.

우드웍스 데킹

저희 우드웍스 데킹은 널리 이용 가능한 대부분의 다른 옥외 데크 소재들에 비해 여러 가지 판매 특장점(USP) 지니고 있습니다.

UPS 1 – 내구성:
고품질 합성소재로 제작되는 저희 보드는 극한의 기상조건을 견디도록 디자인되어, 여러분의 데크가 수년 동안 튼튼한 상태를 유지하도록 보장합니다.

UPS 2 – 스타일 다양성:
여러분 주택의 외관 디자인과 어울리도록 아주 다양한 질감과 색상, 그리고 패턴 중에서 선택하십시오.

UPS 3 – 제조사 품질 보증:
저희 데크 제품은 타의 추종을 불허하는 25년의 품질 보증 서비스를 제공하므로, 장기적인 성능에 대해 마음의 평화를 제공합니다.

197 **UPS 4 – 친환경성:**
지속 가능한 소재로 만들어지는 모든 저희 데크 관련 솔루션은 환경적 영향을 줄이는 데 기여하는 동시에, 여러분의 옥외 공간에 아름다움을 더합니다.

추가 정보가 필요하시거나, 저희 영업팀을 통해 가격 견적을 요청하시려면, 온라인 연락 양식을 작성해 주시기 바랍니다. 모든 저희 데크 보드는 지역 내 시설들 중 한 곳에서 제조되며, **196** 여러분의 설계 명세서에 맞춰 사전 절단되어 자택으로 곧장 배송됩니다. 저희 전문 설치팀이 나머지를 처리해 드립니다.

어휘 unique 특별한, 고유의, 독특한 selling point (제품 판매를 위한) 장점 available 이용 가능한 deck 데크(집 후면에 갑판 같은 모양으로 만들어진 마루 공간) material 소재, 재료 durability 내구성 craft (공들여) ~을 제작하다 composite 합성의 endure ~을 견디다 extreme 극한의, 극도의 ensure (that) ~임을 보장하다, 반드시 ~하도록 하다 variety 다양성, 종류 choose from ~중에 선택하다 a broad selection of 아주 다양한 texture 질감 match ~와 어울리다 warranty 품질 보증(서) come with ~을 포함하다, ~가 딸려 있다 unbeatable 타의 추종을 불허하는 long-term 장기적인 performance 성능 sustainable 지속 가능한 solution 해결책 help do ~하는 데 도움을 주다 reduce ~을 줄이다, ~을 감소시키다 impact 영향 quote 가격 견적서 complete ~을 완료하다 form 양식, 서식 local 지역의, 현지의 facility 시설(물) pre-cut 사전에 절단된 specifications 설계 명세서, (제품의) 사양 installation 설치 handle ~을 처리하다

우드웍스 데킹

고객 문의 사항:

성명: 조던 옌톱
이메일: jordan.yentob@webmail.com
전화번호: 555-0178
전달 사항:
제가 여러 가지 데크 소재를 계속 고려하고 있는데, 귀사에서 판매하는 제품군에 관심이 있습니다. 사실, **198** 제가 여러 데크 작업 관련 회사들을 살펴봤지만, **197** 귀사의 친환경성 보장 때문에 귀사의 제품을 선택했는데, 이는 다른 회사들은 제공하지 않은 것입니다. 제 아내와 저는 뒤뜰에 큰 데크를 지을 계획을 세우고 있지만, 데크 작업에 관해 잘 알지 못합니다. 저희 아이들이 모두 성인이 되어 출가하면서 저희 부부만 살고 있기 때문에, 저희 데크는 날씨가 보다 따뜻한 기간 중에만 최소로 이용될 것입니다. **199** 저희가 폭우가 잦은 지역에 살고 있기 때문에, 습도와 강우에 잘 견디는 소재를 찾고 있습니다. 저희가 잘 알고 구입할 수 있도록 몇 가지를 추천해 주시기 바랍니다. 감사합니다.

어휘 consider ~을 고려하다 be interested in ~에 관심이 있다 look into ~을 조사하다 plan to do ~할 계획이다 now that (이제) ~이므로 grow up 성장하다, 자라다 see (사물 주어로) ~하다, ~을 행하다 minimal 최소한의 region 지역 frequent 잦은, 빈번한 look for ~을 찾다 cope with ~을 견디다, ~에 대처하다 humidity 습도 precipitation 강수(량) informed 잘 아는, 정보를 얻은 purchase 구입(품)

수신: jordan.yentob@webmail.com
발신: support@woodworksdecking.com
날짜: 7월 6일
제목: 데크 관련 문의

옌톱 씨께,

저희 우드웍스 데킹에 연락을 주셔서 감사합니다! **200** 저희 영업팀 중 한 분이 며칠 내에 귀하께 직접 연락을 드릴 것입니다. 그 사이에, 저희가 제공해 드리는 네 가지 주요 데크 상품들을 편안한 마음으로 살펴보시기 바랍니다.

· **199** 울트라 가드 컴포짓: 실제 목재의 느낌을 주는 마감 처리와 함께 우수한 내구성을 제공해 드리므로, 습도가 높은 지역에 위치한 주택에 이상적.
· 이코노미 데크 시리즈: 보다 작은 규모의 데크 작업을 위해 고안된 예산 친화적인 제품.
· 하이 임팩트 아웃도어: 더 높은 통행량 및 충격에 대비한 보호용 코팅제로 특별 설계됨. 아이들이 있는 가정에 추천.
· 프리미엄 하드우드: 다양한 천연 목재를 마감 처리로 이용 가능하므로, 어느 주택이든 세련된 외관을 제공함.

귀하의 데크 공사에 저희 우드웍스 데킹을 고려해 주셔서 다시 한번 감사드립니다. 완벽한 옥외 공간을 만드시는 데 저희가 도움을 드릴 수 있기를 고대합니다.

안녕히 계십시오.

베서니 하워스
우드웍스 데킹 영업부장

어휘 inquiry 문의 reach out to ~에 연락하다 contact ~에게 연락하다 in the meantime 그 사이에 feel free to do 마음껏 ~하세요 review ~을 살펴보다, ~을 검토하다 superior 우수한 realistic 실제와 같은 느낌의 finish n. 마감 (처리) ideal 이상적인 moisture 습기 budget-friendly 예산 친화적인, 저예산의 protective 보호용의 footfall 통행 인원, 발걸음 impact 충격 available 이용 가능한, 구입 가능한 a range of 다양한 sophisticated 세련된, 정교한 consider ~을 고려하다 look forward to -ing ~하기를 고대하다 help A do: ~하도록 A를 돕다 create ~을 만들어 내다

196 안내 책자에서 우드웍스 데킹에 대해 언급하는 것은 무엇인가?
(A) 종합적인 설치 작업 설명서를 제공한다.
(B) 대량 주문에 대해 선금을 필요로 한다.
(C) 고객의 요구를 충족하기 위해 부품을 변경한다.
(D) 고객들에게 전시장을 방문하도록 권한다.

해설 첫 지문 마지막 단락에, 고객의 설계 명세서에 맞춰 사전에 절단된다는(pre-cut to your specifications) 내용이 제시되어 있는데, 이것에서 고객의 요구에 맞게 변경 작업을 하는 것으로 추론할 수 있으므로 (C)가 정답이다.

어휘 comprehensive 종합적인, 포괄적인 manual 설명서, 안내서 deposit 선금, 보증금 bulk a. 대량의 modify ~을 변경하다, ~을 개조하다 component 부품 satisfy ~을 충족하다 encourage A to do: A에게 ~하도록 권하다

Inference pre-cut to your specifications
⇒ modifies components to satisfy customers' needs

197 옌톱 씨의 말에 따르면, 어느 특장점이 그에게 가장 매력적일 것 같은가?

(A) USP 1
(B) USP 2
(C) USP 3
(D) USP 4

해설 옌톱 씨가 작성한 두 번째 지문에서, 친환경성 보장 때문에 우드웍스 데킹의 제품을 선택했다(I chose yours because of your guarantee of eco-friendliness)는 말이 나온다. 이 eco-friendliness를 안내 책자의 특장점에서 확인해 보면, USP 4 – Eco-Friendliness 항목이 일치하므로 (D)가 정답이다.

어휘 attractive 매력적인

198 양식에서 옌톱 씨에 대해 언급하는 것은 무엇인가?
(A) 전에 우드웍스 데킹에서 구입한 적이 있었다.
(B) 목재 데크를 지어 본 경험이 있다.
(C) 최근에 새로운 건물을 매입했다.
(D) 데크 공사와 관련해 여러 제품들을 조사해 보았다.

해설 옌톱 씨가 작성한 두 번째 지문에서, 여러 데크 공사 관련 회사들을 살펴보았다(I have looked into several decking companies)는 사실이 언급되어 있으므로 have looked into를 has investigated로 패러프레이즈한 (D)가 정답이다.

어휘 recently 최근에 property 건물, 부동산 investigate ~을 조사하다

Paraphrase have looked into several decking companies ⇒ has investigated multiple decking options

199 옌톱 씨가 어떤 종류의 데크 제품을 선택할 것 같은가?
(A) 울트라 가드 컴포짓
(B) 이코노미 데크 시리즈
(C) 하이 임팩트 아웃도어
(D) 프리미엄 하드우드

해설 옌톱 씨가 작성한 두 번째 지문에서, 잦은 폭우가 내리는 지역에 살고 있기 때문에, 습도와 강우에 잘 견디는 소재를 찾는다(We live in a region that receives frequent heavy rainfall, so we are looking for a material that copes well with humidity and precipitation)라고 나온다. 이와 관련해, 세 번째 지문 중반부에서 '울트라 가드 컴포짓'이 습도가 높은 지역에 위치한 주택에 이상적(Ultra Guard Composite: ideal for homes in high moisture areas)이라는 정보가 제시되어 있으므로 (A)가 정답이다.

어휘 select ~을 선택하다

200 하워스 씨가 옌톱 씨에게 무엇을 말하는가?
(A) 그가 요청한 제품이 현재 구입할 수 없다.
(B) 그의 문의사항이 대기 목록에 올려져 있다.
(C) 동료 직원들 중 한 명의 연락을 받을 것이다.
(D) 특별 판촉 행사에 대한 자격이 있다.

해설 하워스 씨의 이메일인 세 번째 지문 첫 단락에서, 자신의 영업팀 중 한 명이 며칠 내로 연락할 것(A member of our sales team will contact you directly within the next couple of days)이라고 알리고 있으므로 A member of our sales team을 one of her colleagues로 패러프레이즈한 (C)가 정답이다.

어휘 currently 현재 colleague 동료 be eligible for ~에 대한 자격이 있다 promotion 판촉, 홍보, 촉진, 승진

Paraphrase A member of our sales team will contact you ⇒ will be contacted by one of her colleagues

PART 7 실전 모의고사 TEST 2

정답

147. (B)	148. (A)	149. (D)	150. (D)	151. (B)	152. (B)
153. (B)	154. (A)	155. (B)	156. (A)	157. (D)	158. (C)
159. (D)	160. (B)	161. (C)	162. (D)	163. (C)	164. (D)
165. (B)	166. (C)	167. (B)	168. (B)	169. (D)	170. (D)
171. (B)	172. (C)	173. (A)	174. (B)	175. (D)	176. (C)
177. (A)	178. (C)	179. (D)	180. (B)	181. (D)	182. (B)
183. (C)	184. (B)	185. (D)	186. (B)	187. (D)	188. (C)
189. (A)	190. (A)	191. (B)	192. (C)	193. (D)	194. (D)
195. (C)	196. (A)	197. (D)	198. (B)	199. (B)	200. (C)

147-148 다음 광고를 참조하시오.

클리어 포인트 덴탈 기념일 주간 – 4월 10일, 11일

148 힐뷰 지역에서의 첫 한 해 동안 저희를 지지해 주신 것에 대해 저희 환자 및 지역 주민들께 감사드리기 위해, 저희 클리어 포인트 덴탈이 특별 사은행사를 실시합니다.

147 오크 스트리트와 메이플 블러바드 사이에 거주하고 계시는 주민들께서는 이번 주말 저희 진료소에 들르셔서 무료 치아 관리 세트 및 미백 치료에 대한 독점 할인 서비스를 받으시기 바랍니다.

자택 주소가 보이는 유효한 신분증을 지참하고 오시기 바랍니다. 저희 행사에 오실 자격이 있는 지역을 확인해 보시려면 저희 웹사이트를 방문하십시오.

어휘 anniversary (해마다 돌아오는) 기념일 patient 환자 local 지역의, 현지의 resident 주민 support ~을 지지하다, ~을 지원하다 host ~을 주최하다 appreciation 감사(의 뜻) be invited to do ~하도록 요청되다 drop by ~에 들르다 complimentary 무료의 dental 치아의, 치과의 kit (도구 등의) 세트 exclusive 독점적인, 전용의 whitening 미백 treatment 치료, 처치 valid 유효한 identification 신분 확인(증) be eligible for ~에 대한 자격이 있다

147 무엇이 광고되고 있는가?
 (A) 치과 진료소의 확장
 (B) 특정 지역 주민을 위한 한시적 특별 행사
 (C) 새로운 치아 보험 약정
 (D) 진료소의 공석

해설 두 번째 단락에서, 오크 스트리트와 메이플 블러바드 사이에 거주하는 주민들에게 이번 주말 진료소에 들러 무료 제품 및 할인 서비스를 받도록 요청하는(Residents who live between Oak Street and Maple Boulevard are invited to drop by our clinic this weekend to receive complimentary dental care kits and exclusive discounts on whitening treatments) 내용이 쓰여 있다. 따라서, 특정 기간에 특정 지역 주민들을 대상으로 제공하는 특별 서비스를 광고하는 글임을 알 수 있으므로 (B)가 정답이다.

어휘 expansion 확장, 확대 limited-time 한시적인 offer 특별 판매 (가격, 행사) certain 특정한, 일정한 local n. 지역 주민 insurance 보험 job opening 공석, 빈 자리

Paraphrase Residents who live between Oak Street and Maple Boulevard ⇒ for certain locals this weekend ⇒ limited-time complimentary dental care kits and exclusive discounts on whitening treatments ⇒ offer

148 클리어 포인트 덴탈과 관련해 언급된 것은 무엇인가?
 (A) 1년 동안 지역 사회에 서비스를 제공해 왔다.
 (B) 메이플 블러바드에 위치해 있다.
 (C) 주말마다 무료 세정 서비스를 제공한다.
 (D) 특별 행사 기간에 어떤 환자든 받는다.

해설 첫 번째 단락에서 힐뷰 지역에서의 첫 한 해 동안 지지해 준 것에 대해 환자 및 지역 주민들에게 감사하기 위해(To thank our patients and local residents for supporting us during our first year in the Hillview District) 사은 행사를 열겠다고 하므로, 1년 동안 서비스를 제공해 왔다는 (A)가 정답이다.

어휘 serve ~에 서비스를 제공하다 community 지역사회 be located 위치해 있다 cleaning 세정, 세척 accept ~을 받아들이다

Paraphrase during our first year in the Hillview District ⇒ serving the community for one year

149-150 다음 공지를 참조하시오.

공지

5월 12일, 목요일에, 홀브룩 교통 네트워크(HTN)에서 이곳 블루데이 역에 새로운 최고급 엘리베이터를 설치할 것입니다. **149** 저희 지하철 역은 당일 대부분의 시간 동안 이용할 수 없을

것입니다. 이는 승객들께서 휠체어를 타고 승강장에 출입하시지 못할 뿐만 아니라, 거동이 불편하신 분들께서 자판기나 매표구에서 승차권을 구입하시는 것도 불가능함을 의미합니다. **150** 5월 12일 오전 8시에서 오후 6시 사이에 지하철을 이용하셔야 한다면, 다른 역을 이용하셔야 할 것입니다. 혼란을 드려 죄송합니다.

맨디 멘디코아
HTN 고객서비스부

어휘 install ~을 설치하다 top-of-the-line 최고급의, 최신의 accessible 이용할 수 있는, 접근할 수 있는 not A, nor B: A도 아니고 B도 아니다 access 이용, 접근 those (수식어구와 함께) ~하는 사람들 mobility 이동성 collector booth 매표구 apologize for ~에 대해 사과하다 disruption 혼란, 방해, 지장

149 공지가 누구를 대상으로 하는가?
(A) 공사 인부들
(B) 지하철 기관사들
(C) IT 기술자들
(D) 승객들

해설 지문 초반부에서, 엘리베이터 설치 공사로 인해 당일 대부분의 시간 동안 지하철 역을 이용하실 수 없을 것이라고 밝히면서, 그로 인해 탑승객들이 겪을 불편함과 관련해(This means that riders will not ~) 알리고 있으므로, riders를 패러프레이즈한 (D)가 정답이다.

어휘 crew 팀, 조, 반 operator 운전자, 운영자

150 공지에서 5월 12일 오후 6시에 무슨 일이 있을 것임을 암시하는가?
(A) 새 지하철 노선이 개통될 것이다.
(B) 새 결제 시스템이 시행될 것이다.
(C) 역 출입이 제한될 것이다.
(D) 이용이 재개될 것이다.

해설 지문 후반부에 5월 12일에 오전 8시에서 오후 6시 사이에 지하철을 이용하려면 다른 역으로 가도록(If you need access to the subway between 8:00 A.M. and 6:00 P.M. on May 12, you will have to go to another station) 안내하고 있다. 즉, 오후 6시 이후에는 지하철을 이용할 수 있다고 추론할 수 있으므로 (D)가 정답이다.

어휘 suggest ~을 암시하다, ~을 시사하다 take effect 시행되다, 발효되다 restrict ~을 제한하다 restore ~을 회복시키다, ~을 복구하다

151-152 다음 이메일을 참조하시오.

발신: support@aerovue.com
수신: 말릭 라자 <mraza@swiftconnect.com>
152 날짜: 3월 4일, 월요일

제목: 티켓번호 20240302-7885

라자 씨께,

에어로뷰 고객서비스로 연락주셔서 감사합니다. **151** 저희는 귀하께서 온라인 비자 신청서에 문서를 업로드하는 동안 작은 기술적인 문제에 직면하셨던 것으로 알고 있습니다. **152** 귀하의 지원 요청이 3월 2일 오후 3시 47분에 접수되었습니다.

저희 지원 업무 시간은 월요일부터 금요일, 오전 9시부터 오후 5시 30분까지라는 점에 유의하시기 바랍니다. 주말 동안 접수되는 요청은 접수된 순서대로 다음 영업일에 처리됩니다. 저희 웹 포털의 "트랙 티켓" 섹션에서 귀하의 신청에 대한 진행 상황을 관찰하시거나 의견을 추가하실 수 있습니다.

귀하의 인내에 감사드리며, 곧 연락드리겠습니다.

에어로뷰 고객 서비스

어휘 contact ~에 연락하다 encounter ~에 직면하다, ~와 맞닥뜨리다 minor (중요도 등이) 작은, 사소한 issue 문제, 사안 while -ing ~하는 동안 application 신청(서), 지원(서) support 지원, 지지, 후원 request 요청(서) receive ~을 받다 note that ~임에 유의하다, ~임에 주목하다 address v. (문제 등) ~을 처리하다, ~을 다루다 monitor v. ~을 관찰하다 progress 진행 상황, 진척 case 경우, 사례 add ~을 추가하다 comment 의견, 발언 via ~을 통해 patience 인내(심) be in touch 연락하다 shortly 곧, 머지않아

151 라자 씨가 어떤 문제에 직면했을 것 같은가?
(A) 자신의 계정에 로그인할 수 없었다.
(B) 파일을 제출할 수 없었다.
(C) 늦게 비용을 결제했다.
(D) 자신의 신청서가 거절되었다.

해설 첫 번째 단락에 상대방인 라자 씨가 문서를 업로드하려 하는 동안 작은 기술적인 문제에 직면했던(We understand that you encountered a minor technical issue while trying to upload documents) 사실을 언급하고 있으므로 upload documents를 submit some files로 패러프레이즈한 (B)가 정답이다.

어휘 log into ~에 로그인하다 account 계정, 계좌 be unable

to do ~할 수 없다 submit ~을 제출하다 make one's payment 결제하다, 지불하다 reject ~을 거절하다, ~을 거부하다

Paraphrase technical issue while trying to upload documents ⇒ was unable to submit some files

152 지원 요청에 대해 언급된 것은 무엇인가?
(A) 불완전한 정보를 포함하고 있었다.
(B) 주말에 제출되었다.
(C) 긴급 사안으로 접수되었다.
(D) 즉시 처리되었다.

해설 첫 번째 단락에서, 라자 씨의 지원 요청이 3월 2일 오후 3시 47분에 접수되었다(our support request was received on March 2, at 3:47 p.m.)라고 알리는데, 상단의 이메일 작성 날짜는 3월 4일 월요일(Date: Monday, March 4)로 표기되어 있다. 즉, 토요일에 접수되었음을 알 수 있으므로 (B)가 정답이다.

어휘 contain ~을 포함하다, ~을 담고 있다 incomplete 불완전한, 미완성의 urgent 긴급한 matter 사안, 문제 immediately 즉시

153-154 다음 문자 메시지 대화를 참조하시오.

> 앨리나 로우 (오후 1:08)
> 안녕하세요, 맥스 씨. **153** 상황을 알려드리자면, 전 지금 교통 체증에 갇혀 있어요.
>
> 맥스 트렌트 (오후 1:11)
> 아, 저런. 3시의 고객 순회 방문 시간에는 맞춰서 제때 오실 것 같으세요?
>
> 앨리나 로우 (오후 1:13)
> 확실치 않아요. 기사님은 다시 움직이려면 적어도 30분은 더 있어야 할 거라고 하세요.
>
> 맥스 트렌트 (오후 1:14)
> 우리가 설명회를 미뤄야 할까요?
>
> 앨리나 로우 (오후 1:16)
> 그냥 저 없이 먼저 시작하세요. 최신 전시실 배치도가 제 책상에 있어요. 중요한 요지는 알고 계시잖아요. **154** 답변할 수 없는 질문이 나오면 제게 전화주세요.
>
> 맥스 트렌트 (오후 1:18)
> **알겠습니다.** 도착 시간에 대해서 제게 계속 알려 주세요.

> 앨리나 로우 (오후 1:19)
> 그럴게요. 감사합니다.

어휘 heads-up 미리 알려줌 be stuck in traffic 교통 체증에 갇히다 be on time for ~에 맞춰 제때 도착하다 at least 적어도, 최소한 delay ~을 미루다, ~을 지연시키다 presentation 설명(회) showroom 전시실 layout 배치(도) talking point 요지, 화두 Got it 알겠습니다, 그렇게 하겠습니다 keep A posted: A에게 계속 정보를 알리다 arrival 도착

153 로우 씨가 왜 트렌트 씨에게 연락하는가?
(A) 그를 전시실 고객에게 소개하려고
(B) 그에게 교통 지연 문제를 알리려고
(C) 그에게 배송하도록 요청하려고
(D) 그에게 평면도 업데이트에 대해 감사하려고

해설 로우 씨가 1시 08분 메시지에서, 자신이 교통 체증에 갇혀있다고 알리고(I am stuck in traffic) 있으므로 (B)가 정답이다.

어휘 introduce A to B: A를 B에게 소개하다 inform A of B: A에게 B를 알리다 transportation 교통(편) ask A to do: A에게 ~하도록 요청하다 make a delivery 배송하다, 배달하다 floor plan 평면도

Paraphrase Just a heads-up that I am stuck in traffic ⇒ inform him of a traffic delay

154 오후 1시 18분에, 트렌트 씨가 "알겠습니다"라고 쓸 때 무엇을 의미할 것 같은가?
(A) 무엇이든 불확실한 경우에 로우 씨에게 전화할 것이다.
(B) 곧 있을 회의를 취소할 것이다.
(C) 다른 사람에게 도움을 요청할 것이다.
(D) 로우 씨에게 물건을 하나 가져다줄 것이다.

해설 바로 앞 메시지에서, 로우 씨가 트렌트 씨에게 답변할 수 없는 질문이 나오면 자신에게 전화하라고(Just call if any questions come up that you can't answer) 요청하는 것에 대해 트렌트 씨가 "알겠습니다"라고 대답하는 흐름이다. 따라서, 불확실한 경우가 생기면, 로우 씨에게 전화하겠다는 뜻으로 한 말임을 알 수 있으므로, (A)가 정답이다.

어휘 cancel ~을 취소하다 upcoming 곧 있을, 다가오는 material 물품, 재료, 자료

Paraphrase if any questions come up that you can't answer ⇒ if anything is unclear

155-157 다음 기사를 참조하시오.

신흥 기업: 볼트 라이더 스쿠터즈

도시 교통에 대변혁을 일으키기를 원했던 기업가 알렉스 놀란 씨는 볼트 라이더 스쿠터즈를 설립했다. **155** 10년이 조금 넘게 지난 현재, 시카고에 본사를 둔 이 회사는 미국과 캐나다 전역에 걸쳐 다수의 도시에서 운영되면서, 도시 통근자들에게 효율적인 친환경 전기 스쿠터를 제공하고 있다.

볼트 라이더는 또한 이용자들에게, 토론토에 본사를 둔 테크 스피어 솔루션즈와의 지속적인 협업을 통해, GPS 내비게이션과 탑승 기록 추적, 그리고 **156** 스쿠터에 대한 완전 원격 제어를 특징으로 하는 모바일 애플리케이션도 제공한다. "테크 스피어와의 제휴가 도움이 됩니다."라고 놀란 씨가 말한다. "그들의 기술력이 저희 탑승자들의 경험과 안전을 향상시켜 주기 때문입니다."

놀란 씨는 볼트 라이더의 향후 성장에 대해 낙관적이다. 그 밖에도 콜로라도 덴버에 본사를 둔 에어로차지 스테이션즈와, 워싱턴 시애틀을 기반으로 하는 어번 패스 내비게이션 등 두 개의 회사가 9월, 볼트 라이더와 전략적 제휴 관계를 맺는 데 합의했다. 더욱이, 유럽 시장으로 사업을 확장하는 것을 목표로 삼고 있는 이 회사는, 현재, 독일 전역에서 사업체를 운영하고 있는 **157** 모빌리티 회사 에코무브 유한회사와 논의 중에 있다.

웹사이트 www.voltrider.com을 방문하면, 볼트 라이더 스쿠터즈에 관한 추가 정보를 얻을 수 있다.

어휘 seek to do ~하기를 원하다 revolutionize ~에 대변혁을 일으키다 urban 도시의 transportation 교통(편) entrepreneur 기업가 establish ~을 설립하다 decade 10년 A-based: A를 기반으로 하는, A에 본사를 둔 operate 운영되다, 가동되다 multiple 다수의, 다양한 efficient 효율적인 eco-friendly 환경 친화적인 commuter 통근자 provide A with B: A에게 B를 제공하다 tracking 파악, 추적 ongoing 지속적인, 계속되는 collaboration 협업, 공동 작업 instrumental 중요한 enhance ~을 향상시키다, ~을 강화하다 optimistic 낙관적인 headquartered in ~에 본사를 둔 agree to do ~하는 데 합의하다 enter into ~을 시작하다, ~에 돌입하다 strategic 전략적인 furthermore 더욱이 aim to do ~하는 것을 목표로 하다 expand into ~로 확장하다 currently 현재 discussion 논의 mobility firm 모빌리티 회사 (사람이나 물건의 이동에 필요한 다양한 서비스 제공) operation 사업체, 운영, 가동, 작동

155 놀란 씨에 대해 언급된 것은 무엇인가?
 (A) 현재 토론토를 기반으로 하고 있다.
 (B) 10년도 더 이전에 사업을 시작했다.
 (C) 인기 모바일 앱을 개발했다.
 (D) 최근에 두 곳의 업체를 인수했다.

해설 첫 번째 단락에서, 놀란 씨가 설립한 볼트 라이더 스쿠터즈가 10년이 조금 넘게 지난 현재, 미국과 캐나다 전역에 걸쳐 여러 도시에서 운영되고 있다(Now, just over a decade later, the Chicago-based company operates)라고 하므로 just over a decade later를 패러프레이즈한 (B)가 정답이다.

어휘 develop ~을 개발하다, ~을 발전시키다 recently 최근에 acquire ~을 인수하다, ~을 획득하다

Paraphrase just over a decade later
 ⇒ more than ten years ago

156 볼트 라이더가 어떤 서비스를 제공하는가?
 (A) 원격 관리 기능
 (B) 도시 전역 이동 할인
 (C) 전용 주차 공간
 (D) 스쿠터 개조

해설 볼트 라이더의 서비스 특징이 언급되는 두 번째 단락에서, 스쿠터에 대한 완전 원격 제어(full remote control of the scooter)가 포함되어 있으므로 remote control을 패러프레이즈한 (A)가 정답이다.

어휘 function 기능 city-wide 도시 전역의 exclusive 전용의, 독점적인 parking 주차(장) modification 개조, 변경, 수정

Paraphrase remote control ⇒ Remote management

157 볼트 라이더가 어느 회사와 업무 협약을 맺지 않았는가?
 (A) 에어로차지 스테이션즈
 (B) 어번 패스 내비게이션
 (C) 테크 스피어 솔루션즈
 (D) 에코무브 유한회사

해설 세 번째 단락에서, 모빌리티 회사 에코무브 유한회사와 제휴 관계를 논의 중인 상태(the company is currently in discussions with EcoMove GmbH)라고 알리고 있으므로 (D)가 정답이다.

어휘 agreement 협약, 계약, 합의

158-160 다음 편지를 참조하시오.

2월 12일
나디아 그린
로즈먼트 힐 드라이브 88번지
에지필드, 노리치 OX7 4JP

바스케즈 씨께,

158 호라이즌 홈스테이 교환 프로그램의 일환으로 2월 5일로 시작하는 주에 귀하의 아름다운 시뷰 코디지에 저희를 머무르게 해주셔서 감사합니다.

그곳은 저희가 겨울 휴가를 보내기에 정말 멋진 곳이었습니다. 제 남동생과 아내가 그 조용한 환경에 감탄했으며, 제 아이들은 근처의 자연 산책로에 정말 신이 났습니다. 제 아내는 라운지에 있는 벽난로를 특히 좋아했는데, 쌀쌀한 저녁 시간에 안성맞춤이었습니다.

저희는 귀하께서 제공해주신 별도의 실내 난방기도 아주 고마웠습니다. 2월에 그렇게 기온이 낮은 것은 예상하지도 못했습니다.

159 제 생일 축하 파티를 한 2월 10일에 귀하의 주방 조리대에 남겨둔 메모에 언급된 바와 같이, 저희가 디저트를 준비하는 과정에서 귀하의 믹서기 용기가 깨졌습니다. 저희가 그 날 바로 교체 부품을 주문했기 때문에, 아직 도착하지 않았다면, 귀하의 주소로 곧 도착할 것입니다. 불편을 끼쳐드려 진심으로 사과드립니다.

저희가 귀하의 해변 저택에서 즐거워했던 것만큼, 귀하와 귀하의 일행도 노리치에 위치한 저희 타운하우스에서 즐거운 시간을 보내셨기를 바랍니다. 정말 즐거우셨다면, 저희가 나중에 다시 한번 집을 바꾸어 지내보았으면 합니다.

안녕히 계십시오.

나디아 그린

어휘 **let A do:** A에게 ~하게 하다 **during the week of 5 February** 2월 5일로 시작하는 주 **as part of** ~의 일환으로, ~의 일부로 **exchange** n. 교환 v. ~을 교환하다 **appreciate** ~에 감탄하다, ~에 감사하다 **surroundings** 환경, 주변 **be thrilled with** ~에 정말 신이 나다, ~에 짜릿함을 느끼다 **trail** 산길, 오솔길 **be fond of** ~을 좋아하다 **particularly** 특히 **chilly** 쌀쌀한 **be grateful for** ~에 대해 감사하게 생각하다 **extra** 별도의, 추가의 **anticipate** ~을 예상하다, ~을 기대하다 **temperature** 기온, 온도 **mention** ~을 언급하다 **celebration** 축하 행사, 기념 행사 **blender** 믹서기 **crack** 깨지다, 금이 가다 **replacement** 교체(품), 대체(품) **part** 부품 **arrive** 도착하다 **shortly** 곧, 머지않아 **inconvenience** 불편함 **as A as B:** B만큼 A하게[A한] **coastal** 해변의 **residence** 저택

158 편지의 목적이 무엇인가?
(A) 행사에 초대하기
(B) 홈스테이 프로그램의 이점들을 집중 조명하기
(C) 숙박에 대한 감사의 뜻을 표현하기
(D) 건물의 특징들을 설명하기

해설 첫 단락에서, 호라이즌 홈스테이 교환 프로그램의 일환으로 상대의 시뷰 코티지에 머무르게 된 것에 대해 감사를 표한다.(Thank you for letting us stay in your lovely Seaview Cottage) 그러므로 Thank you를 express gratitude로 패러프레이즈한 (C)가 정답이다.

어휘 **extend an invitation** 초대하다, 초대장을 보내다 **highlight** ~을 집중 조명하다, ~을 강조하다 **benefit** 이점, 혜택 **express** (생각 등) ~을 표현하다 **gratitude** 감사(의 뜻) **explain** ~을 설명하다 **feature** 특징 **property** 건물, 부동산

Paraphrase Thank you for letting us stay
⇒ express gratitude for a stay

159 2월 10일에 무슨 일이 있었는가?
(A) 일부 가구가 손상되었다.
(B) 어떤 행사 초대장이 발송되었다.
(C) 집이 전문 업체에 의해 청소되었다.
(D) 생일 파티가 진행되었다.

해설 2월 10일이 등장하는 네 번째 단락에서, 그날 글쓴이의 생일 축하 파티가 있었다고(on 10 February—the day of my birthday celebration) 쓰여 있으므로 celebration을 party로 패러프레이즈한 (D)가 정답이다.

어휘 **damage** ~을 손상시키다, ~에 피해를 입히다 **professionally** 전문적으로 **take place** 진행되다, 열리다

Paraphrase the day of my birthday celebration
⇒ A birthday party took place

160 바스케즈 씨에 대해 암시된 것은 무엇인가?
(A) 프로그램 기획자이다.
(B) 해안 근처에 거주한다.
(C) 전에 그린 씨의 동료였다.
(D) 노리치로 이사할 생각이다.

해설 바스케즈 씨는 편지 수신자이므로 you가 나오는 부분을 확인해야 한다. 다섯 번째 단락에서 우리가 당신의 해변 저택에서 즐거워했던 것만큼(as much as we enjoyed your coastal residence)라고 말하고 있으므로, your coastal residence를 live near the seaside로 패러프레이즈한 (B)가 정답이다.

어휘 **coordinator** 편성 책임자, 조정 담당자 **former** 이전의,

전직 ~인 colleague 동료 (직원) intend to do ~할 생각이다, ~할 작정이다 move to ~로 이사하다

Paraphrase your coastal residence
⇒ lives near the seaside

161-163 다음 편지를 참조하시오.

6월 21일

레일라 쳉, 수석 큐레이터
글로벌 토이 헤리티지 아카이브
팀버라인 레인 1701번지
덴버, CO 80204

쳉 씨께,

161 전국 장난감 수집가 위원회(NCTC)를 대표해, 귀하께 올해의 연례 모임에서 폐막 전시회를 진행해 주시도록 정식으로 요청드립니다. 이 행사는 11월 10일부터 12일까지 오리건의 포틀랜드에 위치한 노스웨스트 앤티크 컨벤션 홀에서 개최될 것입니다. 163 귀하는 저희 자문 위원회의 오랜 위원들 몇 분이 후보로 추천하셨습니다. 그분들은 전후 장난감 디자인에 대한 귀하의 깊은 식견을 높이 평가하였습니다.

개막 전시회는 마르코 비야누에바 씨께서 진행하실 것이며, 이분의 빈티지 퍼즐 소장품은 전국에서 가장 규모가 큰 것들 중 하나에 속합니다. 앞으로 몇 주 내로 전체 행사 안내책자가 귀하께 발송될 것이며, 전시 행사 및 주제들을 살펴보시기 바랍니다.

저희는 참석자가 1,800명이 넘을 것으로 예상하고 있으며, 그 범위는 애호가들로부터 박물관 기록 보관 담당자에 이르기까지 다양합니다. 162 저희는 특히 도쿄 기반의 한 문화유산 재단이 후원하는 기계식 장난감 주제의 새로운 전시회에 대해 기대하고 있습니다.

제가 다음 주 초에 출장으로 로스앤젤레스를 방문할 때, 전화로 연락드리겠습니다. 그때, 행사 준비사항들에 대해 더 상세히 논의할 수 있습니다.

안녕히 계십시오.
하퍼 리오스
NCTC 행사 운영위원장

어휘 on behalf of ~을 대표해, ~을 대신해 would like to do ~하고자 하다, ~하고 싶다 formally 정식으로, 공식적으로 invite A to do: A에게 ~하도록 요청하다 lead (행사 등) ~을 진행하다 showcase 공개 행사 annual 연례적인, 해마다의 gathering 모임 take place 개최되다, 진행되다 nominate ~을 후보로 지명하다 longtime 장기적인 advisory board 자문 위원회 demonstration 시연(회), 시범 collection 수집(품) extensive 광범위한, 폭넓은 review ~을 살펴보다, ~을 검토하다 exhibit 전시(물) expect ~을 예상하다, ~을 기대하다 attendee 참석자 range from A to B: 범위가 A에서 B에 이르다 archivist 기록 보관 담당자 particularly 특히 exhibition 전시(회) mechanical 기계로 작동하는 sponsor ~을 후원하다 A-based: A에 기반을 둔, A에 본사를 둔 cultural heritage 문화유산 foundation 재단 contact ~에게 연락하다 arrangement 준비, 배치, 조정 in detail 상세히

161 편지가 왜 쳉 씨에게 보내졌는가?
(A) 전시 정책의 몇 가지 변동을 알리려고
(B) 그녀의 박물관 소장품 목록 열람을 요청하려고
(C) 수집가를 위한 행사에서 발표하도록 요청하려고
(D) 창의성을 인정하는 상의 후보로 추천하려고

해설 편지의 목적은 글 초반에 나타난다. 첫 번째 단락에서, 요청을 이끄는 표현 I would like to formally invite 뒤에, 올해의 행사에서 폐막 전시회를 진행해 달라는(to lead our closing showcase presentation at this year's annual gathering) 내용이 이어지므로 lead our closing showcase presentation을 present로 패러프레이즈한 (C)가 정답이다.

어휘 policy 정책, 방침 request ~을 요청하다 access 접근, 이용 inventory 물품 목록, 재고 present 발표하다 recognize ~을 인정하다 creativity 창의성

Paraphrase to lead our closing showcase presentation
⇒ to present

162 NCTC 행사와 관련해 사실인 것은 무엇인가?
(A) 일주일 내내 지속될 것이다.
(B) 마르코 비야누에바 씨가 수상할 것으로 예상된다.
(C) 해외 장난감 제조사들을 위해 만들어졌다.
(D) 도쿄에서 새로운 전시물이 참가할 것이다.

해설 세 번째 단락에서, 특별한 관심을 나타내는 표현 We are particularly excited about 다음에 도쿄 기반의 한 문화유산 재단이 후원하는 기계식 장난감 주제의 새로운 전시 공간(a new exhibition space for mechanical toys sponsored by a Tokyo-based cultural heritage foundation)을 언급하므로 a new exhibition space for mechanical toys를 a new entry로 패러프레이즈한 (D)가 정답이다.

어휘 last v. 지속하다 whole 전체의, 모든 be expected to do ~할 것으로 예상되다 win (상 등) ~을 타다, ~을 받다 include ~을 포함하다 entry 참가(작), 출품(작)

163 [1], [2], [3], [4]로 표시된 위치들 중에서 다음 문장이 들어가기에 가장 적합한 곳은 어디인가?

"그분들은 전후 장난감 디자인에 대한 귀하의 깊은 식견을 높이 평가하였습니다."

(A) [1]
(B) [2]
(C) [3]
(D) [4]

해설 제시된 문장이 앞서 언급된 복수 사람명사를 대신하는 They를 주어로 하므로 앞에 복수의 사람들이 언급된 위치를 찾아야 한다. [2] 앞의 several longtime members of our advisory board 그리고 [3] 앞의 hobbyists와 museum archivists들이 있는데, 추천을 하려면 권위가 있어야 하므로 They는 advisory board 소속으로 보는 것이 타당하다. 그러므로 [2]의 위치인 (B)가 정답이다.

어휘 speak highly of ~을 높이 평가하다 postwar 전후의

164-167 다음 이메일을 참조하시오.

수신: 켄지 사카모토 <ksakamoto@hilcrestnet.com>
발신: 이본 벨 <ybell@miraforge.co.uk>
제목: 귀하의 시스템 업그레이드 작업
날짜: 8월 28일

사카모토 씨께,

164 9월 17일 화요일, 귀하가 미라 포지 테크놀로지에서 시스템 업그레이드 작업을 실시하실 예정임을 상기시켜 드립니다. 오전 9시 15분까지 본관에 도착하셔서, 안내데스크에서 등록하시고 **166** 임시 출입증을 받으시기 바랍니다. 제가 그곳에서 만나 B동에 위치한 서버 구역으로 안내해 드릴 것이며, 그곳이 업그레이드 작업을 시작하실 장소입니다. 그 옆에 위치한 C동의 기술서비스 팀을 통해 새로운 로그인 정보를 받고 접속을 확인하시면 됩니다.

다음으로, **165** A동에 위치한 인사부를 방문해 최신 버전의 시스템 가이드북을 수령합니다. 플랫폼 변경에 대한 간단한 오리엔테이션이 이어집니다. 오후 12시 10분에 근처의 카페에서 저희와 함께 팀 점심회식을 하시게 됩니다. 오후에는 설치와 테스트, 그리고 문제 해결 작업이 잡혀 있습니다. 이 시간 중에 마음껏 새로운 인터페이스를 살펴보신 후 의견서를 작성해 주시기 바랍니다. **167** 제가 일과 종료 시점에 들러 진행 상황을 확인하고 질문에 답변해 드리겠습니다. 마지막으로, 가시기 전에 안내데스크에서 출입증을 반납하시기 바랍니다.

귀하를 직접 뵙고 환영하기를 고대합니다.

안녕히 계십시오.
이본 벨
미라 포지 테크놀로지 기술서비스부장

어휘 assignment 작업, 과제 remind A that: A에게 ~라고 상기시키다 be scheduled to do ~할 예정이다 implement ~을 실시하다, ~을 시행하다 arrive 도착하다 reception desk 안내데스크 provisional 임시의 access 출입, 접근, 이용 badge 신분증, 명찰 escort ~을 안내하다 process 과정 receive ~을 받다 login credentials 로그인 정보 confirm ~을 확인하다 collect ~을 수령하다, ~을 수거하다 brief 간단한, 짧은 follow 뒤에 이어지다 join ~와 함께 하다 reserved 지정된 setup 설치, 설정, 준비 resolve ~을 해결하다 issue 문제, 사안 feel free to do 마음껏 ~하세요 explore ~을 살펴 보다, ~을 탐구하다 fill out ~을 작성하다 comment 의견, 발언 form 양식, 서식 stop by 들르다 return ~을 반납하다 look forward to -ing ~하기를 고대,대하다 in person 직접, 대면하여

164 9월 17일에 어떤 일이 있을 것인가?
(A) 새 사원증이 발급될 것이다.
(B) 오찬 행사가 구내식당에서 열릴 것이다.
(C) 회사 건물들에 대한 견학이 진행될 것이다.
(D) 시스템 업그레이드가 실시될 것이다.

해설 9월 17일이라는 날짜가 언급되는 첫 단락에서, 사카모토 씨가 시스템 업그레이드를 실시할 예정(you are scheduled to implement a system upgrade on Tuesday, September 17)이라는 정보가 제시되어 있으므로 (D)가 정답이다.

어휘 issue v. ~을 발급하다, ~을 지급하다 luncheon 오찬 hold (행사 등) ~을 열다, ~을 개최하다

165 사카모토 씨가 어디에서 새 시스템 설명서를 받을 것인가?
(A) 본관에서
(B) A동에서
(C) B동에서
(D) C동에서

해설 두 번째 단락에서, A동에 위치한 인사부를 방문해 최신 버전의 시스템 가이드북을 수령한다(Next, visit Personnel Services in Building A to collect the updated system guidebook)는 내용이 쓰여 있으므로 (B)가 정답이다.

어휘 manual 설명서, 안내서

166 첫 번째 단락, 세 번째 줄의 단어 "provisional"과 의미가 가장 가까운 것은?

(A) 조건부의
(B) 결정되지 않은
(C) 임시의
(D) 필수의

해설 해당 문장에서 형용사 provisional이 출입증을 뜻하는 명사구 access badge를 수식하므로, 출입증의 성격을 파악하면 된다. 다음 단락에서, 작업을 마치고 가기 전에 반납하라(Please return the badge)는 말이 있으므로 임시로 사용하는 것임을 추론할 수 있다. 따라서, '임시의'라는 의미로 쓰이는 (C)가 정답이다.

어휘 conditional 조건의 undecided 결정되지 않은, 미결의 temporary 임시의, 일시적인 essential 필수의, 본질적인

Inference Please return the badge ⇒ temporary

167 사카모토 씨가 작업을 끝마친 후에 무엇을 할 것 같은가?
(A) 출입증을 반납하기
(B) 벨 씨와 이야기하기
(C) 작업 보고서를 작성하기
(D) 해당 팀과 함께 저녁 식사하기

해설 질문의 after finishing the work을 지문에서 at the end of the day(일과가 끝나면)으로 패러프레이즈되어 있다. 그러므로 같은 문장에서 Bell 씨가 한 말 I'll stop by at the end of the day to check on the process and answer questions 중에서 answer questions를 패러프레이즈한 (B)가 정답이다. 주의하지 않으면 가기 전에 신분증을 반납한다는 (A)에 속기 쉬운데, 이것은 작업이 끝나는 시점이 아니라 회사를 떠나기 전에 할 일이다.

어휘 identification 신분(증)

Paraphrase answer questions ⇒ Have a talk

168-171 다음 온라인 채팅을 참조하시오.

존 로빈슨 [오전 11:09]	안녕하세요, 사만사 씨, 그리고 스티븐 씨. 다음 주에 누가 런던에서 올 예정인지 확인되었나요?
사만사 스캇 [오전 11:10]	**168** 런던 에이전시에서 줄리 정 씨와 앤디 프라이스 씨를 보낼 것으로 예상됩니다. 하지만 방금 앤디 씨가 다른 사람으로 대체될 거라는 얘기를 들었습니다.
존 로빈슨 [오전 11:12]	그분들이 이곳에 도착하면 어디서 예행 연습을 하시죠?
사만사 스캇 [오전 11:14]	스튜디오 B에 자리가 마련될 겁니다. 그렇지 않으면, 포토그래피의 빌 화이트 씨께서 소유하고 계시는 스튜디오를 이용해도 됩니다.
스티븐 패즈 [오전 11:16]	잠시만요. **세 명이 될 것 같아요.** 뉴욕 사무소의 낸시 도허티 씨도 합류합니다.
존 로빈슨 [오전 11:17]	**169** 그럼 다른 스튜디오가 하나 필요할 겁니다. 그분들에게 더 많은 공간을 제공해 드리고 싶어요. 아마 극장 무대에 충분한 공간이 있을 것 같은데요?
사만사 스캇 [오전 11:18]	**170** 도허티 씨는 왜 오시는 거죠? 저는 댄스 안무가들만 오는 줄 알았는데요.
스티븐 패즈 [오전 11:19]	**170** 의상팀이 제작 과정에서 연기자들과 긴밀히 협력해 오고 있어요.
사만사 스캇 [오전 11:22]	알겠습니다. 제가 조정할게요. 내일까지 최종 촬영 일정표를 보내드릴게요. **171** 스티븐 씨, 보조 출연자들의 이름과 이메일을 담은 목록을 추가해서 우리 모두에게 공유해 주세요.

어휘 confirm ~을 확인해 주다, ~을 확정하다 be expected to do ~할 것으로 예상되다 replace ~을 대체하다, ~을 교체하다 rehearse 예행 연습을 하다 arrive 도착하다 set up ~을 마련하다, ~을 설치하다, ~을 설정하다 otherwise 그렇지 않으면 own ~을 소유하다 It seems (that) ~인 것 같다 then 그럼, 그렇다면, 그 후에, 그때 would prefer to do ~하고 싶다 choreographer 안무가 work side by side 긴밀히 협력하다 talent 연기자들 production (연극, 영화 등의) 제작 make an arrangement 조치하다, 마련하다, 처리하다 call sheet 촬영 일정표 by (기한) ~까지 add ~을 추가하다 extra 보조 출연자, 단역 배우 share A with B: A를 B에게 공유하다

168 런던 에이전시에서 누가 방문할 예정인가?
(A) 도허티 씨
(B) 정 씨
(C) 프라이스 씨
(D) 화이트 씨

해설 11시 10분에 스캇 씨가 작성한 메시지에, 런던 에이전시에서 줄리 정 씨와 앤디 프라이스 씨를 보낼 것으로 예상된다고 말하므로 (B)가 정답이다.

169 오전 11시 16분에, 패즈 씨가 "세 명이 될 것 같아요"라고 쓸 때 무엇을 의미할 것 같은가?
(A) 너무 많은 스튜디오가 예약되어 있다.
(B) 공간 문제가 예상된다.
(C) 누군가 낸시 씨를 차로 마중 나가야 한다.
(D) 예행 연습 일정이 재조정되어야 한다.

해설 패즈 씨가 '세 명이 될 것 같아요'라고 알리자, 바로 이어서

로빈슨 씨가 다른 스튜디오가 하나 필요할 거라고(We will need a different studio then) 대꾸한다. 패즈 씨의 말에서 공간이 부족하다는 의미를 추론할 수 있으므로 (B)가 정답이다.

어휘 book ~을 예약하다 issue 문제, 사안 pick up ~을 차로 데리러 가다 reschedule ~의 일정을 재조정하다

Inference need a different studio ⇒ a space issue

170 도허티 씨가 누구일 것 같은가?
(A) 제작 책임자
(B) 사진 작가
(C) 댄스 안무가
(D) 의상 디자이너

해설 스캇 씨가 11시 18분에 작성한 메시지에서 도허티 씨가 왜 오는지 묻자, 패즈 씨가 의상팀이 제작 과정에서 연기자들과 긴밀히 협력해 오고 있다(The costume team has been working side by side with talent)라고 대답하고 있다. 이 말에서 도허티 씨가 의상팀의 한 명임을 추론할 수 있으므로 (D)가 정답이다.

171 스캇 씨가 패즈 씨에게 무엇을 하도록 요청하는가?
(A) 작업 진행표를 출력하라
(B) 문서를 업데이트해라
(C) 의상팀에 연락해라
(D) 방문객들에게 공간을 배정해라

해설 스캇 씨가 마지막 메시지에서, 스티븐 패즈 씨에게 최종 촬영 일정표(a final call sheet)를 보낼 테니 보조 출연자들의 이름과 이메일을 추가하라(Steven, please add the list of extras' names and e-mails)라고 요청하고 있으므로, 이것을 update로 패러프레이즈한 (B)가 정답이다.

어휘 worksheet 작업 진행표 assign ~을 배정하다, ~을 할당하다

Paraphrase a final call sheet / add the list of extras' names and e-mails ⇒ Update a document

172-175 다음 이메일을 참조하시오.

발신: 엘레나 마티네즈
수신: 코백스 주식회사 전 직원
제목: 분기 업데이트
날짜: 9월 20일

코백스 주식회사 팀원 여러분,

지금까지의 올해 성과에 관한 소식을 제공해 드리고자 이메일을 씁니다. 기쁘게도, 우리 매출이 작년에 비해 18퍼센트 상승했다는 사실을 공유해 드립니다. 이는 대체로 **172** 혁신적인 모바일 기기들을 개발하는 우리의 전문 기술을 유지하면서 새로운 시장으로 진출하기 위한 우리의 노력이 성공을 거둔 덕분입니다.

이제 몇 가지 세계 시장에서의 매출 수치를 말씀드리겠습니다.
173 175 독일에서는 매출이 45% 증가한 것으로 나타났는데, 주로 우리의 최신 기술을 선보였던 베를린 퓨처월드 박람회에 최초로 참가한 덕분입니다. 마찬가지로, 프랑스에서는 현지 소매업체들과의 제휴 관계를 통해 최근 그 시장에 진출한 후, 25%의 매출 증가가 기록되었습니다. **174** 우리는 이러한 성장세가 지속될 것으로 예상하고 있는데, 특히, 계획된 우리 스마트워치 제품군의 확장과 함께 말입니다. 인도에서는, 시장이 대단히 경쟁적임에도 불구하고, 여전히 8%라는 무난한 성장을 달성했습니다. 하지만, 우리 구독 서비스에 대한 구독자 수가 증가했다는 것은 고무적인 일입니다. 마지막으로, 우리에게 최고의 시장인 일본에서는, 우리의 혁신적 기기들에 대한 긍정적인 언론 보도에 힘입어 판매량이 38퍼센트 증가했습니다. 전반적으로, 우리에게 멋진 시즌이었으며, 직원 추천 프로그램의 시작과 함께, 우리의 사업을 한층 더 성장시킬 수 있도록 업계 최고의 인재들을 발굴할 것으로 예상합니다. 여러분의 노고에 감사드리며, 우리가 4분기를 향해 나아가는 과정에서 이 기세를 계속 유지해 봅시다!

안녕히 계십시오.
엘레나 마티네즈
영업 부사장

어휘 quarterly 분기의 provide A with B: A에게 B를 제공하다 performance 성과, 실적 so far 지금까지 share that ~라는 사실을 공유하다 compared to ~에 비해, ~와 비교해 largely 대체로, 주로 due to ~로 인한, ~ 때문인 effort 노력, 활동 expand into ~로 진출하다, ~로 확장하다 maintain ~을 유지하다 expertise 전문 기술[지식] innovative 혁신적인 device 기기, 장치 sales 판매(량), 영업, 매출 see ~을 목격하다, ~을 경험하다 thanks to ~ 덕분에 participation 참가 showcase ~을 선보이다 similarly 마찬가지로 following ~ 후에 recent 최근의 entry into ~로의 진입 local 현지의, 지역의 retailer 소매업체 expect A to do: A가 ~할 것으로 예상하다 continue 지속되다 particularly 특히 highly 대단히, 매우 competitive 경쟁적인 achieve ~을 달성하다 modest 보통의, 중간 정도의 encouraged 고무된 sign-up 가입(자) subscription (서비스 등의) 정기구독 by (차이) ~만큼, ~ 정도 spurred by ~에 자극 받아 positive 긍정적인 coverage 보도, 취재 overall 전반적으로 launch 시작, 출시 associate 직원, 동료, 동업자 referral 추천, 소개 anticipate ~을 예상하다, ~을 기대하다 recruit ~을 모집하다 further 한층 더, 더 깊이

있게 keep up this spirit 이러한 기세를 계속 유지하다
head into ~을 향해 나아가다 quarter 분기

172 코백스 주식회사는 어떤 종류의 기업인가?
(A) 소매업 체인
(B) 통신회사
(C) 기술 제조업체
(D) 세계적인 마케팅 회사

해설 첫 단락에서, 혁신적인 모바일 기기들을 개발하는 전문 기술을 유지하고 있다고(maintaining our expertise in developing innovative mobile devices)고 말하고 있으므로, mobile devices를 technology로 패러프레이즈한 (C)가 정답이다.

173 이메일 내용에 따르면, 회사가 어디에서 신제품을 공개했는가?
(A) 독일
(B) 프랑스
(C) 인도
(D) 일본

해설 두 번째 단락에서, 독일 내에서 판매량이 증가한 이유가 베를린 퓨처월드 박람회에 처음으로 참가하여 최신 기술을 선보였기 때문(our participation in the Berlin Futureworld Expo for the first time, where we showcased our latest technology)이라고 밝히고 있다. 따라서, 독일에서 열린 박람회에서 신제품을 공개했음을 알 수 있으므로 (A)가 정답이다. 질문의 unveil new products가 지문에 showcased our latest technology로 패러프레이즈되었다.

어휘 unveil ~을 공개하다, ~을 드러내다

Paraphrase unveil new products
⇒ showcased our latest technology

174 마티네즈 씨의 말에 따르면, 무엇이 앞으로 사업 성장을 이루게 해줄 것 같은가?
(A) 여러 해외 박람회 참가
(B) 다양화된 제품군
(C) 새로운 구독 서비스
(D) 고객 보상 프로그램

해설 두 번째 단락에서, 계획된 스마트워치 제품군의 확장과 함께 성장세가 지속될 것으로 예상하고 있다(We expect this growth to continue, particularly with the planned expansion of our smartwatch line)라는 내용이 제시되어 있다. 그러므로 expansion을 diversified로 패러프레이즈한

(B)가 정답이다.

어휘 attendance 참석, 참석률 diversify ~을 다양화하다
customer loyalty program 고객 보상 프로그램

Paraphrase expansion of our smartwatch line
⇒ A diversified product line

175 [1], [2], [3], [4]로 표시된 위치들 중에서 다음 문장이 들어가기에 가장 적합한 곳은 어디인가?

"이제 몇 가지 세계 시장에서의 매출 수치를 말씀드리겠습니다."

(A) [1]
(B) [2]
(C) [3]
(D) [4]

해설 제시된 문장은 주제를 제시할 때 사용하는 표현 Here are로 시작한다. 그러므로 바로 뒤에서 매출 수치들을 다루기 시작하는 지점인 [2]가 가장 적절하므로 (B)가 정답이다.

어휘 global 세계적인 figure 수치, 숫자

176-180 다음 웹 페이지와 이메일을 참조하시오.

https://www.affinity.ca

어피니티 렌탈 주식회사는 하루 또는 일주일 단위로 대여할 수 있는 엄선된 표준 차종 및 이국적인 차량들을 제공하고 있습니다. 어떤 상황에 있어서도, 저희는 여러분의 요구사항에 적합한 차량을 보유하고 있습니다. 저희는 전국적으로 60곳이 넘는 지점을 보유하고 있으며, **176** 선별된 지역에 대해서는 제한적인 탁송 서비스를 제공할 수 있습니다. 추가 정보가 필요하시면, 416-555-0198번으로 저희에게 연락 주시거나, support@affinitycanada.ca로 이메일 보내주시기 바랍니다.

검색: 기업 행사용 자동차
결과:

차량 유형	고급형	이국적
하루 대여	$250.00	$1,600.00
180 일주일 대여	$600.00	$4,000.00

어휘 a selection of 다양한 handpicked 엄선된 vehicle 차량 exotic 이국적인 available 이용할 수 있는 rental 대여, 임대 No matter the 명사: 어떤 ~든 (상관없이) occasion 경우, 행사, 때 be sure to do 분명 ~하다 fit ~에 적합하다, ~에 알맞다 location 지점, 위치 limited 제한적인 select a. 선별된 contact ~에게 연락하다 corporate 기업의 result 결과

수신: 개빈 레예스 <g.reyes@paxstonconsulting.ca>
발신: 대니얼 녹스 <d.knox@westfinancials.ca>
날짜: 4월 16일
제목: 모임용 차량 대여

안녕하세요, 개빈 씨,

177 당신도 이번 주에 있을 고객 모임을 위해 차량을 대여할까 생각하고 있다고 이번 주 초에 말씀하셨던 기억이 납니다. 제가 어피니티라는 대여 웹사이트를 살펴보고 있었다는 점을 말씀드릴까 했었는데요. 저는 그냥 **180** 이곳에서 보유한 더 저렴한 차량을 예약했습니다. 저는 이 차량이 그냥 두어 차례의 모임에만 필요하겠지만, 이 모임들이 4일 간격으로 있는데다가, 내일 있을 모임과 토론토에서 있을 또 다른 모임을 위해 보험을 두 번 들면 추가 비용이 들어간다는 점을 고려해, **180** 일주일 전체 차량을 대여하기로 결정했습니다.

177 제가 이용하지 않을 때, 제 차량을 빌리길 원하시나요? 그러시다면, **179** 내일 저녁 우리 호텔에서 만날 수 있으며, 그때 열쇠를 드리겠습니다. 그 후에, 제가 주말에 차량을 어피니티에 반납하겠습니다. 그리고 이번에는 제가 비용을 **178** 부담하겠습니다. 당신이 작년 봄에 제게 컨퍼런스 장에 태워주시겠다고 제안하신 뒤로, 제가 해드릴 수 있는 최소한의 성의입니다. 이렇게 하면 괜찮으신 지 제게 말씀만 해주시기 바랍니다.

안녕히 계십시오.
대니얼

어휘 rent ~을 대여하다 go ahead and do 계속해서 ~하다, 어서 ~하다 reserve ~을 예약하다 affordable 저렴한, (가격이) 적당한 given that ~임을 감안해, ~임을 고려해 appointment 약속, 예약 apart 떨어져 (있는) cost ~의 비용이 들다 extra n. 추가되는 것 insurance 보험 choose to do ~하기로 결정하다, ~하기로 선택하다 whole 전체의, 모든 borrow ~을 빌리다 If so 그럴 경우에, 그렇다면 afterwards 그 후에, 나중에 return ~을 반납하다, ~을 반품하다 cover (비용 등) ~을 충당하다 the least 최소한(의 것) offer to do ~하겠다고 제안하다 let A know: A에게 알리다 work for (일정, 방법 등이) ~에게 괜찮다

176 웹페이지에서 어피니티 렌탈과 관련해 언급하는 것은 무엇인가?
(A) 차종들을 업데이트하고 있다.
(B) 새로운 세부사항을 발표하고 있다.
(C) 차량을 특정 지역으로 탁송할 수 있다.
(D) 최근에 여러 지점을 개장했다.

해설 첫 번째 지문 첫 단락에서, 선별된 지역에서 제한적인 탁송 서비스를 제공할 수 있다(can provide limited delivery services in select areas)라는 정보가 나와 있으므로, provide limited delivery services를 패러프레이즈한 (C)가 정답이다.

어휘 selection 종류, 구성, 모음 publish ~을 발표하다 details 세부사항, 상세 정보 certain 특정한, 일정한 recently 최근에 branch location 지점, 지사

Paraphrase provide limited delivery services in select areas ⇒ deliver vehicles to certain areas

177 녹스 씨가 왜 이메일을 보냈는가?
(A) 도움을 제안하려고
(B) 일정 변경을 알려주려고
(C) 제품에 관한 의견을 요청하려고
(D) 할인을 요청하려고

해설 첫 단락에서 개빈이 차량 대여가 필요하다는 사실을 상기시킨 후, 두 번째 단락에서 자신이 이용하지 않을 때 자신이 대여한 차를 사용하기를 원하는지 묻는 것에서. 도움을 주려는 의도를 추론할 수 있으므로 (A)가 정답이다.

어휘 make an offer of ~을 제안하다 assistance 도움, 지원 note ~을 언급하다, ~에 주목하다 ask for ~을 요청하다 feedback 의견 request ~을 요청하다

178 이메일에서, 두 번째 단락, 세 번째 줄의 단어 "cover"와 의미가 가장 가까운 것은?
(A) 지지하다
(B) 보도하다
(C) 지불하다
(D) 보호하다

해설 해당 문장에서 cover 뒤에 목적어로 쓰인 명사구 the cost가 비용을 의미하므로 '지불하다'라는 의미로 사용되었음을 알 수 있다. 그러므로 '지불하다'라는 의미인 (C)가 정답이다.

179 이메일에서 녹스 씨에 대해 암시하는 것은 무엇인가?
(A) 회사가 토론토로 이전할 계획을 세우고 있다.
(B) 회의들 중 하나가 취소되었다.
(C) 어피니티 렌탈에서 주기적으로 차량을 대여한다.
(D) 레예스 씨와 같은 숙박 시설에 머무른다.

해설 두 번째 지문 두 번째 단락에서, 만날 장소를 our hotel로 지칭하고 있다. 이것에서 두 사람이 같은 숙박 시설에 머무른다는 것을 추론할 수 있으므로 (D)가 정답이다.

어휘 plan to do ~할 계획이다 relocate 이전하다, 재배치되다 cancel ~을 취소하다 regularly 주기적으로, 규칙적으로

accommodation 숙박 시설
Inference meet at our hotel
⇒ staying at the same accommodation

180 녹스 씨가 어피니티 렌탈에 얼마를 지불할 것 같은가?
(A) $250
(B) **$600**
(C) $1,600
(D) $4,000

해설 두 번째 지문 첫 단락에서, 녹스 씨가 차량을 선택한 두 가지 기준으로 more affordable 그리고 for the whole week가 제시되었다. 이 두 가지 사실을 첫 번째 지문의 가격표에 대조하면, Premium 차종의 1-week 대여 비용이 $600.00임을 확인할 수 있으므로 (B)가 정답이다.

181-185 다음 구인 공고와 이메일을 참조하시오.

구인 공고 게시일: 9월 4일
모집 직책: 뛰어난 능력을 보유한 마케팅 부장
고용주: 브라이트스파크 마케팅 솔루션즈 (BMS)

포함되는 업무:
· **181** 마케팅 활동에 대한 연간 예산 확립
· 마케팅 팀 내 여러 직무 조정
· 온라인 캠페인 및 소셜 미디어 활동 감독
· 창의적인 마케팅 방법 고안

필수 자격 요건:
· 마케팅 부장으로서 3년 간의 경력
· 마케팅 또는 관련 분야 대학 학위
· 훌륭한 지도력 및 의사소통 능력
· 뛰어난 창의적, 전략적 사고 능력

지원 방법: **182** 10월 1일까지 지원서 및 관련 서류를 리암 윈턴 인사부장 이메일 lwinton@bms.com으로 제출하시기 바랍니다. 최상의 지원자가 10월 15일까지 선정되어 11월 1일부터 근무를 시작할 것입니다.

어휘 post ~을 게시하다 seek ~을 찾다, ~을 구하다 highly 대단히, 매우 skilled 숙련된, 능숙한 include ~을 포함하다 establish ~을 확립하다 budget 예산 coordinate ~을 조정하다, ~을 편성하다 responsibility 책무, 책임 supervise ~을 감독하다, ~을 관리하다 initiative n. 계획, 운동, 활동, 주도(권) creative 창의적인 approach 접근(법) prerequisite 전제 조건 degree 학위 related 관련된 field 분야 strategic 전략적인 ability 능력 apply 지원하다, 신청하다 submit ~을 제출하다

application 지원(서), 신청(서) HR 인사(부) by (기한) ~까지 ideal 이상적인 candidate 지원자, 후보자 select ~을 선정하다

발신: 에밀리 네피어 <enapier@bms.com>
수신: 리암 윈턴 <lwinton@bms.com>
날짜: 9월 8일
제목: 마케팅 부장 직

리암 씨께,

저희 부서에서 최근 게시한 마케팅 부장 직책과 관련해 여쭤보기 위해 연락드립니다. 제가 **183** 전 동료인 새라 윈터스 씨를 염두에 두고 있는데, 이분이 이 역할에 훌륭한 **184** 적임자일 거라고 생각합니다.

새라 씨는 시드니 대학에서 취득한 디지털 마케팅 석사 학위를 보유하고 계시며, **185** 지난 2년간 노던 이노베이션즈 그룹에서 마케팅 부장으로 재직하고 계십니다. 이분은 캠페인 개발 및 브랜드 구축에 있어 뛰어난 전문성을 발휘하면서 지속적으로 결과를 내고 계십니다. 전략적 능력뿐만 아니라, 새라 씨는 동료와 고객들 모두와 효율적으로 소통하며, 창의적이고 해결 지향적인 사고 방식으로도 잘 알려져 있습니다. 제가 이분에게 지원서를 제출하도록 권유해도 되는지 알려주시기 바랍니다.

안녕히 계십시오.
에밀리 네피어

어휘 position 직책, 일자리 reach out 연락하다 recently 최근에 have A in mind: A를 염두에 두다 former 이전의, 과거의, 전직 ~ colleague 동료 (직원) fit 적임자, 적합한 것 hold ~을 보유하다 master's degree 석사 학위 serve 재직하다, 근무하다 display (자질 등) ~을 보여 주다 expertise 전문 지식[기술] consistently 지속적으로, 끊임없이 deliver (결과물 등) ~을 내놓다 result 결과 in addition to ~뿐만 아니라 effectively 효과적으로 both A and B: A와 B 둘 모두 be known for ~로 알려져 있다 solution 해결책 A-oriented: A 지향적인 let A know: A에게 알리다 encourage A to do: A에게 ~하도록 권하다

181 구인 공고 내용에 따르면, 합격한 지원자의 한 가지 직무로 언급된 것은 무엇인가?
(A) 생산라인 총괄
(B) 준법 정책 시행
(C) 숙련된 직원 채용
(D) **연간 지출 비용 결정**

해설 첫 지문 두 번째 단락에 제시된 업무들 중에서, 마케팅

활동에 대한 연간 예산 확립(Establishing yearly budgets for marketing activities) 항목을 패러프레이즈한 (D)가 정답이다.

어휘 oversee ~을 총괄하다 implement ~을 시행하다 compliance 준수, 따름 policy 정책, 방침 recruit ~을 모집하다 determine ~을 결정하다 annual 연례적인, 해마다의 expense 지출 (비용), 경비

Paraphrase Establishing yearly budgets
⇒ Determining annual expenses

182 구직 지원에 대한 마감일이 언제인가?
(A) 9월 4일
(B) 10월 1일
(C) 10월 15일
(D) 11월 1일

해설 첫 지문 마지막 단락에서, 10월 1일까지 지원서 및 관련 서류를 lwinton@bms.com으로 리암 윈턴 인사부장에게 제출하도록(Submit application and related documents to our HR director, Liam Winton, at lwinton@bms.com by October 1) 안내하고 있으므로 (B)가 정답이다.

어휘 due date 마감일

183 윈터스 씨 및 네이피어 씨와 관련해 무엇이 사실일 것 같은가?
(A) 같은 대학교에 다녔다.
(B) 둘 모두 같은 일자리에 지원했었다.
(C) 같은 회사에서 함께 근무했다.
(D) 지역 자원봉사 활동을 통해 만났다.

해설 네이피어 씨가 작성한 이메일인 두 번째 지문 첫 단락에서, 과거의 동료 새라 윈터스(a former colleague in mind, Sarah Winters)라고 언급하므로 a former colleague를 패러프레이즈한 (C)가 정답이다.

어휘 attend ~에 다니다, ~에 참석하다 apply for ~에 지원하다, ~을 신청하다 local 지역의, 현지의 volunteer n. 자원봉사자 a. 자원봉사의 v. 자발적으로 하다 activity 활동

Paraphrase a former colleague
⇒ worked together at the same company

184 이메일에서, 첫 번째 단락, 두 번째 줄의 단어 "fit"과 의미가 가장 가까운 것은?
(A) 능력
(B) 성공
(C) 어울리는 사람
(D) 크기

해설 해당 문장의 an excellent fit for the role에서 fit은 역할에 알맞다는 뜻이다. 그러므로 '어울리는 사람'을 뜻하는 (C)가 정답이다.

185 네이피어 씨의 말에 따르면, 윈터스 씨가 어떤 자격 요건이 부족할 수 있는가?
(A) 직업과 관련한 충분한 경력
(B) 대학 학위
(C) 뛰어난 의사소통 능력
(D) 창의적인 사고력

해설 두 번째 지문 두 번째 단락에서, 윈터스 씨가 2년간 노던 이노베이션즈 그룹에서 마케팅 부장으로 재직하고 있다(has served as marketing director at Northern Innovations Group for the past two years)고 말한다. 이는 첫 지문 세 번째 단락에 제시된 마케팅 부장으로서 3년의 경력(3 years of experience as a marketing director)이라는 자격 요건에 미치지 못하는 것이므로 (A)가 정답이다.

어휘 qualification 자격, 필요 조건 A-related: A와 관련한 fall short of ~이 부족하다 sufficient 충분한

186-190 다음 회의록과 이메일, 그리고 기사를 참조하시오.

헬시 넛 개발팀
회의록
2월 8일

· 우리 식사 대용 밀크쉐이크의 새로운 제품군인 트림블렌드가 시장에서 테스트될 준비가 되었습니다.

· **186** 시장 테스트는 4월 1일과 6월 30일 사이의 2분기 언젠가 30일간 실행하기로 계획되어 있지만, 정확한 일정은 아직 확정되지 않았습니다.

· **186** 선정된 100명의 참가자들이 30일 동안 각자의 일상 생활에서 트림블렌드를 사용할 것입니다. 제품은 가정 내 사용을 위해 참가자들에게 배송될 것입니다. 그 다음 참가자들이 **187** 제품의 맛과 건강상의 이점, 그리고 편의성을 평가하는 서면 후기를 제출할 것입니다.

· 테스트 결과가 긍정적일 경우, 전국적인 홍보 캠페인을 시작하기 위해 상당한 예산을 확보해야 할 것입니다.

· 대표이사께서 이 캠페인을 지원하기 위해 제휴 소매업체 및 외부 투자자들과 접촉하기 시작하실 것입니다. **190** 이 투자 유치 순회방문을 통해 조성된 자금은 델라웨어 전역의 우리 제조시설 확장 공사에 할당될 것입니다.

어휘 meeting minutes 회의록, 의사록 replacement 대체(품), 교체(품) range 제품군, 종류, 범위 market-test ~을 시장에서 테스트하다, ~을 시험 판매하다 quarter 분기 exact 정확한 be yet to do 아직 ~하지 않다 finalize ~을 최종 확정하다 select ~을 선정하다 participant 참가자 incorporate A into B: A를 B에 포함하다 ship ~을 배송하다, ~을 발송하다 submit ~을 제출하다 review 후기, 평가, 검토 assess ~을 평가하다 benefit 이점, 혜택 convenience 편의(성) result 결과 positive 긍정적인 secure v. ~을 확보하다 substantial 상당한, 많은 budget 예산 launch ~을 시작하다, ~을 출시하다 nationwide 전국적인 promotional 홍보의, 판촉의 approach ~에 접근하다 retail 소매(업) investor 투자자 support ~을 지원하다, ~을 후원하다, ~을 지지하다 fund 자금, 기금 generate ~을 만들어 내다 investment 투자(금) allocate ~을 할당하다 expansion 확장, 확대 facility 시설(물)

수신: info@healthynut.co
발신: ld.martinez@localgroserswest.com
날짜: 7월 3일
제목: 트림블렌드 테스트

헬시 넛 귀중,

187 지난달에 있었던 트림블렌드 시장 테스트에 참여할 수 있게 해 주신 것에 대해 감사의 뜻을 표합니다. 저는 이 제품의 품질과 매력에 진심으로 깊은 인상을 받았습니다. 따라서, **188** 저는 트림블렌드의 도매 유통이 가능해지는 대로 알림을 받고자 합니다. 저희는 이 제품이 성장하는 저희 건강식품 제품군에 소중한 보탬이 될 것으로 생각합니다.

안녕히 계십시오.
루이스 D. 마티네즈
로컬 그로서스 웨스트 수석 영업부장

어휘 express (생각 등) ~을 표현하다 allow A to do: A에게 ~할 수 있게 해 주다 be impressed by ~에 깊은 인상을 받다 genuinely 진심으로, 진정으로 quality 품질, 질 appeal 매력(적인 것) would like to do ~하고자 하다, ~하고 싶다 inform ~에게 통보하다, ~에게 알리다 as soon as ~하는 대로, ~하자마자 available 이용 가능한, 구매 가능한 wholesale 도매의 distribution 유통, 배부, 분배 valuable 소중한 addition 보탬(이 되는 것), 추가 growing 성장하는

비즈니스 뉴스

헬시 넛, 크로스웰 벤처스의 지원 확보

소규모이지만 성장세에 있는 건강보조식품 브랜드 헬시 넛이 신제품 트림블렌드의 전국적 출시를 지원하기 위해 크로스웰 벤처스와의 자금 지원 협약을 최종 확정했다. 이 제품은 고영양의 식물성 식사 대용 쉐이크로, **189** 경쟁 음료들보다 칼로리는 더 낮지만, 하루 종일 지속적인 원기를 충전해줄 영양분이 가득하다.

트림블렌드는 최근 참가자 그룹을 통해 테스트되었으며, 참가자들은 각자의 일상 식단에 이 제품을 추가하고 나중에 후기를 제출했다. 회사 직원들에 따르면, 그 반응이 압도적으로 호의적이었으며, 칭찬은 주로 제품의 다양한 맛과 낮은 칼로리, 그리고 편의성에 집중되었다.

혁신적 건강 브랜드를 지원하는 것으로 유명한 크로스웰 벤처스는 명확한 제품 전략 및 높은 기준들에 대해 헬시 넛을 칭찬했다. "트림블렌드는 포화 상태인 시장에서 두드러지고 있으며, 헬시 넛은 저희 가치와 방향성이 일치하는 비전을 지니고 있습니다." 재닛 정 대변인의 말이다. **190** "저희는 그들의 사업 확장을 지원하는 것에 대해 기대가 큽니다."

어휘 secure v. ~을 확보하다 backing 지원, 지지 supplement 보조(제), 보충(물) finalize ~을 최종 확정하다 funding 자금 (제공) deal 계약, 거래 release 출시, 발매 nutritious 영양가가 높은 A-based: A 기반의 competing 경쟁하는 packed with ~로 가득한 nutrient 영양분 steady 지속적인, 꾸준한 submit ~을 제출하다 according to ~에 따르면 representative n. 대표자, 직원 overwhelmingly 압도적으로 favorable 호의적인, 우호적인 praise n. 칭찬 v. ~을 칭찬하다 focused on ~에 초점이 맞춰진 flavor 맛, 풍미 known for ~로 알려진 back v. ~을 지원하다 innovative 혁신적인 strategy 전략 stand out 두드러지다, 눈에 띄다 saturated 포화된 align with ~와 방향성이 일치하다 spokesperson 대변인

186 회의록에 따르면, 시장 테스트와 관련해 언급된 것은 무엇인가?
(A) 테스트가 한 곳의 영업소에서 실시될 것이다.
(B) 대표이사가 모든 테스트 참가자를 맞이할 것이다.
(C) 테스트 결과가 온라인으로 공개될 것이다.
(D) 테스트가 약 한 달간 지속될 것이다.

해설 회의록 지문 초반에, 시장 테스트가 30일간 진행하기로 계획되었다(The market testing is planned for a 30-day

period)고 밝히고 있으므로 for a 30-day period를 for a month로 패러프레이즈한 (D)가 정답이다.
다음 단락에서도, 100명의 참가자들이 트림블렌드를 30일 동안 일상 생활에 사용한다(will incorporate TrimBlend into their daily routine for thirty days)라고 나오지만, 일단 정답이 결정된 후에는, 굳이 추가 단서확인에 시간을 낭비할 필요가 없다.

어휘 carry out ~을 실시하다 location 지점, 위치 greet ~을 맞이하다 publish ~을 공개하다, ~을 출판하다 last v. 지속되다 about 약, 대략

Paraphrase for a 30-day period
⇒ will last for about a month

187 마티네즈 씨가 6월에 무엇을 했을 것 같은가?
(A) 헬시 넛 본사를 방문했다.
(B) 시식 행사를 마련했다.
(C) 제품 평가서를 제출했다.
(D) 헬시 넛의 대표이사와 만났다.

해설 마티네즈 씨가 작성한 이메일인 두 번째 지문에 지난달에 있었던 트림블렌드 시장 테스트에 참여했던 것에 대한 감사(thanks for allowing me to be part of the TrimBlend market test last month)를 언급하고 있으므로, 시장 테스트에 참가했음을 알 수 있다. 이와 관련해, 첫 번째 지문 세 번째 항목에 시장 테스트 참가자들이 제품의 맛과 건강상의 이점, 그리고 편의성을 평가하는 서면 후기를 제출할 것(They will then submit written reviews assessing the product's taste, health benefits, and convenience)이라고 하므로, reviews assessing the product's를 a product review로 패러프레이즈한 (C)가 정답이다.

어휘 headquarters 본사 organize ~을 준비하다, ~을 조직하다

Paraphrase written reviews assessing the product's taste ⇒ a product review

188 마티네즈 씨가 무엇을 요청하는가?
(A) 테스트 결과를 받는 것
(B) 추가 제품 테스트에 포함되는 것
(C) 무료로 제품 샘플을 받는 것
(D) 제품이 출시되는 때를 통보받는 것

해설 마티네즈 씨가 작성한 이메일인 두 번째 지문에서, 트림블렌드가 도매 유통이 가능해지는 대로 통보받기를 원한다(I would like to be informed as soon as TrimBlend becomes available for wholesale distribution)라고 요청하므로, informed를 notified로 패러프레이즈한 (D)가 정답이다.

어휘 include ~을 포함하다 further 추가의, 한층 더 한 for free 무료로 notify ~에게 통보하다 release ~을 출시하다, ~을 발매하다

Paraphrase be informed as soon as TrimBlend becomes available ⇒ be notified when the product is released

189 기사 내용에 따르면, 트림블렌드와 관련해 사실인 것은 무엇인가?
(A) 유사 제품들보다 더 적은 칼로리를 포함하고 있다.
(B) 식사 후에 먹어야 한다.
(C) 건강보조식품의 필요성을 없애 준다.
(D) 오직 한 가지 맛을 지니고 있다.

해설 기사인 세 번째 지문 첫 번째 단락에서, 경쟁 음료들보다 칼로리는 더 낮다(that's lower in calories than competing drinks)라는 특징이 언급되어 있으므로 lower를 fewer로 패러프레이즈한 (A)가 정답이다.

어휘 contain ~을 포함하다, ~을 담고 있다 similar 유사한 consume ~을 소비하다, ~을 먹다 eliminate ~을 없애다, ~을 제거하다 dietary supplement 건강보조식품 come with ~을 포함하다, ~이 딸려 있다

Paraphrase lower in calories than competing drinks
⇒ contains fewer calories than similar products

190 크로스웰 벤처스가 어떻게 헬시 넛을 지원할 것 같은가?
(A) 델라웨어에 더 많은 공장을 세우도록 헬시 넛을 도울 것이다.
(B) 헬시 넛의 제품을 전 세계에 광고할 것이다.
(C) 헬시 넛과 합병할 것이다.
(D) 헬시 넛을 위한 체인 사업을 구축할 것이다.

해설 질문의 support가 등장하는 세 번째 지문 마지막 단락의 인터뷰에서 크로스웰 벤처스가 헬시 넛의 사업 확장을 지원하는 것에 대한 기대가 크다(We're excited to support their expansion.)라는 내용이 나온다. 이 expansion이 무엇인지를 첫 지문 마지막 항목에서 확인할 수 있는데, 확보된 자금이 델라웨어 전역의 제조 시설을 확장하는 공사에 할당될 것(Funds ~ will be allocated for the expansion of our manufacturing facilities throughout Delaware)이라고 언급되므로, expansion of our manufacturing facilities를 more plants로 패러프레이즈한 (A)가 정답이다.

어휘 help A do: ~하도록 A를 돕다 plant 공장 advertise ~을 광고하다 merge with ~와 합병하다 establish ~을 확립하다, ~을 설립하다 franchise 체인 사업, 가맹 사업

191-195 다음 안내 표지판과 영수증, 그리고 이메일을 참조하시오.

그린포인트 기어 허브
장비 예약 정책

- 대여 장비는 반드시 결제 후 달력일 기준 3일 내에 가져가야 합니다.
- **191** 이 기간 후에도 수령하지 않은 모든 장비는 재고로 들어가 다른 분들께 대여하게 됩니다.
- 그린포인트 기어 허브는 무료 사물함에 보관되는 개인 물품에 대해 어떤 책임도 지지 않습니다.
- **192 193** 무게가 22킬로그램을 초과하는 장비에 한해 배송 서비스를 이용할 수 있으며, 비용은 없습니다.
- 물량이 제한적이고 수요가 높기 때문에, 당일 환불 및 교환은 허용되지 않습니다.

어휘 equipment 장비 reservation 예약 policy 정책, 방침 rent ~을 대여하다 gear 장비, 장치, 복장 pick up ~을 가져가다 uncollected 수령하지 않은, 수거하지 않은 be made available 이용 가능해지다 stock 재고(품) assume (책임, 역할 등) ~을 지다, ~을 맡다 liability 책임, 의무 store ~을 보관하다, ~을 저장하다 free 무료의 weigh v. 무게가 ~이다 due to ~로 인해, ~ 때문에 limited 제한적인 availability 이용 가능성 demand 수요, 요구 refund 환불(액) exchange 교환 permit ~을 허용하다

대여 영수증
그린포인트 기어 허브
www.greenpointgearhub.com

194 대여 ID: 52177
193 무게: 6kg
194 예약 날짜: 7월 4일
193 고객 성함: 켈시 그랜저
총 결제액: $54.00
결제 방식: 직불카드
개인 물품: [✓] 있음   [ ] 없음

메모: 분실하신 경우, 저희 공식 웹사이트에서 이 영수증을 재발급 받으실 수 있습니다.

어휘 receipt 영수(증), 수령, 수취 in case of ~의 경우에 reissue ~을 재발급하다, ~을 재지급하다

수신: support@greenpointgear.ca
발신: kgranger@fastpost.net
날짜: 7월 7일
제목: 긴급 요청

그린포인트 기어 허브 팀에 보냅니다,

최근의 제 장비 예약과 관련해 이메일을 드립니다. **194** 7월 4일에, 제가 카약 패들 세트를 대여하기 위해 결제하면서 직접 수령할 테니 보관해 달라고 요청드렸습니다. 제가 이번 주말에 찾아갈 생각이었는데, 유감스럽게도, 제 자동차가 현재 정비소에 있는데 다음 주 수요일이나 되어야 사용할 수 있습니다.

195 귀사의 정책에 어긋나는 일이기는 하지만, 제 장비를 며칠 만 더 맡아주시겠습니까? 저는 단골 이용자이며, 지난달의 등산 헬멧 두 개와 손전등 세트를 포함해서, 항상 제때 물건들을 반납했습니다.

제 요청을 고려해 주시면 고맙겠습니다.

안녕히 계십시오.
켈시 그랜저

어휘 urgent 긴급한 request n. 요청, 요구 v. ~을 요청하다, ~을 요구하다 in regard to ~와 관련해 recent 최근의 hold ~을 유지하다, ~을 보유하다 pickup 가져가기, 가져오기 intend to do ~할 생각이다, ~할 작정이다 unfortunately 유감스럽게도, 안타깝게도 currently 현재 not A until B: B가 되어야 A하다 consider -ing ~하는 것을 고려하다 against ~에 반대되는 regular 단골의, 주기적인, 규칙적인 renter 대여자 return ~을 반납하다, ~을 반품하다 including ~을 포함해 kit (도구 등의) 세트

---

191 안내 표지판 내용에 따르면, 제때 찾아가지 않은 예약 물품에 어떤 일이 생길 것인가?
(A) 다른 고객들에게 판매될 것이다.
(B) 새로운 대여자에게 제공될 것이다.
(C) 개인 보관 공간에 보관될 것이다.
(D) 연체료를 발생시킬 것이다.

해설 질문의 not picked up in time이 지문 두 번째 항목에서, uncollected로 패러프레이즈되어 있다. 일정 기간이 지난 후에도 수령하지 않은 장비는 재고로 들어가 다른 사람들에게 대여된다(Any uncollected gear after this period will be returned to stock and made available to others)라는 내용이므로 made available to others를 패러프레이즈한 (B)가 정답이다.

어휘 storage 보관(소), 저장(소) incur (비용) ~을 발생시키다
late fee 연체료
Paraphrase made available to others
⇒ offered to new renters

192 그린포인트 기어 허브와 관련해 언급된 것은 무엇인가?
(A) 계절 단위로 문을 연다.
(B) 할인 가격으로 야외활동 장비를 판매한다.
(C) 무거운 물품을 추가 요금 없이 배송해 준다.
(D) 대여 취소를 허용하지 않는다.

해설 첫 지문 네 번째 항목에서, 무게가 22킬로그램을 초과하는 장비에 대해 배송 서비스가 이용 가능하며, 비용은 없다(Delivery is available for equipment weighing over 22 kilograms, and with no cost)라고 언급되어 있으므로 (C)가 정답이다.

어휘 on a ~ basis: ~ 단위로 seasonal 계절적인, 계절에 따라 다른 rate 요금, 비율, 등급, 속도 free of charge 비용 없이, 무료로 rental 대여 cancellation 취소
Paraphrase Delivery is available ⇒ deliver
 for equipment weighing over 22 kilograms
 ⇒ heavy items
 with no cost ⇒ free of charge

193 그랜저 씨와 관련해 사실인 것은 무엇인가?
(A) 무료 서비스를 이용하지 않는다.
(B) 대여 관리소에 연락해 영수증을 재발급받을 수 있다.
(C) 현금을 이용해 결제했다.
(D) 배송받을 자격이 없다.

해설 첫 지문 네 번째 항목에서, 배송 서비스는 무게가 22킬로그램을 초과하는 장비에 대해 이용 가능하다(Delivery is available for equipment weighing over 22 kilograms)라고 언급되어 있다. 그런데, 그랜저 씨에게 발급된 영수증인 두 번째 지문 상단에 무게가 6킬로그램(Weight: 6 kg)으로 표기되어 있으므로 (D)가 정답이다.

어휘 complimentary 무료의 by (방법) ~해서, ~함으로써 contact ~에 연락하다 be eligible for ~에 대한 자격이 있다

194 대여 ID가 52177인 제품이 무엇을 위한 물품일 것 같은가?
(A) 캠핑
(B) 등산
(C) 자전거 타기
(D) 보트 타기

해설 두 번째 지문인 영수증 상단에 대여 ID가 52177로(Rental ID: 52177), 날짜가 7월 4일로(Date of Reservation: July 4) 표기되어 있다. 이와 관련해, 세 번째 지문 첫 단락에, 그랜저 씨가 7월 4일에 카약 패들 세트를 대여하기 위해 결제한(On July 4, I paid to rent a kayak paddle set) 사실이 나와있다. 카약은 보트의 일종이므로 (D)가 정답이다.

195 그랜저 씨가 작성한 이메일의 주 목적이 무엇인가?
(A) 주문사항을 업데이트하기
(B) 연체료와 관련해 문의하기
(C) 정책의 예외를 요청하기
(D) 배송 처리를 빠르게 하기

해설 세 번째 지문 두 번째 단락에서, 자신의 요청사항이 업체의 정책에 반하는 일이기는 하지만(even though it is against your policy)이라고 하면서 물건을 더 오래 보관해 달라고 요청하므로, against your policy에서 the waiving of a policy를 추론한 (C)가 정답이다.

어휘 waiving 면제, 철회 expedite ~을 더 신속히 처리하다, 진행을 촉진하다 process 과정
Inference even though it is against your policy
⇒ request the waiving of a policy

196-200 다음 두 이메일과 웹페이지를 참조하시오.

수신: 킴 폴센 <kpaulsen@timestheater.com>
발신: 안드레이 호자 <ahoxha@limelights.net>
제목: 조명 상품
날짜: 7월 19일

폴센 씨께,

196 귀하의 새 극장에 설치할 조명 방식에 대해 의견을 요청하신 메시지에 감사드립니다. 귀하의 공간에 대해 최적의 상품과 관련된 안내를 제공해드리기 전에, 몇 가지 정보를 제공해 주시겠습니까?

1. 조명 거치용 격자판과 장비 설치 지점들에 대한 공간이 얼마나 있나요?
2. 목표 날짜가 언제인가요? **197 198** 정부의 업무 정체로 구조물 개조에 대한 허가서가 발급되려면 최대 6개월까지 설치 작업이 지연될 수 있다는 점에 유의하시기 바랍니다.
3. 극장의 배치 형태가 어떤가요? 예산이 있으시면, 천장쪽 격자판에 또는 벽면을 따라 조명을 설치할지 선택하실 수 있습니다. 첫 번째 사항은 무대 위쪽에 장착되는 조명기구들로 구성되는 반면, 두 번째 사항은 특수 효과를 만들어 내는 데 안성맞춤입니다.

4. 어떤 종류의 발코니 난간이 있나요? 곡선으로 된 난간은 좋지 않습니다. 높이가 낮은 난간도 좋지 않은데, 조명과 관련된 안전 위험 요인들을 만들기 때문입니다.

귀하로부터 답변이 오기를 고대합니다.

안드레이 호자

어휘 suggestion 의견, 제안 solution 해결책 guidance 안내, 지도 adequate 적합한, 충분한 grid 격자판, 격자 모양의 것 rigging point 장비를 설치하는 지점 note that ~임에 유의하다, ~임에 주목하다 backlog 밀린 일 issue v. ~을 발급하다, ~을 지급하다 permit n. 허가서 structural 구조적인 modification 개조, 변경 delay ~을 지연시키다 installation 설치 by (차이) ~만큼, ~ 정도 up to 최대 ~까지 configuration 배치 (형태) budget 예산 choose to do ~하도록 선택하다 install ~을 설치하다 overhead 머리 위쪽의 consist of ~로 구성되다 fixture (고정되는) 기구 mount v. ~을 장착하다, ~을 설치하다 create ~을 만들어 내다 special effects 특수 효과 rail 난간 curved 곡선으로 된 neither (앞서 언급된 것과 관련해) ~도 아니다 hazard 위험 (요소) look forward to -ing ~하기를 고대하다

수신: 안드레이 호자 <ahoxha@limelights.net>
발신: 킴 폴센 <kpaulsen@timestheater.com>
제목: 회신: 조명 상품
날짜: 7월 21일

호자 씨께,

저희 두 번째 분점이 바로 도심 지역에 자리잡고 있습니다. 중앙 무대가 이 건물의 약 4분의 1을 차지하고 있으며, 저희는 조명에 필요한 충분한 공간이 있습니다. **199** 미니멀리즘 디자인을 지향하기 위해, 모든 발코니 난간은 건축 법규를 준수하는 것으로 측정되지만, 저희 미적 감각에 맞추어 낮은 상태이기 때문에, 조명 설치에 적합하지 않습니다. 나머지 디자인을 말씀드리면, 머리 위쪽에 상당한 격자판을 포함하고 있는데, 극장 내부에 자연광이 없고, 400명이 넘는 관객들이 탁 트인 시야를 확보해야 하기 때문입니다. 이에 따라, **200** 머리 위쪽 격자판에 조명을 설치하는 것이 좋을 수 있습니다.

200 저희가 원하는 조명회사는 명성이 있는 곳이어야 합니다. **198** 저희가 8월 29일에 작품을 개막하기 위해 마감일정이 빡빡하긴 하지만, 모든 장비와 격자판이 안전하게 설치될 수 있다고 확신하기 때문에, 작업이 금방 완료될 수 있습니다. 제 답변이 충분한 도움이 되었기를 바랍니다.

킴 폴센

어휘 location 지점, 위치 be situated 자리잡고 있다 take up ~을 차지하다 approximately 약, 대략 one-fourth 4분의 1 ample 충분한 minimalist 미니멀리스트 (단순함을 추구하는 예술 사조) be measured to be A: A인 것으로 측정되다 compliant with ~을 준수하는 match ~에 어울리다, ~와 일치하다 aesthetic n. 미적 의식 unsuitable for ~에 적합하지 않은 the rest of ~의 나머지 include ~을 포함하다 sizeable (크기, 액수 등이) 상당한 sightline 시야, 시선 preferred 선호되는 reputable 명성 있는, 평판이 좋은 deadline 마감기한 production (연극, 영화 등의) 제작 be certain that ~임을 확신하다 immediately 즉시 hopefully (문장 시작 부분에 쓰여) ~하기를 바라다 response 답변, 반응 provide A with B: A에게 B를 제공하다

http://www.lightsout.com

고객 평가는 시내에 위치한 다음 네 곳의 조명회사가 특히 전문성을 갖추었다고 보여줍니다.

회사	전문 분야	전달 사항
루미나 스테이지	발코니 난간	안전 지향적이며, 높이 평가됨
스팟웍스 프로	모든 유형	고품질, 매우 철저함, 하지만 다소 느림
200 브라이트라인 주식회사	머리 위 격자판 및 장비	신속 설치, 좋은 온라인 후기
스테이지빔 주식회사	벽 설치	9월이나 되어야 시작할 수 있음

어휘 review 평가, 후기, 검토 highlight ~을 강조하다, ~을 집중 조명하다 particularly 특히 conscious 지향하는, 의식하는 well-respected 높이 평가되는 thorough 철저한, 꼼꼼한 rather 다소, 오히려, 좀 not A until B: B나 되어야 A하다

196 호자 씨의 직업이 무엇일 것 같은가?
(A) 기술 상담 전문가
(B) 극장 소유주
(C) 안전 조사관
(D) 시설 관리원

해설 첫 지문 첫 번째 단락에서, 상대방이 새 극장에 대한 조명 방식에 대해 호자 씨에게 의견을 요청했다는(your message asking for suggestions for lighting solutions for your new theater) 내용이 제시되어 있다. 즉, 조명 설치와 관련된

기술적인 상담을 요청했다는 것을 추론할 수 있으므로, 이런 요청을 받을 수 있는 (A)가 정답이다.

어휘 consultant 상담 전문가, 자문가 inspector 조사관, 검사관, 수사관

197 호자 씨가 조명과 관련해 언급하는 것은 무엇인가?
(A) 많은 정부 건물들이 조명용 격자판으로 설계되어 있다.
(B) 미래의 디자인들이 여러 변화를 거칠 것이다.
(C) 발코니 난간이 최고의 조명 기회를 제공해 준다.
(D) 공사 진행 일정이 허가 발급 지연으로 연장될 수 있다.

해설 첫 지문 2번 항목에서, 정부의 허가 발급 업무가 밀려서 최대 6개월까지 설치 작업이 지연될 수 있다(a government backlog in issuing permits for structural modifications may delay installation by up to six months)라고 특히 언급하고 있으므로, 공사 일정 지연 가능성을 뜻하는 (D)가 정답이다.

어휘 undergo ~을 거치다, ~을 겪다 opportunity 기회 timeline 진행 일정(표) extend ~을 연장하다, ~을 확장하다 due to ~로 인해, ~ 때문에

Paraphrase a government backlog in issuing permits ⇒ due to delayed permits

198 호자 씨와 폴센 씨 모두 조명 설치와 관련해 어떤 우려 사항을 공유하는가?
(A) 충분치 않은 공간
(B) 시간 압박
(C) 예산 제한
(D) 발코니 난간 높이

해설 첫 지문의 2번 항목에서, 호자 씨가 정부의 업무 정체로 허가 발급이 지연될 가능성(a government backlog in issuing permits for structural modifications may delay installation)을 언급하고, 두 번째 지문 두 번째 단락에서는 폴센 씨가 작품 개막 때문에 빡빡한 마감일정(We have a hard deadline for our opening production)을 언급한다. 두 사람 모두 시간적 압박에 대한 우려가 있다는 것을 추론할 수 있으므로 (B)가 정답이다.

어휘 concern 우려, 걱정 share ~을 공유하다 regarding ~와 관련해 sufficient 충분한 pressure 압박(감) constraint 제한, 제약

Inference may delay installation / have a hard deadline ⇒ Time pressure

199 두 번째 이메일에 따르면, 극장과 관련해 암시된 것은 무엇인가?
(A) 단 하나의 대형 무대가 있다.
(B) 미니멀리즘 특징을 지니고 있다.
(C) 아주 많은 자연광이 들어온다.
(D) 최근에 도심 지역으로 이전했다.

해설 두 번째 지문 첫 단락에서, 미니멀리즘 디자인을 지향하기 위해(To support a minimalist design)라는 표현으로 디자인 특성을 설명하는 정보가 제시되어 있으므로 (B)가 정답이다.

어휘 feature 특징 a great deal of 아주 많은 (양의) recently 최근에

200 호자 씨가 어느 회사를 추천할 것 같은가?
(A) 루미나 스테이지
(B) 스팟웍스 프로
(C) 브라이트라인 주식회사
(D) 스테이지빔 주식회사

해설 폴센 씨가 호자 씨에게 보내는 이메일인 두 번째 지문의 첫 번째 단락과 두 번째 단락에 각각 머리 위쪽 격자판에 조명을 설치하면 좋겠다(installing lighting on the overhead grid would be preferred) 그리고 명성이 있는 조명회사를 원한다(The lighting company we want needs to be reputable) 등 두 가지 조건을 제시하고 있다. 세 번째 지문의 도표에서 이 두 가지를 모두 충족하는 회사를 찾아보면, 세 번째 줄에서 Overhead grids 및 good online reviews 두 가지 조건을 모두 갖춘 회사가 Brightline Ltd.임을 알 수 있으므로 (C)가 정답이다.

어휘 recommend 추천하다

PART 7 실전 모의고사 TEST 3

정답

147. (B)	148. (C)	149. (B)	150. (C)	151. (D)	152. (C)
153. (B)	154. (B)	155. (A)	156. (B)	157. (D)	158. (B)
159. (C)	160. (C)	161. (B)	162. (A)	163. (C)	164. (D)
165. (C)	166. (D)	167. (D)	168. (D)	169. (A)	170. (A)
171. (C)	172. (D)	173. (D)	174. (B)	175. (D)	176. (C)
177. (C)	178. (C)	179. (D)	180. (D)	181. (D)	182. (C)
183. (B)	184. (B)	185. (C)	186. (C)	187. (D)	188. (D)
189. (D)	190. (C)	191. (B)	192. (C)	193. (D)	194. (D)
195. (B)	196. (C)	197. (A)	198. (D)	199. (C)	200. (B)

147-148 다음 공고를 참조하시오.

메이플 카운티 공원 녹지 관리국

취업 기회

산길 정비 책임자 (TMS1047) – 저희 팀에 합류하셔서 **147** 광활한 산림과 인기 있는 등산로들로 유명한 지역인 메이플 카운티의 경치 좋은 산길을 보존하는 데 도움을 주시기 바랍니다! 이곳의 지형은 암석이 많고 구조가 다양해서, 오솔길과 자전거 도로, 그리고 방향 표지판 등에 대해 잦은 유지보수가 필요합니다. 이 직책은 산길 상태 조사, 필수 개선사항 추천, 그리고 **148** 유지보수 작업팀 편성을 책임집니다. 경쟁력 있는 급여와 넉넉한 복지 혜택도 제공됩니다. 자격 요건 및 지원 과정에 관해 더 자세히 알아보시려면, www.mapleparks.org/jobs를 방문하시기 바랍니다. 지원은 2월 10일에 마감됩니다.

어휘 authority 당국, 권한, 권위(자) employment 고용, 취업 opportunity 기회 trail 산길, 등산로 maintenance 정비, 유지보수, 시설관리 supervisor 책임자, 상사, 감독 help do ~하는 데 도움을 주다 preserve ~을 보존하다 region 지역 renowned for ~로 유명한 expansive 광활한, 광범위한 route 경로, 노선 terrain 지역, 지형 rugged 바위가 많은 varied 다양한 require ~을 필요로 하다 frequent 잦은, 빈번한 upkeep 유지 관리 directional signage 방향 표지판 be responsible for ~을 책임지다 inspect ~을 조사하다, ~을 점검하다 necessary 필수의, 필요한 improvement 개선, 향상 coordinate ~을 편성하다, ~을 조정하다 crew (함께 작업하는) 팀, 조 competitive 경쟁력 있는 generous 넉넉한, 후한

benefits package 복지 혜택 qualification 자격 (요건), 자격증 application 지원(서), 신청(서) process 과정

147 메이플 카운티와 관련해 암시된 것은 무엇인가?
(A) 자주 스포츠 행사를 주최한다.
(B) 자연미로 알려져 있다.
(C) 등산로를 확장할 계획이다.
(D) 지역 주민 채용을 선호한다.

해설 지문 초반부에 메이플 카운티의 특징과 관련해 광활한 산림과 인기 있는 등산로들로 유명하다(a region renowned for its expansive forests and popular hiking routes)는 정보가 제시되어 있으므로, renowned for를 known for로 패러프레이즈한 (B)가 정답이다.

어휘 host ~을 주최하다 be known for ~로 알려져 있다 plan to do ~할 계획이다 expand ~을 확대하다, ~을 확장하다 prefer to do ~하는 것을 선호하다 hire ~을 고용하다 local n. 지역 주민

Paraphrase renowned for its expansive forests and popular hiking routes
⇒ known for its natural beauty

148 공고 내용에 따르면, 산길 정비 책임자의 한 가지 책임은 무엇인가?
(A) 가이드 동반 하이킹 인솔하기
(B) 새 공원 벤치를 설치하기
(C) 수리팀을 관리하기
(D) 야생동물 활동을 파악하기

해설 지문 중반부에 산길 정비 책임자가 맡게 될 일의 하나로 유지보수 작업팀 편성(coordinating maintenance crews)이 언급되어 있으므로, maintenance crews를 repair teams로 패러프레이즈한 (C)가 정답이다.

어휘 responsibility 책임(감) lead ~을 이끌다, ~을 진행하다 guided 가이드가 동반된 install ~을 설치하다 repair 수리 track ~을 파악하다, ~을 추적하다

Paraphrase coordinating maintenance crews
⇒ Managing repair teams

149-150 다음 이메일을 참조하시오.

수신: 트레이시 제이콥슨 <tjacobsen@promail.net>
발신: 바비 릭스 <briggs@xlmanagement.com>
날짜: 9월 17일
제목: 행사 업데이트

제이콥슨 씨께,

9월 25일 오전 10시로 예정되어 있는 지도력 개발 교육과 관련해 중요한 소식 한 가지를 알려 드리려고 이메일을 드립니다. **149** 참가자 수가 상당히 증가하여, 저희가 이 교육을 다음 장소로 이전했습니다.

더 콘웨이 컨퍼런스 센터
하딩 스트리트 455번지
뉴 햄튼

150 가급적 일찍 이 업데이트의 수신을 확인해 주시기 바랍니다. 어떤 질문이든 있으시거나 추가 정보가 필요하시면, 언제든지 제게 연락주세요.

안녕히 계십시오.
바비 릭스
교육 기획 담당

어휘 inform A of B: A에게 B를 알리다 regarding ~와 관련해 development 개발, 발전 training 교육, 훈련 scheduled for 시점: ~로 예정된 due to ~로 인해, ~ 때문에 significant 상당한, 많은 increase in ~의 증가 participant 참가자 relocate ~을 이전하다, ~을 재배치하다 session (특정 활동을 위한) 시간 confirm ~을 확인해 주다 receipt 수신, 수취, 영수(증) at your earliest convenience 가급적 빨리 require ~을 필요로 하다 further 추가적인, 훨씬 더 ~한 feel free to do 언제든지 ~하세요 contact ~에게 연락하다

149 이메일의 목적이 무엇인가?
(A) 행사의 연기를 알리기
(B) 행사장 변경의 상세 정보를 제공하기
(C) 교육 시간에 초대하기
(D) 행사 일정의 변경을 제안하기

해설 첫 번째 단락에서 참가자 숫자의 상당한 증가로 인해 행사 장소를 변경한 사실(Due to a significant increase in the number of participants, we have relocated the session to)을 언급하면서, 변경된 주소를 제공하고 있으므로 (B)가 정답이다.

어휘 postponement 연기, 미룸 details 상세 정보, 세부 사항 venue 행사장, 개최 장소 extend an invitation 초대하다, 초대장을 보내다 suggest ~을 제안하다

150 제이콥슨 씨가 무엇을 하도록 요청받는가?
(A) 다른 행사 참석자들에게 연락할 것
(B) 어떤 교육 자료를 살펴볼 것
(C) 어떤 정보를 받은 사실을 확인할 것
(D) 행사 등록 양식을 제출할 것

해설 세 번째 단락에서, 가급적 빨리 업데이트의 수신을 확인하라(Please confirm receipt of this update at your earliest convenience)고 요청하고 있으므로 (C)가 정답이다.

어휘 get in contact with ~에게 연락하다 attendee 참석자 review ~을 살펴보다, ~을 검토하다 material 자료, 재료, 물품 submit ~을 제출하다 registration 등록 form 양식, 서식

Paraphrase confirm receipt of this update
⇒ Confirm she received some information

151-152 다음 이메일을 참조하시오.

수신: c.davidson@goldam.com
발신: customerservice@apexbank.com
날짜: 8월 18일, 오후 1:39
제목: 귀하의 최근 거래

데이비슨 씨께,

151 저희 기록에 따르면, 귀하의 에이펙스은행 계좌이체, 송장번호 3920398 건이 처리되었습니다.
방식: 계좌 송금
금액: $350.00
이체 수수료: $4.50
총액: $354.50

저희는 귀하께서 어떤 경우에도 저희 서비스를 이용 가능하도록 노력한다는 자부심을 갖고 있습니다. 따라서, 어떤 질문이나 의견, 또는 우려사항이라도 있으시면, **152** 월요일에서 금요일까지는 오전 9시부터 오후 6시까지, 토요일과 일요일에는 오전 9시부터 오후 4시까지 555-4928번으로 연락하시기 바랍니다. 또는 customerservice@apexbank.com으로 이메일을 보내셔도 됩니다. 곧 귀하께 다시 서비스를 제공해 드릴 수 있기를 바랍니다.

안녕히 계십시오.
멜린다 베이츠
에이펙스은행 고객지원부장

어휘 recent 최근의 transaction 거래 indicate that ~임을 나타내다, ~임을 가리키다 transfer 이체, 이전, 환승 tracking number 송장번호 tracking 추적, 파악 process v. ~을 처리하다 method 방법 account 계좌, 계정 pride oneself on -ing ~하는 것에 대해 자부심을 갖다, ~하는 것을 자랑스러워 하다 make sure that 반드시

~하도록 하다 available 이용 가능한 therefore 따라서, 그러므로 comment 의견, 발언 concern 우려, 걱정 at all 조금이라도 reach ~에게 연락하다

151 이메일의 주 목적이 무엇인가?
(A) 새로운 과정을 설명하기
(B) 계좌 개설을 승인하기
(C) 서비스에 대한 결제를 요청하기
(D) 성공적인 거래를 확인하기

해설 첫 단락에서, 은행 기록상 고객의 에이펙스은행 계좌이체 거래, 운송번호 3920398 건이 처리되었다(Our records indicate that your Apex Bank money transfer, tracking number 3920398, has been processed)고 알려주므로 money transfer를 transaction으로 패러프레이즈한 (D)가 정답이다.
어휘 explain ~을 설명하다 process 처리 과정 approve ~을 승인하다 confirm ~을 확인해 주다
Paraphrase money transfer / has been processed
⇒ a successful transaction

152 에이펙스은행과 관련해 언급된 것은 무엇인가?
(A) 여러 영업점을 보유하고 있다.
(B) 계좌이체에 대해 처리 수수료를 면제해 준다.
(C) 고객지원팀이 매일 이용 가능하다.
(D) 매주 토요일에 영업 시간을 연장한다.

해설 두 번째 단락에서, 질문이나 의견, 또는 우려사항과 관련해 월요일에서 금요일까지 연락 가능한 시간대와 토요일 및 일요일에 연락 가능한 시간대가 언급되어 있으므로 (C)가 정답이다.
어휘 several 여럿의, 몇몇의 branch location 영업 지점 waive ~을 면제해 주다, ~을 철회하다 extend ~을 연장하다, ~을 확장하다
Inference Monday to Friday / Saturday and Sunday
⇒ daily

153-154 다음 공지를 참조하시오.

씨사이드 사진 촬영 동호회 월간 모임

장소: 멜로라 아트 스튜디오, 베이뷰 레인 229번지
날짜: 6월 14일, 화요일
시간: 오후 7시 – 오후 8시 30분

안건
• 신입회원 환영
• 다가오는 사진 콘테스트 상세 정보 공유
• **153** 동호회 총무 선출 투표
• 샌드위치와 음료 즐기기

참고:
154 현재 30달러의 연회비 납부 기간입니다. 아직 회비를 내지 않으셨다면, 회의 시간에 납부하시거나 토니 델가도 씨의 계좌로 송금하시기 바랍니다. 델가도 씨는 10년 전 동료들과 함께 우리 동호회를 공동 설립하셨습니다.

모든 분들이 참석하시기를 고대합니다!

씨사이드 사진 촬영 동호회 회장 클라라 은구옌

어휘 monthly 월간의, 달마다의 gathering 모임 agenda 안건, 의제 share ~을 공유하다 upcoming 다가오는, 곧 있을 details 상세 정보, 세부 사항 vote for ~을 투표로 선출하다 secretary 총무, 서기 note 유의하다, 주목하다 annual 연례의, 해마다의 collect ~을 모으다, ~을 수집하다 submit ~을 제출하다 do so (앞선 언급된 일에 대해) 그렇게 하다 wire ~을 송금하다 account 계좌, 계정 co-found ~을 공동 설립하다 colleague 동료 (직원) look forward to -ing ~하기를 고대하다

153 다가오는 모임과 관련해 언급된 것은 무엇인가?
(A) 주말에 열릴 것이다.
(B) 동호회 간부 선출 투표가 포함될 것이다.
(C) 델가도 씨에 의해 진행될 것이다.
(D) 무료 식사를 제공할 것이다.

해설 두 번째 단락 세 번째 항목에 동호회 총무 선출 투표(Vote for club secretary)가 안건 중 하나로 제시되어 있으므로 club secretary를 club officer로 패러프레이즈한 (B)가 정답이다.
어휘 hold (행사 등) ~을 열다, ~을 개최하다 include ~을 포함하다 lead ~을 진행하다, ~을 이끌다
Paraphrase Vote for club secretary
⇒ voting for a club officer

154 델가도 씨와 관련해 사실인 것은 무엇인가?
(A) 동호회의 새로운 총무이다.
(B) 회비 걷는 일을 맡고 있다.
(C) 사진 콘테스트를 주관한다.
(D) 최근에 동호회에 가입했다.

해설 세 번째 단락에서, 회비를 내는 방법으로 토니 델가도 씨의 계좌로 송금하도록(wire it to Tony Delgado's bank account) 요청하고 있다. 따라서, 델가도 씨가 회비 수납을

책임지고 있음을 알 수 있으므로 (B)가 정답이다.

어휘 **be responsible for** ~을 책임지다 **organize** ~을 마련하다, ~을 조직하다 **recently** 최근에 **join** ~에 가입하다, ~에 합류하다

155-157 다음 웹페이지를 참조하시오.

http://www.soundneststudios.com/facilities

155 저희 사운드네스트 스튜디오는 솔로 작곡가와 밴드들을 위한 완전히 새로운 녹음실을 공개하는 것을 자랑스럽게 생각합니다. 이 최신식 공간은 음향적으로 처리된 방과 최고급 믹싱 콘솔, 그리고 아주 다양한 악기와 오디오 장비를 포함하고 있어, 초보자와 숙련된 전문가들 모두에게 적합합니다. **157** 저희는 또한 헤드폰과 마이크 스탠드, 그리고 방음용 부대용품도 갖추고 있습니다. 무엇보다도, 장기 스튜디오 예약에 대해 특별 할인이 가능합니다.

저희는 다음 혜택을 제공해 드립니다.

- **156** 무료 음향 엔지니어링 상담
- 환경 친화적인 다양한 스튜디오 부대용품
- 오디오 제작 기술에 관한 워크숍
- 대형 장비 대여에 필요한 배송 서비스
- 다가오는 음악 축제 및 업계 행사들에 대한 무료 가이드

저희 사운드네스트 스튜디오는 지하철과 주요 버스 노선을 통해 쉽게 오실 수 있습니다. 더 상세한 정보는, info@soundneststudios.com으로 메일을 주시거나 555-9806번으로 전화하시기 바랍니다.

어휘 **be proud to do** ~해서 자랑스럽다 **unveil** ~을 선보이다, ~을 공개하다 **brand-new** 완전히 새로운 **suite** 스위트(여러 방으로 이뤄진 공간) **state-of-the-art** 최신의 **include** ~을 포함하다 **acoustically** 음향학적으로 **treat** ~을 처리하다, ~을 다루다 **high-end** 최고급 **a vast selection of** 아주 다양한 **instrument** 악기 **gear** 장비 **suitable for** ~에 적합한 **both A and B:** A와 B 둘 모두 **professional** n. 전문가 **stock** (재고로) ~을 갖추다 **soundproofing** 방음의 **accessories** 부대용품 **complimentary** 무료의(= free) **consultation** 상담 **a variety of** 다양한 **environmentally conscious** 환경 친화적인, 환경을 의식하는 **equipment** 장비 **rental** 대여 **upcoming** 다가오는, 곧 있을 **industry** 업계, 산업 **accessible** 접근 가능한, 이용 가능한 **route** 노선, 경로 **contact** ~에 연락하다

155 정보가 누구를 대상으로 하는가?
  (A) 음악가들
  (B) 행사 주최자들
  (C) 음향 엔지니어들
  (D) 매장 직원들

해설 첫 단락에서 새로운 녹음실을 공개한다는 사실을 밝히면서, 그 대상자로 솔로 작곡가와 밴드들(for solo songwriters and bands)을 언급하고 있으므로 이를 Musicians로 패러프레이즈한 (A)가 정답이다.

어휘 **organizer** 주최자, 조직자

Paraphrase solo songwriters and bands ⇒ Musicians

156 스튜디오가 무엇을 무료로 제공하는가?
  (A) 장비 대여
  (B) 음향 상담
  (C) 악기 판매
  (D) 개인 레슨

해설 질문의 at no charge가 compliment로 패러프레이즈된 두 번째 단락 첫 번째 항목에, 무료 음향 엔지니어링 상담(Complimentary sound engineering consultations)이 언급되어 있으므로 (B)가 정답이다.

어휘 **at no charge** 무료로 **sales** 판매(량), 영업, 매출

Paraphrase at no charge ⇒ Complimentary

157 [1], [2], [3], [4]로 표시된 위치들 중에서 다음 문장이 들어가기에 가장 적합한 곳은 어디인가?

"무엇보다도, 장기 스튜디오 예약에 대해 특별 할인이 가능합니다."

  (A) [1]
  (B) [2]
  (C) [3]
  (D) [4]

해설 제시된 문장은 스튜디오를 장기 예약을 하면 특별 할인을 받을 수 있다는 아주 중요한 홍보 문구이다. 그리고 그 앞에 최종 결론을 이끄는 접속부사 Best of all이 있으므로, 교통이 편리하다는 스튜디오의 장점을 홍보한 바로 뒤인 [4]의 위치에 들어가는 것이 가장 적절하다. 그러므로 (D)가 정답이다.

어휘 **best of all** 가장 좋은 점은, 무엇보다도 **discount** 할인 **available** 이용 가능한, 구입 가능한 **long-term** 장기적인 **booking** 예약

158-160 다음 보도자료를 참조하시오.

즉각 보도용
연락 담당자: 조던 스미스, jsmith@novaport.com

노바시티 (4월 15일) — **158** 노바포트 국제공항의 조던 스미스 최고운영이사는 화요일, 공항이 완전 자동화된 체크인 단말기를 운용하고, 인력이 배치되는 전통적인 체크인 카운터를 단계적으로 폐지할 것이라고 발표했다. 이 계획은 탑승 수속을 더 신속히 처리하고, 전반적인 여행 경험을 향상시키는 것을 목표로 한다.

새로운 셀프 서비스 단말기는 테크 플라이와의 협력으로 개발된 것으로서, 여행객들이 사람의 도움 없이 탑승 수속을 하고, 좌석을 선택하며, 탑승권을 출력할 수 있도록 한다. **159** 노바포트에서 6개월간 시범 운영을 한 후에, 탑승객 의견은 압도적으로 긍정적이었으며, 많은 사람들이 줄어든 대기 시간과 증가한 편의성에 감사한다. "이 첨단 단말기를 통합하는 것은 승객 서비스 개선을 위해 첨단 기술을 활용한다는 저희의 신조와 방향성이 일치합니다,"라고 스미스 씨가 말한다. **160** "체크인 과정을 간소화함으로써, 저희는 직원들을 아주 중요한 다른 영역에 배정하여, 모든 분에게 순조로운 여행을 보장해 드릴 수 있습니다."

완전 자동화된 탑승 수속 방식으로의 전환은 5월 말까지 완료될 예정이다. 승객들은 새로운 시스템에 익숙해질 수 있도록 시행 초기에는 일찍 공항에 도착하는 것이 좋다.

노바포트 국제공항 홈페이지 www.novaport.com을 방문하면 더 상세한 정보를 볼 수 있다.

어휘 immediate 즉각적인, 즉시의 contact 연락, 접촉 implement ~을 시행하다 fully 전면적으로, 완전히, 최대로 automated 자동화된 kiosk (쇼핑, 매표 등을 위한) 단말기 phase out ~을 단계적으로 폐지하다 traditional 전통적인 manned 사람이 있는, 유인의 initiative n. 계획, 솔선수범, 주도(권) aim to do ~하는 것을 목표로 하다 expedite ~을 더 신속히 진행하다 processing 처리 (과정) enhance ~을 향상시키다, ~을 강화하다 overall 전반적인 collaboration 협업, 공동 작업 allow A to do: A에게 ~할 수 있게 해 주다 assistance 도움, 지원 trial period 시범 운영 기간, 체험 기간 feedback 의견 overwhelmingly 압도적으로 positive 긍정적인 with A -ing: A가 ~하면서, A가 ~하는 채로 appreciate ~에 대해 감사하다 reduce ~을 줄이다, ~을 감소시키다(↔ increase) convenience 편의(성) integrate ~을 통합하다 advanced 진보한, 발전된 align with ~와 방향성이 일치하다 commitment 헌신, 전념 leverage ~을 활용하다 improve ~을 개선하다 by (방법) ~함으로써, ~해서 streamline ~을 할당하다 allocate ~을 배정하다, ~을 할당하다 critical 아주 중요한 ensure ~을 보장하다, 반드시 ~하도록 하다 seamless (진행 등이) 순조로운, 매끄러운 transition 전환 be scheduled to do ~할 예정이다 complete

~을 완료하다 be encouraged to do ~하도록 권장되다 initial 초기의, 처음의 rollout 첫 시행, 시작, 출시 familiarize oneself with ~에 익숙해지다

158 보도자료의 주제가 무엇인가?
   (A) 신임 이사의 임명
   (B) 어떤 절차의 자동화
   (C) 공항 개축공사 계획
   (D) 공항 신입사원 모집

해설 첫 번째 단락에서 노바포트 국제공항에서 완전 자동화된 탑승 수속 단말기를 운용하고 전통적인 체크인 카운터를 단계적으로 폐지할(the airport will implement fully automated check-in kiosks, phasing out traditional manned check-in counters) 계획이라고 하면서, 그 도입 배경과 장점 등을 설명하고 있으므로 (B)가 정답이다.

어휘 appointment 임명, 지명, 약속, 예약 executive n. 이사, 임원 automation 자동화 procedure 절차 renovation 개조, 보수 recruitment 모집, 채용

Paraphrase implement fully automated check-in kiosks
⇒ The automation of a procedure

159 시범 운영 실시와 관련해 언급된 것은 무엇인가?
   (A) 다수의 공항에서 진행되었다.
   (B) 여러 가지 문제를 집중 조명했다.
   (C) 고객들로부터 높은 평가를 받았다.
   (D) 4월에 도입되었다.

해설 시범 운영과 관련된 정보가 제시되는 두 번째 단락에서, 탑승객 의견이 압도적으로 긍정적이었다(During a six-month trial period at Novaport, passenger feedback was overwhelmingly positive)고 보도하는데, 이런 긍정적 고객 반응을 well received로 패러프레이즈한 (C)가 정답이다.

어휘 carry out ~을 실시하다 take place 진행되다, 개최되다 multiple 다수의, 다양한 highlight ~을 집중 조명하다, ~을 강조하다 well received 높은 평가를 받은 introduce ~을 도입하다, ~을 소개하다

Paraphrase feedback was overwhelmingly positive
⇒ well received

160 보도자료에서 암시된 것은 무엇인가?
   (A) 자동화된 시스템이 앞으로의 이용을 위해 테스트될 것이다.
   (B) 단말기들은 항공권 가격을 낮추기 위한 것이다.
   (C) 체크인 카운터의 직원들이 다른 업무로 재배정될 것이다.
   (D) 탑승객들이 더 이상 좌석을 선택하거나 탑승권을 출력할 필요가 없을 것이다.

해설 세 번째 단락에서, 스미스 씨가 인터뷰를 통해 체크인 과정을 간소화함으로써 직원들을 아주 중요한 다른 영역에 배치할 수 있다(By streamlining the check-in process, we can allocate staff to other critical areas)라고 말하고 있다. 그러므로 allocate staff to other critical areas를 will be reassigned to other duties로 패러프레이즈한 (C)가 정답이다.

어휘 for future use 앞으로 사용을 위해 be intended to do ~하기 위한 것이다 reassign ~을 재배정하다, ~을 재할당하다 duty 직무 will need to do ~해야 할 것이다 no longer 더 이상 ~않다

Paraphrase allocate staff to other critical areas
⇒ will be reassigned to other duties

161-164 다음 문자 메시지 대화를 참조하시오.

케이코 탄 (오전 9:10): 안녕하세요. 161 우리 수습사원인 에이던 클락 씨가 내일 근무를 시작합니다. 이분이 맡아서 하실 수 있는 어떤 일이든 있나요?

레나 디수자 (오전 9:11): 죄송해요. 162 제가 지난주에 사무실에 없었는데, BCT 박람회에 참석하고 있었거든요. 이것과 관련해 오후에 다시 대화를 할 수 있을까요?

대릴 정 (오전 9:11): 163 저는 현재로서는 에이던 씨가 할만한 어떤 일도 없어요.

케이코 탄 (오전 9:12): 놀랍네요. 163 그쪽 부장님이 부서에 수습사원이 한 명 있으면 정말 도움이 될 거라고 말씀하셨던 거거든요. 조정을 좀 하셔서 이분이 할 일을 찾아봐 주시겠어요?

레나 디수자 (오전 9:13): 에이던 씨가 전공이 무엇인지 다시 한번 말씀해 주시겠어요?

케이코 탄 (오전 9:14): 마케팅이요. 이분 이력서를 보면, 디지털 캠페인을 전문으로 해보고 싶답니다.

대릴 정 (오전 9:15): 저한테 몇 가지 사소한 업무가 있을 수도 있는데, 아주 흥미롭진 않습니다.

케이코 탄 (오전 9:16): 괜찮습니다. 저한테도 이분에게 정리를 맡길 자료가 좀 있어요. 그 정도면 처음 며칠간 에이던 씨를 바쁘게 만들기에 충분할 겁니다. 하지만 164 수요일까지 여러분의 팀이 모여서 다음 주에 시킬 업무를 준비해 주시면 고맙겠습니다.

어휘 trainee 수습사원, 교육생 apology 사과 attend ~에 참석하다 follow up with (후속적으로) ~에게 더 알아보다, ~에 후속 조치를 취하다 regarding ~와 관련해 suitable for ~에게 적합한 at the moment 현재, 지금 supervisor 부장, 책임자, 감독 mention that ~라고 언급하다 benefit 유익하다, 이롭다 coordinate ~을 조정하다, ~을 편성하다 remind A B: A에게 B를 다시 한번 알려 주다[상기시키다] major in ~을 전공하다 resume 이력서 specialize in ~을 전문으로 하다 minor (중요도 등이) 작은, 사소한 assignment (할당되는) 업무, 과제 material 자료, 재료, 용품 organize ~을 정리하다, ~을 준비하다 be enough to do ~하기에 충분하다 keep A 형용사: A를 ~한 상태로 유지하다 by (기한) ~까지 put together ~을 준비하다 following 다음의

161 클락 씨와 관련해 암시된 것은 무엇인가?
(A) 다른 부서에서 막 전근했다.
(B) 신입사원이다.
(C) 업무보조 직을 제안받았다.
(D) 부서장이 그를 자신의 팀에 추천했다.

해설 9시 10분에 탄 씨가 작성한 메시지에서, 수습사원인 에이던 클락 씨가 내일 근무를 시작한다(Our trainee, Aidan Clarke, is starting tomorrow)고 알리고 있으므로 is starting을 new로 패러프레이즈한 (B)가 정답이다.

어휘 transfer 전근하다, 이전하다, 환승하다 workforce 전 직원, 인력 assistant 보조, 조수

Paraphrase is starting ⇒ new to the workforce

162 디수자 씨가 지난주에 무엇을 했는가?
(A) 업계 행사 참석
(B) 고객 사무실 방문
(C) 연례 휴가 시작
(D) 새로 할당된 업무 시작

해설 9시 11분에 디수자 씨가 작성한 메시지에서, 지난주에 사무실에 없었다는 사실과 함께 BCT 박람회에 참석한(I was attending the BCT Expo) 사실을 말한다. 그러므로 the BTC Expo를 an industry event로 패러프레이즈한 (A)가 정답이다.

어휘 industry 업계, 산업 annual 연례적인, 해마다의 leave 휴가

Paraphrase was attending the BCT Expo
⇒ Attend an industry event

163 오전 9시 12분에, 탄 씨가 "놀랍네요"라고 말할 때 무엇을 의미할 것 같은가?
(A) 자신은 에이던 씨가 입사하는 걸 예상하지 못했다.
(B) 자신이 최근 과도한 업무에 시달리고 있다.
(C) 팀이 에이던 씨에게 줄 일을 준비해야 했다.
(D) 팀장이 자신을 에이던 씨의 멘토로 배정했다.

해설 9시 11분 메시지에서, 정 씨가 에이던 씨에게 줄 적합한 일이 전혀 없다(I don't have anything suitable for Aidan at the moment)고 말하자, 이에 대해 탄 씨가 놀랍다는 말로 반응하는 상황이다. 이어서 탄 씨는 정 씨의 부서장이

수습사원을 요청했다(Your supervisor mentioned that your unit would really benefit from having a trainee)며 에이던 씨가 부서에 배정된 이유를 말해준다. 이 말에서 팀에 필요해서 수습사원이 배정되었으면 할 일이 미리 준비되었어야 하는 아니냐는 질책의 의도를 추론할 수 있으므로 (C)가 정답이다.

어휘 expect A to do: A가 ~할 것으로 예상하다 join ~에 합류하다, ~와 함께 하다 be overwhelmed with ~에 압도되다, ~로부터 압박을 받다 should have p.p. ~했어야 했다 prepare ~을 준비하다 assign A to be B: A에게 B의 역할을 하도록 배정했다 mentor 조력자, 길잡이, 스승

164 탄 씨가 다른 대화 작성자들에게 수요일 전까지 무엇을 하도록 요청하는가?
(A) 수습사원을 더 채용할 것
(B) 어떤 자료를 파일로 정리할 것
(C) 자신에게 메시지를 보낼 것
(D) 더 많은 업무를 준비할 것

해설 마지막 메시지에서, 탄 씨가 나머지 두 사람에게 소속 팀이 수요일까지 모여서 다음 주에 시킬 업무를 더 준비하면 감사할 것(I'd really appreciate it if your team could meet by Wednesday to put together more activities for the following week)이라고 알리고 있다. put together more activities는 에이던 클락에게 줄 업무를 준비하라는 뜻이므로 put together를 come up with로 패러프레이즈한 (D)가 정답이다.

어휘 hire ~을 고용하다 come up with (아이디어, 해결책 등) ~을 생각해 내다, ~을 준비하다

Paraphrase put together more activities
⇒ Come up with more tasks

165-167 다음 이메일을 참조하시오.

수신: 전 회원 <memberlist@peakperformance.com>
발신: 회원 관리부 <services@peakperformance.com>
제목: 중요한 공지
날짜: 10월 4일

소중한 회원 여러분께,

165 저희 피크 퍼포먼스가 지역사회에 대한 15년간의 헌신적인 서비스 끝에, 10월 31일 영구히 문을 닫을 예정임을 알려드리게 되어 유감입니다. 저희는 이 소식이 뜻밖일 수 있다는 사실을 알고 있으며, 이 전환기 중에 여러분을 도와드리는 데 전념하고 있습니다. 회원 기간이 10월 31일 이후까지 이어지는 회원들께 저희는 다음 선택권을 제공해 드립니다.

회원권 이전: 저희가 엘름 스트리트 212번지에 위치한, **166** 저희 제휴업체 써밋 헬스클럽으로의 순조로운 회원권 이전 조치를 취했습니다. 이곳은 비슷한 편의시설과 피트니스 프로그램을 제공합니다. 이 방식을 선택하시는 경우, 이전을 용이하게 할 수 있도록 10월 24일까지 저희에게 연락주시기 바랍니다.

환불액 수령: 또는, 잔여 회비에 대해 일할 계산된 환불금을 받도록 선택하실 수 있습니다. 환불을 요청하시려면, 10월 31일까지 billing@peakperformance.com 저희 청구서 발급 부서로 **167** 연락하시기 바랍니다.

다년간 저희에게 보여주신 믿음과 지지에 깊이 감사드립니다. 어떤 질문이든 있으시거나 추가 도움이 필요하실 경우, 주저하지 마시고 555-2847번으로 저희에게 전화주시기 바랍니다.

안녕히 계십시오.
제롬 스미스
총무부장, 피크 퍼포먼스

어휘 regret to do ~해서 유감이다 inform A that: A에게 ~라고 알리다 shut down 문을 닫다, 폐업하다 permanently 영구적으로 dedicated 헌신적인 community 지역사회 unexpected 뜻밖의, 예기치 못한 be committed to -ing ~하는 데 전념하다 assist ~을 돕다 transition 전환(기) span (기간, 거리 등이) 이어지다, 확장되다 following 다음의, 아래의 transfer v. ~을 이전하다, ~을 옮기다 n. 이전, 옮김 arrange 조치하다, 처리하다 seamless (진행 등이) 순조로운, 매끄러운 facility 시설(물) located 위치한 comparable 비슷한, 비교할 만한 amenities 편의 시설 choose ~을 선택하다 contact ~에게 연락하다 by (기한) ~까지 facilitate ~을 용이하게 하다 refund 환불(액) alternatively (대안을 말할 때) 또는, 그렇지 않으면 opt for ~을 선택하다 prorated 일할 계산된 remaining 남아 있는 request ~을 요청하다 reach out to ~에게 연락하다 billing 청구서 발급, 고지서 발급 be grateful for ~에 대해 감사하다 further 추가적인, 한층 더 한 hesitate to do ~하기를 주저하다

165 이메일의 목적이 무엇인가?
(A) 최근의 불만 사항을 처리하는 것
(B) 회원 프로그램을 소개하는 것
(C) 업체 폐업을 알리는 것
(D) 새로운 장소로의 이전을 축하하는 것

해설 첫 단락에서 피크 퍼포먼스가 지역 사회에 대한 15년간의 헌신적인 서비스 끝에 10월 31일에 영구히 문을 닫을 예정(I regret to inform you that Peak Performance will be shutting down permanently on October 31)이라는 사실을 알린 후 후속 조치 등에 대해 이야기하고 있으므로 (C)가 정답이다.

어휘 address v. (문제 등) ~을 처리하다, ~을 다루다 recent 최근의 complaint 불만, 불평 introduce ~을 소개하다, ~을 도입하다 closure 폐업, 폐쇄 celebrate ~을 기념하다, ~을 축하하다

Paraphrase Peak Performance will be shutting down ⇒ a business closure

166 피크 퍼포먼스가 무엇일 것 같은가?
(A) 월간 출판물
(B) 스포츠 의류 회사
(C) 모바일 애플리케이션
(D) 피트니스 센터

해설 두 번째 단락에서, 회원권 이전이 가능한 제휴업체를 언급하면서 써밋 헬스클럽이 비슷한 편의시설 및 피트니스 프로그램을 제공하는 곳(our partner facility, Summit Health Club, located at 212 Elm Street. They offer comparable amenities and fitness programs)이라고 설명하고 있다. 따라서, 피크 퍼포먼스도 피트니스 센터임을 알 수 있으므로 (D)가 정답이다.

어휘 monthly 월간의, 달마다의 publication 출판(물)

Paraphrase Health Club ⇒ A fitness center

167 세 번째 단락, 두 번째 줄의 표현 "reach out to"와 의미가 가장 가까운 것은 무엇인가?
(A) 연장하다
(B) 문의하다
(C) 방문하다
(D) 연락하다

해설 해당 문장에서 reach out to 뒤에 담당 부서명과 이메일 주소가 쓰여 있는 것으로 볼 때, 그 부서로 연락하라는 의미를 나타낸다는 것을 알 수 있으므로 (D)가 정답이다.

168-171 다음 온라인 채팅을 참조하시오.

소피 윌리엄스 (오전 10:08):	안녕하세요, 줄리언 씨 그리고 맥스 씨. 우리의 새 캠페인을 시작하기 위해 긴급히 팀 회의 일정을 잡아야 합니다.
줄리언 리처즈 (오전 10:10):	네. **168** 마케팅팀 전체를 포함하고 싶으신가요? 제가 도와드릴 수 있는지 알려주세요.
소피 윌리엄스 (오전 10:12):	아뇨, **169** 저는 실바타운 캠페인을 언급했던 거라서, 그 프로젝트 작업을 맡은 우리 셋이면 될 겁니다.
줄리언 리처즈 (오전 10:14):	알겠습니다. 저는 월요일이나 목요일 오후에 시간이 있습니다.
맥스 테일러 (오전 10:15):	잠시만요, 저는 대신 파크뷰 글로벌 프로젝트로 재배치되었다고 생각했는데요?
줄리언 리처즈 (오전 10:17):	아뇨, **170** 그 프로젝트의 마지막 자리는 헤더 그린 씨에게 돌아갔는데, 그분이 비스타 그룹 및 트렐리스 엔터프라이즈 프로젝트처럼, 유사 캠페인에 대한 사전 경험이 있으시기 때문입니다.
맥스 테일러 (오전 10:18):	아, 알겠습니다.
소피 윌리엄스 (오전 10:19):	저도 월요일과 목요일에 시간이 있기는 하지만, 오후 2시 전에만 됩니다. 월요일에는 오후 3시에 고객 회의가, 그리고 목요일에는 오후 3시 30분에 전략 회의에 들어가 있을 겁니다.
맥스 테일러 (오전 10:21):	**171** 저는 월요일이 안되는데, 컨퍼런스 때문에 시카고에 가 있을 것이라서요. 목요일 오후 12시에는 가능할 겁니다.
소피 윌리엄스 (오전 10:22):	잘됐네요! 줄리언 씨, 그렇게 해도 괜찮으세요?
줄리언 리처즈 (오전 10:23):	아주 좋습니다! 제가 우리가 쓸 대회의실을 예약할게요.

어휘 urgently 긴급히 get started on ~을 시작하다 include ~을 포함하다 entire 전체의 let A know if: ~인지 A에게 알리다 refer to ~을 언급하다 Got it 알겠습니다, 그렇게 하겠습니다 free 시간이 나는(= available) reassign A to B: A를 B에 재배정하다 instead 대신 spot 자리 prior 사전의, 앞선 similar 유사한 strategy 전략 session (특정 활동을 위한) 시간 work for (일정, 계획 등이) ~에게 좋다 book ~을 예약하다

168 메시지 작성자들이 어느 부서에 근무하고 있을 것 같은가?
(A) 영업부
(B) 마케팅부
(C) 청구부
(D) 연구부

해설 10시 10분에 리처즈가 작성한 메시지에서, 윌리엄스 씨의 질문에 대한 답변으로 마케팅팀 전체를 포함하고 싶은지(Do you want to include the entire marketing team?)

묻는 것으로 볼 때, 마케팅팀 소속 직원들임을 알 수 있으므로 (B)가 정답이다.

어휘 billing 청구서 발급, 고지서 발급

169 세 메시지 작성자들이 어느 회사의 프로젝트에 배정되어 있는가?
(A) 실버스톤
(B) 파크뷰 글로벌
(C) 비스타 그룹
(D) 트렐리스 엔터프라이즈

해설 10시 12분에 윌리엄스 씨가 작성한 메시지에서, 자신이 실버타운 캠페인을 말한 것임을 밝히면서, 세 사람이 모두 그 프로젝트를 맡고 있다(I was referring to the Silverstone campaign, so it will just be the three of us working on that project)라고 언급하므로 (A)가 정답이다.

170 오전 10시 18분에, 테일러 씨가 "아, 알겠습니다"라고 쓸 때 무엇을 의미할 것 같은가?
(A) 자신이 다른 프로젝트로 배정되지 않았다는 사실을 깨달았다.
(B) 자신이 중요한 회의를 놓쳤다는 사실을 인정한다.
(C) 자신이 그린 씨의 프로젝트 보고서를 받은 사실을 확인해 준다.
(D) 자신이 완료해야 할 한 가지 업무를 잊은 사실을 인정한다.

해설 10시 17분 메시지에서, 리처즈 씨가 파크뷰 글로벌 프로젝트와 관련해 마지막 자리가 헤더 그린 씨에게 돌아간 사실(No, the final spot on that project went to Heather Green)을 말하자 테일러 씨가 '아, 알겠습니다'라고 반응하는 흐름이다. 이는 자신이 그 프로젝트에 들어가지 않았다는 사실을 인지했다는 표현이므로 (A)가 정답이다.

어휘 realize that ~임을 깨닫다, ~임을 알게 되다 recognize that ~임을 인정하다 miss ~을 놓치다, ~을 빠트리다, ~을 지나치다 confirm that ~임을 확인해 주다 acknowledge that: ~임을 인정하다 forget to do ~하는 것을 잊다 complete ~을 완료하다 task 업무, 일

171 회의가 왜 월요일 대신 목요일로 잡혔는가?
(A) 윌리엄스 씨가 월요일에 하루 종일 시간이 나지 않을 것이다.
(B) 리처즈 씨의 일정이 회의로 가득하다.
(C) 테일러 씨가 월요일에 다른 지역에 있을 것이다.
(D) 대회의실이 월요일에 예약이 꽉 차 있다.

해설 회의 일정을 정하는 과정에서, 10시 21분에 테일러 씨가 월요일이 가능하지 않은 이유로 시카고에 있을 거라고 말하므로(Monday doesn't work for me, because I'll be in Chicago for a conference) (C)가 정답이다.

어휘 be scheduled for 시점: ~로 예정되다 rather than ~ 대신, ~가 아니라 be packed with ~로 가득하다 fully 완전히, 전적으로, 최대로 book ~을 예약하다

Paraphrase will be in Chicago ⇒ will be out of town

172-175 다음 공고를 참조하시오.

학부생 장학금 기회

브룩웰 장학금 프로그램
보스턴, MA

브룩웰 장학 프로그램은 최고의 성적을 내는 학생들을 지원하는 성적 우수 장학제도입니다. 저희는 보스턴에 위치해 있으며, 15년 넘게 이 프로그램을 운영해 오고 있습니다. **172** 정부 자금의 대규모 증가로 인해, 저희 브룩웰은 현재 경영학 및 경제학 전공 학생들을 대상으로 신청서를 받고 있습니다. 이는 또한 해외의 여러 기업에서 인턴으로 근무하면서 세계적인 인맥을 구축할 수 있는 기회이기도 합니다. 이 유명 프로그램은 성공을 거둔 많은 기업인들의 토대가 되기도 했습니다. 저희 브룩웰은 수혜자들에게 연장 가능한 장학금 및 인적 교류 기회를 제공해 드립니다.

173 175 신청 과정은 장학 부서장과의 면접, 추천서 및 성적증명서 제출, 그리고 모의 연설 진행이 포함됩니다. 하지만, 실제 사업계획서를 제출할 필요는 없습니다.

신청 자격은 해당 학업 분야에서 **174-(A)** 최소 1년간 전공 외 과외활동들, **174-(D)** 소속 지역사회 내에서의 리더십, 그리고 **174-(C)** 훌륭한 학업 성적을 포함합니다.

신청서와 이력서를 apply@brookwellscholars.org로 제출하시기 바랍니다.

어휘 undergraduate 학부생의, 대학생의 scholarship 장학금 opportunity 기회 initiative n. 제도, 계획 support ~을 지원하다, ~을 지지하다 top-performing 최고의 성적을 내는, 최고의 성과를 내는 be located 위치해 있다 run ~을 운영하다 increase in ~의 증가 funding 자금(제공) accept ~을 받아들이다 application 신청(서), 지원(서) major 전공생 intern v. 인턴으로 근무하다 abroad 해외에, 해외로 network n. 인적 관계 v. 인적 관계를 형성하다 renowned 유명한 foundation 토대, 기초 entrepreneur 기업인 provide A with B: A에게 B를 제공하다 awardee 수혜자, 수상자 renewable 연장 가능한, 재생 가능한 process 과정 include ~을 포함하다 submit ~을 제출하다 reference 추천(서), 추천인 transcript 성적증명서 deliver ~을 전달하다

mock 모의의, 가짜의 pitch 연설, 발표, 호소 eligibility 자격(이 있음), 적격(성) a minimum of 최소 ~의 extracurricular 정식 학과 외의 field 분야 community 지역사회 submit ~을 제출하다 form 양식, 서식 résumé 이력서

172 브룩웰 장학 프로그램과 관련해 암시된 것은 무엇인가?
  (A) 최근에 도입되었다.
  (B) 해외 사무소가 있다.
  (C) 경영학 프로그램에 초점을 맞춘다.
  (D) 정부 자금에 의존하고 있다.

해설 첫 단락 초반부에 정부 자금의 대규모 증가(With the large increase in government funding)를 언급하면서 신청을 받고 있다고 하므로, 정부 자금이 중요한 재원임을 알 수 있으므로 (D)가 정답이다.

어휘 recently 최근에 introduce ~을 도입하다, ~을 소개하다 focus on ~에 초점을 맞추다 rely on ~에 의존하다

173 광고되는 기회와 관련해 암시된 것은 무엇인가?
  (A) 국내 일자리를 창출할 것으로 예상된다.
  (B) 성공하도록 많은 업체들을 돕는다.
  (C) 만료 후에 연장될 수 없다.
  (D) 모의 발표를 필요로 한다.

해설 신청 과정을 간략히 설명하는 두 번째 단락에서, 모의 연설 진행(delivering a mock pitch)이 포함된다고 하므로, a mock pitch를 a simulated presentation으로 패러프레이즈한 (D)가 정답이다.

어휘 be expected to do ~할 것으로 예상되다 domestic 국내의 help A do: ~하도록 A를 돕다 extend ~을 연장하다, ~을 확장하다 expiration 만료, 만기 simulated 모의의, 모조의
Paraphrase a mock pitch ⇒ a simulated presentation

174 장학금에 대한 필수 조건이 아닌 것은 무엇인가?
  (A) 관련된 비학문적 경험
  (B) 매우 강력한 추천
  (C) 학업 성취
  (D) 지역사회 활동

해설 신청 자격에 포함되는 사항들을 알리는 세 번째 단락에서, 최소 1년간 전공 외 과외활동들(extracurricular activities)으로 (A), 소속 지역사회 내에서의 리더십(leadership in your community)에서 (D), 그리고 훌륭한 학업 성적(excellent academic records)에서 (C)를 확인할 수 있다. 하지만 강력한 추천과 관련된 정보는 제시되지 않으므로 (B)가 정답이다.

어휘 requirement 필수 조건, 요건 relevant 관련된 non-academic 비학문적인 achievement 성취, 업적

175 [1], [2], [3], [4]로 표시된 위치들 중에서 다음 문장이 들어가기에 가장 적합한 곳은 어디인가?

"하지만, 실제 사업계획서를 전달할 필요는 없습니다."
  (A) [1]
  (B) [2]
  (C) [3]
  (D) [4]

해설 제시된 문장은 대조나 상반되는 것을 언급할 때 사용하는 접속부사 However로 시작한다. 그러므로 그 앞에는 사업계획서와 관련된 사항이 언급되어야 한다. 심사과정을 나타내는 두 번째 단락에서 delivering a mock pitch가 나오는데, mock pitch는 창의적인 구상을 가상으로 발표하는 것으로, 제시된 문장의 real business plans와 유사한 개념이다. 그러므로 [3]의 위치에 들어가야 가장 자연스러운 흐름이 되므로 (C)가 정답이다.

어휘 however 하지만, 그러나 required 필요한, 필수의

176-180 다음 행사 전단과 이메일을 참조하시오.

제조장인 주간, 쏜힐 마켓 홀
7월 워크숍 일정

7월 6일, 토요일 – **176** 수제 도자기 및 가마 시연회
7월 7일, 일요일 – 목재 가공: 통나무에서 국자로
7월, 13일 토요일 – 천연 염색 워크숍
179 7월 14일, 일요일 – 전 연령 대상 재활용 종이 공예

워크숍은 센트럴 파빌리온에서 오전 11시에 시작됩니다. 방문객들은 해당일 내내 아티스트 부스들을 둘러보실 수 있습니다.

저희 8월 워크숍 시리즈 참가에 관심이 있으신 장인들께서는 각자의 공예 기술에 대한 간략한 요약 설명과 3~5장의 작업물 사진, 그리고 **177** 이전의 시장 또는 전시회 참여 이력을 잘 나타내는 간단한 약력 등을 저희 이메일 events@thornhillmarket.org로 보내시기 바랍니다.

저희는 첫 전시 참가자와 경험 많은 제조장인을 모두 환영합니다. 공간이 제한적이므로, 대화형 시연회를 하시는 분들께 우선권을 드립니다.

어휘 artisan 장인 pottery 도자기 kiln (도자기를 굽는) 가마 demonstration 시연(회), 시범 woodturning 목재

가공 log 통나무 ladle 국자 dye 염색하다 recycled 재활용된 craft 공예 (기술) browse ~을 둘러 보다 booth (행사장 등에 임시로 설치하는) 부스, 칸막이 공간 interested in ~에 관심이 있는 participate in ~에 참가하다 brief 간략한, 짧은 summary 요약(본) work 작업(물), 작품 bio 약력 highlight ~을 집중 조명하다, ~을 강조하다 involvement 참여, 관여 previous 과거의, 이전의 exhibition 전시(회) both A and B: A와 B 둘 모두 exhibitor 전시 참가자 experienced 경험 많은 limited 제한적인 prioritize ~을 우선시하다 interactive 대화형의, 상호 작용하는

발신: 로셸 댄버스 <r.danvers@valleychronicle.com>
수신: 펠릭스 아라노 <felixcrafts@gmail.com>
날짜: 6월 20일
제목: <예술과 지역사회> 칼럼 특집

아라노 씨께,

다음 달에 쏟히실 마켓의 제조장인 주간에서 발표하실 예정임을 알게 되어 기쁩니다. **179 180 저희 가족이 스프링 그린 축제에서 선생님의 종이접기 부스를 정말 좋아했는데**, 분명 이번의 재활용 공예 시간도 정말 그 정도 인기가 있을 겁니다.

저는 다음 주 "지역 인재 스포트라이트" 칼럼에 꼭 선생님을 특집으로 싣고 싶습니다. 선생님의 워크숍이 열리기 전 금요일에 <밸리 크로니클>에 실릴 것입니다. **178 다음 주 초 중으로 간단한 인터뷰를 위한 시간이 있으실까요?** 간단한 영상 통화 또는 전화 통화 정도면 좋은데, 어느 쪽이든 선생님께 더 간편한 쪽으로요.

일정이 어떠실 지 말씀해 주시기 바랍니다. 선생님의 창의적인 작업 과정 및 지속 가능한 예술에 대한 헌신과 관련해 더 많은 독자들이 알 수 있도록 제가 도울 수 있기를 고대합니다.

안녕히 계십시오.

로셸 댄버스
<예술과 지역사회> 작가
밸리 크로니클

어휘 feature n. 특집 기사 v. ~을 특집으로 싣다 community 지역사회 column (잡지, 신문 등의) 칼럼, 정기 기고 기사 present 발표하다 paper-folding 종이 접기 be sure (that) 분명 ~할 것이다 session (특정 활동을 위한) 시간 would love to do 꼭 ~하고 싶다 local 지역의, 현지의 talent n. 인재, 재능(이 있는 사람) video call 영상 통화 whichever 어느 쪽이든 ~하는 것 let A know: A에게 알리다 what A look like: A가 어떤 지 look forward

to -ing ~하기를 고대하다 help A do: ~하도록 A를 돕다 creative 창의적인 process (처리 등의) 과정 commitment 헌신, 전념 sustainable 지속 가능한

176 제조장인 주간과 관련해 언급된 것은 무엇인가?
 (A) 해외 상품 판매를 포함한다.
 (B) 오직 신인 예술가에만 초점을 맞춘다.
 (C) 실시간 공예 시연회를 포함한다.
 (D) 도시 전역의 다양한 장소에서 개최된다.

해설 첫 지문 상단의 일정에 수제 도자기 및 가마 시연회 (Handmade Pottery and Kiln Demonstration) 그리고 목재 가공: 통나무에서 국자로(Woodturning: From Log to Ladle) 등 실시간으로 보여주는 활동을 포함하므로 (C)가 정답이다.

어휘 include ~을 포함하다 sales 판매(량), 영업, 매출 goods 상품 focus on ~에 초점을 맞추다 feature ~을 특징으로 하다 hold (행사 등) ~을 개최하다, ~을 열다 multiple 다양한, 다수의

177 참가하는 장인들이 무엇을 보내도록 요청받는가?
 (A) 서명된 포기 각서 및 등록 양식
 (B) 작품에 사용된 재료 목록
 (C) 이전의 행사 참가에 대한 설명서
 (D) 다수의 고객 추천 후기

해설 첫 지문 세 번째 단락에 참가를 원하는 장인이 보내야 하는 서류 중 하나로 과거의 시장 또는 전시회 참여를 집중 조명하는 간단한 약력이(a short bio highlighting involvement in previous markets or exhibitions) 포함되어 있으므로 (C)가 정답이다.

어휘 waiver 포기 각서, 포기 서류 (출품작 권리 포기를 의미) registration 등록 form 양식, 서식 material 재료, 물품, 자료 description 설명(서), 묘사 participation 참가 a set of 일련의, 복수의 testimonial (고객 등의) 추천 후기

Paraphrase a short bio ⇒ A description
 involvement in previous markets or exhibitions ⇒ past event participation

178 댄버스 씨가 왜 아라노 씨에게 이메일을 썼는가?
 (A) 구직 기회를 설명하기 위해
 (B) 예술 행사에 초대하기 위해
 (C) 인터뷰를 요청하기 위해
 (D) 그의 공예품 일부를 구입하기 위해

해설 댄버스 씨의 이메일인 두 번째 지문 두 번째 단락에서, 아라노 씨에 관한 기사를 싣고 싶다는 뜻을 나타내면서 다음 주 초에

간단한 인터뷰를 가질 수 있을지(Would you be open to a short interview sometime early next week?) 문의하는 것이 이메일을 쓴 목적에 해당하므로 (C)가 정답이다.

어휘 describe ~을 설명하다, ~을 묘사하다 opportunity 기회 request ~을 요청하다

179 일정에 따르면, 아라노 씨의 행사가 언제 진행될 것인가?
(A) 7월 6일
(B) 7월 7일
(C) 7월 13일
(D) 7월 14일

해설 두 번째 지문 첫 단락에서, 아라노 씨의 공예 기술과 관련해 댄버스 씨의 가족이 스프링 그린 축제에서 아라노 씨의 종이 접기 부스를 정말 좋아했다고(My family loved your paper-folding booth at the Spring Green Festival) 한다. 첫 지문에서 종이와 관련된 공예를 찾아보면, 7월 14일로 예정된 재활용 종이 공예(Sunday, July 14 – Recycled Paper Crafts for All Ages)인 것을 확인할 수 있으므로 (D)가 정답이다.

어휘 take place 진행되다, 개최되다

180 댄버스 씨가 어떻게 아라노 씨의 작품에 익숙해졌을 것 같은가?
(A) <밸리 크로니클>에서 그의 특집 기사를 읽었다.
(B) 쏜힐 마켓에서 그를 만났다.
(C) 그가 대학교에서 가르쳤던 수업에 참석했다.
(D) 그의 이전 부스들 중 하나를 방문했다.

해설 두 번째 지문 첫 단락에서, 댄버스 씨가 자신의 가족이 스프링 그린 축제에 있었던 아라노 씨의 종이 접기 부스를 정말 좋아했다(My family loved your paper-folding booth at the Spring Green Festival)는 사실을 언급하므로, 과거의 행사에서 가족과 함께 댄버스 씨의 부스를 방문한 것으로 추론할 수 있으므로 (D)가 정답이다.

어휘 previous 이전의, 과거의

Inference My family loved your paper-folding booth
⇒ visited one of his previous booths

181-185 다음 이메일과 탑승권을 참조하시오.

수신: 제나 블랙 <jennablack@homemail.net>
발신: 라이언 페더라인 <rfederline@streamlinerrail.com>
제목: 회신: 탑승 중의 문제
날짜: 3월 7일
첨부: 여행 포인트

블랙 씨께,

귀하의 최근 기차 여행과 관련해 연락주신 것에 대해 감사드립니다. **181** 저희는 귀하의 여행 중에 작동 불량이었던 좌석 전기 콘센트로 인해 겪으셨던 불편함에 대해 진심으로 사과드립니다. 저희는 스트림라이너 레일 탑승객으로서 귀하를 **182** 소중히 여기며, 앞으로의 여행 경험이 더욱 즐거우시도록 보장해 드리고자 합니다. 이런 이유로, 귀하에게 **184** 50달러 상당의 포인트를 사용하실 수 있는 코드번호 983211을 첨부해 드렸습니다. 이는 저희 웹사이트 또는 모바일 앱을 통해 구매되는 모든 티켓에 적용될 수 있으며, 전액 사용될 필요가 없습니다. 매번 사용하실 액수만큼만 입력하시도록 안내가 뜰 것입니다. **183** 이 포인트는 지급일로부터 6개월 간 유효하다는 점에 유의하시기 바랍니다. 저희 스트림라이너 레일을 선택해 주셔서 감사합니다. 귀하의 지속적인 성원에 감사드립니다.

안녕히 계십시오.
라이언 페더라인
스트림라이너 레일, 고객관리부

어휘 onboard 탑승 중의 issue 문제, 사안, 지급, 발급 reach out 연락하다 regarding ~와 관련해 recent 최근의 inconvenience 불편함 due to ~로 인해, ~ 때문에 malfunctioning 기능 불량, 오작동 power outlet 전기 콘센트 value ~을 소중히 여기다 ensure (that) ~임을 보장하다, 반드시 ~하도록 하다 attach ~을 첨부하다, ~을 부착하다 valued at ~에 상당하는 가치를 지닌 apply ~을 적용하다 in full 전액, 전부 be prompted to do ~하도록 안내받다 redeem (상품권 등) ~을 상품으로 교환하다 note that ~임에 유의하다, ~임에 주목하다 valid 유효한 continued 지속적인

승객 이름: 제나 블랙
탑승권 번호: 58276490312
확인 코드: ZLMQ32

열차	출발	도착	좌석
185 스트림라이너 184호 (급행-무정차)	시카고, IL (CHI) 4월 9일, 화요일, 오후 2:05	캔자스 시티, MO (KCY) 4월 9일, 화요일, 오후 9:15	3번차, 좌석 12A

요금 청구 내역 요약

기본 요금:	$72.00
세금 및 서비스 수수료:	$6.25
184 여행 포인트 #983211:	−$30.00
총 결제액:	$48.25

모든 승객들께서는 반드시 탑승 전에 유효 탑승권을 제시하셔야 합니다. 모바일 기기 상의 탑승권 이미지는 허용되지 않습니다.

어휘 confirmation 확인(서) summary 요약(본) fare (교통) 요금 charge 청구 (요금) present ~을 제시하다, ~을 제공하다 prior to ~ 전에, ~에 앞서 accept ~을 받아들이다, ~을 수용하다

181 페더라인 씨가 왜 블랙 씨에게 이메일을 보냈는가?
(A) 매표 관련 오류를 설명하기 위해
(B) 일정 변동을 알리기 위해
(C) 다른 좌석을 배정해 주기 위해
(D) 불만 사항을 해결하기 위해

해설 첫 지문 첫 단락에서, 고객이 여행 중에 겪은 불편함에 대해 진심으로 사과하는(We sincerely apologize for the inconvenience you experienced) 말과 함께, 그에 따른 보상 조치에 대해 설명하고 있으므로 (D)가 정답이다.

어휘 explain ~을 설명하다 assign A B: A에게 B를 배정하다[할당하다] resolve ~을 해결하다 complaint 불만, 불평

Paraphrase apologize for the inconvenience you experienced ⇒ resolve a complaint

182 이메일에서, 첫 번째 단락, 세 번째 줄의 단어 "value"와 의미가 가장 가까운 것은?
(A) 추정하다
(B) 가치를 인정하다
(C) 유익하다
(D) 투자하다

해설 해당 문장에서 동사 value 뒤에 목적어로 고객인 상대방을 가리키는 you가 사용되었다. 동사 value가 사람 목적어와 사용될 때는 존중하거나 소중히 여긴다는 뜻이므로 가치를 인정한다는 의미인 (B)가 정답이다.

183 페더라인 씨가 포인트 코드번호 983211과 관련해 언급하는 것은 무엇인가?
(A) 제휴업체 열차의 탑승 시에 사용될 수 있다.
(B) 6개월 후에 만료될 것이다.
(C) 역 단말기에서 사용될 수 있다.
(D) 일등석으로 업그레이드할 때만 유효하다.

해설 포인트 코드 번호 983211이 언급되는 첫 지문 첫 단락에서 사용 방법을 설명하고 있다. 지급일로부터 6개월간 유효하다(this credit is valid for six months from the date of issue)라고 주의를 당부하고 있는데, valid for six months에서 will expire in six months를 추론한 (B)가 정답이다.

어휘 expire 만료되다 in 기간: ~ 후에 kiosk (쇼핑, 매표 등을 위한) 단말기

Inference valid for six months
⇒ will expire in six months

184 블랙 씨에 대해 추론할 수 있는 것은 무엇인가?
(A) 직접 가서 탑승권을 예약했다.
(B) 여행 포인트 일부를 사용했다.
(C) 비즈니스석으로 무료 업그레이드를 받았다.
(D) 돌아오는 교통편을 취소했다.

해설 첫 지문 첫 단락에 50달러 상당의 포인트 코드번호 983211(Credit Code #983211 valued at $50)으로 설명되어 있다. 그런데 블랙 씨의 탑승권인 두 번째 지문 중반부에 여행 포인트로 차감된 액수는 30달러(Travel Credit #983211: -$30.00)이다. 따라서, 포인트를 일부만 사용했다는 것을 알 수 있으므로 (B)가 정답이다.

어휘 book ~을 예약하다 in person 직접 (가서) partial 부분적인 cancel ~을 취소하다

185 스트림라이너 레일 184와 관련해 언급된 것은 무엇인가?
(A) 통근 열차이다.
(B) 야간 시간대에 운행한다.
(C) 목적지로 바로 이동한다.
(D) 전자 탑승권을 받지 않는다.

해설 스트림라이너 레일 184가 표기된 두 번째 지문 중반부에 '급행 – 무정차'(Streamliner Rail 184, (Express – No Stops))라고 특징이 나타나 있으므로 (C)가 정답이다.

어휘 commuter 통근자 operate 운영되다, 가동되다, 영업하다 destination 목적지, 도착지

Paraphrase No Stops ⇒ travels directly to its destination

186-190 다음 두 이메일과 웹페이지를 참조하시오.

발신: 조세핀 앨라바 <jalaba@kilowatt-solutions.co.za>
수신: 함자 노우리 <hnouri@greenfieldlabs.co.za>
189 날짜: 10월 23일, 월요일, 오후 2:18
제목: 워크숍 점심식사 선택

노우리 씨께,

케이프타운에서 곧 열리는 재생 가능 에너지 워크숍에서 마침내

귀하를 직접 만나 뵙는다면 정말 기쁠 것입니다. 격자식 태양열 전지판 설계에 관한 발표를 진행하시는 데 동의해 주셔서 기쁘게 생각합니다. 그것이 분명 유익한 연설이 될 것으로 확신합니다.

행사 진행 책임자로서, **186 188** 저는 오전 시간 직후에 모든 강연자들을 위한 단체 점심식사 시간을 마련하고 있습니다. 귀하께서 케이프타운에 계시므로, 행사 웹사이트에 기재된 식사 메뉴들에 대한 어떤 의견을 가지고 계신지 궁금합니다. **187** 제가 현재 해안 경관 때문에 씨 테라스 카페를 고려하고 있기는 하지만, 귀하께서 추천해 주신다면 감사하겠습니다. 해당 레스토랑은 약 15명의 인원이 편하게 앉을 수 있는 곳이어야 합니다. 제가 행사 당일이나 되어야 도착할 예정이므로, **189** 10월 30일까지 예약을 확정하고자 합니다.

안녕히 계십시오.
조세핀 앨라바

어휘 in person 직접, 친히 upcoming 곧 있을, 다가오는 renewable 재생 가능한 agree to do ~하는 데 동의하다 lead ~을 진행하다, ~을 이끌다 session (특정 활동을 위한) 시간 solar grid 격자식 태양열 전지판 informative 유익한, 유용한 정보를 주는 coordinator 진행 책임자, 편성 담당자 organize ~을 마련하다, ~을 조직하다 immediately 즉시 following ~ 후에 be based in ~을 기반으로 하다 wonder if ~인지 궁금하다 insight 식견, 안목, 통찰력 currently 현재 consider ~을 고려하다 appreciate ~에 대해 감사하다 recommendation 추천 be able to do ~할 수 있다 seat v. ~을 앉히다, ~을 착석시키다 about 약, 대략 comfortably 편하게 not A until B B나 되어야 A하다 arrive 도착하다 would like to do ~하고자 하다, ~하고 싶다 confirm ~을 확정하다, ~을 확인해 주다 reservation 예약 by (기한) ~까지

---

http://www.refieldtrip.org/localinfo

| 행사장 정보 | 교통편 | 안내도 | 연락처 | 지역 정보 |

근처의 점심식사 장소 후보

190 모든 식당은 행사장에서 도보로 10분 내의 거리에 위치해 있습니다. 8인 이상의 단체에 대해서는 예약을 적극 추천합니다.

· 씨 테라스 카페 – 해산물과 가벼운 식사. 아름다운 해안 경관. 가격: 비쌈.
· 루츠 키친 – 현대적인 아프리카 요리. 보통 채식주의자 및 엄격한 채식주의자를 위한 식사 선택 가능. 가격: 보통.
· 가든 테이블 이터리 – 신선한 샐러드와 그릴에 구운 고기, 그리고 계절 요리. 옥외 정원 좌석. 가격: 보통.
· 마르하바 비스트로 – 중동 요리. 단체 좌석 및 뷔페 스타일의 서비스. 가격: 저렴.

어휘 venue 행사장, 개최 장소 transport 교통(편) local 지역의, 현지의 highly recommended 적극 추천되는 dish 요리, 식사 cuisine 요리 vegan 엄격한 채식주의자 available 이용 가능한 moderate 보통의, 중간 정도의 seating 좌석

발신: 함자 노우리 <hnouri@greenfieldlabs.co.za>
수신: 조세핀 앨라바 <jalaba@kilowatt-solutions.co.za>
날짜: 10월 24일, 화요일, 오전 9:47
제목: 회신: 워크숍 점심식사 선택

앨라바 씨께,

감사합니다. 저도 행사를 고대하고 있습니다. 제안된 레스토랑 네 곳에서 모두 식사를 한 적이 있는데, 모두 각각의 고유한 매력이 있다고 말씀드릴 수 있습니다. 씨 테라스 카페가 분명 훌륭한 경관을 지니고 있기는 하지만, **190 행사장에서 도보로 약 20분 거리에 있어서 교통편이 필요할지도 모릅니다**, 특히 단체 손님에 대해서요. 마르하바 비스트로는 요즘 너무 인기가 많아서 15인 단체 손님을 위한 테이블을 확보하기가 힘들 수 있습니다. 가든 테이블 이터리의 옥외 좌석 공간은 점심시간 중에 우리 모두에게 충분한 그늘을 제공해 줄 수 있을지 우려됩니다.

제 생각엔, 루츠 키친이 우리 점심식사를 위한 최고의 선택입니다. 행사장 바로 길 건너편에 있고, 여러 사람이 대화하는 데 안성맞춤인 조용한 분위기를 지니고 있습니다. **188 제가 이번 주에 들러서 11월 7일로 예약이 가능한지 확인해드릴 수 있습니다, 괜찮으시다면요.**

안녕히 계십시오.
함자 노우리

어휘 look forward to ~을 고대하다 dine 식사하다 suggest ~을 제안하다 charm 매력 require ~을 필요로 하다 so A that B 너무 A해서 B하다 secure v. ~을 확보하다 challenging 힘든, 까다로운 be concerned that ~할까 우려하다 shade 그늘 atmosphere (공간의) 분위기 stop by (잠깐) 들르다 check on ~을 확인하다 if you'd like 괜찮다면

186 첫 번째 이메일의 목적이 무엇인가?
(A) 발표 주제에 관한 의견을 요청하기

(B) 한 연설자에게 여행 정보를 제공하기
(C) 점심식사 장소와 관련한 조언을 요청하기
(D) 컨퍼런스 장소에 대해 제안하기

해설 첫 지문 두 번째 단락에 이메일 작성인인 앨라바 씨가 연설자들을 위한 단체 점심식사 시간을 마련하고 있다고 하면서, 노우리 씨가 케이프타운에 있으므로 행사 웹사이트에 기재된 식사 장소들에 대해 의견을 줄 수 있는지(I was wondering if you had any insights into the dining options listed on the event Web site) 묻고 있으므로 (C)가 정답이다.

어휘 ask for ~을 요청하다 feedback 의견 suggestion 제안, 의견

Paraphrase I was wondering if you had any insights
⇒ request advice

187 앨라바 씨가 왜 씨 테라스 카페에 관심이 있는가?
(A) 채식주의자를 위한 메뉴가 있다.
(B) 해안 경관을 지니고 있다.
(C) 뷔페 스타일의 서비스를 제공한다.
(D) 행사장 내에 위치해 있다.

해설 앨라바 씨가 작성한 이메일인 첫 지문 두 번째 단락에 해변 경관 때문에 씨 테라스 카페를 고려하고 있다(I'm currently considering Sea Terrace Café because of its beach view)는 정보가 제시되어 있으므로 (B)가 정답이다.

어휘 be interested in ~에 관심이 있다 be located 위치해 있다

188 재생 가능 에너지 워크숍이 언제 개최될 것 같은가?
(A) 10월 23일에
(B) 10월 24일에
(C) 10월 30일에
(D) 11월 7일에

해설 첫 지문 두 번째 단락에서, 앨라바 씨가 오전 일정이 끝난 직후에 모든 연설자들을 위한 단체 점심식사 시간을 마련하고 있다(I am organizing a group lunch for all the speakers immediately following the morning session)고 밝힌다. 이와 관련해, 세 번째 지문 두 번째 단락에서 식당을 예약하는 것과 관련해, 노우리 씨가 이번 주에 들러서 11월 7일로 예약 가능 여부를 확인할 수 있다(I can stop by this week and check on a reservation for 7 November, if you'd like)라고 하므로 워크숍 개최일이 11월 7일임을 알 수 있으므로 (D)가 정답이다.

어휘 take place 개최되다, 진행되다

189 노우리 씨에 대해 사실인 것은 무엇인가?
(A) 전에 앨라바 씨를 만난 적이 있다.
(B) 점심식사 장소를 예약할 것이다.
(C) 케이프타운 근처에 거주한다.
(D) 일주일 내로 답변해야 한다.

해설 첫 지문 두 번째 단락에서, 앨라바 씨가 노우리 씨에게 식당과 관련된 의견을 요청하면서 10월 30일까지 예약을 확정하려 한다(so I'd like to confirm the reservation by 30 October)고 말한다. 이 지문 상단에 표기된 작성 날짜가 10월 23일인 것으로 볼 때(Date: Monday, 23 October, 2:18 P.M.), 노우리 씨는 10월 30일까지 일주일 내에 의견을 제공해야 하므로 (D)가 정답이다.

어휘 respond 답변하다, 반응하다

190 노우리 씨는 웹사이트에서 무엇이 부정확하다고 암시하는가?
(A) 루츠 키친의 분위기
(B) 가든 테이블 이터리의 옥외 좌석 공간
(C) 씨 테라스 카페까지의 거리
(D) 마르하바 비스트로에서 좌석 확보 가능성

해설 두 번째 지문에서는 추천하는 모든 레스토랑이 행사장에서 도보로 10분 내의 거리에 위치해 있다고(All restaurants listed are within 10 minutes' walking distance of the event venue) 언급하고 있다. 그런데, 세 번째 지문인 노우리 씨의 이메일 첫 번째 단락에서 씨 테라스 카페가 행사장에서 도보로 약 20분 거리에 있다(it's about a 20-minute walk from the venue)라고 나온다. 홈페이지에 적힌 씨 테라스 카페까지의 거리가 부정확한 것을 알 수 있으므로 (C)가 정답이다.

어휘 inaccurate 부정확한 ambiance (장소 등의) 분위기 availability 이용 가능성

191-195 다음 웹페이지와 광고, 그리고 이메일을 참조하시오.

http://www.auroragraphicsolutions.com

전문화된 능력을 지닌 그래픽 디자이너가 필요하신가요?

상근 그래픽 디자이너를 채용하는 일은 시간 소모적이고 많은 비용이 들 수 있습니다. **191** 저희 오로라 그래픽 솔루션즈는 여러분을 경험 많고 공인된, 그리고 필요 시에 이용하실 수 있는 프리랜서 전문가와 연결해 드립니다. 장기적인 마케팅 캠페인에 대한 지원이 필요하시든, 아니면 하나의 디자인 프로젝트에 대한 도움이 필요하시든 상관없이, 저희는 브랜드화 작업과 레이아웃, 애니메이션, 그리고 기타 여러 작업들에 대해

여러분이 필요로 하시는 능력을 지닌 디자이너들을 보유하고 있습니다. 모든 전문가는 신중하게 선별되며, 원격으로 또는 사내에서 근무할 준비가 되어있습니다.

창의적인 전문 기술로 여러분의 회사가 계속 앞으로 나아갈 수 있도록 저희가 도와드리겠습니다. **193 탬파 지역을 기반으로 하는 저희 사무실을 오늘 방문하시거나, 저희에게 이메일 보내주시기 바랍니다!**

어휘 **specialized** 전문화된, 특화된 **hire** ~을 고용하다 **in-house** (회사) 내부의 **time-consuming** 시간 소모적인 **costly** 많은 비용이 드는 **connect A with B:** A를 B와 연결해 주다 **professional** n. 전문가 **experienced** 경험 많은 **certified** 공인된, 자격증이 있는 **available** 이용 가능한, 시간이 있는 **on demand** 필요 시에, 요구에 따라 **whether A or B:** A이든 B이든 상관없이 **long-term** 장기적인 **assistance** 도움, 지원 **including** ~을 포함해 **branding** 브랜드화 작업 **layout** 요소의 배치 **carefully** 신중하게 **screen** v. ~을 선별하다 **remotely** 원격으로 **on site** 현장에서, 부지 내에서 **Let us do** 저희가 ~해 드리겠습니다 **help A do:** ~하도록 A를 돕다 **keep A -ing:** A를 계속 ~하게 하다 **move forward** 앞으로 나아가다, 전진하다 **creative** 창의적인 **expertise** 전문 기술, 전문 지식 **A-based:** A를 기반으로 하는

그래픽 디자이너
선드라 크리에이티브 스튜디오

직책: 시각디자이너
193 위치: 탬파 (사내 근무 필수)
직무 설명: 브랜드화 작업 및 고객 마케팅 자료에 대해 도와주실 정규직 그래픽 디자이너를 찾고 있습니다. 로고와 포스터, 그리고 소셜 미디어 콘텐츠를 포함해, 주로 소기업 대상 디지털 자산을 다루면서 근무하게 될 것입니다.
자격 요건: 그래픽 디자인 분야의 자격증, **194 3년의 경력**, 그래픽스 일러스트레이터 소프트웨어 사용 능력
연봉: 경력에 따라 48,000~70,000달러. 2주의 유급 휴가 포함.
근무 시간: 월요일~금요일, 오전 8시부터 오후 5시 (**192 가장 바쁜 시기에는 약간의 주말 탄력 근무 필요**)

m.sundra@sundracreative.com로 이력서를 보내주시기 바랍니다. 포트폴리오 검토 후에 최종 후보자에게 연락드립니다.

어휘 **required** 필수의, 필요한 **description** 설명, 묘사 **look for** ~을 찾다 **assist with** ~에 대해 지원하다, ~을 돕다 **material** 자료, 재료, 물품 **primarily** 주로 **asset** 자산

including ~을 포함해 **content** 내용(물) **requirement** 자격 요건, 필수 조건 **certification** 자격증, 증명서 **ability to do** ~할 수 있는 능력 **depending on** ~에 따라, ~에 달려 있는 **paid vacation** 유급 휴가 **include** ~을 포함하다 **flexibility** 탄력성, 유연성 **peak period** 가장 바쁜 시기, 성수기 **submit** ~을 제출하다 **résumé** 이력서 **finalist** 최종 후보, 결선 진출자 **contact** ~에게 연락하다 **portfolio** 포트폴리오 (구직 시 제출하는 작품집) **review** 검토, 평가, 후기

수신: info@auroragraphicsolutions.com
발신: m.sundra@sundracreative.com
195 날짜: 4월 18일
제목: 곧 체결할 계약 건에 필요한 디자이너

오로라 그래픽 솔루션즈 귀중,

제가 연락드리는 이유는 저희 팀과 함께 일할 시각디자이너가 긴급히 필요하기 때문입니다. 저희가 가장 중요한 고객사들 중 한 곳을 위한 브랜드 재디자인 작업을 시작하는데, 그래픽스 일러스트레이터에 대한 뛰어난 능력 및 소셜미디어 레이아웃 작업 경력을 지닌 분이 필요합니다.

저희가 몇 주 동안 구인 광고를 계속 내고 있는데, 이 자리를 충원하는 데 성공하지 못했습니다. **194 저희는 포트폴리오가 훌륭한 경우에는 2년 경력을 지닌 분도 고려할 의향이 있습니다.** 해당 디자이너는 반드시 공인된 분이어야 하며, 탬파 지역의 사무소에서 근무하실 수 있어야 합니다. **195 늦어도 5월 6일까지는 근무 시작 가능한 전문가들의 명단을 제공해 주시겠습니까?**

안녕히 계십시오.
마야 선드라

어휘 **upcoming** 곧 있을, 다가오는 **contract** 계약(서) **reach out** 연락하다 **urgently** 긴급히 **in need of** ~을 필요로 하는 **launch** ~을 시작하다, ~을 출시하다 **run** ~을 운영하다 **advertisement** 광고 **fill** ~을 충원하다, ~을 채우다 **be willing to do** ~할 의향이 있다, 기꺼이 ~하다 **consider** ~을 고려하다 **be able to do** ~할 수 있다 **by (기한)** ~까지

191 오로라 그래픽 솔루션즈와 관련해 언급된 것은 무엇인가?
(A) 프리랜서들을 위해 사내 기술 교육을 제공한다.
(B) 숙련된 전문가들과 연결되도록 고용주들을 돕는다.
(C) 소기업들을 위해 마케팅 캠페인을 제작한다.
(D) 주로 인쇄물 광고에 초점을 맞춘다.

해설 첫 지문 첫 단락에서, 오로라 그래픽 솔루션즈가 하는 일과 관련해, 경험 많고 공인된 프리랜서 전문가와 연결해 준다(Aurora Graphic Solutions connects you with freelance professionals who are experienced, certified)고 언급되어 있으므로 (B)가 정답이다.

어휘 training 교육, 훈련 help A do: ~하도록 A를 돕다 employer 고용주 skilled 숙련된, 능숙한 primarily 주로 focus on ~에 초점을 맞추다 advertising 광고 (활동)

Paraphrase connects you with freelance professionals
⇒ helps employers connect with skilled professionals

192 선드라 크리에이티브 스튜디오의 디자이너 직과 관련해 언급된 것은 무엇인가?
(A) 전적으로 온라인을 기반으로 하는 자리이다.
(B) 소프트웨어 능력이 낮은 사람들에게도 열려 있다.
(C) 때때로 주말 근무를 포함한다.
(D) 완료된 프로젝트 개수를 바탕으로 급여를 지급한다.

해설 선드라 크리에이티브 스튜디오의 디자이너 직에 대한 구인 공고인 두 번째 지문에서, 근무 시간 항목에 가장 바쁜 시기에 약간의 주말 탄력 근무가 필요하다(some weekend flexibility needed during peak periods)는 조건이 제시되어 있으므로 (C)가 정답이다.

어휘 be based 기반으로 하다, 바탕으로 하다 entirely 전적으로, 완전히 limited 제한적인 include ~을 포함하다 occasional 때때로의 complete ~을 완료하다

Paraphrase some weekend flexibility needed
⇒ includes occasional weekend work

193 오로라 그래픽 솔루션즈와 선드라 크리에이티브 스튜디오가 무엇을 공통점으로 하는가?
(A) 3년 동안 업계에서 활동했다.
(B) 두 곳 모두 신입사원을 채용하는 중이다.
(C) 같은 사람에 의해 설립되었다.
(D) 같은 도시를 기반으로 하고 있다.

해설 오로라 그래픽 솔루션즈의 웹페이지인 첫 지문 마지막 단락에서, 탬파 지역을 기반으로 하는 사무실(Visit our Tampa-based office)이라고 쓰여 있고, 선드라 크리에이티브 스튜디오의 디자이너 직에 대한 구인 공고인 두 번째 지문 상단에도 사내 근무를 요구하는 근무 장소가 탬파(Location: Tampa (on-site required))로 기재되어 있어 있으므로 (D)가 정답이다.

어휘 have A in common: A를 공통점으로 하다 hire ~을 고용하다 found ~을 설립하다

194 선드라 씨의 이메일에 언급된 것은 무엇인가?
(A) 선드라 씨가 원격 근무 직에 대해 채용 중이다.
(B) 선드라 씨가 경력 요건을 조정할 의향이 있다.
(C) 선드라 씨가 여름까지 한 프로젝트를 미룰 계획이다.
(D) 선드라 씨가 더 이상 자격증 없는 지원자를 고려하지 않는다.

해설 선드라 씨의 이메일인 세 번째 지문 두 번째 단락에서, 포트폴리오가 훌륭하면 2년 경력을 지닌 사람도 고려할 의향이 있다(We're willing to consider candidates with two years if their portfolios are strong)라는 내용이 나온다. 이는 두 번째 지문에 제시된 '3년간 경력(3 years' experience)'이라는 자격 요건을 조정할 생각이 있음을 나타내는 것이므로 (B)가 정답이다.

어휘 adjust ~을 조정하다 plan to do ~할 계획이다 postpone ~을 미루다, ~을 연기하다 no longer 더 이상 ~ 않다 consider ~을 고려하다 applicant 지원자, 신청자

195 선드라 씨가 충원하기를 원하는 자리와 관련해 암시된 것은 무엇인가?
(A) 그 업무가 애니메이션 콘텐츠 제작을 수반할 수 있다.
(B) 연관되어 있는 프로젝트가 시간에 민감하다.
(C) 그 일이 다수의 지원자들에게 제공된다.
(D) 연봉 범위가 6개월 후에 늘어날 것이다.

해설 세 번째 지문 두 번째 단락에서, 늦어도 5월 6일까지 시작할 수 있는 전문가들의 명단을 제공해 달라는(Could you provide a list of available professionals who can start by May 6?) 요청사항이 있는데, 상단의 이메일 작성 날짜가 4월 18일이다.(Date: April 18) 따라서, 이 프로젝트가 시간이 촉박한 일임을 알 수 있으므로 (B)가 정답이다.

어휘 involve ~을 수반하다, ~와 관련되다 content 콘텐츠, 내용(물) be tied to ~와 연관되다 time-sensitive 시간에 민감한 multiple 다수의, 다양한 candidate 지원자, 후보자 range 범위, 종류, 제품군 increase 늘어나다, 증가하다

196-200 다음 두 이메일과 영수증을 참조하시오.

수신: 레나 우 <lenawu@lenawucooks.com>
발신: 마르코 엘리슨 <marcoe@platepalette.org>
제목: 다가오는 워크숍 계획
날짜: 3월 31일

안녕하세요, 레나 씨,

잘 지내고 계시는지요. 요청하신 바와 같이, **198** 포츠빌에서

열릴 요리의 장인 심포지엄 참석 여행에 대한 몇 가지 사항을 확인해 봤습니다. 가장 편리한 선택은 브라이트브릿지 역에서 출발하는 메트로링크 익스프레스 직행 열차를 타는 것입니다. 다음은 잠정적인 일정입니다.

· 브라이트브릿지 출발: 4월 17일, 수요일, 오전 9:10
· 포츠빌 도착: 4월 17일, 수요일, 오후 12:20
· 포츠빌에서 복귀: 4월 21일, 일요일, 오후 4:45
· 브라이트브릿지에 도착: 4월 21일, 일요일, 오후 7:50

승차권을 예매해 드리기를 원하시면, 제게 알려주시기 바랍니다. **196 한 가지 명심하셔야 하는 건, 포츠빌 센트럴 역이 현재 리모델링 중이어서 승강장 통로가 변경되었기 때문에 45분 일찍 도착하도록 권고된다는 점입니다.**

또한, **200 역 근처에서 간단히 드시기를 원하시는 경우, 두 블록 떨어진 곳에 '바질 & 타임'이라는 매력적인 카페가 있으니, 위치 안내 정보를 보내드리겠습니다!**

안녕히 계십시오.
마르코

어휘 upcoming 다가오는, 곧 있을 do well 잘 지내다 request 요청하다 check out ~을 확인해 보다 culinary 요리의 artisan 장인 convenient 편리한 depart from ~에서 출발하다 tentative 잠정적인 arrival 도착 let A know if: ~인지 A에게 알리다 would like A to do: A에게 ~하기를 원하다 keep A in mind: A를 명심하다, A를 염두에 두다 currently 현재 remodel ~을 개조하다, ~을 보수하다 be advised to do ~하도록 권장되다 arrive 도착하다 due to ~로 인해, ~ 때문에 alter ~을 변경하다 access 이용, 접근 be in the mood for ~하고 싶은 기분이다 quick bite 간단한 식사 charming 매력적인 directions 위치 안내 정보

수신: 마르코 엘리슨 <marcoe@platepalette.org>
발신: 레나 우 <lenawu@lenawucooks.com>
제목: 회신: 다가오는 워크숍 계획
날짜: 4월 4일

안녕하세요, 마르코 씨,

도움에 정말 감사드립니다! **197 제가 플레이트 팔레트에서 주최하는 행사에 참석할 때마다 항상 매우 큰 도움이 됩니다.**

제가 4월 17일에 포츠빌로 갈지, 아니면 하루 더 일찍 갈지 곰곰이 생각 중입니다. 4월 16일 저녁에 참석 인원이 제한적인 칼 사용 기술 세미나가 있는데, 괜찮아 보입니다. **199 그날 밤에 발표를 맡은 주방용품 디자이너들 중 한 분이라도 만나 뵙고 싶은데, 그분께서 198 새로운 제 강좌 시리즈에 대해 제휴를 맺는 데 관심이 있으실 수도 있습니다.**

제가 곧 다시 연락드리겠습니다. 늘 그렇듯, 도와주셔서 감사합니다!

– 레나

어휘 assistance 도움, 지원 whenever ~할 때마다, 언제든 ~할 때 attend ~에 참석하다 organize ~을 마련하다, ~을 조직하다 debate 곰곰이 생각하다, 논의하다 whether to do ~할지 head to ~로 가다, ~로 향하다 limited 제한적인 capacity 수용 인원, 수용력 look 형용사: ~하게 보이다 promising 조짐이 좋은, 유망한 would like to do ~하고 싶다, ~하고자 하다 present 발표하다 be interested in ~에 관심이 있다 partner v. 제휴 관계를 맺다 get back to ~에게 다시 연락하다 as always 늘 그렇듯이

찹고 택시 주식회사

날짜: 4월 16일
승차 위치: 포츠빌 센트럴 역
200 하차 위치: 바질 & 타임 카페, 로즈먼트 스트리트 48번지
승차 시간: 오후 1:10
하차 시간: 오후 1:17
거리: 1.1마일
총 요금: $9.50
결제 방법: ☑ 신용카드   ☐ 현금
카드상의 성명: 레나 우
카드 번호: xxxx xxxx xxxx 8701

어휘 pickup 차에 태우기, 차로 태우러 가기 drop-off 차에서 내려주기 location 장소 distance 거리 fare (교통) 요금 payment 지불 method 방법

196 포츠빌 센트럴 역과 관련해 언급된 것은 무엇인가?
(A) 최근에 새로운 카페를 하나 열었다.
(B) 인기 있는 호텔 근처에 위치해 있다.
(C) 개축 공사가 진행 중이다.
(D) 메트로링크 노선들에 새롭게 추가된 것이다.

해설 첫 지문 세 번째 단락에서, 한 가지 명심할 사항으로 포츠빌

센트럴 역이 현재 리모델링 중이라는(Portsville Central Station is currently being remodeled) 사실을 알리는 문장이 쓰여 있으므로 (C)가 정답이다.

어휘 recently 최근에 be located 위치해 있다 undergo ~을 거치다, ~을 겪다 renovation 개축, 보수 addition 추가(되는 것)

Paraphrase is currently being remodeled
⇒ is undergoing renovations

197. 우 씨와 관련해 암시된 것은 무엇인가?
(A) 과거에 엘리슨 씨의 도움을 받은 적이 있다.
(B) 행사를 위해 자주 기차로 여행한다.
(C) 전에 한 번도 플레이트 팰릿 행사에 참석한 적이 없다.
(D) 주방 도구 시연회에 참석하기를 원한다.

해설 레나 우 씨의 이메일인 두 번째 지문 첫 번째 단락에서, 자신이 플레이트 팰릿에서 개최하는 행사에 참석할 때마다 항상 매우 큰 도움이 된다(You are always so helpful whenever I attend events organized by Plate Palette)라는 칭찬이 쓰여 있다. 이는 과거에도 여러 번 도움을 받은 경우에 할 수 있는 말이므로 (A)가 정답이다.

어휘 assist ~을 돕다, ~을 지원하다 frequently 자주, 빈번히 attend ~에 참석하다 demonstration 시연(회), 시범

198 우 씨가 누구일 것 같은가?
(A) 레스토랑 평론가
(B) 슈퍼마켓 관리자
(C) 요리 강사
(D) 여행 사진작가

해설 레나 우 씨의 이메일인 두 번째 지문 첫 번째 단락에서, 자신의 새로운 강좌 시리즈를(my new class series) 알리고 있다. 또한, 첫 지문 첫 번째 단락에서는 우 씨의 포츠빌에서 열릴 요리 장인 심포지엄 참석 여행(your trip to the Culinary Artisan Symposium in Portsville)에 대한 언급을 보고 우 씨가 요리 강사라는 것을 알 수 있으므로, (C)가 정답이다.

어휘 critic 평론가, 비평가 instructor 강사

199 우 씨가 왜 일정 변경을 요청했는가?
(A) 식당 시설을 둘러보기 위해
(B) 세미나 주제를 살펴보기 위해
(C) 잠재적 파트너와 만나기 위해
(D) 긴급한 고객 회의에 참석하기 위해

해설 레나 우씨의 이메일인 두 번째 지문 첫 번째 단락에서 출발 시점에 대해 고민하는 내용이 나온다. 고민의 이유가 한 주방용품 디자이너를 만나고 싶은데, 그 사람이 제휴를 맺는 데 관심이 있을 수 있기 때문(I'd also like to meet one of the kitchenware designers presenting that night—he may be interested in partnering)이라고 말하고 있으므로 (C)가 정답이다.

어휘 tour v. ~을 둘러보다, ~을 견학하다 dining 식사 facility 시설(물) potential 잠재적인 urgent 긴급한

Paraphrase be interested in partnering
⇒ a potential partner

200 우 씨가 엘리슨 씨의 제안을 바탕으로 무엇을 했을 것 같은가?
(A) 지역 공급업체를 방문했다.
(B) 근처의 카페에서 식사했다.
(C) 심포지엄에서 일찍 떠났다.
(D) 제휴 호텔에 머물렀다.

해설 세 번째 지문 상단에 택시 하차 위치로 '바질 & 타임 카페(Drop-off Location: Basil & Thyme Café)'가 적혀 있다. 그런데 이곳은 첫 번째 지문 마지막 단락에서 엘리슨 씨가 역 근처에서 간단히 식사하기 좋은 곳(if you're in the mood for a quick bite near the station, there's a charming café called Basil & Thyme)으로 소개한 카페이므로, 그곳에서 식사를 한 것으로 추론한 (B)가 정답이다.

어휘 based on ~을 바탕으로 suggestion 제안, 의견 local 지역의, 현지의 supplier 공급업체, 공급업자 dine 식사하다

Inference in the mood for a quick bite near the station ⇒ dine at a nearby café

PART 7 실전 모의고사 TEST 4

정답

147. (D)	148. (B)	149. (B)	150. (C)	151. (B)	152. (B)
153. (C)	154. (C)	155. (C)	156. (D)	157. (D)	158. (B)
159. (A)	160. (C)	161. (B)	162. (B)	163. (A)	164. (B)
165. (A)	166. (B)	167. (C)	168. (B)	169. (C)	170. (C)
171. (B)	172. (A)	173. (B)	174. (A)	175. (A)	176. (B)
177. (D)	178. (A)	179. (C)	180. (D)	181. (B)	182. (D)
183. (C)	184. (B)	185. (C)	186. (B)	187. (C)	188. (B)
189. (B)	190. (D)	191. (C)	192. (D)	193. (A)	194. (C)
195. (C)	196. (C)	197. (D)	198. (D)	199. (B)	200. (A)

147-148 다음 이메일을 참조하시오.

수신: 윌리엄 뮤지카 <w.mujica@hmail.com>
발신: 노어브리지 IT 서비스 <it.service@norbridge.com>
날짜: 7월 15일
제목: 확인

뮤지카 씨께,

147 이 이메일은 7월 14일에 이뤄진 귀하의 요청이 승인되었음을 확인해 드리기 위한 것입니다. 귀하의 요청은 처리되었습니다. **147** 귀하의 계정은 아래 기재된 날짜에 폐쇄될 예정입니다. 그때까지는 여전히 소식도 받아 보시고 결제도 하실 수 있습니다. **148** 그때가 되기 전에, 모든 중요 메시지 또는 문서를 반드시 백업해 두시기 바랍니다.

148 비활성화 날짜: 7월 31일

감사합니다.

앨리샤 브렌트, 기술 지원 전문 담당

어휘 confirmation 확인(서) confirm ~을 확인해 주다 approval 승인 request 요청(서) process ~을 처리하다 account 계정, 계좌 list ~을 기재하다, ~을 목록에 올리다 be able to do ~할 수 있다 receive ~을 받다 make a payment 결제하다, 지불하다 make sure to do 반드시 ~하도록 하다 deactivation 비활성화

147 이메일의 목적이 무엇인가?
(A) 어떤 정보를 바로잡는 것
(B) 새로운 계정을 여는 것
(C) 결제 금액을 이체하는 것
(D) 취소를 확인해 주는 것

해설 지문이 목적을 이끄는 표현 This is to do 형태로 시작한다. 그러므로 그 뒤의 confirm approval of your request가 이메일을 보낸 목적이다. 그런데 요청이 무엇인지 아직 드러나지 않았는데, 이럴 때는 글을 다시 읽기보다 confirm 뒤의 cancelation에 해당하는 키워드가 지문에 있는지 확인하는 것이 빠르다. 다음 문장에 Your account ~ closure, Deactivation이 계정 취소를 나타내므로 (D)가 정답이다.

어휘 correct v. ~을 바로잡다, ~을 정정하다 transfer ~을 이체하다, ~을 이전하다 cancellation 취소

Paraphrase closure / deactivation ⇒ cancellation

148 뮤지카 씨가 7월 31일까지 반드시 무엇을 해야 하는가?
(A) 한 묶음의 서류를 우송하는 일
(B) 아주 중요한 데이터를 저장하는 일
(C) 은행을 방문하는 일
(D) 브렌트 씨에게 전화하는 일

해설 질문에 언급되는 7월 31일은 계정 비활성화 날짜로(Deactivation date: July 31) 표기되어 있다. 그리고 그 앞에서 before that time(=July 31)까지 할 일을 Please make sure to back up any important messages or documents라고 당부하므로, back up을 save로 패러프레이즈한 (B)가 정답이다.

어휘 by (기한) ~까지 packet 묶음, 다발 critical 아주 중요한

Paraphrase back up any important messages or documents ⇒ Save critical data

149-150 다음 문자 메시지 대화를 참조하시오.

니나 가비 [오후 5:08]
안녕하세요, 알렉스 씨, 제가 주말 디지털 기술 수업에 대한 일정을 최종 확정하려는 중입니다. 여전히 토요일 오전 시간들을 맡기에 괜찮으세요? 그러시다면, 제가 나머지 시간들을 처리할 수 있습니다.

알렉스 메넌 [오후 5:11]
안녕하세요, 니나 씨, 확인해 주셔서 감사합니다. 여전히 저도 참여하고 싶지만, 제가 막 지역 문화센터에서 한 가지 일을 맡아서, 시간이 더 빠듯해질 겁니다. 제가 그곳에서 시와 창의적 글쓰기 강좌에 도움을 줄 예정이거든요.

니나 가비 [오후 5:13]
전적으로 이해합니다. **149** 필요하다면, 제가 토요일 두 번을 대신할 수 있으니까, 나머지 두 번만 해 주시면 됩니다.

알렉스 메넌 [오후 5:14]
그럼 저는 좋습니다. 그렇게 하면, 제가 두 가지 일을 오가면서 잘 해낼 수 있을 겁니다.

니나 가비 [오후 5:15]
그리고, **150** 이번 학기 계획은 HTML 기초 대신 스크래치를 이용한 PC 비디오 게임 코딩으로 초점을 변경합니다.

알렉스 메넌 [오후 5:16]
완벽합니다! 저한테 업데이트해서 쓸 수 있는 오래된 슬라이드 모음이 좀 있습니다. 아, 그리고 만나서 강의실 설치에 필요한 기술 관련 사항들을 살펴봐야 합니다.

어휘 finalize ~을 최종 확정하다 session (특정 활동을 위한) 시간 lead ~을 진행하다, ~을 이끌다 handle ~을 처리하다, ~을 다루다 check in (상태, 정보 등과 관련해) 확인해 보다 would love to do 꼭 ~하고 싶다 take on ~을 맡다 local 지역의 community center 지역 문화 센터 tight (일정, 비용 등) 빠듯한, 빡빡한 help with ~에 대해 돕다 poetry 시 creative 창의적인 totally 전적으로, 완전히 if needed 필요하다면 cover (업무, 역할 등) ~을 대신해 주다 work for (일정, 계획 등이) ~에게 좋다 allow A to do: A가 ~할 수 있게 해 주다 juggle ~을 효율적으로 하다, ~을 잘 조절하다 commitment 약속(한 일), 책무 term 학기, 기간 shift v. ~을 변경하다 focus 초점, 중점 instead of ~ 대신 slide deck 슬라이드 모음 go over ~을 살펴 보다, ~을 검토하다 setup 준비, 설치, 설정

149 오후 5시 14분에, 메넌 씨가 "그럼 저는 좋습니다"라고 쓸 때 무엇을 의미하는가?
(A) 이미 매주 토요일에 근무할 예정이다.
(B) 가비 씨와 일부 교대 근무를 나눠서 할 수 있다.
(C) 해당 주의 다른 요일에 일하는 것을 선호한다.
(D) 하나 이상의 시간을 진행하고 싶어 한다.

해설 'That works for me'는 앞서 제시된 내용이 자신의 맘에 든다고 동의하는 표현이다. 그러므로 앞의 제안을 확인해야 한다. 5시 13분에 가비 씨가 I can cover two Saturdays, and you can do the other two라고 제안한 방법을 split some shifts라고 추론한 (B)가 정답이다.

어휘 be scheduled to do ~할 예정이다 be able to do ~할 수 있다 split (몫 등) ~을 나누다 shit 근무(조) prefer to do ~하는 것을 선호하다

Inference I can cover two Saturdays, and you can do the other two ⇒ split some shifts

150 어떤 종류의 워크숍이 준비되고 있는가?
(A) 창의적인 글쓰기
(B) 소셜 미디어 마케팅
(C) 소프트웨어 개발
(D) 팀 단합

해설 가비 씨의 5시 15분 메시지에서, HTML 기초 대신 스크래치를 이용한 PC 비디오 게임 코딩으로 변경하자며(shift the focus to coding for PC video games using Scratch, instead of basic HTML) 학습 계획을 언급하고 있다. 이 학습 주제는 소프트웨어 개발 영역으로 추론할 수 있으므로 (C)가 정답이다.

어휘 organize ~을 준비하다, ~을 조직하다

Inference coding for PC video games / basic HTML ⇒ Software development

151-152 다음 구인 광고를 참조하시오.

고객 관리 – 사원

직책 요약:
동부 해안을 따라 이어지는 지역에서 여행객들에게 잘 알려진 목적지인, 저희 더 헤리티지 쇼어라인 리조트가 케이프 윈저 지점의 정규직 고객 관리 사원을 고용합니다.

직무:
1. 고객 일정 관리 및 사건 보고를 포함해, **151** 안내데스크 직원들에게 직접적인 지원 제공
2. 단체 투어 편성 및 지역 판매업체와의 협력
3. 방문객 기록 유지, 서비스 요청 관리, 그리고 고객 의견 보고 관련 지원

필수 자격 요건 / 학력:
고등학교 교육 과정 이수 필수, 접객업 관련 자격증 소지자 선호

직무 능력:
1. 훌륭한 의사 소통 능력
2. 뛰어난 시간 관리 능력
3. 기본적인 컴퓨터 활용 능력

지원하시려면, 최신 이력서 및 간략한 자기 소개서를 h.malik@heritageshoreline.com에 이메일로 보내 주시기 바랍니다. **152** 최종 후보자 명단에 오른 지원자들께서는 면접 중에 간단한 컴퓨터 기반 평가를 완료하시게 될 것입니다.

어휘 guest relations 고객 관리, 고객 관계 유지 associate n. 사원, 동료, 동업자 position 직책, 일자리 summary 요약(본) well-known 잘 알려진 destination 목적지 along (길 등) ~을 따라 hire ~을 고용하다 location 지점, 위치 responsibility 책임(지고 있는 것) support 지원, 지지 including ~을 포함해 incident 사고 organize ~을 편성하다, ~을 조직하다 coordinate with ~와

협력하다, ~와 조율하다 local 지역의, 현지의 vendor 판매업체, 판매업자 maintain ~을 유지하다 log 기록 request 요청(서) assist with ~에 대해 지원하다[돕다] feedback 의견 required 필수의, 필요한 qualification 자격 (요건), 자격증 hospitality 접객(업) certification 자격증, 인증(서) preferred 선호하는 computer literacy 컴퓨터 활용 능력 apply 지원하다, 신청하다 current 현재의 résumé 이력서 brief 간략한, 짧은 cover letter 자기 소개서 shortlist v. ~을 최종 후보자 명단에 올리다 applicant 지원자, 신청자 complete ~을 완료하다 A-based: A 기반의 assessment 평가(서)

151 해당 일자리와 관련해 언급된 것은 무엇인가?
(A) 잦은 출장을 포함한다.
(B) 안내데스크 직원을 지원한다.
(C) 자격증을 필요로 한다.
(D) 글쓰기 능력을 수반한다.

해설 구체적인 직무를 설명하는 두 번째 단락의 1번 항목에 안내데스크 직원들에게 직접적인 지원을 제공한다는(Offer direct support to front desk employees) 내용이 제시되어 있으므로 offer direct support to를 assists로 패러프레이즈한 (B)가 정답이다.

어휘 include ~을 포함하다 heavy (정도, 수량 등이) 많은, 심한 reception 안내 데스크 involve ~을 수반하다, ~와 관련되다

Paraphrase Offer direct support to front desk employees ⇒ assists reception staff

152 지원자가 면접 시간에 무엇을 할 것인가?
(A) 역할극에 참가하기
(B) 디지털 능력 시험을 치르기
(C) 건강검진 결과 보고서를 제공하기
(D) 고객 의견을 평가하기

해설 면접과 관련된 정보가 제시되는 마지막 단락에서, 최종 후보자 명단에 오른 지원자들이 면접 중에 간단한 컴퓨터 기반 평가를 완료한다는(Shortlisted applicants will complete a short computer-based assessment during their interview) 내용이 쓰여 있으므로 (B)가 정답이다.

어휘 participate in ~에 참가하다 role play 역할극 medical check-up 건강검진 evaluate ~을 평가하다

Paraphrase complete a short computer-based assessment ⇒ Take a digital skills test

153-154 다음 웹페이지를 참조하시오.

www.barnsleyrecruitment.com/home

153 최근 학위를 취득해 여러분의 직업 여정을 시작하실 준비가 되어 있으신가요? **154** 저희 반즐리 리크루트먼트에서는, 재능 있는 젊은 분들을 그래픽 디자인에서부터 생명 공학과 건설에 이르는, 다양한 업계 전반에 걸쳐 최고의 고용주들과 연결해 드리는 일을 전문으로 하고 있습니다.

개인 맞춤형 직업 소개: 여러분 고유의 능력 및 열망이 이상적인 취업 기회와 방향이 일치하도록 돕습니다.
업계 제휴 관계: 일류 기업들과 협력해 사원급 인력을 독점 공급합니다.
직업 경력 개발 지원: 자원과 지침을 제공하여 여러분의 취업 가능성을 향상시킵니다.
지속 가능한 고용 관행: 특히 사회적 책임을 우선시하는 기업 내에서의 역할을 촉진합니다.

저희 플랫폼에 등록하시고, 개인 프로필 작성을 완료한 다음, 여러분의 수신함으로 바로 전달되는 맞춤 구직 추천 정보를 받아 보시기 바랍니다. 재방문 회원들은 개인 코드를 통해 저희 프리미엄 취업 코칭 서비스에 대해 10퍼센트 할인 혜택도 받을 수 있습니다.

어휘 recently 최근에 obtain ~을 획득하다, ~을 얻다 degree 학위 kick-start ~을 시작하다, ~에 착수하다 specialize in ~을 전문으로 하다 connect A with B: A를 B와 연결해 주다 talented 재능 있는 individual n. 사람, 개인 industry 업계, 산업 biotechnology 생명 공학 personalized 개인에게 맞춤 제공되는 help do ~하도록 도와 주다 align A with B: A와 B의 방향성을 일치시키다, A를 B에 맞게 조정하다 ideal 이상적인 career 진로, 경력, 직장 생활 opportunity 기회 collaborate with ~와 협업하다, ~와 공동 작업하다 leading 손꼽히는, 일류의 exclusive 독점적인 entry-level 사원급의 position 직책, 일자리 resource 자원 guidance 지침, 안내 enhance ~을 향상시키다, ~을 강화하다 employability 취업 가능성 sustainable 지속 가능한 practice 관행, 관례, 실행 promote ~을 홍보하다, ~을 증진하다 organization 단체, 기관 prioritize ~을 우선시하다 responsibility 책임 register 등록하다 complete ~을 완료하다 tailored 맞춤진 inbox (이메일 등의) 수신함 returning 재방문하는 enjoy ~을 누리다, 즐기다

153 웹페이지가 누구를 대상으로 할 것 같은가?
(A) 건설 공사 인부들
(B) 사업주들
(C) 최근 졸업생들
(D) 반즐리 리크루트먼트 직원들

해설 첫 단락에서 최근 학위를 취득해 직업 여정을 시작할 준비가

되어 있는지(Have you recently obtained your degree and are you ready to kick-start your professional journey?) 묻고 있다. recently obtained your degree를 Recent graduates로 패러프레이즈한 (C)가 정답이다.

어휘 be intended for ~을 대상으로 하다 owner 소유주, 주인 recent 최근의 graduate n. 졸업생

Paraphrase recently obtained your degree
⇒ Recent graduates

154 반즐리 리크루트먼트와 관련해 언급된 것은 무엇인가?
(A) 경영 교육을 제공한다.
(B) 여러 개의 업소를 운영하고 있다.
(C) 다양한 분야와 연결되어 있다.
(D) 신규 회원에게 할인을 제공해 준다.

해설 반즐리 리크루트먼트의 전문 분야에 관해 설명하는 첫 단락에, 재능 있는 젊은 사람들을 다양한 업계에 걸쳐 최고의 고용주들과 연결해 주는 일을 전문으로 한다(we specialize in connecting talented young individuals with top employers across various industries)라는 정보가 쓰여 있으므로 (C)가 정답이다.

어휘 training 교육, 훈련 operate ~을 운영하다, ~을 가동하다 location 지점, 위치 connection 연결 (관계) field 분야

Paraphrase connecting / across various industries
⇒ has connections in various fields

155-157 다음 기사를 참조하시오.

시애틀 (4월 29일) — 최고급 커피 로스팅 회사인 랄롱드 로스터즈가 최근, **156** 설립된 이후로 20주년을 맞았다.

155 이 업체는 온두라스에서 가족 기업의 소유주이자 운영자로서 사업을 시작한, 에밀리오 랄롱드 씨에 의해 시작되었다. 그는 나중에 미국으로 이주해 시애틀 지역에 자리를 잡았다. 랄롱드 씨는 작은 로스팅 시설을 열었고, 지역 카페들을 대상으로 하는 도매업에서 대부분의 수익을 올리며 성장했다.

10년 전, 랄롱드 로스터즈는 리카르도 레더 씨에 의해 인수되었다. **157** 현재, 이 회사는 여전히 가족 기업으로 운영되며 지역 사회에 기반을 두고 있다. 최근 몇 년 사이에, 현 최고운영이사이자 수석 로스터인 스테파니 레더 씨가 부친으로부터 점차 사업 전반을 물려받고 있다.

랄롱드 로스터즈는 다양한 카페와 식료품점, 그리고 온라인 고객들에게 공급한다. 이 업체는 고객 수요가 증가하고 다양해짐에 따라, 두 번째 로스팅 시설을 열어 신제품을 개발 중에 있다.

어휘 specialty coffee 최고급 커피, 특제 커피 recently 최근에 mark ~을 기념하다, ~에 해당하다 anniversary 연례 기념일 establish ~을 설립하다 commence ~을 시작하다 owner 소유주 operator 운영자 put down roots in ~에 뿌리를 내리다 facility 시설(물) grow 성장하다, 증가하다 profit 수익, 수입 wholesale 도매의 sales 영업, 판매(량), 매출 local 지역의, 현지의 be bought out by ~에 의해 인수되다 remain 여전히 ~이다 family-run 가족이 운영하는 community-rooted 지역사회에 기반한 operation 사업체, 운영 (주체), 영업 current 현재의 gradually 점차적으로 take over ~을 전수받다, ~을 물려받다 supply ~에 (상품을) 공급하다 grocery 식료품 in the process of ~하는 과정에 있는 demand 수요, 요구

155 기사의 주 목적이 무엇인가?
(A) 한 회사의 채용을 광고하기
(B) 한 업체의 위치 이전을 알리기
(C) 한 업체의 역사를 요약하기
(D) 효과적인 로스팅 기술을 설명하기

해설 두 번째 단락에서 랄롱드 로스터즈가 어떻게 시작되었는지(The business was started by Emilio Lalond, who commenced his career as the owner and operator of his family farm in Honduras) 설명한 뒤로, 그 설립 배경과 경영진의 변화, 현재의 회사 상황에 이르기까지 단락별로 설명하고 있으므로 (C)가 정답이다.

어휘 advertise ~을 광고하다 job opening 공석 relocation (위치) 이전, 재배치 summarize ~을 요약하다 describe ~을 설명하다 effective 효과적인

156 첫 번째 단락, 두 번째 줄의 단어 "established"와 의미가 가장 가까운 것은 무엇인가?
(A) 확인된
(B) 위치한
(C) 재정 지원을 받은
(D) 설립된

해설 접속사 since가 이끄는 절의 동사 established는 주절의 동사가 시작한 시점을 나타낸다. 그런데, 주절의 동사가 marked its twentieth anniversary이므로 established가 anniversary의 시작 시점임을 추론할 수 있다. 즉, 20년 전부터 매년 기념하는 날은 회사가 설립된 날을 의미하므로 (D)가 정답이다.

Paraphrase marked its twentieth anniversary
⇒ it was established

157 랄롱드 로스터즈와 관련해 현재 사실인 것은 무엇인가?
(A) 새로운 경영진을 고용하고 있다.
(B) 최근 영업을 중단했다.
(C) 시에서 가장 큰 고용주이다.
(D) 가족이 운영하는 업체이다.

해설 회사의 현재 상황을 설명하는 세 번째 단락에서, 현재 여전히 가족 운영 방식이며 지역사회에 근거한다(Today, the company remains a family-run and community-rooted operation)라고 쓰여 있으므로, family-run을 family-operated로 패러프레이즈한 (D)가 정답이다.

어휘 hire ~을 고용하다 management 경영(진) 관리(진) employer 고용주

Paraphrase a family-run ~ operation
⇒ a family-operated business

158-160 다음 이메일을 참조하시오.

발신: 베를린 기술 심포지엄
<noreply@techsymposiums.com>
수신: 브라이언 윌리스 <bwillis@bizmail.com>
날짜: 9월 6일, 오후 4:15
제목: 행사 준비

윌리스 씨께,

베를린 기술 심포지엄으로 떠날 귀하의 여행이 불과 일주일밖에 남지 않았습니다. 귀하의 노이호프 비즈니스 호텔 예약이 확정되었습니다. **158** 입실은 9월 13일 오후 2시이며, 퇴실은 9월 18일 오전 11시입니다. 비용 결제는 퇴실 후에 이뤄지므로, 지금 결제하실 필요는 없습니다.

귀하의 교통편과 관련된 사항을 곧 최종 확정하시도록 권해드립니다. **159 160** 저희 테크 심포지엄의 행사 참석자인 귀하는 사전 예약되는 공항 환승 서비스에 대해 15퍼센트 할인을 받으실 수 있습니다. 저희 여행 제휴업체들이 9월 10일까지만 이 판촉 행사를 제공해 드리고 있으므로, 신속히 예약하시기 바랍니다. 저희 웹사이트를 방문하여 선택 사항들을 확인하시고 예약하시기 바랍니다.

테크 심포지엄을 이용해 귀하의 컨퍼런스 여행을 준비해 주시는 것에 대해 감사드립니다. 생산적이고 즐거운 행사가 되기를 바랍니다!

테크 심포지엄 팀

어휘 preparation 준비, 대비 reservation 예약 confirm ~을 확정하다, ~을 확인해 주다 not A until B: B가 되어야 A하다 required 필요한, 필수적인 recommend -ing ~하도록 권하다 finalize ~을 최종 확정하다 transportation 교통(편) arrangement 준비 attendee 참석자 be eligible for ~에 대한 자격이 있다 pre-booked 사전에 예약된 transfer 환승, 이전, 이체 promotion 판촉 (행사), 홍보, 촉진, 승진 be sure to do 꼭 ~하다 act 조치하다, 움직이다 organize ~을 준비하다, ~을 조직하다 productive 생산적인

158 윌리스 씨가 언제 베를린에서의 숙박을 시작할 것인가?
(A) 9월 6일
(B) 9월 10일
(C) 9월 13일
(D) 9월 18일

해설 베를린 기술 심포지엄 참가를 위한 숙박 시설과 관련해 설명하는 첫 번째 단락에서, 호텔 입실 수속 시간이 9월 13일 오후 2시(Check-in is on September 13 at 2 P.M.)라고 알리고 있으므로 (C)가 정답이다.

159 이메일에 어떤 서비스가 포함되어 있는가?
(A) 공항 교통편에 대한 할인
(B) 입실 수속 시간 연장
(C) 무료 룸서비스 쿠폰
(D) 가이드 동반 도심 투어

해설 질문의 offer와 관련된 정보가 제시되는 두 번째 단락에 you are eligible for a 15% discount on pre-booked airport transfers라는 내용이 있으므로 transfers를 transportation으로 패러프레이즈한 (A)가 정답이다.

어휘 transportation 교통(편) extend ~을 연장하다, ~을 확장하다 voucher 쿠폰, 상품권 access to ~에 대한 이용, ~에 대한 접근 guided 가이드가 동반되는

Paraphrase a 15% discount on pre-booked airport transfers ⇒ A discount on airport transportation

160 [1], [2], [3], [4]로 표시된 위치들 중에서 다음 문장이 들어가기에 가장 적합한 곳은 어디인가?

"저희 웹사이트를 방문하여 선택 사항들을 확인하시고 예약하시기 바랍니다."

(A) [1]
(B) [2]
(C) [3]
(D) [4]

해설 제시된 문장의 make a booking과 이어지려면 앞에 예약할

수 있는 사항이 먼저 제시되어야 한다. 그러므로 pre-booked airport transfers 이후인 [3]의 위치에 들어가 예약 방법을 알리는 흐름이 자연스러우므로 (C)가 정답이다.

어휘 view ~을 보다 make a booking 예약하다

161-163 다음 웹페이지를 참조하시오.

> www.futurecurious.org/timecapsuleproject
>
> 추억 기부자 여러분, 환영합니다!
>
> **161** 노바 시티 과학 박물관을 통해 저희를 찾으셨나요? KZAP 유스 라디오에서 저희에 관한 이야기를 들으셨나요? 아니면, "금주의 기술 소식"에서 저희 코너를 시청하셨나요? 어떻게 이곳에 오시게 되었든 상관없이, 저희는 여러분과 함께하게 되어 대단히 기쁩니다.
>
> 단 몇 번만 클릭하시면 저희 '타임 캡슐' 프로젝트에 기여하실 수 있습니다! **162** 저희는 디지털 금고에 밀봉되어 지금으로부터 30년 후에 개봉될 일상생활 속의 아이디어와 예측, 그리고 스냅 사진들을 수집하고 있습니다. 이 양식은 작성에 10분 정도 소요될 것이며, **163** 별표로 표시되지 않은 모든 질문은 건너뛰셔도 됩니다.
>
> 사생활 보호, 또는 여러분의 답변이 어떻게 이용될지에 대해 궁금하신가요? 그러시다면, 저희 프로젝트 책임자인 카밀라 나이 씨에게 camilla@futurecurious.org로 연락하시기 바랍니다.
>
> 캡슐 코드: #TN395
> 답변 양식에 접속하시려면 **여기**를 클릭하세요.

어휘 catch (TV, 영화 등) ~을 보다 segment (TV 등의) 코너 no matter how 어떻게 ~하든 (상관없이) land 도달하다, 도착하다 be thrilled to do ~해서 대단히 기쁘다, ~해서 짜릿하다 contribute to ~에 일조하다, ~에 기여하다 collect ~을 수집하다, ~을 모으다 prediction 예측 snapshot 스냅 사진 (순간적으로 찍은 자연스러운 사진) seal ~을 밀봉하다 vault 금고 form 양식, 서식 take ~의 시간이 걸리다 around 약, 대략 complete ~을 완료하다 be welcome to do 얼마든지 ~해도 좋다 skip ~을 건너뛰다 mark ~을 표시하다 asterisk 별표 If so (앞선 말에 대해) 그렇다면 contact ~에게 연락하다 lead 팀장, 책임자 access ~에 접근하다, ~을 이용하다

161 '타임 캡슐 프로젝트'와 관련해 암시된 것은 무엇인가?
(A) 유스 라디오 프로그램에 의해 시작되었다.
(B) 여러 경로를 통해 홍보되었다.
(C) 올 연말 전에 완료되어야 한다.
(D) 참가자들이 소유한 실물들을 포함할 것이다.

해설 첫 단락 첫 문장에서, 노바 시티 과학 박물관을 통해 찾았는지, 아니면 KZAP 유스 라디오에서 이야기를 들었는지, 또는 "금주의 기술 소식"에서 자신들의 코너를 시청했는지(Did you find us through the Nova City Science Museum, hear about us on KZAP Youth Radio, or catch our segment on "This Week in Tech"?) 묻고 있다. 이것에서 여러 곳에서 홍보를 했다는 것을 추론할 수 있으므로 (B)가 정답이다.

어휘 launch ~을 시작하다, ~을 출시하다 promote ~을 홍보하다, ~을 촉진하다, ~을 승진시키다 channel (소통 등의) 경로 include ~을 포함하다 physical 물리적인, 물질적인 possession 소유(물) participant 참가자

162 프로젝트의 목적이 무엇인가?
(A) 과학 박람회 출품작을 모으기
(B) 미래에 보기 위한 콘텐츠를 수집하기
(C) 참가자들을 박물관 투어에 등록하기
(D) 가장 진보한 기기들을 평가하기

해설 타임 캡슐 프로젝트와 관련해 설명하는 두 번째 단락에 디지털 금고에 밀봉되어 30년 후에 개봉될 일상 생활 속의 아이디어와 예측들, 그리고 스냅 사진들을 수집하고 있다고(We're collecting ideas, predictions, and snapshots of everyday life to be sealed in a digital vault and opened 30 years from now) 쓰여 있으므로 (B)가 정답이다.

어휘 gather ~을 모으다 fair 박람회, 축제 마당 entry 출품(작), 참가(작) viewing 보기, 관람 register A for B: A를 B에 등록하다 evaluate ~을 평가하다 advanced 진보한, 발전된, 고급의 device 기기, 장치

Paraphrase collecting ideas, predictions, and snapshots ⇒ collect content
opened 30 years from now ⇒ for future viewing

163 답변 양식과 관련해 암시된 것은 무엇인가?
(A) 의무적이지 않은 질문들을 포함하고 있다.
(B) 인쇄해 우편으로 제출해야 한다.
(C) 신분증 사진을 동반해야 한다.
(D) 노바 시티 과학 박물관에서 받을 수 있다.

해설 답변 양식 작성과 관련해서는 두 번째 단락의 The form 문장을 확인해야 한다. 별표로 표시되지 않은 질문은 건너뛰어도 된다(you're welcome to skip any questions that are not marked with an asterisk)라고 쓰여 있는데,

skip any questions를 contain some non-mandatory questions로 추론한 (A)가 정답이다.
- 어휘 contain ~을 포함하다, ~을 담고 있다 mandatory 의무적인 submit ~을 제출하다 be accompanied with ~을 동반하다 obtain ~을 받다, ~을 획득하다
- Inference skip any questions
  ⇒ contain some non-mandatory questions

164-167 다음 정보를 참조하시오.

164 랜즈다운 시가 선별된 지하철 역사의 승강장 스크린 도어에 대한 설계 및 설치 제안서를 받고 있습니다. 이 계획은 선로와 관련된 사고를 줄임으로써 승객 안전을 향상시키는 것이 목표입니다.

현재, 랜즈다운의 지하철 승강장들은 승객들을 열차로부터 보호하는 물리적 차단막이 부족합니다. 전 세계의 많은 도시들이 승강장 스크린 도어를 도입했으며, 심지어 일부에서는 폭발 방호장치 등을 추가하기도 했습니다. **165** 연구에 따르면, 이러한 시스템들이 대단히 효과적이어서, 상당한 사고 감소로 이어집니다.

167 선정된 계약업체가 12곳이 넘는 지하철 역에 승강장 스크린 도어를 설치할 것입니다. 이 도어는 기존의 열차 차종과 호환되어야 하며, **166** 사람과 동물, 그리고 기타 움직이는 물체를 감지할 수 있는 안전 센서가 장착되어 있어야 합니다. 최소 95퍼센트의 무오류 가동 시간이 필수적입니다. 승강장 도어는 객차 숫자와 객차 출입문 위치, 그리고 승강장 길이를 포함해, 반드시 열차 구성에 부합해야 하며, 접근하는 열차와 함께 실시간으로 작동할 수 있는 신호 전달 체계가 통합되어야 있어야 합니다.

상세 진행 일정을 포함해, 최종 제안서는 8월 17일 오전 12시까지 transitauthority@cityoflandsdown.gov 랜즈다운 교통국으로 제출되어야 합니다.

- 어휘 accept ~을 받아들이다 proposal 제안(서) installation 설치 select a. 선별된, 엄선된 v. ~을 선정하다 initiative n. 계획, 솔선수범, 진취(성) aim to do ~하는 것을 목표로 하다 improve ~을 개선하다 by (방법) ~함으로써, ~해서 reduce ~을 줄이다, ~을 감소시키다 A-related: A와 관련된 incident 사고 lack v. ~이 부족하다 physical 물리적인, 물질적인 barrier 장벽, 장애물 worldwide 전 세계에 introduce ~을 도입하다, ~을 소개하다 with A -ing: A가 ~하면서, A가 ~하는 채로 add ~을 추가하다 blast protection (폭발로부터 보호하는) 폭발 방호장치 effective 효과적인 lead to ~로 이어지다 significant 상당한, 많은 contractor 계약업체, 계약업자 compatible 호환되는 existing 기존의 be equipped with ~이 장착되다, ~을 갖추고 있다 capable of -ing ~할 수 있는 detect ~을 감지하다 minimum 최고의 operational uptime (무오류) 가동 시간 required 필수적인, 필요한 correspond to ~에 부합하다, ~와 일치하다 configuration 구성, 배열 including ~을 포함해 integrate ~을 통합하다 signaling 신호 전달 in real time 실시간으로 approach 접근하다 detailed 상세한 timeline 진행 일정(표) submit ~을 제출하다 by (기한) ~까지

164 정보의 목적이 무엇인가?
(A) 도시의 대중교통 문제들을 상세히 설명하기
(B) 도시 프로젝트를 위한 입찰을 모집하기
(C) 지하철 이용의 이점을 홍보하기
(D) 열차 디자인의 역사를 간략히 설명하기

- 해설 첫 단락 첫 문장에 랜즈다운 시에서 선별된 지하철 역 내의 승강장 스크린 도어에 대한 설계 및 설치를 위한 제안서를 받고 있다고(The City of Landsdown is accepting proposals for the design and installation of platform screen doors ~) 알린 후, 그 계획과 관련된 정보를 제공하는 것으로 지문이 구성되어 있다. 스크린 도어 설계 및 설치를 위한 제안서를 받는다는 말은 그 프로젝트의 시행을 위해 업체로부터 입찰을 받는 것과 같으므로 (B)가 정답이다.
- 어휘 detail ~을 상세히 설명하다 public transportation 대중교통 issue 문제, 사안 seek ~을 얻으려 하다, ~을 구하다 bid 입찰(액) promote ~을 홍보하다, ~을 촉진하다, ~을 승진시키다 benefit 이점, 혜택 ride ~을 타다 outline ~을 간략히 설명하다
- Paraphrase accepting proposals for the design and installation of platform screen doors
  ⇒ seek bids for a city project

165 정보 내용에 따르면, 다른 도시에서 스크린 도어를 설치한 것에 따른 결과가 무엇이었는가?
(A) 더 적은 안전 사고
(B) 더 높은 열차 요금
(C) 더 많은 승객
(D) 열차 내의 소음 감소

- 해설 두 번째 단락에서 다른 도시의 설치 사례를 언급하면서, 그 시스템들이 상당한 사고 감소로 이어진다(leading to a significant reduction in accidents)는 연구 결과를 알리고 있으므로 (A)가 정답이다.
- 어휘 result 결과 fare (교통) 요금 reduction 감소
- Paraphrase a significant reduction in accidents
  ⇒ Fewer safety incidents

166 제안된 스크린 도어와 관련해 언급된 것은 무엇인가?
(A) 기존의 열차 출입문과 연결되어야 한다.
(B) 지역 회사에 의해 제조되어야 한다.
(C) 움직임을 감지할 수 있어야 한다.
(D) 전자 키카드로 작동되어야 한다.

해설 세 번째 단락에서 스크린 도어의 구체적인 특징이 언급되고 있다. 그 첫 번째로 사람과 동물, 그리고 기타 움직이는 물체를 감지할 수 있는 안전 센서가 장착되어 있어야 한다(equipped with safety sensors capable of detecting people, animals, and other moving objects)는 조건이 나오므로, detecting people, animals, and other moving objects를 motion으로 패러프레이즈한 (C)가 정답이다.

어휘 connect to ~와 연결되다 manufacture ~을 제조하다 local 현지의, 지역의 be able to do ~할 수 있다 sense v. ~을 감지하다

Paraphrase detecting people, animals, and other moving objects ⇒ sense motion

167 랜즈다운 교통국과 관련해 사실인 것은 무엇인가?
(A) 지하철 차량들을 업그레이드할 필요가 있다.
(B) 열차에 동물이 타는 것을 허용하지 않는다.
(C) 12곳이 넘는 지하철 역을 운영하고 있다.
(D) 8월까지 해당 프로젝트를 끝마칠 계획이다.

해설 세 번째 단락에서, 선정된 계약업체가 12곳이 넘는 지하철 역에 승강장 스크린 도어를 설치할 것(The selected contractor will install platform screen doors at more than 12 subway stations)이라고 밝히고 있다. 그러므로 more than 12 subway stations를 over a dozen subway stations으로 패러프레이즈한 (C)가 정답이다.

어휘 improve ~을 개선하다 allow ~을 허용하다 operate ~을 운영하다, ~을 가동하다 dozen 12개 plan to do ~할 계획이다 by (기한) ~까지

Paraphrase at more than 12 subway stations ⇒ over a dozen subway stations

168-171 다음 온라인 채팅을 참조하시오.

그레이디 박 (오전 7:42)
안녕하세요, 피오나 씨 그리고 조디 씨. 저는 지금 지역 문화센터로 향하고 있습니다. **168** 두 분 중 한 분이 미술용품이 204호실에 도착했는지 확인해 주시겠어요? 워크숍이 9시에 시작하기 때문에, 준비되어 있어야 합니다.

피오나 메이어 (오전 7:43)

제가 벌써 도착해 있습니다. 그 방에 들러서 제대로 배송되었는지 확인해 보겠습니다.

조디 윈 (오전 7:45)
저는 5분 남았습니다. 이게 **171** 청소년 캠프 참가자들을 위한 수채화 수업 맞죠? 용품 목록에 몇 가지 변동 사항이 있었던 것으로 기억해요.

그레이디 박 (오전 7:46)
네, 그게 맞습니다. 새 붓과 팔레트들이 어제 도착했어야 해요. **169** 조디 씨, 건조대와 싱크대들을 좀 준비해 주시겠어요?

조디 윈 (오전 7:48)
그럴게요. **170** 제가 어젯밤에 상자들을 내리는 걸 도왔기 때문에, 아마 비품실에 있을 겁니다.

피오나 메이어 (오전 7:49)
감사합니다, 조디 씨. 저는 앞치마를 가져오고, 환기를 위해 창문들을 열어 놓을게요.

조디 윈 (오전 7:50)
좋습니다. **171** 피오나 씨, 학부모들이 주변에 계실 경우에 대비해 수업 계획서도 10부 출력해 주시겠어요?

그레이디 박 (오전 7:51)
팀워크가 대단합니다, 늘 그렇듯이요. 두 분 모두 곧 뵙겠습니다!

어휘 head to ~로 향하다, ~로 가다 community 지역사회 supplies 용품, 물품 arrive 도착하다 kick off 시작되다 prepared 준비된 make sure (that) ~인지 확인하다, 반드시 ~하도록 하다 watercolor 수채화 should have p.p. ~했어야 했다 arrive 도착하다 set up ~을 준비하다, ~을 설치하다, ~을 설정하다 rack 거치대, 걸이 help do ~하는 것을 돕다 grab ~을 가져오다 apron 앞치마 ventilation 환기, 환풍 lesson outline 수업 계획서 in case (that) ~할 경우에 (대비해) stick around 주변에 머물러 있다 as always 늘 그렇듯이

168 박 씨가 왜 첫 번째 메시지를 보냈는가?
(A) 방 예약을 확정하기 위해
(B) 준비 과정에 대한 도움을 요청하기 위해
(C) 수업 시간표를 업데이트하기 위해
(D) 참가자 의견에 관해 묻기 위해

해설 박 씨의 첫 번째 메시지에서, 미술용품이 204호실에 도착했는지 확인해 달라고 요청하면서, 워크숍이 9시에 시작하기 때문에 준비되어 있어야 한다(The workshop kicks off at 9:00 and we need to be prepared) 밝히고 있다. 이는 워크숍 준비에 대해 도움을 요청하는 것이므로 (B)가 정답이다.

어휘 confirm ~을 확정하다 reservation 예약 request ~을 요청하다 assistance with ~에 대한 도움[지원] preparation 준비 participant 참가자 feedback 의견

169 오전 7시 48분에, 윈 씨가 "그럴게요"라고 쓸 때 무엇을 의미할 것 같은가?
(A) 충분한 용품이 있을 거라고 생각한다.
(B) 몇몇 물감 붓들을 세척할 것이다.
(C) 반드시 싱크대가 준비되도록 할 것이다.
(D) 몇 가지 물품을 주문하는 것을 잊었다.

해설 표현의 바로 앞 메시지에서 박 씨가 조디 씨에게 건조대와 싱크대들을 준비해 달라(Jodie, could you set up the drying racks and check the sinks?)고 요청하는 것을 수락하면서 대답하는 흐름이다. 즉, 박 씨의 요청대로 건조대와 싱크대들을 준비하겠다는 의미이므로 (C)가 정답이다.

어휘 enough 충분한 make sure 꼭 ~하다 forget to do ~하는 것을 잊다 order ~을 주문하다 material 물품, 재료, 자료

170 윈 씨가 어제 무엇을 했는가?
(A) 물감 붓과 팔레트를 세척하기
(B) 환기 시스템을 테스트하기
(C) 몇 개의 배송 박스를 운반하기
(D) 워크숍을 위해 좌석을 배치하기

해설 조디 윈 씨가 7시 48분에 작성한 메시지에서, 지난 밤에 박스들을 내리는 것을 도왔다(I helped unload the boxes last night)라고 말하므로, unload the boxes를 move some delivery boxes로 패러프레이즈한 (C)가 정답이다.

어휘 wash ~을 씻다, 세척하다 palette 팔레트, 물감, 색조 delivery 배달, 배송 assign ~을 배정하다, ~을 할당하다

Paraphrase unloaded the boxes
⇒ Move some delivery boxes

171 수채화 워크숍과 관련해 암시된 것은 무엇인가?
(A) 야외에서 열릴 것이다.
(B) 학부모가 참관할 수 있다.
(C) 두 명의 강사가 가르칠 것이다.
(D) 하루 전날 일정이 재조정되었다.

해설 조디 윈 씨가 7시 50분에 작성한 메시지에서, 학부모 주변에 머물러 있을 경우에 대비해 수업 계획서를 10부 출력해 달라(Can you also print ten copies of the lesson outline in case any parents stick around?)라고 피오나 씨에게 요청하고 있다. 그러므로 in case any parents stick around를 include parent observers라고 패러프레이즈한 (B)가 정답이다. 수업이 수채화 수업 하나밖에 없으므로 굳이 7시 45분의 수채화 수업 언급을 확인할 필요는 없다.

어휘 hold ~을 개최하다 include ~을 포함하다 observer 참관자 instructor 강사 reschedule ~의 일정을 재조정하다 previous 이전의, 과거의

172-175 다음 후기를 참조하시오.

한적한 그린빌에서 정통 일본 요리를 발견하세요

175 어떤 분들은 아직도 일본 전통 풍미의 진수를 맛보기 위해 도쿄나 오사카로 여행할 필요가 없다는 사실을 깨닫지 못하고 있습니다. **사실, 음식 애호가들은 바로 이곳 그린빌에서 그것을 경험하실 수 있습니다.** **172** 지역 주민들은 그린빌을 경치 좋은 언덕과 농지로 둘러싸인 평화로운 시골 마을로 알고 있습니다. 이곳은 또한 미드뷰 대학교를 비롯해, 뜻밖에도, 놀라운 식당 하나가 자리잡고 있는 곳이기도 합니다. 지역에서 최고의 일식당 중 하나로 널리 알려진 '사쿠라 테이블'은 길거리 스타일의 인기 음식들부터 세련된 계절 요리들에 이르는 다양한 메뉴를 제공합니다. **173** 신선하고 때로는 흔치 않은 재료를 사용하는 덕분에, 메뉴가 자주 바뀝니다. 이 식당은 또한 일본 내 여러 지방에서 나오는 지역 특산물을 선보이는 월간 시식 행사도 개최합니다.

음식 평론가들은 전통적인 기술과 상차림에 대한 헌신에 대해 '사쿠라 테이블'을 칭찬합니다. 가장 주목할 만한 것은, 이곳이 요리사 히로키 사카모토의 조리법에서 영감을 얻은 24가지가 넘는 요리를 제공한다는 사실이며, **174** 그의 업적은 지난 1세기 동안 일본 전역의 여러 요리계에서 기념해 왔습니다.

이 식당은 매일 오전 11부터 오후 9시까지 영업하며, 매주 금요일과 토요일에는 오후 11시까지 영업 시간이 연장됩니다. 좌석 공간이 제한적이므로 예약이 권장됩니다.

어휘 diner 식사 손님 discover ~을 발견하다 authentic 정통의, 진짜의 cuisine 요리 realize that ~임을 깨닫다 essence 정수, 본질 traditional 전통적인 flavor 풍미, 맛 local n. 지방 주민, 현지인 rural 시골의 surrounded by ~로 둘러싸인 unexpectedly 뜻밖에, 예기치 못하게 remarkable 놀라운, 주목할 만한 considered A: A라고 여겨지는 spot 장소, 자리, 곳 region 지역 diverse 다양한 range from A to B: 범위가 A에서 B에 이르다 favorite n. 인기 있는 것, 좋아하는 것 refined 세련된, 정제된 due to ~로 인해, ~ 때문에 rare 흔치 않은, 드문 ingredient (음식) 재료, 성분 hold ~을 개최하다

showcase ~을 선보이다 regional 지역적인 specialty 특산물, 특제품 critic 평론가 praise A for B: B 때문에 A를 칭찬하다 dedication 헌신, 전념 presentation (음식 등) 차림새, 제공 (방식) notably 주목할 만하게, 두드러지게, 특히 feature ~을 특징으로 하다 dozen 12개 inspire ~에 영감을 주다 recipe 조리법 celebrate ~을 기념하다, ~을 축하하다 culinary 요리의 circle ~계, 분야 extend ~을 연장하다, ~을 확장하다 reservation 예약 limited 제한적인 seating 좌석 공간

172 후기에서 그린빌 마을과 관련해 언급하는 것은 무엇인가?
(A) 평화로운 환경에 자리잡고 있다.
(B) 일본 이민자들에 의해 설립되었다.
(C) 여러 국제적인 레스토랑이 있다.
(D) 연례 음식 축제를 주최한다.

해설 두 번째 단락에서, 사람들이 그린빌을 경치 좋은 언덕과 농지로 둘러싸인 평화로운 시골 마을로 알고 있다(Locals know Greenville as a peaceful rural town surrounded by scenic hills and farmland)라고 하는 것에서, a peaceful rural town을 a peaceful setting으로 패러프레이즈한 (A)가 정답이다.

어휘 be situated in ~에 자리잡고 있다 setting 환경, 배경 found ~을 설립하다 immigrant 이민자 host ~을 주최하다 annual 연례적인, 해마다의

Paraphrase a peaceful rural town
⇒ is situated in a peaceful setting

173 해당 레스토랑과 관련해 언급된 것은 무엇인가?
(A) 여러 아시아 요리를 전문으로 한다.
(B) 재료 수급 상황에 따라 제공 서비스를 변경한다.
(C) 전국 요리 상을 받았다.
(D) 주말마다 요리 강좌를 제공한다.

해설 '사쿠라 테이블'과 관련된 구체적인 정보가 제시되는 두 번째 단락에, 신선하면서 때로는 흔치 않은 재료의 이용으로 인해 메뉴가 자주 바뀐다는(Due to the use of fresh and sometimes rare ingredients, the menu changes frequently) 사실이 쓰여 있으므로 이러한 변동성 및 그 이유를 언급하는 (B)가 정답이다.

어휘 specialize in ~을 전문으로 하다 offering 제공(되는 것) based on ~을 바탕으로 availability 이용 가능성 receive ~을 받다

Paraphrase Due to the use of fresh and sometimes rare ingredients, the menu changes
⇒ changes its offerings based on ingredient availability

174 사카모토 씨와 관련해 무엇이 사실일 것 같은가?
(A) 일본에서 자신의 조리법을 개발했다.
(B) '사쿠라 테이블'에 돈을 투자했다.
(C) 그린빌에 다수의 레스토랑을 소유하고 있다.
(D) 미드뷰 대학교에서 수업을 가르친다.

해설 요리사 히로시 사카모토와 관련된 정보가 제시되는 세 번째 단락에, 그의 업적이 지난 1세기 동안 일본 전역의 요리계에서 기념되어 왔다고(whose work has been celebrated in culinary circles across Japan for the past century) 쓰여 있어 일본 내에서 조리법을 개발하고 활동하면서 큰 영향을 미친 것으로 볼 수 있으므로 (A)가 정답이다.

어휘 recipe 조리법 invest A in B: A를 B에 투자하다 own ~을 소유하다 multiple 다수의, 다양한

175 [1], [2], [3], [4]로 표시된 위치들 중에서 다음 문장이 들어가기에 가장 적합한 곳은 어디인가?

"음식 애호가들께서는 바로 이곳 그린빌에서 그것을 경험해 보실 수 있습니다."

(A) [1]
(B) [2]
(C) [3]
(D) [4]

해설 제시된 문장이 앞에서 언급된 단수명사를 가리키는 대명사 it을 가지고 있으므로, 번호 앞에서 경험이 가능한 단수명사를 가진 문장이 있는지 확인하면 된다. 우선, 첫 단락에서 it과 연결될 수 있는 단수 명사구 the essence of traditional Japanese flavors를 볼 수 있는데, 그 앞의 동사 taste 또한 experience와 의미가 상통하므로 [1]의 자리인 (A)가 정답이다.

어휘 actually 사실 (기대와 상반된 내용을 제시) experience ~을 경험하다, ~을 겪다

Paraphrase taste ⇒ experience

176-180 다음 이메일과 웹페이지를 참조하시오.

수신: 조던 헤일 <jhale@meadowbakery.com>
발신: 레일라 해리스 <lharris@meadowbakery.com>
제목: 귀하의 아이디어 건
날짜: 10월 18일
첨부: 프로그램 기획서

헤일 씨께,

176 귀하의 최근 이메일에 대해 감사드립니다. 저희는 언제나

헌신적인 점장님들로부터 이야기 듣는 것을 소중하게 여깁니다. 저는 메도우 베이커리 보상 프로그램을 재개하자는 귀하의 제안이 환상적인 아이디어라고 생각하며, **179** 귀하의 고객들께서 베이커리 보상 포인트 카드에 관해 계속 문의하고 계시다는 이야기를 듣게 되어 기쁩니다. 저는 지금이 이 프로그램을 재도입하는 데 완벽한 시기라고 동의하는데, **178** 우리 매장들의 수익성을 높일 방법을 절실하게 찾아보는 중이기 때문입니다. **177** 제가 귀하의 아이디어를 바탕으로 기획서를 준비했으며, 내일 데이빗 테일러 마케팅 이사께 전송해 드릴 것입니다. 그 전에, 기획서를 살펴보시고 무엇이든 제가 놓친 것이 있는지 알려주시겠습니까? 오늘 일과 종료 시점까지 제게 의견을 보내 주시기 바랍니다.

감사합니다.

레일라 해리스
지부장

어휘 recent 최근의 value ~을 소중히 여기다 dedicated 헌신적인 suggestion 제안, 의견 relaunch ~을 다시 시행하다, ~을 다시 시작하다 reward 보상 loyalty card 보상 포인트 카드 agree that ~라는 데 동의하다 bring back ~을 재도입하다 desperately 절실하게, 필사적으로 increase ~을 높이다, ~을 증가시키다 profitability 수익성 based on ~을 바탕으로 forward ~을 전송하다 review ~을 살펴보다, ~을 검토하다 let A know if: A에게 ~인지 알리다 miss ~을 놓치다, ~을 빠트리다 feedback 의견 by (기한) ~까지

---

http://www.meadowbakery.com/loyalty

메도우 베이커리: 신선한 빵과 패스트리, 그리고 커피가 있는 이곳이, 이제 새로운 전환점을 맞이합니다! 저희가 메도우 베이커리 보상 프로그램을 다시 도입하면서 함께 전해 드릴 새로운 소식은, 그 어느 때보다 더 수월해졌다는 점입니다! **179** 새로운 모바일 앱을 다운로드해 등록하시기만 하면 됩니다. 모든 메도우 베이커리 지점에서 제품을 구입하실 때마다 이 앱을 이용해 영수증을 스캔하시면, 포인트를 받기 시작하게 됩니다. 100점이 누적되면, 제과점 제품과 커피, 그 밖에 여러 상품들에 대해 **180** 교환하시고 할인을 받으실 수 있습니다.

어휘 twist 전환(점), 반전 than ever 그 어느 때보다 sign up 등록하다, 신청하다 receipt 영수(증), 수령, 수취 each time ~할 때마다 make a purchase 구입하다 location 지점, 위치 earn ~을 받다, ~을 얻다 accumulate ~을 누적시키다, ~을 축적하다 exchange ~을 교환하다

---

176 헤일 씨가 누구일 것 같은가?
(A) 새로운 공급업자
(B) 점장
(C) 마케팅 이사
(D) 지역 책임자

해설 헤일 씨에게 보내는 이메일인 첫 번째 지문 시작 부분에, 헤일 씨의 최근 이메일에 대해 감사하다는 말과 함께 언제나 헌신적인 점장들로부터 이야기 듣는 것을 소중하게 여긴다(Thank you for your recent e-mail. We always value hearing from our dedicated store managers)라고 밝히고 있다. 여기서 헤일 씨가 의견을 제공한 점장임을 알 수 있으므로 (B)가 정답이다.

어휘 supplier 공급업자, 공급업체 regional 지역의 supervisor 책임자, 감독, 상사

177 해리스 씨가 왜 이메일을 보냈는가?
(A) 채용을 제의하기 위해
(B) 고객 보상 프로그램 가입 방법을 설명하기 위해
(C) 헤일 씨를 회의에 초대하기 위해
(D) 기획서의 세부 사항을 확정하기 위해

해설 글의 목적은 글의 초반 또는 마지막에 나타나는데, 이메일 첫 부분의 감사(Thank you for) 내용이 선택지에 없다. 그렇다면 바로 글 후반으로 내려가서 요청의 표현을 찾는다. 마지막 문장에서 요청의 표현인 could you please를 찾을 수 있는데, 그 뒤의 review the plan and let me know if I've missed anything 부분이 글의 목적이다. 그러므로 review the plan and let me know를 confirm으로 패러프레이즈한 (D)가 정답이다.

어휘 provide an offer of ~을 제안하다 explain ~을 설명하다 how to do ~하는 방법 join ~에 가입하다, ~에 합류하다 confirm ~을 확정하다, ~을 확인해 주다 details 세부 사항, 상세 정보

Paraphrase review / let me know ⇒ confirm

178 해리스 씨가 메도우 베이커리와 관련해 암시하는 것은 무엇인가?
(A) 수입을 늘려야 한다.
(B) 1년 전에 설립되었다.
(C) 신임 마케팅 상담가를 채용했다.
(D) 신제품 라인을 출시한다.

해설 해리스 씨가 작성한 이메일인 첫 번째 지문 중반부에, 매장들의 수익성을 높일 방법을 절실하게 찾아보고 있다(we are desperately looking at ways to increase the profitability of our stores)라고 알리고 있으므로, increase the profitability of our stores를 boost its earnings로 패러프레이즈한 (A)가 정답이다.

어휘 **boost** ~을 증진하다, ~을 높이다 **earnings** 수입, 소득 **found** ~을 설립하다 **hire** ~을 고용하다 **consultant** 자문, 상담가 **launch** ~을 출시하다, ~을 시작하다

Paraphrase increase the profitability of our stores
⇒ boost its earnings

179 웹페이지에서 메도우 베이커리 보상 프로그램과 관련해 암시하는 것은 무엇인가?
(A) 포인트 체계가 한 고객에 의해 만들어졌다.
(B) 더 이상 보상 포인트 카드를 함께 사용하지 않는다.
(C) 헤일 씨가 그에 관한 의견을 제공해 줄 수 없었다.
(D) 테일러 씨가 그 모바일 애플리케이션을 개발했다.

해설 첫 번째 지문에는 보상 프로그램과 관련해 고객들이 보상 포인트 카드에 관해 계속 문의한다(your customers have been asking about the bakery loyalty cards) 것에서 실물 카드를 사용했음을 알 수 있다. 그런데, 두 번째 지문에서는 보상 프로그램 재도입을 알리면서 모바일 앱을 다운로드해 등록하는(Simply download our new mobile app and sign up) 방식이 언급되므로 더 이상 실물 카드가 필요치 않다고 하는 (B)가 정답이다.

어휘 **create** ~을 만들어 내다 **no longer** 더 이상 ~ 않다 **involve** ~을 수반하다, ~와 관련되다 **be unable to do** ~할 수 없다

180 웹페이지에서, 첫 번째 단락, 다섯 번째 줄에 있는 단어 "exchange"와 의미가 가장 가까운 것은?
(A) 선택하다
(B) 반환하다
(C) 구입하다
(D) 교환하다

해설 해당 문장에서 동사 exchange의 목적어로 쓰인 복수대명사 them은 바로 앞 When절에 있는 보상 포인트 100 points를 가리킨다. 보상 포인트 100점이 생기면, 여러 제품들에 대한 할인(discounts)을 위해 사용할 수 있다는 의미이다. 즉, redeem은 보상 포인트와 상품 가격 일부를 교환한다는 뜻임을 알 수 있으므로 (D)가 정답이다.

181-185 다음 후기와 편지를 참조하시오.

http://www.clearviewphotography.com
클리어뷰 포토그래피 워크숍

181-(C) 클리어뷰 포토그래피 워크숍에서의 제 첫 경험은 아쉬움이 큽니다. **181-(B)** 웹사이트에는 강좌들이 '초보자 대상'이라고 주장했지만, 제가 도착했을 때, 저는 그 자리에 전혀 어울리지 않는 느낌이었습니다. 강사님은 우리가 이미 고성능 카메라 장비를 작동하는 방법을 알고 있는 것으로 생각하셔서, **182** 설명 같은 걸 많이 하지 않으셨습니다. 비록 스튜디오가 장비가 잘 갖춰져 있었고, 워크숍 비용이 25달러로 적정하게 책정되었지만, 전반적인 환경은 달갑지 않았습니다.

182 저는 제가 촬영한 사진들에 대해 의견을 거의 받지 못했고, 강사님은 강좌 중에 저를 거의 알아봐 주지 않으셨습니다. 제가 시간 내내 개인적인 관심을 기대했던 건 아니지만, **181-(D)** **184** 약간의 격려가 있었더라면 훨씬 더 좋은 경험이 되었을 것입니다. 강좌가 종료되었을 때, 시범을 보여주겠다고 약속한 사진 편집 소프트웨어 사용 방법에 대해 아무도 설명을 해주지 않았습니다.

– 웨이벌리에서 조나 콴

어휘 **leave much to be desired** 아쉬움이 많이 남다, 미흡한 점이 많다 **claim that** ~라고 주장하다 **session** (특정 활동을 위한) 시간 **arrive** 도착하다 **completely** 완전히, 전적으로 **feel out of place** 자리에 어울리지 않는 기분이다 **assume (that)** ~라고 생각하다, ~라고 추정하다 **how to do** ~하는 방법 **operate** ~을 작동하다, ~을 가동하다 **high-end** 고성능의, 최고급의 **equipment** 장비 **in the way of A:** A라고 할 만한 **explanation** 설명 **well-equipped** 잘 갖춰진 **fairly** 타당하게, 공정하게, 상당히 **priced** 가격이 책정된 **overall** 전반적인 **unwelcoming** 달갑지 않은, 달가워 보이지 않는 **feedback** 의견 **barely** 거의 ~ 않다 **acknowledge** ~을 알아차리다, ~을 인정하다 **expect** ~을 기대하다, ~을 예상하다 **attention** 관심, 주의, 주목 **whole** 전체의, 모든 **encouragement** 격려 **make A 형용사:** A를 ~하게 만들다 **far** (비교급 강조) 훨씬 **access** ~을 이용하다, ~에 접근하다 **editing** 편집 **promise to do** ~하겠다고 약속하다 **demonstrate** ~을 시범 보이다, ~을 시연하다

클리어뷰 포토그래피
칼튼 애비뉴 1420번지
마스든, MT 59041

조나 콴
메이플 크레센트 87번지
웨이벌리, MT 59002

콴 씨께,

시간 내어 의견을 공유해 주셔서 감사드립니다. 저희 클리어뷰 포토그래피 워크숍에서의 최근 경험이 귀하의 기대치를 충족하지 못했다는 이야기를 듣게 되어 유감입니다. 귀하의 의견은 모든 참가자들을 위해 저희 과정들을 개선하는 데 도움이 됩니다. 의향이 있으시다면, **183** 귀하께서 부족하다고 느끼셨던 점과 관련해 추가 정보를 전해주시면 고맙겠습니다. 555-0176번으로 제게 직접 연락주시면 됩니다.

저희는 **184** 에린 핸포드 씨의 후속 강좌를 무료로 제공해 드리려고 합니다. 저희는 이분과 거의 10년 동안 함께 일해 왔습니다. **184** 저는 이분이 귀하께서 바라고 계셨던 종류의 도움을 제공해 드릴 수 있으리라 확신합니다. 더불어, **185** 저희 온라인 사진 편집 도구에 대한 1개월 무료 구독권도 제공해 드립니다. 저희 워크숍을 다시 한번 시도해 보시기를 고려해 주시기 바랍니다.

안녕히 계십시오.

클라라 윈스턴
클리어뷰 포토그래피 프로그램 디렉터

어휘 **take the time to do** 시간을 내어 ~하다 **share** ~을 공유하다 **recent** 최근의 **meet** ~을 충족하다 **expectation** 기대(치) **comment** 의견, 발언 **help A do:** ~하는 데 A에게 도움이 되다 **improve** ~을 개선하다 **participant** 참가자 **willing** 의향이 있는, 기꺼이 하는 **details** 상세 정보, 세부 사항 **lack** ~이 부족하다 **reach** ~에게 연락하다 **would like to do** ~하고자 하다, ~하고 싶다 **complimentary** 무료의(= free) **follow-up** 후속적인 **be confident that** ~임을 확신하다 **support** 도움, 지원 **hope for** ~을 바라다 **in addition** 추가로, 게다가 **subscription** (서비스 등의) 구독(권), 가입 **photo-editing suite** 사진 편집 도구 **consider -ing** ~하는 것을 고려하다 **give A a try:** A를 한번 시도해 보다

181 콴 씨와 관련해 암시되지 않은 것은 무엇인가?
(A) 입문 수준의 강좌를 기대하고 있었다.
(B) 강좌가 가격만큼의 가치가 없다고 생각했다.
(C) 처음으로 클리어뷰 강좌에 참석했다.
(D) 강좌 중에 조금 더 많은 격려를 바랐다.

해설 첫 지문 첫 단락에서, 클리어뷰 포토그래피 워크숍에서의 첫 경험(My first experience at ClearView Photography Workshop)이라고 언급하므로 (C)는 사실이다. 웹사이트에 초보자 대상이라고 나온 것과 달리, 그 자리에 전혀 어울리지 않는 기분(The Web site claimed that the sessions were "open to beginners," ~ I felt completely out of place)이라는 말에서 (A)도 확인된다. 또한, 두 번째 단락에서, 약간의 격려가 있었다면 더 좋은 경험이 되었을 것(a little encouragement would have made the experience far better)이라는 부분에서 (D)도 확인 가능하다. 하지만, (B)는 워크숍 비용이 타당하게 책정되었다(the workshop was fairly priced at $25)라는 언급과 상반되므로, (B)가 정답이다.

어휘 **entry-level** 입문 수준의 **worth the 명사:** ~에 대한 가치가 있는 **attend** ~에 참석하다 **a bit** 약간, 조금

182 워크숍의 어떤 측면이 콴 씨를 실망시켰는가?
(A) 강좌 비용
(B) 스튜디오 위치
(C) 제공된 장비 유형
(D) 강사의 도움 부족

해설 첫 지문 첫 단락에서, 설명 같은 걸 많이 제공하지 않은 점(didn't offer much in the way of explanation), 그리고 두 번째 단락에서 자신이 촬영한 사진들에 대해 의견을 거의 받지 못한 점(I received very little feedback on the photos I took) 등이 언급되어 있다. 그러므로 explanation과 feedback을 support로 패러프레이즈한 (D)가 정답이다.

어휘 **disappoint** ~을 실망시키다 **lack** n. 부족, 결핍

183 윈스턴 씨가 왜 자신에게 연락하도록 콴 씨에게 요청하는가?
(A) 환불을 확정하기 위해
(B) 워크숍 일정을 재조정하기 위해
(C) 더 많은 정보를 얻기 위해
(D) 의견에 대해 보상을 제공하기 위해

해설 윈스턴 씨의 이메일인 두 번째 지문 첫 번째 단락에서, 콴 씨가 부족하다고 느낀 점에 대한 추가 정보를 주면 고맙겠다(we'd appreciate more details regarding what you felt was lacking)라고 말하므로, (C)가 정답이다.

어휘 **ask A to do:** A에게 ~하도록 요청하다 **contact** ~에게 연락하다 **confirm** ~을 확정하다, ~을 확인해 주다 **refund** 환불(액) **reschedule** ~의 일정을 재조정하다 **reward** 보상

Paraphrase appreciate more details
⇒ receive more information

184 핸포드 씨와 관련해 암시된 것은 무엇인가?
(A) 클리어뷰 포토그래피에서 막 수업을 가르치기 시작했다.
(B) 콴 씨와 거의 대화가 없었다.
(C) 편집 소프트웨어를 전문으로 한다.
(D) 항상 도움을 주는 강사이다.

해설 핸포드 씨의 이름이 언급되는 두 번째 지문 두 번째 단락에서, 콴 씨가 바라고 있었던 종류의 도움을 핸포드 씨가 제공해 줄 수 있을 것이다(she can provide the kind of support you were hoping for)라는 말이 쓰여 있다. 다음으로 콴 씨가 희망한 점은 첫 지문 후기의 둘째 단락에서 but a little encouragement would have made the experience far better라고 나온다. 가정법 과거완료는 과거 사실의 반대를 나타내므로 encouragement가 없었다는 뜻이다. 따라서 이것을 barely interacted라고 패러프레이즈한 (B)가 정답이다.

어휘 interact with ~와 대화하다, ~와 상호 작용하다 specialize in ~을 전문으로 하다 supportive 도움을 주는, 지원해 주는

Paraphrase a little encouragement would have made
⇒ barely interacted with

185 콴 씨가 무엇을 무료로 받을 것인가?
(A) 카메라 부대용품 세트
(B) 사진 촬영 잡지 구독권
(C) 온라인 편집 서비스의 한시적인 이용
(D) 프리미엄 회원권으로의 업그레이드

해설 무료 서비스와 관련된 정보는, 두 번째 지문 두 번째 단락에서, 온라인 사진 편집 도구에 대한 1개월 무료 구독권을 제공한다(we would like to give you a free one-month subscription to our online photo-editing suite)라고 나온다. one-month subscription을 Temporary access로 패러프레이즈한 (C)가 정답이다.

어휘 accessories 부대용품 temporary 일시적인, 한시적인 access to ~의 이용, ~에 대한 접근

Paraphrase a free one-month subscription to our online photo-editing suite
⇒ Temporary access to an online editing service

186-190 다음 웹페이지와 설문 조사 응답, 그리고 회람을 참조하시오.

---

https://www.simplifyhomeappliances.com/updates

| 소개 | 뉴스 | **신제품** | 제품 가이드 |

심플리파이 가전제품

186 완전히 새로운 심플리파이 360 스마트 진공 청소기를 소개합니다! 진보한 센서 및 음성 인식 인터페이스를 갖춘 심플리파이 360은 손을 쓰지 않는 청소 경험을 제공해 드립니다. 이 제품은 자동으로 집안의 배치를 지도로 그리도록 고안되어, 모든 구석까지 효율적인 청소를 보장합니다. 이 모델은 또한 기기 전면에 위치한 자동 청소 브러시와 기기 바닥에 위치한 더욱 커진 집진통, 그리고 **188** 기기 상부에 위치한 확장 배터리 팩 덕분에 수명이 향상된 배터리가 포함되어 있습니다. 심플리파이 소매점 또는 저희 웹사이트를 방문해 최신 모델을 확인해 보시고, 언제든지 여러분의 의견을 공유해 주시기 바랍니다!

어휘 release 출시(되는 것), 발매(품) introduce ~을 소개하다, ~을 도입하다 equipped with ~을 갖춘, ~가 장착된 advance 진보한, 발전된 voice-activated 음성 인식으로 작동되는 hands-free 손을 쓰지 않는 map v. ~을 지도로 그리다 layout 배치(도), 구획 ensure ~을 보장하다, 반드시 ~하도록 하다 efficient 효율적인 come with ~을 포함하다, ~이 딸려 있다 device 기기, 장치 access ~을 이용하다, ~에 접근하다 flip A over: A를 뒤집다 enhance ~을 향상시키다, ~을 강화하다 thanks to ~으로 인해, ~ 덕분에 enlarge ~을 확장하다, ~을 확대하다 retailer 소매점 feel free to do 언제든지 ~하세요, 마음껏 ~하세요 share ~을 공유하다 feedback 의견

설문 조사 응답

성명: 벨린다 존슨
이메일: belinda_cleaner@homemail.com

저는 수년에 걸쳐 여러 심플리파이 제품들을 이용해 왔고, **187** 최근에는 심플리파이 360 스마트 진공 청소기를 온라인에서 구입했습니다. 그 성능에 대해 전반적으로 만족하기는 하지만, 집진통의 배치가 실망스러운데, 이전의 모델들에 비해 접근하기가 더 어렵습니다. **188** 더 손쉬운 이용을 위해, 이 먼지통을 배터리 팩 옆에 위치시키면 훨씬 더 편리할 것 같습니다. 자동 청소 브러시는 정말 마음에 들고, 확장된 배터리 팩은 획기적인 개선점입니다. 하지만, **189** 지도 시스템은 여전히 좀 미세 조정이 필요한데, 종종 제 거실의 특정 구역들을 놓치기 때문입니다. 이런 문제들이 향후 모델들에서는 해결되기를 바랍니다.

추가 정보가 필요하시면, 이메일을 통해 저에게 연락주십시오.

어휘 survey 설문 조사(지) response 응답, 반응, 대응 recently 최근에 performance 성능, 수행 (능력), 성과 overall 전반적으로 be disappointed with ~에 실망하다 placement 배치, 위치 compared to ~에 비해, ~와 비교해 previous 이전의, 과거의 much (비교급 강조) 훨씬 convenient 편리한 have A p.p.: A를 ~되게 하다 place v. ~을 위치시키다, ~을 놓다 next to ~ 옆에 improvement 개선, 향상 fine-tuning 미세

조정 occasionally 때때로, 이따금씩 certain 특정한, 일정한 issue 문제 address v. (문제 등) ~을 처리하다, ~을 다루다 future a. 앞으로 나올 reach out to ~에게 연락하다 via ~을 통해 details 상세 정보, 세부사항

회람

발신: 에밀리 로버츠
수신: 심플리파이 가전제품 서비스 책임자들
제목: 심플리파이 360 제품 업데이트
첨부: 설문조사 응답 (벨린다 존슨)

심플리파이 360 스마트 진공 청소기 내 지도 시스템의 문제와 관련해 고객들로부터 의견을 받았습니다. 우리 고객들에 의해 제기된 대부분의 문제들이 이 기기의 한 가지 특정 기능과 관련이 있습니다. 제가 예시로 최근 후기를 하나 첨부해 드렸습니다. 이를 처리하기 위해, **189** 우리는 이 기능의 정확성을 개선하는 업데이트를 공개했습니다. **190** 이제부터 서비스를 위해 입고되는 모든 심플리파이 360 기기에 이 소프트웨어 업데이트를 설치해 주십시오. 고객 방문의 증가가 예상되므로, 업데이트 처리에 만전을 기하시길 바랍니다.

어휘 feedback 의견 regarding ~와 관련해 issue 문제, 사안 the majority of 대부분의, 대다수의 raise (문제 등) ~을 제기하다 be related to ~와 관련되어 있다 specific 특정한, 구체적인 feature 기능, 특징 attach ~을 첨부하다, ~을 부착하다 recent 최근의 review 후기, 평가, 검토 serve as ~의 역할을 하다 release ~을 공개하다, ~을 출시하다 improve ~을 개선하다 accuracy 정확성 install ~을 설치하다 unit 기기 한 대, 구성 단위 expect ~을 예상하다, ~을 기대하다 rise in ~의 증가, ~의 상승 be prepared to do ~할 준비가 되다 handle ~을 처리하다, ~을 다루다

186 웹페이지의 목적이 무엇인가?
(A) 몇 가지 청소 서비스를 홍보하기
(B) 새로운 가전제품을 선보이기
(C) 신규 매장 개장을 알리기
(D) 이용자들에게 추천 후기 제공을 권하기

해설 웹페이지인 첫 번째 지문 시작 부분에서, 완전히 새로운 심플리파이 360 스마트 진공 청소기를 소개한다(Introducing the all-new Simplify 360 Smart Vacuum Cleaner!)는 문구가 있으므로 introduce를 showcase로 패러프레이즈한 (B)가 정답이다.

어휘 promote ~을 홍보하다, ~을 촉진하다, ~을 승진시키다 showcase ~을 선보이다 encourage A to do: A에게 ~하도록 권하다 testimonial (고객) 추천 후기

Paraphrase Introducing the all-new / Vacuum Cleaner
⇒ showcase a new home appliance

187 존슨 씨가 설문조사 응답에서 언급하는 것은 무엇인가?
(A) 웹사이트를 통해 제품을 구입했다.
(B) 결함이 있는 제품을 반품할 계획이다.
(C) 배터리 수명에 대한 문제를 겪었다.
(D) 최근에 자신의 첫 심플리파이 제품을 구입했다.

해설 존슨 씨의 설문조사 응답지인 두 번째 지문 초반에, 최근 심플리파이 360 스마트 진공 청소기를 온라인에서 구입했다(I recently purchased the Simplify 360 Smart Vacuum online)라는 정보가 언급되어 있으므로 online을 through a Web site로 패러프레이즈한 (A)가 정답이다.

어휘 make a purchase 구입하다 plan to do ~할 계획이다 return ~을 반품하다, ~을 반납하다 defective 결함이 있는 experience ~을 겪다, ~을 경험하다

Paraphrase purchased / Vacuum online
⇒ made a purchase through a Web site

188 존슨 씨는 먼지통이 어디에 위치하기를 선호하는가?
(A) 기기 후면에
(B) 기기 전면에
(C) 기기 바닥면에
(D) 기기 상부에

해설 존슨 씨의 설문조사 응답지인 두 번째 지문 중반부에, 더 손쉬운 이용을 위해 먼지통을 배터리 팩 옆에 위치시키면 훨씬 더 편리할 것(It would be much more convenient to have the dustbin placed next to the battery pack)이라는 의견이 나온다. 그리고 배터리 팩의 위치와 관련해, 첫 지문 후반부에서 기기 상부에 위치한 확장 배터리 팩(the enlarged battery pack on the top of the device)이라고 언급되어 있으므로 (D)가 정답이다.

어휘 prefer A to do: A가 ~하기를 선호하다 be located 위치해 있다 rear 후면, 뒤쪽 underisde 바닥면

189 기기의 어떤 기능이 소프트웨어 업데이트를 받을 것인가?
(A) 배터리 팩
(B) 지도 시스템
(C) 음성 인식 인터페이스
(D) 청소 브러시

해설 로버츠 씨가 두 번째 지문 후반부에서 먼지통 위치에 불만을 표하고, 지도 시스템에 대해서는 향후 업데이트를 통해 처리될 수 있기를 바란다(the mapping system still needs some fine-tuning, ~ I'm hopeful this can be addressed in a future update)라고 언급하였다. 이에 대해, 서비스 센터에 업데이트 준비를 안내하는 세 번째 지문 중반부에서, 한 가지 특정 기능 문제와 관련해 정확성을 개선하는 업데이트를 공개했다(we've released an update that improves the accuracy of this feature)라고 쓰여 있다. 따라서, 이 업데이트가 지도의 정확성을 위한 업데이트임을 알 수 있으므로 (B)가 정답이다.

190 로버츠 씨는 무슨 일이 있을 것으로 예상하는가?
(A) 고객 불만 사항이 감소할 것이다.
(B) 일부 제품이 단종될 것이다.
(C) 회사 수익이 증가할 것이다.
(D) 서비스 요청이 늘어날 것이다.

해설 로버츠 씨가 작성한 회람인 세 번째 지문 후반부에, 서비스를 위해 입고되는 모든 심플리파이 360 기기에 소프트웨어 업데이트를 설치하도록 요청하면서, 고객 방문의 증가를 예상하고 있다(We expect a rise in customer visits)라고 덧붙인다. 이 고객 방문의 목적이 곧 소프트웨어 업데이트이므로 이를 service requests로 패러프레이즈한 (D)가 정답이다.

어휘 expect to do ~할 것으로 예상하다 complaint 불만, 불평 decrease 감소하다, 하락하다(↔ increase) discontinue ~을 단종하다, ~을 중단하다 profit 수익, 수입 request 요청(서)

Paraphrase come in for service / a rise in customer visits ⇒ Service requests will rise

191-195 다음 기사와 이메일, 그리고 안내 표지판을 참조하시오.

포트 헤이븐 여객 터미널의 재개장

포트 헤이븐, 영국 (6월 27일) 포트 헤이븐 여객 터미널이 2년간의 대대적인 개축 공사 끝에 7월 20일 일반인을 대상으로 다시 개장할 예정이다.

1천 5백만 파운드가 투입된 이 공사는 승객 경험과 운영 효율을 향상시키기 위해 여러 개선 사항들을 도입했다. 주목할 만한 부분은, 이 여객 터미널이 이제 **191-(A)** 여섯 곳의 새로운 탑승 게이트를 자랑하면서, 더 많은 여객선 운항을 감당할 수 있을 만큼 수용 규모가 늘어난다. **193** 씨웨이 페리와 코스털 크루즈를 포함해, 기존의 여객선 업체들은 업그레이드된 여객 터미널에서 서비스를 재개할 뿐만 아니라, 완전히 새로운 고급 서비스도 시작할 것이다. 이와 함께, 두 곳의 신생 여객선 업체인 호라이즌 페리와 애틀랜틱 페리도 운항을 개시하면서, 승객들의 여행 선택권을 넓혀줄 할 것이다.

이 여객 터미널의 개축된 로비는 이제 **191-(B)** 대화형 디지털 전광판을 갖추고, 여객선 운항 일정과 기상 상태, 그리고 지역 행사들에 관한 최신 정보를 실시간으로 제공한다. 어린이 전용 놀이 구역도 도입되었으며, 가족들의 여행 경험을 향상시키기 위해 교육용 게임과 활동들을 주로 갖추고 있다. 추가로, 이 여객 터미널이 이제 **191-(D)** 휴식센터를 제공함으로써, 승객들이 여행 전에 느긋하게 쉬면서 활력을 되찾을 수 있게 해줄 것이다.

개축 공사 기간 중에, **192** 여객 터미널 기초 부분에서 발견된 예기치 못한 구조적 문제로 지연될 위기에 직면했다. 이 문제를 해결하기 위해, 공사팀이 야근을 포함해 하루도 쉬지 않고 작업을 진행함으로써 안전과 타협하지 않고 필요한 보수 작업을 더욱 신속히 처리했다. 이러한 접근 방식은 공사가 계속 정상 일정을 유지하고, 원래의 마감기한에 완공되도록 보장해 주었다.

어휘 be set to do ~할 예정이다 the public 일반인들, 대중 following ~ 후에 extensive 대대적인, 광범위한 renovation 개조, 보수 introduce ~을 도입하다, ~을 소개하다 enhancement 개선, 향상, 강화 improve ~을 향상시키다, ~을 개선하다 efficiency 효율성 notably 주목할 만하게 boast ~을 자랑하다 capacity 수용 규모, 수용력 handle ~을 처리하다, ~을 다루다 a high volume of 많은 (양의) including ~을 포함해 not only A but also B: A뿐만 아니라 B도 resume ~을 재개하다 launch ~을 시작하다, ~을 출시하다 brand-new 완전히 새로운 commence ~을 시작하다 expand ~을 확대하다, ~을 확장하다 interactive 대화의, 상호 작용하는 local 지역의, 현지의 dedicated 전용의 feature ~을 특징으로 하다 enhance ~을 향상시키다, ~을 강화하다 allow A to do: A에게 ~할 수 있게 해 주다 refresh 활기를 되찾다, 새롭게 하다 encounter ~에 직면하다 potential 잠재적인 delay 지연, 지체 due to ~로 인해, ~ 때문에 unforeseen 예기치 못한 structural 구조적인 discover ~을 발견하다 foundation 토대, 기초 mitigate (심각성 등) ~을 가라앉히다, ~을 완화하다 issue 문제, 사안 implement ~을 시행하다 shift 교대 근무(조) expedite ~을 더 신속히 처리하다 repair 수리 compromise ~에 대해 타협하다 approach 접근 (방식) ensure that ~임을 보장하다, 반드시 ~하도록 하다 on track 정상 궤도에 오른 complete ~을 완료하다 by (기한) ~까지 deadline 마감기한

발신: 에밀리 브랜슨 <e_branson@porthaven.com>
수신: 제임스 린튼 <coo@porthaven.com>
날짜: 7월 26일
제목: 코스털 크루즈와의 회의

안녕하세요, 제임스 이사님,

제가 현재 포트 헤이븐 여객선 터미널에서 194 집으로 가는 오후 4시 15분 선편을 기다리고 있지만, 간략한 소식 한 가지를 제공해 드리고 싶습니다. 193 코스털 크루즈와의 회의가 아주 잘 진행되었습니다. 이곳 분들이 항구 개축 공사에 깊은 인상을 받으셔서, 내년에 우리 항구에서의 예약 건수를 늘릴 계획입니다. 더욱이, 193 이 회사는 주요 경쟁사의 여객선 수준을 더 따라잡기 위해, 앞으로 몇 달간 고급 객실 및 향상된 식사를 선보일 계획을 세우고 있습니다. 우리 웹사이트에서 이 회사의 제공 서비스를 업데이트할 수 있도록 계속 최신 정보를 제공해 주실 것입니다.

안녕히 계십시오.
에밀리

어휘 currently 현재 await ~을 기다리다 departure 출발, 떠남 brief 간략한, 짧은 go well 잘 진행되다 exceptionally 대단히, 유난히, 이례적으로 be impressed with ~에 깊은 인상을 받다 plan to do ~할 계획이다 booking 예약 moreover 더욱이, 게다가 cabin (선박, 열차 등의) 객실 dining 식사 in line with ~에 발맞춰, ~에 따라 competitor 경쟁사, 경쟁자 keep A informed: A에게 계속 정보를 제공하다 so that (목적) ~하도록, (결과) 그래서, 그러므로 offering 제공(되는 것)

포트 헤이븐 여객선 터미널 – 출발 일정

여객사	출발시간	탑승구	목적지	현황
195 씨웨이 페리	오후 3:15	1	도버	195 취소
코스털 크루즈	오후 3:45	3	칼레	정시 출발
호라이즌 페리	오후 4:00	4	제브뤼헤	지연
애틀랜틱 페리	194 오후 4:15	6	194 로스코프	정시 출발

** 195 운항 취소 – 상시 환불 또는 나중 선편으로 교환 가능

어휘 destination 목적지, 도착지 status 현황, 상태 cancel ~을 취소하다 on time 제 시간에, 제때 delay ~을 지연시키다 refund 환불(액) exchange 교환 available 이용 가능한 later 나중의, 더 늦은

191 기사에서 항구의 새로운 특징으로 언급되지 않은 것은 무엇인가?

(A) 추가 선착장
(B) 개선된 정보 기술
(C) 늘어난 주차장 규모
(D) 휴식 서비스

해설 기사인 첫 지문의 두 번째 단락에서 여섯 곳의 새로운 탑승 게이트(six new boarding gates)로 (A)를 확인하고, 세 번째 단락의 대화형 디지털 전광판(an interactive digital information wall)으로 (B)를, 그리고 휴식센터(a wellness center)를 통해 (D)를 각각 확인할 수 있다. 하지만, 주차장 규모와 관련된 정보는 제시되어 있지 않으므로 (C)가 정답이다.

어휘 additional 추가적인 ferry port 선착장 parking 주차(장) relaxation 휴식

192 터미널 개축 공사의 지연 문제를 피하기 위해 어떤 조치가 취해졌는가?

(A) 마지막 순간에 설계도 변경이 이뤄졌다.
(B) 지역 계약업체와 계약이 체결되었다.
(C) 투자자들로부터 추가 자금이 확보되었다.
(D) 작업자들이 밤새 임무를 수행했다.

해설 터미널 개조 공사의 지연과 관련된 정보가 제시되는 첫 번째 지문 네 번째 단락에서, 그 문제를 해결하기 위해 공사팀이 야근을 포함해 하루도 쉬지 않고 작업을 강행했다(To mitigate this issue, the construction team implemented a 24/7 work schedule, including night shifts)는 사실이 언급되어 있으므로, including night shifts를 through the night으로 패러프레이즈한 (D)가 정답이다.

어휘 measure 조치, 수단 avoid ~을 피하다 last-minute 마지막 순간의 modification 변경, 수정, 개조 deal 계약, 거래 contractor 계약업체, 계약업자 funding 자금 (제공) secure v. ~을 확보하다 investor 투자자 task 업무, 일

Paraphrase the construction team implemented a 24/7 work schedule, including night shifts
⇒ Workers performed tasks through the night

193 코스털 크루즈와 관련해 언급된 것은 무엇인가?

(A) 현재 씨웨이 페리를 뒤따르고 있다.
(B) 경쟁사들 사이에서 가장 많은 수의 객실을 보유하고 있다.
(C) 내년에 새로운 여객선을 도입할 생각이다.
(D) 포트 헤이븐과 합병을 협의하고 있다.

해설 두 번째 지문에 코스털 크루즈와의 회의가 대단히 잘 진행된(The meeting with Coastal Cruises went exceptionally well) 사실과 함께, 그 회사가 주요 경쟁사의

여객선 수준을 따라잡기 위한(to bring their cruises more in line with those of their main competitor) 계획을 세우고 있다고 한다. 이 업체와 관련해, 첫 지문 두 번째 단락에 씨웨이 페리와 코스털 크루즈를 포함한 기존의 여객선 업체들(Returning ferry operators, including the Seaway Ferries and Coastal Cruises)이 언급되어 있다. 이를 통해, 코스털 크루즈가 경쟁사인 씨웨이 페리를 뒤쫓는 상황인 것을 알 수 있으므로 (A)가 정답이다.

어휘 currently 현재 follow one's lead ~의 뒤를 따르다 intend to do ~할 생각이다, ~할 작정이다 negotiate ~을 협상하다 merger 합병, 통합

194 브랜슨 씨와 관련해 유추할 수 있는 것은 무엇인가?
(A) 포트 헤이븐에서 여객선 운영을 총괄하고 있다.
(B) 전에 코스털 크루즈에서 근무했다.
(C) 현재 로스코프에 거주하고 있다.
(D) 고객서비스 문의를 담당하고 있다.

해설 브랜슨 씨의 이메일인 두 번째 지문 초반에서 자신의 집으로 가는 오후 4시 15분 선편을 기다리고 있다(awaiting the 4:15 P.M. departure to my home)고 적었다. 그리고 세 번째 지문의 시간표에서 이 시간에 해당하는 선편의 목적지가 Roscoff로 나온다. 이곳이 브랜슨 씨의 집이므로 (C)가 정답이다.

어휘 oversee ~을 총괄하다, ~을 감독하다 operation 운영, 영업, 가동 previously 이전에, 과거에 handle ~을 처리하다, ~을 다루다 inquiry 문의

195 안내 표지판에 따르면, 씨웨이 페리와 관련해 언급된 것은 무엇인가?
(A) 당일의 모든 운행을 중단했다.
(B) 출발 전에 탑승권 교환을 허용한다.
(C) 취소된 탑승권은 언제든지 환불해 줄 것이다.
(D) 정시 출발을 보장하고 있다.

해설 안내 표지판인 세 번째 지문에서, 첫 번째 줄의 씨웨이 페리 여객선이 취소된(Canceled) 것으로 나타나 있다. 또한, 하단에는 취소된 여객선과 관련해 취소된 탑승권은 언제든 환불 또는 나중 시간으로 교환 가능(FERRY CANCELED – Refund anytime or exchange available for later departures)이라는 정보가 제시되어 있다. 따라서, 취소된 탑승권은 언제든 환불 가능하다는 (C)가 정답이다.

어휘 refund v. ~에 대해 환불해 주다 anytime 언제든지 guarantee ~을 보장하다

196-200 다음 공지와 차트, 그리고 이메일을 참조하시오.

메이필드 출판사 연말 모임 행사

196 12월 22일, 메이필드 출판사 전 직원이 우리 연례 크리스마스 기념 행사에 참석하시도록 따뜻한 마음으로 초대합니다. **197** 올해의 행사는 오후 5시부터 오후 10시까지 시내 사무실의 대회의실에서 개최될 것이며, 저녁 만찬과 춤, 그리고 연말연시 장기자랑으로 구성될 것입니다. 직원들께서는 참가하셔서 장기자랑 특기나 공연을 선보이시기 바랍니다. 공연 무대는 음악과 코미디, 마술, 또는 모든 가족 친화적인 장기를 포함할 수 있습니다. **198** 공간이 제한적이므로, 일반적으로 넓은 옥외 공간을 필요로 할 만한 공연은 안전상의 이유로 인해 승인되지 않을 것임에 유의하시기 바랍니다.

참가자들께서는 회사 저장 서버의 '행사' 폴더에 있는 '연말 장기자랑' 문서를 이용해 신청해 주시기 바랍니다. 성명과 공연명, 그리고 마이크가 필요할지의 여부를 기재해 주십시오. **199** 참석하실 계획은 있으시지만 공연은 하시지 않는 분들을 대상으로, 장기자랑의 심사위원단을 구성할 자원봉사자 몇 분도 찾고 있습니다.

질문이 있으시면 azinne@mayfieldpublishing.com의 아미라 진 씨께 연락하시기 바랍니다.

어휘 gathering 모임 annual 연례적인, 해마다의 celebration 기념 행사, 축하 행사 hold ~을 개최하다 feature ~을 특징으로 하다 be encouraged to do ~하도록 권장되다 participate 참가하다 by (방법) ~하는 것으로, ~함으로써 showcase ~을 선보이다 performance 공연, 연주(회) act 공연 무대, 공연팀 include ~을 포함하다 A-friendly: A 친화적인 note that ~라는 점에 유의하다, ~라는 점에 주목하다 limited 제한적인 typically 일반적으로, 보통 require ~을 필요로 하다 approve ~을 승인하다 participant 참가자 be asked to do ~하도록 요청되다 sign up 신청하다, 등록하다 whether or not ~하는지의 여부, ~인지 아닌지 plan to do ~할 계획이다 attend 참석하다 seek ~을 찾다, ~을 구하다 volunteer 자원 봉사자 make up ~을 구성하다 judging panel 심사위원단 reach out to ~에게 연락하다

메이필드 출판사 – 연말 장기자랑 신청서		
성명	공연명	마이크가 필요한가요?
오웬 테넌트	클래식 기타 공연	아뇨
트리샤 리스터	시 낭송	네
마커스 로메로	마술 쇼	네
린지 윌리엄슨 & 제롬 벨	라이브 노래 (크리스마스 메들리)	아뇨
198 릭 웨이클리	자전거 묘기	아뇨

어휘 poetry 시 stunt 묘기 공연

발신: dmacmillan@mayfieldpublishing.com
수신: azinne@mayfieldpublishing.com
날짜: 12월 23일
제목: 연말연시 기념 행사

진 씨께,

회사 파티를 주최하시는 것에 대해 감사드립니다. 메이필드의 연말 행사들에 관해 아주 좋은 얘기를 많이 들었습니다.

장기자랑 신청 용지를 확인해 봤지만, **199** 제가 어떤 기여를 할 수 있을지 잘 모르겠습니다. 저는 그렇게 음악적이거나 웃기지도 않고, 함께 할 공연이나 장기가 있는 것 같지도 않습니다. 그렇긴 하지만, 여전히 어떤 식으로든 꼭 도와 드리고 싶은데, 어디에 도움이 필요하신지 알려주기 바랍니다.

200 처음으로 이 행사에 참석하는 데 정말 기대됩니다.

안녕히 계십시오.
대니얼 맥밀란

어휘 organize ~을 주최하다, ~을 조직하다 sheet 용지, 종이 contribute ~으로 기여하다 That said (앞선 말에 대해) 그렇긴 하지만 would love to do 꼭 ~하고 싶다 help out 도와주다 in some way 어떤 식으로든 let A know: A에게 알리다 assistance 도움, 지원 can't wait to do ~하는 게 정말 기대되다, 꼭 ~하고 싶다

196 행사의 목적이 무엇인가?
(A) 새로운 사무실 정책을 알리기
(B) 회사의 설립을 기념하기
(C) 연말연시 기간을 기념하기
(D) 신제품을 출시하기

해설 첫 지문 첫 단락에서, 12월 22일 메이필드 출판사 전 직원을 연례 크리스마스 기념 행사에 초대한다는(On December 22, all Mayfield Publishing employees are warmly invited to our annual Christmas celebration) 말이 있어 연말 기념 행사임을 알 수 있으므로 (C)가 정답이다.

어휘 policy 정책, 방침 commemorate ~을 기념하다 establishment 설립, 확립 celebrate ~을 기념하다, ~을 축하하다 launch ~을 출시하다, ~을 시작하다

Paraphrase Christmas celebration
⇒ celebrate the holiday season

197 공지에 따르면, 행사가 어디에서 열릴 것인가?
(A) 야외 레스토랑
(B) 회사 대회의실
(C) 지역 문화센터
(D) 학교 강당

해설 첫 지문 첫 단락에서 행사 개최 장소와 관련해, 올해는 오후 5시부터 오후 10시까지 시내 사무실의 대회의실에서 개최될 것(This year's event will be held in the conference hall of our downtown office)이라는 정보가 제시되어 있으므로 (B)가 정답이다.

어휘 take place 개최되다, 진행되다 corporate 회사의, 기업의 local 지역의, 현지의

198 차트에 따르면, 웨이클리 씨가 어떤 실수를 했는가?
(A) 자신의 장기에 대한 설명을 제공하지 못했다.
(B) 마이크가 필요한지 표시하지 않았다.
(C) 장기자랑에 두 번 신청했다.
(D) 행사장에 적합하지 않은 공연을 선택했다.

해설 차트인 두 번째 지문 하단에서, 웨이클리 씨의 이름과 함께 신청 공연 항목에 '자전거 묘기(Bicycle stunts)'가 기재되어 있다. 이와 관련해, 첫 지문 첫 번째 단락에서, 일반적으로 넓은 옥외 공간을 필요로 할 만한 모든 공연은 안전상의 이유로 승인되지 않을 것(any act that would typically require a large outdoor space will not be approved for safety reasons)이라는 유의사항이 제시되어 있다. 따라서, 웨이클리 씨의 공연이 이 방침에 의해 승인되지 않을 것으로 볼 수 있으므로 (D)가 정답이다.

어휘 fail to do ~하지 못하다, ~하는 데 실패하다 description 설명, 묘사 indicate 나타내다, 가리키다 choose ~을 선택하다 appropriate 적합한, 알맞은 venue 행사장, 개최 장소

199 진 씨가 맥밀란 씨에게 무엇을 하도록 권할 것 같은가?
(A) 행사 출장요리 서비스를 준비하기
(B) 장기자랑 공연을 심사하기
(C) 파티를 위해 장식물을 디자인하기
(D) 행사 손님 명단을 최종 확정하기

해설 맥밀란 씨의 이메일인 세 번째 지문 두 번째 단락에서, 자신이 별다른 재주가 없지만 어떤 식으로든 꼭 돕고 싶다는 말과 함께, 어디에 도움이 필요한지 알려달라(please let me know where assistance is needed)고 요청하는 말이 있다. 그런데, 첫 지문 두 번째 단락에서 공연을 하지 않을 경우에 장기자랑 심사위원단을 구성할 자원봉사자를 찾고 있다(If you plan to attend but do not wish to perform, we are seeking several volunteers to make up the judging panel)라고 알리고 있으므로, 진 씨가 심사위원을 맡도록 권할 것으로 생각할 수 있으므로 (B)가 정답이다.

어휘 catering 출장요리 제공 judge ~을 심사하다 decoration 장식(물) finalize ~을 최종 확정하다

200 이메일에서 맥밀란 씨와 관련해 암시하는 것은 무엇인가?
(A) 메이필드 출판사의 연말 모임이 처음이다.
(B) 음악 업계에 몸담은 경험이 있다.
(C) 신청 용지에 자신의 이름을 적을 계획이다.
(D) 메이필드 출판사에서 직원 채용을 맡고 있다.

해설 맥밀란 씨의 이메일인 세 번째 지문 마지막 문장에서, 연말 행사를 the event로 지칭해 처음으로 행사에 참석하는 게 정말 기대된다(I can't wait to attend the event for the first time)라고 쓰여 있으므로 (A)가 정답이다.

어휘 industry 업계, 산업 add A to B: A를 B에 추가하다 be responsible for ~을 책임지다 recruitment 모집, 채용

PART 7 실전 모의고사 TEST 5

정답

147. (B)	148. (D)	149. (A)	150. (B)	151. (C)	152. (C)
153. (D)	154. (B)	155. (B)	156. (B)	157. (D)	158. (B)
159. (B)	160. (C)	161. (C)	162. (C)	163. (C)	164. (D)
165. (B)	166. (C)	167. (D)	168. (B)	169. (B)	170. (D)
171. (D)	172. (D)	173. (C)	174. (B)	175. (D)	176. (B)
177. (A)	178. (B)	179. (D)	180. (C)	181. (B)	182. (D)
183. (B)	184. (C)	185. (C)	186. (B)	187. (D)	188. (B)
189. (C)	190. (B)	191. (A)	192. (C)	193. (B)	194. (C)
195. (D)	196. (C)	197. (C)	198. (A)	199. (D)	200. (B)

147-148 다음 온라인 광고를 참조하시오.

---

http://www.clearsoundaudio.com

클리어사운드 오디오

수정처럼 맑은 소리를 지닌 음악을 아주 좋아하시나요?
자택 또는 스튜디오용 신뢰할 만한 장비가 필요하신가요?
번거로움 없는 설치 및 배송 서비스를 원하시나요?
그러시다면, 저희 프리미엄 무선 스피커 및 헤드폰 제품군을 확인해 보십시오!
147 저희 클리어사운드 오디오가 현재 한시적 판촉 행사를 진행하고 있습니다:
저희 시그니처 사운드 컬렉션에서 어떤 제품이든 주문하시고
148 가죽 파우치를 받아 보세요 — 무료입니다!
이 조건으로 제품을 구매하려면, 다음 코드를 입력하십시오: ListenBetterNow.
148 1월 중 언제든 이뤄지는 최초의 적격한 구매에 대해 유효합니다.

어휘 crystal-clear 수정처럼 맑은 reliable 신뢰할 수 있는 gear 장비 hassle 번거로움, 귀찮음 A-free: A가 없는 setup 설치, 설정, 준비 limited-time 한시적인 promotion 판촉 (행사), 홍보, 촉진, 승진 receive ~을 받다 on (비용을) ~가 내는, ~가 사는 redeem (쿠폰 등) ~을 제품으로 교환하다 deal 거래 (조건), 계약, 할인 valid 유효한 qualifying 적격인, 자격이 있는 purchase 구매

147 광고의 목적이 무엇인가?
(A) 음악 공연 후원하기
(B) 특판 행사 홍보하기
(C) 신제품 라인 발표

(D) 신규 업체 소개하기

해설 지문 중반부에서 광고 주체인 클리어사운드 오디오가 현재 한시적인 판촉 행사를 제공하고 있다(now offering a limited-time promotion)고 알리고 있으므로, promotion을 special offer로 패러프레이즈한 (B)가 정답이다. 키워드에만 집중해야 시간을 줄이고 정답률을 높일 수 있다.

어휘 sponsor ~을 후원하다 performance 공연, 연주(회), 성과, 수행 promote ~을 홍보하다 special offer 특가 또는 사은품 제공, 특별 할인 행사 introduce ~을 소개하다, ~을 도입하다

Paraphrase is now offering a limited-time promotion
⇒ a special offer

148 1월 한 달 동안 무엇을 무료로 얻을 수 있는가?
(A) 음악 레슨
(B) 매장 회원 자격
(C) 할인 쿠폰
(D) 휴대용 케이스

해설 판촉은 주로 물건을 사면 덤으로 주는 방식으로 이뤄지므로, free를 패러프레이즈한 on us(무료로)가 중요한 단서이다. 그 앞에 제시된 a leather pouch가 무료로 받는 상품이므로 pouch를 carrying case로 패러프레이즈한 (D)가 정답이다. 지문이 단순할 때, 1월 같은 세부 정보는 단서가 아니라 오히려 신경을 분산시키려는 방해 요소일 수도 있으므로 과감히 버려야 한다.

어휘 available 이용 가능한 voucher 쿠폰, 상품권 carrying 휴대용의

Paraphrase on us ⇒ free
a leather pouch ⇒ A carrying case

149-150 다음 회람을 참조하시오.

내부 공지
수신: 웨스트먼트 시민극장 전 직원
발신: 실리아 나바로
날짜: 3월 14일
제목: 흥미로운 기회

웨스트먼트 시민극장이 다가오는 여름 시즌을 위해 팀을 확장하고자 합니다. 우리는 배우와 조명 기사, 매점 직원, 그리고 무대 스태프를 구하고 있습니다. **149** 캐스팅 및 설명회가 3월 27일, 월요일, 오후 1시부터 오후 4시까지 메인 스트리트 스튜디오에서 열릴 것입니다. **150** 우리 팀에 합류하는 데 관심이 있는 분을 알고 계시면, 참석하시도록 요청하시기 바랍니다. 사전 등록이나 비용은 필요하지 않습니다.

추천하신 분이 캐스팅 또는 채용되어 제작 과정에 최소 한 달간 남아 계신다면, 그 직원은 추천에 대한 보상을 받으실 것입니다. 추천받는 분이 지원서의 "추천인"란에 꼭 여러분의 이름을 기재하도록 하십시오. 이 보너스는 다음 번 급여에 포함될 것입니다.

어떤 질문이든 있으시면, 제게 편하게 연락주시기 바랍니다.

어휘 internal 내부의 opportunity 기회 look to do ~하고자 하다, ~하기를 바라다 expand ~을 확대하다, ~을 확장하다 upcoming 다가오는, 곧 있을 seek ~을 찾다, ~을 구하다 concession 매점 stage crew 무대 스태프 casting 캐스팅 (배우 선발) session (특정 활동을 위한) 시간 hold ~을 개최하다 interested in ~에 관심이 있는 join ~에 합류하다, ~와 함께 하다 invite A to do: A에게 ~하도록 요청하다 advance 사전의, 미리 하는 registration 등록 required 필요한, 필수적인 receive ~을 받다 referral 추천, 소개 reward 보상 hire ~을 고용하다 remain 계속 남다 production (작품 등의) 제작, 생산 at least 최소한, 적어도 make sure (that) 반드시 ~하도록 하다 individual n. 사람, 개인 list ~을 기재하다, ~을 목록에 올리다 refer ~을 추천하다, ~을 소개하다 application 지원(서), 신청(서) include ~을 포함하다 paycheck 급여 (수표) feel free to do 언제든지 ~하세요, 마음껏 ~하세요 reach out to ~에게 연락하다

149 캐스팅 및 설명회와 관련해 언급된 것은 무엇인가?
(A) 3시간 동안 진행될 것이다.
(B) 참석자가 등록을 위해 비용을 지불해야 한다.
(C) 한 달 단위로 개최된다.
(D) 현 직원들에게 열려있다.

해설 캐스팅 및 설명회와 관련된 정보가 제시되는 첫 단락에서, 3월 27일, 월요일, 오후 1시부터 오후 4시까지 열린다(A casting and information session will be held on Monday, March 27, from 1:00 P.M. to 4:00 P.M.)고 쓰여 있다. 3시간 동안 진행되는 것을 알 수 있으므로 (A)가 정답이다.

어휘 run 진행되다, 운영되다 A require B to do: A로 인해 B가 ~해야 하다, A가 B에게 ~하도록 요구하다 attendee 참석자 entry 등록, 참가, 가입 on a ~ basis ~ 단위로, ~마다 current 현재의

Paraphrase will be held / from 1:00 P.M. to 4:00 P.M.
⇒ will run for three hours

150 나바로 씨가 직원들에게 무엇을 하도록 권하는가?
(A) 무대 뒤의 역할을 신청할 것
(B) 팀원이 될 만한 사람을 소개할 것

(C) 주인공 역할을 위해 오디션을 볼 것
(D) 관리자 직에 지원할 것

해설 첫 단락 끝에서 요청을 나타내는 표현 please invite them to attend라고 나오는데, them은 바로 앞의 우리 팀에 들어올 관심이 있는 사람(someone interested in joining our team)을 가리킨다. 그러므로 interested in joining을 potential로 패러프레이즈한 (B)가 정답이다.

어휘 sign up for ~을 신청하다, ~에 등록하다 potential 잠재적인 audition v. 오디션을 보다 leading role 주인공 apply for ~에 지원하다, ~을 신청하다 management 관리(진), 경영(진) position 직책, 일자리

Paraphrase invite them / interested in joining our team ⇒ Refer potential team members

151-152 다음 광고를 참조하시오.

더 그래너리

151 훌륭한 맛을 지닌 장인의 빵과 패스트리, 케이크, 그밖에 다양한 제품을 즐기시려면 더 그래너리로 오세요!

성대한 개장 행사
152 지역 재즈밴드 "더 도우 노츠"의 라이브 공연
9월 10일, 토요일, 오전 9시 – 오후 6시
오크우드 레인 450번지, 벨라스 이탈리안 레스토랑 옆

제휴사인 티 타임 블리스의 무료 버블티를 즐겨 보세요!
15달러 이상 구매 후 이 광고를 제시하면 10% 할인됩니다.
할인 이벤트는 9월까지 유효합니다.

어휘 join ~와 함께 하다, ~에 합류하다 a selection of 다양한 exquisite 훌륭한, 절묘한, 매우 아름다운 artisanal 장인의 celebration 기념 행사, 축하 행사 feature ~을 특징으로 하다 local 지역, 현지의 complimentary 무료의 present ~을 제시하다, ~을 제공하다 ad 광고 purchase 구매(품) valid 유효한

151 더 그래너리는 어떤 종류의 업체인가?
(A) 출장요리 업체
(B) 콘서트 홀
(C) 제과점
(D) 호텔

해설 더 그래너리에서 판매하는 제품의 종류로 빵과 패스트리, 케이크(beads, pastries, cakes) 등이 언급되어서 제과점으로 추론할 수 있으므로 (C)가 정답이다.

어휘 catering 출장요리(업) firm 업체, 회사

152 광고에 따르면, 9월 10일에 무슨 일이 있을 것인가?
(A) 한 이탈리아 식당이 행사를 진행할 것이다.
(B) 더 그래너리가 일시적으로 문을 닫을 것이다.
(C) 참석자들이 라이브 음악을 즐길 것이다.
(D) 새로운 할인 서비스가 도입될 것이다.

해설 Grand Opening Celebration 항목 아래에 September 10이 나오고 바로 위에 featuring live music이라는 설명이 있으므로, 참석자들이 라이브 음악을 들을 수 있다는 (C)가 정답이다.

어휘 host ~을 주최하다 temporarily 일시적으로, 임시로 attendee 참석자 introduce ~을 도입하다, ~을 소개하다

Paraphrase featuring live music ⇒ enjoy live music

153-154 다음 문자 메시지 대화를 참조하시오.

[오후 2:11] 제이슨 킴:
안녕하세요, 에이바 씨. **153** 한 고객이 방금 채식가용 음식과 글루텐이 없는 음식을 포함해, 200개의 점심 도시락을 준비할 수 있는지 문의해왔어요. 우리가 오늘 이 주문을 감당할 수 있을까요? 그렇지 않으면, **154** 우리 경쟁사들 중 한 곳으로 갈 수도 있어요.

[오후 2:12] 에이바 델가도:
지금은 감당할 수 없어요. 우리가 아직도 그레이스 테크놀로지사의 기업 행사 주문을 끝내지 못하고 있잖아요. 내일 아침 일찍 하는 건 어때요?

[오후 2:12] 제이슨 킴:
제가 확인해 볼게요.

[오후 2:15] 제이슨 킴:
154 그쪽에서 오전 10시까지 배달해 줄 수 있는지 묻네요.

[오후 2:16] 에이바 델가도:
154 그건 가능해요.

[오후 2:16] 제이슨 킴:
다행이네요. 정말 고마워요!

어휘 ask if ~인지 묻다 prepare ~을 준비하다 boxed lunch 점심 도시락 A -free: A가 없는 gluten 글루텐 (곡물에 들어 있는 단백질 혼합물) include ~을 포함하다 chance 가능성 manage ~을 감당하다, ~을 해내다 if not 그렇지 않다면 competitor 경쟁사, 경쟁자 likely 가능성 있는 corporate 기업의 order 주문 What about ~? ~는 어때요? by (기한) ~까지 doable 할 수 있는 relief 다행, 안심시키는 것

153 킴 씨와 델가도 씨가 어디에 근무하고 있을 것 같은가?
(A) 배송 서비스 매장
(B) 휴양지 리조트
(C) 요리학원

(D) 출장요리 업체

해설 킴 씨가 2시 11분에 작성한 메시지에서, 한 고객이 200개의 점심 도시락을 준비할 수 있는지 물었다(A client just asked if we can prepare 200 boxed lunches)라고 한다. 이것은 음식을 만들어서 배달하는 출장요리 업체의 직원이 할 수 있는 말이므로 (D)가 정답이다.

어휘 culinary 요리의 institute 학원, 기관, 협회 catering 출장요리 서비스

154 오후 2시 16분에, 킴 씨가 "다행이네요"라고 쓸 때 무엇을 의미할 것 같은가?
(A) 음식이 따뜻하게 배달될 것이어서 기쁘다.
(B) 고객을 잃을까 걱정하지 않아도 된다.
(C) 델가도 씨의 신속한 답변에 감사한다.
(D) 일정 충돌 문제를 피하게 되어 기쁘다.

해설 앞서 킴 씨가 2시 13분에, 고객이 오전 10시까지 배달 가능한지 묻는다(They're asking if it can be delivered by 10 A.M.)고 말하자, 델가도 씨가 할 수 있다(That's doable)고 답하고, 이에 다시 킴 씨가 '다행이네요'라고 반응하는 흐름이다. That's doable.은 10시까지 배달할 수 있다는 뜻이므로, 고객이 경쟁사로 갈 수 있다(they might go to one of our competitors)는 킴 씨의 걱정이 사라졌다고 추론할 수 있으므로 (B)가 정답이다.

어휘 no longer 더 이상 ~ 않다 concerned 우려하는, 걱정하는 appreciate ~에 대해 감사하다 response 답변, 대응, 반응 be happy to have p.p. ~한 것에 대해 기뻐하다 avoid ~을 피하다 conflicting 충돌하는, 상충하는

Inference If not / go to one of our competitors
⇒ That's doable.
⇒ no longer / concerned about losing a client

155-157 다음 이메일을 참조하시오.

수신: 키아나 블룸 <k.bloom@pathwalkerbooks.net>
발신: 에버렛 코너스 <econnors@chartervenues.com>
날짜: 7월 8일
제목: 8월 4일 패널 초청 행사 계획

안녕하세요, 블룸 씨,

156 차터 홀 문학의 주말 행사에서 저희 "문학 속 작가의 목소리" 패널로 참가하시는 데 동의해 주셔서 다시 한번 감사드립니다. 저희와 함께 하시도록 모시게 되어 대단히 기쁩니다!

155 이 패널 토론은 8월 4일, 일요일, 오후 2시에 이스트 파빌리온에서 열릴 것이며, **156** 저희는 이 행사가 이틀 간 저희 프로그램의 절정을 장식할 것으로 예상하고 있습니다. 100~150명의 청중이 참석할 것으로 기대하며, 쉬라 멘도자 씨께서 사회를 보실 것입니다. 귀하께서는 8~10분 동안 서사 구조에 관한 생각을 공유하시는 시간을 가지시게 될 것이며, 그 후에는 단체 질의응답이 이어집니다.

157 귀하께서 주차 공간, 시청각 장비, 또는 귀하의 도서 전시에 대한 도움이 필요하신지 확인해 주시기 바랍니다. 전체 일정표와 연사 자료집은 다음 주 초에 발송될 것입니다.

안녕히 계십시오.
에버렛 코너스
차터 홀 행사 진행 담당

어휘 panel 패널 (토론 등을 위한 전문가 집단) logistics (실행 등을 위한) 세부 계획 agree to do ~하는 데 동의하다 participate in ~에 참가하다 literary 문학의 be thrilled to do ~해서 대단히 기쁘다 join ~와 함께 하다, ~에 합류하다 hold ~을 개최하다 expect A to do: A가 ~할 것으로 예상하다 attract ~을 끌어들이다 audience 청중, 관객, 시청자들 attendee 참석자 session (특정 활동을 위한) 시간 moderate ~의 사회를 보다 share ~을 공유하다 thought n. 생각 narrative 서사 structure 구조(물) followed by A: 뒤에 A가 이어지는 confirm ~을 확인해 주다 whether ~인지 (아닌지) parking 주차(장) equipment 장비 assistance 도움, 지원 display 전시(물), 진열(품) packet 자료집, 묶음

155 이메일의 목적이 무엇인가?
(A) 컨퍼런스에 연사를 초청하기
(B) 행사 상세 정보를 확인해 주기
(C) 출판 계약을 제안하기
(D) 원고 검토를 요청하기

해설 첫 단락에서 간단히 감사의 인사를 먼저 전한 다음, 두 번째 단락에서 행사 일정을 비롯해(The panel will be held on Sunday, August 4, at 2:00 p.m. in the East Pavilion) 행사 진행과 관련된 상세 정보를 제공하고 있으므로 (B)가 정답이다.

어휘 attendance 참석(률), 참가자 수 details 상세 정보, 세부 사항 contract 계약(서) review 검토, 평가, 후기

156 행사와 관련해 언급된 것은 무엇인가?
(A) 업계 전문가들에게만 개방되어 있다.
(B) 더 큰 문학 프로그램의 일부이다.

(C) 온라인으로 방송될 것이다.
(D) 아이들을 위한 글쓰기 워크숍을 포함한다.

해설 첫 번째 단락에서 차터 홀 문학의 주말 행사(Charter Hall Literary Weekend)에서 "Voices in Fiction" 토론회에 참석하는 것이라고 한다. 그러므로 토론 행사가 Charter Hall Literary Weekend 행사의 일부라는 것을 알 수 있다. 또한, 두 번째 단락에서 토론 행사가 이틀 간 프로그램의 절정이 될 것으로 예상한다(we expect the event to be the highlight of our two-day program)는 말에서, 전체 행사의 일부라는 것을 재확인할 수 있으므로, (B)가 정답이다.

어휘 industry 업계, 산업 professional n. 전문가 stream (온라인에서) ~을 방송하다, ~을 재생하다 include ~을 포함하다

157 코너스 씨가 블룸 씨에게 무엇을 제공하도록 요청하는가?
(A) 자신의 최신 도서 한 권
(B) 자신의 발표 샘플
(C) 자신의 최근 인터뷰 목록
(D) 자신의 요구 사항에 관한 정보

해설 마지막 단락에서, 요청 단골 표현 Please에 주목한다. 주차 공간, 시청각 장비, 또는 도서 전시에 대한 도움이 필요한지 확인해 줄 것(confirm whether you'll require parking, A/V equipment, or assistance with your book display)을 요청하고 있으므로, 이 확인 내용들을 information about her requirements로 추론한 (D)가 정답이다.

어휘 latest 최신의 recent 최근의 requirement 요구 사항, 요건

Inference whether you'll require parking, A/V equipment, or assistance with your book display ⇒ Information about her requirements

158-160 다음 편지를 참조하시오.

4월 19일
에이버리 킴
윌로우 레인 2745번지
브룩데일, TX 75214

킴 씨께,

158 이 편지는 아래에 명시된 영업허가증이 명시된 날짜에 만료될 것이라는 사실을 알려드리기 위한 것입니다.

허가증 종류: **159** 동업기업
허가증 번호: 849215

만료일: 5월 30일

주 법률에 따르면, 모든 영업허가증은 해마다 갱신되어야 합니다. 갱신 수수료는 개인기업 75달러, **159** 동업기업 100달러, 유한책임기업 150달러, 그리고 법인기업 200달러입니다. 법인기업 허가증에 대한 추가 자격 요건뿐만 아니라, 다른 모든 사업체들에 대한 수수료도 확인해 보시려면, 저희 웹사이트를 방문하시기 바랍니다: www.businesslicensing.gov/renewal.

160 안전한 저희 포털을 통해 온라인으로 갱신하시는 것이 빠르고 편리합니다. 그렇게 하시려면, 귀하의 이메일 주소와 비밀번호를 입력해야 합니다. 또는, 우편으로 갱신하셔도 됩니다. 이 방법을 선호하시는 경우, 귀하의 지역 내 사업 등록 사무소로 지불 정보와 함께 이 공지의 사본을 제출하시기 바랍니다.

레나 왓슨
사업 등록 사무소 행정 담당관

어휘 inform A that: A에게 ~라고 알리다 license 허가증, 면허증 note ~을 명시하다, ~을 언급하다 below 아래에 expire 만료하다 stated 명시된 renew ~을 갱신하다 annually 해마다 renewal 갱신 partnership 동업기업, 파트너십 sole proprietorship 개인기업 limited liability 유한책임 corporation 법인 additional 추가적인 requirement 자격 요건, 필수 조건 as well as ~뿐만 아니라 …도 via ~을 통해 secure 안전한 portal 관문, (모든 유형의 정보를 갖춘) 정보 사이트, 포털 사이트 convenient 편리한 alternatively (대안을 말할 때) 또는, 그렇지 않으면 prefer ~을 선호하다 submit ~을 제출하다 notice 공지, 안내(문) local 지역의, 현지의

158 편지의 목적이 무엇인가?
(A) 정책 변경을 설명하기
(B) 임박한 허가증 만료를 알리기
(C) 브룩데일에서의 회의 일정을 잡기
(D) 사용자의 사업자번호를 업데이트하기

해설 첫 문장이 편지의 목적을 알리는 표현 This letter is to inform 형식으로 시작한다. 그러므로 알림 내용인 the license noted below will expire on the date stated를 upcoming license expiration으로 패러프레이즈한 (B)가 정답이다.

어휘 explain ~을 설명하다 policy 정책, 방침 upcoming 다가오는, 곧 있을 expiration 만료, 만기 identification number 식별번호, 고유번호

Paraphrase inform / the license / expire on the date

stated ⇒ note an upcoming license expiration

159 편지 내용에 따르면, 킴 씨가 얼마를 지불해야 하는가?
(A) 75달러
(B) 100달러
(C) 150달러
(D) 200달러

해설 킴 씨의 허가증과 관련된 정보가 담긴 두 번째 단락에 허가증 종류가 동업기업(License Type: Partnership)으로 나온다. 그리고 갱신 수수료를 설명하는 다음 단락에 동업기업은 100달러($100 for partnerships)로 나타나므로 (B)가 정답이다.

160 [1], [2], [3], [4]로 표시된 위치들 중에서 다음 문장이 들어가기에 가장 적합한 곳은 어디인가?

"그렇게 하시려면, 귀하의 이메일 주소와 비밀번호를 입력해야 합니다."

(A) [1]
(B) [2]
(C) [3]
(D) [4]

해설 제시된 문장에 앞에서 하게 될 행위를 가리키는 표현인 To do so가 나오는데, 그러려면 e-mail과 password가 필요하다는 내용이다. 앞에 이메일과 패스워드가 필요한 대상이 나오게 되는데, 두 번째 단락에서 our secure portal이 바로 그 대상이다. 그러므로 [3]의 위치인 (C)가 정답이다.

어휘 **do so** (앞선 언급된 일에 대해) 그렇게 하다 **provide** ~을 제공하다

161-163 다음 웹페이지를 참조하시오.

홈	소개	워크숍	연락처

161 초보자를 위한 원예 워크숍
5월 10일, 오후 3시
우들랜드 센터, 오크 그로브 룸
발표자: 로라 모틀리

자신만의 정원을 꾸미기 시작하는 데 관심이 있지만, 어디서부터 시작해야 할지 모르시나요? 저희의 실습 워크숍에 참여해 보세요. 다음 방법들을 터득하게 될 것입니다:

- **162-(A)** 정원 환경 및 토양에 적합한 식물을 선택하는 법
- **162-(B)** 식수용 화단을 준비하는 법
- 해충 및 질병을 자연 방식으로 관리하는 법
- **162-(D)** 지속 가능한 환경 친화적 정원 만드는 법

워크숍은 무료이지만, **163** 등록이 필수이며, 4월 1일에 시작합니다.

'초보자를 위한 원예 워크숍'은 우들랜드 센터의 새로운 월간 강좌 시리즈인 '녹색 성장'의 일부입니다. 윌로우 그린하우스에서 6월 5일에 열리는 다음 강좌 '유기농 퇴비화'도 함께해 보시기 바랍니다. 이 강좌에 대한 등록은 5월 1일에 시작될 것입니다.

어휘 **be interested in** ~에 관심이 있다 **one's own** 자신만의 **where to do** 어디서 ~할지, ~하는 곳 **hands-on** 실습의, 현장의 **how to do** ~하는 방법 **chose** ~을 선택하다 **climate** 환경, 기후 **soil** 토양, 흙 **garden bed** 화단 **planting** 식수, 식물 심기 **pest** 해충 **disease** 질병 **sustainable** 지속 가능한 **eco-friendly** 환경 친화적인 **registration** 등록 **required** 필수의, 필요한 **monthly** 월간의, 달마다의 **session** (특정 활동을 위한) 시간

161 '초보자를 위한 원예 워크숍'이 언제 개최될 것인가?
(A) 4월 1일에
(B) 5월 1일에
(C) 5월 10일에
(D) 6월 5일에

해설 지문 상단에 '초보자를 위한 원예 워크숍'이라는 제목과 함께 '5월 10일, 오후 3시(May 10, 3 P.M.)'라는 일정이 제시되어 있으므로 (C)가 정답이다.

어휘 **take place** 개최되다, 발생하다

162 '초보자를 위한 원예 워크숍'에서 어떤 주제가 다뤄지지 않을 것인가?
(A) 식물 선택
(B) 화단 준비
(C) 화학 살충제
(D) 정원 지속 가능성

해설 워크숍에서 다룰 세부적인 내용이 언급된 지문 중반부에서, 첫 번째 항목인 '정원 환경 및 토양에 적합한 식물을 선택하는 법(Choose the right plants ~)'에서 (A)를, 두 번째 항목인 '식수용 화단을 준비하는 법(Prepare your garden bed for planting)'에서 (B)를, 그리고 네 번째 항목인 '지속 가능한 환경 친화적 정원 만드는 법(Build a sustainable and eco-friendly garden)'에서 (D)를 각각 확인할 수 있다. 하지만, (C)의 화학적 살충제에 대해서는, 오히려 그 반대인 '해충 및 질병을 자연적으로 관리하는 법(Manage pests and diseases naturally)'을 다루고 있으므로 (C)가 정답이다.

어휘 cover (주제 등) ~을 다루다, ~을 포함하다 selection 선택, 선정 chemical 화학적인 pesticide 살충제

163 '초보자를 위한 원예 워크숍'에 참석하는 데 무엇이 필수인가?
(A) 등록비 지불
(B) 원예 작업 계획서 제출
(C) 사전 등록
(D) 개인 도구 지참

해설 지문 중반부에 제시된 세부 항목들 바로 밑에, 워크숍은 무료이지만, 등록은 필수(but registration is required)라는 말과 함께 등록이 시작되는 날짜가 쓰여 있으므로 (C)가 정답이다.

어휘 attend ~에 참석하다 fee 요금, 수수료 submit ~을 제출하다 in advance 사전에, 미리

164-167 다음 온라인 채팅을 참조하시오.

린지 프로스트 [오후 3:00]
안녕하세요, 스티븐스 씨. **164** 이달의 판촉물 주문을 해야 할 시점입니다. 평소의 포스터와 전단 외에, 이번 달에 포함하시고 싶은 물품이 있을까요?

존 스티븐스 [오후 3:02]
제가 지점장님들께 확인해 보겠습니다. 에밀리 씨, 올리버 씨, 두 분의 지점에서 판촉물 관련하여 어떤 요구사항이 있으신가요?

에밀리 클락 [오후 3:03]
저희 매장 앞 공간에 놓을 현수막 스탠드가 떨어져가고 있습니다. 마모 상태를 보이는 것들의 대체품을 주문할 수 있을까요?

존 스티븐스 [오후 3:04]
165 올리버 씨, 당신 지점에서는 현수막이든 스탠드이든 필요하신 게 있나요?

올리버 대니얼스 [오후 3:06]
저희는 괜찮습니다. 하지만 안내 책자가 다 떨어져가고 있습니다. 업데이트된 지점 정보를 담은 새 책자들을 받을 수 있을까요?

린지 프로스트 [오후 3:07]
안내 책자, 잘 알겠습니다.

에밀리 클락 [오후 3:08]
가능하다면, 저희가 곧 있을 판촉 행사에 쓸 최신판 전단도 받을 수 있을까요? **166** 저희가 아직도 두 가지 제품에 대해 이전의 가격이 표시된 구 버전의 전단을 갖고 있습니다.

존 스티븐스 [오후 3:09]
린지 씨, 주문사항에 현수막 스탠드와 안내 책자, 그리고 전단을 포함해 주세요. 그리고, 2주 후에 열릴 무역 박람회를 위해 회사 로고가 들어간 테이블보 세트도 추가해 주시겠어요?

린지 프로스트 [오후 3:10]
알겠습니다. **167** 제가 지금 바로 전화로 주문하겠습니다. 감사합니다, 여러분.

어휘 place one's order 주문하다 monthly 월간의, 달마다의 promotional 판촉의, 홍보의 material 물품, 자료, 재료 beyond ~ 외에, ~을 넘어 usual 평소의, 일반적인 flyer 전단 additional 추가적인 would like to do ~하고 싶다, ~하고자 하다 include ~을 포함하다 check with ~에게 확인해 보다 branch 지점, 지사 location 지점, 위치 run low 다 떨어져 가다, 다 쓰다 banner 현수막 storefront 매장 앞 공간 replacement 대체(품), 교체(품) wear n. 마모, 닳음 brochure 안내 책자 batch (한 회분의) 물량 note on ~에 대해 기록하다, ~에 대해 주목하다 if possible 가능하다면 upcoming 곧 있을, 다가오는 promotion 판촉 (행사), 홍보, 촉진, 승진 original 원래의, 원본의 add ~을 추가하다 trade show 무역 박람회 in 기간: ~ 후에 right away 지금 바로

164 메시지 작성자들이 주로 무엇을 이야기하고 있는가?
(A) 홍보용 전단을 디자인하기
(B) 곧 있을 행사를 준비하기
(C) 신제품을 홍보하기
(D) 물품들의 재고를 다시 채우기

해설 채팅은 대화를 시작한 사람에 의해서 대화 주제가 형성되는 경향이 있으므로 대화 초반에 집중한다. 프로스트 씨가 3시에 작성한 첫 메시지에서, 이달의 판촉물 주문을 해야 할 때임을 알리면서, 평소의 포스터와 전단 외에 특별히 포함하고 싶은 물품이 있는지(It's time to place our monthly order for promotional materials. ~ are there any additional items you'd like to include this month?) 묻고 있다. 부족한 물품을 다시 주문하는 행위를 restock이라고 하므로 (D)가 정답이다.

어휘 organize ~을 마련하다, ~을 조직하다 restock (재고 등) ~을 다시 채우다, ~을 보충하다 supplies 물품, 용품

Paraphrase place our monthly order
⇒ Restocking some supplies

165 오후 3시 06분에, 대니얼스 씨가 "저희는 괜찮습니다"라고 쓸 때, 무엇을 의미할 것 같은가?
(A) 안내 책자 디자인이 인상적이라고 생각한다.
(B) 현수막이 필요하지 않다.

(C) 소속 지점의 성과에 대해 만족하고 있다.
(D) 이미 주문서를 제출했다.

해설 'We're good'은 '괜찮다, 좋다'처럼 만족을 나타내는 표현이다. 하지만 '무엇'에 대한 만족인지를 알아야 한다. 바로 앞선 메시지에서 스티븐스 씨가 대니얼스 씨에게 현수막이나 스탠드가 필요한 게 있는지(do you need any banners or stands at your branch?) 묻는 것에 대한 대답이므로, banner가 충분하다는 뜻인 (B)가 정답이다.

어휘 impressive 인상적인 performance 성과, 실적, 수행, 공연 submit ~을 제출하다

166 클락 씨가 어떤 문제를 언급하는가?
(A) 어떤 제품이 품절된 상태이다.
(B) 어떤 전단이 엉뚱한 지점으로 보내졌다.
(C) 어떤 정보가 오래되었다.
(D) 어떤 물품이 손상되었다.

해설 클락 씨가 언급하는 문제를 묻고 있으므로 클락 씨의 메시지에서 부정적인 정보를 찾아야 한다. 3시 08분 클락 씨가 작성한 메시지에서, 제품의 이전 가격이 표기된 구 버전의 전단을 갖고 있는(We still have the original flyers which include the old prices for a couple of our products) 문제가 언급되고 있다. 그러므로 include the old prices를 information is outdated로 패러프레이즈한 (C)가 정답이다.

어휘 out of stock 품절인, 매진된 outdated 오래된, 구식의 damaged 손상된, 피해를 입은

Paraphrase include the old prices
⇒ Some information is outdated

167 프로스트 씨가 곧이어 무엇을 할 것 같은가?
(A) 추가 전단을 인쇄하기
(B) 일부 물품을 보내기
(C) 회의에 참석하기
(D) 공급업체에 연락하기

해설 프로스트 씨의 마지막 메시지에서, 자신이 지금 바로 전화로 주문하겠다(I'll place the order right away by phone)라고 하므로, place the order에서 추론한 (D)가 정답이다.

어휘 additional 추가적인 attend ~에 참석하다 contact ~에 연락하다 supplier 공급업체, 공급업자

Inference place the order ⇒ Contact a supplier

168-171 다음 회람을 참조하시오.

수신: 전 직원
발신: 복지 참여 사무실
날짜: 11월 15일
제목: 사무실 정원 계획

우리 직원 복지 계획의 하나로, 복지 참여 사무실이 12월 5일부터 실내 정원 프로젝트를 시작합니다. 지면보다 높은 화단들이 건물 각 층의 남쪽 라운지에 설치될 것이며, **168** 직원들께서는 주간 정원 관리 자원봉사자로 신청하시기 바랍니다.

참가자들께서는 식물에 물을 주고 손질하며, **169** 관찰하는 데 도움을 주실 것이며, 식물로는 허브와 잎 채소, 그리고 장식용 식물 종들이 포함됩니다. 모든 도구가 제공될 것이며, 자원봉사자들께서는 지역 원예 전문가로부터 매주 간단한 지시 및 가끔씩 팁을 전수받으실 것입니다. **170** 목적은 전 직원에게 아늑한 공간을 만들어드리면서, 동시에 협업 및 배려를 장려하는 것입니다.

171 직원 사진이 11월 27일 주간에 촬영될 것이며, 자원봉사자들을 기념하여 접수처에 특별히 꾸민 벽면을 장식하게 될 것입니다. 관심 있으신 분은 누구든, 11월 24일까지 사내 행사 포털을 통해 등록하시기 바랍니다.

어휘 wellness 건강 (증진) engagement 참여, 관여 initiative n. 계획, 솔선수범, 진취(성) as part of ~의 하나로, ~의 일부로 launch ~을 시작하다, ~을 출시하다 raised (지면보다 높게) 들어올린, 높인 planting bed 화단 install ~을 설치하다 be invited to do ~하도록 요청되다 sign up 신청하다, 등록하다 volunteer 자원 봉사자 participant 참가자 help do ~하는 데 도움을 주다 water v. ~에 물을 주다 trim ~을 손질하다, ~을 다듬다 monitor v. ~을 관찰하다 include ~을 포함하다 decorative 장식용의 species (동식물의) 종 instructions 설명, 지시, 안내 occasional 가끔씩의, 이따금씩 있는 local 지역의, 현지의 expert 전문가 create ~을 만들어 내다 relaxing 느긋하게 해 주는 while -ing ~함과 동시에, ~하면서 encourage ~을 장려하다 collaboration 협업, 공동 작업 care 배려, 관심, 주의, 돌봄 feature wall (포인트가 되는) 특별 디자인 벽면 celebrate ~을 기념하다, ~을 축하하다 interested 관심 있는 register 등록하다 via ~을 통해 by (기한) ~까지

168 회람의 목적이 무엇인가?
(A) 새 건강 보험 제도를 홍보하는 것
(B) 직원들에게 팀 단합 행사에 관해 알리는 것
(C) 직원들에게 프로젝트에 참여하도록 요청하는 것

(D) 새로운 마케팅 전략을 소개하는 것

해설 첫 번째 단락에서, 실내 정원 프로젝트를 위해 설치하는 화단과 관련해 직원들에게 주간 정원관리 자원봉사자 신청을 요청한다(staff members are invited to sign up as weekly garden volunteers)라고 말하므로 있으므로 sign up as ~ volunteers를 take part in a project로 패러프레이즈한 (C)가 정답이다.

어휘 promote ~을 홍보하다, ~을 촉진하다, ~을 승진시키다 insurance 보험 inform ~에게 알리다 invite A to do: A에게 ~하도록 요청하다 take part in ~에 참여하다 introduce ~을 소개하다, ~을 도입하다 strategy 전략

Paraphrase are invited to sign up as / volunteers
⇒ invite staff to take part in a project

169 두 번째 단락, 첫 번째 줄의 단어 "monitor"와 의미가 가장 가까운 것은 무엇인가?
(A) 보호하다
(B) 관찰하다
(C) 관리하다
(D) 검사하다

해설 동사 monitor는 관찰하다, 감시하다, 검사하다 등 다양한 의미로 사용된다. 해당 문장에서는 식물을 목적어로 하므로 식물이 자라는 것을 관찰한다는 의미로 사용되었다. 그러므로 '관찰하다'라는 의미인 (B)가 정답이다.

어휘 어휘는 주로 다의어가 출제되므로 반드시 문장을 해석하여 정확한 의미를 파악해야 한다.

170 메모에 언급된 계획의 한 가지 이점이 무엇인가?
(A) 외부 조경 작업의 필요를 줄여줄 것이다.
(B) 직원들에게 온라인 수업을 제공할 것이다.
(C) 사무실을 더욱 환경 친화적으로 만들 것이다.
(D) 차분하고 협력적인 분위기를 만들어 줄 것이다.

해설 질문의 이점(benefit)은 계획의 목적을 나타낸다. 그러므로 지문에서 목적의 키워드를 찾아보면, 두 번째 단락에 The goal이라는 표현이 나온다. 그러므로 그 뒤의 create a relaxing space for all employees while encouraging collaboration and care에서 relaxing과 collaborating을 패러프레이즈한 (D)가 정답이다.

어휘 reduce ~을 줄이다, ~을 감소시키다 exterior 외부의 landscaping 조경 access 이용 (권한), 접근 (권한) make A 형용사: A를 ~하게 만들다 environmentally friendly 환경 친화적인 calming 차분한 cooperative 협조적인 atmosphere 분위기

Paraphrase to create a relaxing space / encouraging collaboration and care
⇒ create a calming and cooperative atmosphere

171 회람에 따르면, 접수처에 무엇이 진열될 것인가?
(A) 원예에 필요한 팁
(B) 직원들이 기른 식물
(C) 방문하는 정원사들을 위한 환영 안내판
(D) 직원 사진

해설 접수처(reception area)가 언급되는 마지막 단락에서, 자원봉사 직원 사진들이 촬영되어 접수처에 특별히 꾸민 벽면에 전시될 것(Staff photos will be taken ~ for a feature wall in the reception area celebrating the volunteers)이라는 정보가 제시되어 있으므로 (D)가 정답이다.

어휘 display ~을 진열하다, ~을 내보이다 grow ~을 재배하다, ~을 기르다

Paraphrase Staff photos ⇒ Pictures of employees

172-175 다음 이메일을 참조하시오.

수신: 모든 팀원 <staff@innoluxsolutions.com>
발신: 알렉스 로퍼 <aroper@innoluxsolutions.com>
날짜: 11월 26일
제목: 자넬 모리스

팀원 여러분,

172 1월 1일부로 존경하는 우리 자넬 모리스 대표이사의 퇴임을 알려드리게 되어 착잡한 심정입니다. 20년에 걸친 눈부신 경력을 뒤로 하고, 모리스 씨는 자리에서 물러나 가족에 전념하시기로 결정하셨습니다.

모리스 씨는 20년 전에 소프트웨어 엔지니어로 우리 이노룩스 솔루션즈에 입사하셨습니다. 뛰어난 기술 지식과 통찰력을 지닌 지도력 덕분에, 10년 전에 최고기술이사로, **174** 그 뒤로 5년 전에는 대표이사로 승진하셨습니다. 모리스 씨의 지도 하에, 우리 회사는 대표 제품인 데이터스카이 X의 개발을 포함해, 놀라운 이정표를 달성했으며, 이 제품은 클라우드 컴퓨팅에 혁신을 일으켜 출시 1년 만에 시장을 선도하는 제품이 되었습니다. 우리 이노룩스 솔루션즈는 해외 시장에도 진출해, 유럽과 아시아에서 탄탄한 존재감을 확립했습니다. **173** 모리스 씨의 노력 덕분에, 그분의 치하에 우리 회사는 다년간 긍정적인 인식을 얻고 수많은 업계의 상을 받기에 이르렀으며, 기업의 사회적 책임에 초점을 맞추신 것은 전 세계의 지역사회들에 긍정적 영향을 미친 여러 계획들로 이어졌습니다.

175 이사회에서는 모리스 씨의 후임자를 찾기 위한 광범위한 조사에 착수했으며, 그 목표는 순조로운 전환입니다. **누구든 관심 있는 분께서는 직원 포털을 통해 지원하시기 바랍니다.** 우리는 이 모든 과정을 여러분께 계속 공개할 것입니다.

저와 함께 모리스 씨의 뛰어난 리더십에 깊은 감사의 뜻을 표현하고, 그분의 미래에 행운이 가득하기를 빌어주시기 바랍니다.

안녕히 계십시오.
알렉스 로퍼
이노룩스 솔루션즈 회사 공동 설립자 겸 이사

어휘 mixed emotions 복잡한 심정 departure 퇴사, 떠남, 이탈 esteemed 존경받는 effective 시점: ~부로 (시행되는) distinguished 눈부신, 우수한, 저명한 span (기간) ~ 동안 이어지다 decade 10년 decide to do ~하기로 결정하다 step down 자리에서 물러나다 focus on ~에 집중하다, ~에 초점을 맞추다 join ~에 입사하다, ~에 합류하다 exceptional 뛰어난, 이례적인 expertise 전문 지식, 전문 기술 visionary 통찰력을 지닌 lead to ~로 이어지다 promotion 승진, 촉진, 판촉, 홍보 subsequently 그 뒤로, 나중에 guidance 주도, 지도, 안내 achieve ~을 달성하다 remarkable 놀라운, 주목할 만한 milestone 이정표 including ~을 포함해 flagship a. 대표적인, 중요한 revolutionize ~에 혁신을 일으키다 launch 출시, 공개 expand (사업 등을) 확장하다, 확대하다 establish ~을 확립하다 presence 존재(감) firm 회사, 업체 positive 긍정적인 recognition 인식 numerous 다수의, 수많은 industry 업계, 산업 corporate 기업의 responsibility 책임(감) initiative n. 계획, 솔선수범, 진취(성) impact ~에 영향을 미치다 community 지역 사회 worldwide 전 세계적으로 board of directors 이사회 initiate ~을 시작하다 comprehensive 포괄적인, 종합적인 successor 후임자, 후계자 aim for ~을 목표로 하다 seamless 순조로운, 원활한 transition 전환(기), 과도(기) keep A informed: A에게 계속 소식을 전하다 process 과정 express ~을 표현하다 gratitude 감사(의 뜻) co-founder 공동 설립자

172 로퍼 씨가 왜 이메일을 보냈는가?
 (A) 새로운 고용 기회를 설명하기 위해
 (B) 직원들에게 일정 변경을 알리기 위해
 (C) 직원들에게 공헌에 대해 감사하기 위해
 (D) 한 임원의 퇴직을 알리기 위해

해설 첫 단락 시작 부분에 1월 1일부로 존경하는 자넬 모리스 대표이사의 퇴사를 알리게 되어 복잡한 심정(It is with mixed emotions that I announce the departure of our esteemed Chief Executive Officer, Janelle Morris)임을 밝히고 있으므로 departure를 retirement로 패러프레이즈한 (D)가 정답이다.

어휘 describe ~을 설명하다 employment 고용, 취업 opportunity 기회 notify A of B: A에게 B를 알리다 contribution 공헌, 기여 retirement 퇴직, 은퇴 executive n. 임원, 이사

Paraphrase the departure of our esteemed Chief Executive Officer ⇒ the retirement of an executive

173 모리스 씨와 관련해 언급된 것은 무엇인가?
 (A) 아시아에 있는 지사를 운영하고 있다.
 (B) 새로운 경력을 시작할 계획이다.
 (C) 회사가 다수의 상을 받는 데 도움이 되었다.
 (D) 이노룩스 솔루션즈의 공동 설립자이다.

해설 자넬 모리스 대표이사의 업적과 관련해 설명하는 두 번째 단락에, 모리스 대표이사의 노력으로 회사가 다년간 긍정적인 인식을 얻고 다수의 업계 상을 받게 되었다(Janelle's efforts have led to our firm receiving positive recognition and numerous industry awards)라고 알리고 있으므로, 그 중 다수의 상을 언급한 (C)가 정답이다.

어휘 run ~을 운영하다 location 지점, 위치 plan to do ~할 계획이다 embark on ~을 시작하다, ~에 착수하다 help A do: A가 ~하는 데 도움이 되다 win an award 상을 받다

174 모리스 씨가 얼마 동안 이노룩스 솔루션즈의 대표이사로 재직해 왔는가?
 (A) 1년
 (B) 5년
 (C) 10년
 (D) 20년

해설 자넬 모리스 대표이사의 승진 과정에 관한 정보가 제시된 두 번째 단락에서, 5년 전에 대표이사로 승진한(and subsequently to CEO five years ago) 사실이 쓰여 있으므로 (B)가 정답이다.

어휘 serve as ~로 재직하다, ~의 역할을 하다

175 [1], [2], [3], [4]로 표시된 위치들 중에서 다음 문장이 들어가기에 가장 적합한 곳은 어디인가?

"누구든 관심 있는 분께서는 직원 포털을 통해 지원하시기 바랍니다."

 (A) [1]

(B) [2]
(C) [3]
(D) [4]

해설 누구든 관심 있는 사람이 지원한다는 것은, 공식적으로 후임을 찾기 시작했다는 뜻이다. 그러므로, 자넬 모리스 대표이사의 후임을 찾기 시작했다고 알리는 문장 뒤의 [4] 위치에 들어가는 것이 자연스러우므로 (D)가 정답이다.

어휘 interested 관심 있는 individual n. 사람, 개인 be encouraged to do ~하도록 권장되다 apply 지원하다, 신청하다

176-180 다음 기사와 구인 공고를 참조하시오.

<와일드로우 리뷰>지 디지털로 전환

맨체스터 (6월 2일) — **176** 런던에서 설립된 비즈니스 및 금융 잡지인 <와일드로우 리뷰>가 12월 10일에 온라인판을 출간할 것이라고 오늘 발표했다. "온라인 세계는 영국 국내뿐만 아니라, 전 세계에서 저희 독자층을 확장하는 데 필요한 유연성과 다양한 형식들, 그리고 풍부한 시각 자료를 제공합니다."라고 애나 박 씨가 밝혔다. **179** 박 씨는 최근 이 잡지사의 수석 웹디자이너로 채용되었고, 이후로 회사의 디지털화 계획을 이끌어 왔다. 현재, 이 잡지사는 아일랜드와 프랑스, 스페인, 독일, 그리고 이탈리아를 포함해 유럽 6개국에서 인쇄판을 판매하고 있다.

<와일드로우 리뷰>는 전 세계의 금융 소식을 전하는 권위 있는 소식통으로 여겨진다. **177** 이 잡지에서 가장 널리 읽히는 칼럼인 <마켓 토크>는 제임스 휴즈 편집장이 집필하면서 한때 책으로도 편찬된 것으로서, 재정적 우려가 있는 가정을 대상으로 하기 때문에 많은 광고주를 끌어들였다. 온라인판의 핵심 개선사항으로는 인터뷰 및 오디오 녹음 같은 다양한 멀티미디어 기능들이 포함될 것이며, 이는 **178** 시각 장애가 있는 독자들에게도 유익할 것이다. 게다가, 이 새로운 디지털 기술로 인해 이 잡지사는 미국 같이 멀리 떨어진 시장에도 도달할 수 있는데, 이는 인쇄 잡지 유통만으로는 달성할 수 없는 목표일 것이다.

어휘 transition 전환(기), 과도(기) format 방식, 형태 found ~을 설립하다 launch ~을 출시하다, ~을 시작하다 flexibility 유연성, 탄력성 diverse 다양한 visuals 시각 자료 expand ~을 확대하다, ~을 확장하다 readership 독자층 as well as ~뿐만 아니라 …도 recently 최근에 hire ~을 고용하다 since ad. 그 이후로 lead ~을 이끌다, ~을 주도하다 initiative n. 계획, 솔선수범, 진취(성) currently 현재 distribute ~을 유통시키다, ~을 배부하다 issue (출판물의) 판, 호 including ~을 포함해 be regarded as ~로 여겨지다 authoritative 권위 있는 source 소식통, 출처 editor-in-chief 편집장 compile (자료 등을 모아) ~을 편찬하다, ~을 정리하다 target v. ~을 대상으로 하다 concern 우려, 걱정 attract ~을 끌어들이다 advertiser 광고주 enhancement 개선, 강화 inclusion 포함 feature 기능, 특징 benefit ~에게 유익하다, ~에게 이롭다 visually impaired 시각적으로 장애가 있는 A enable B to do: A로 인해 B가 ~할 수 있다, A가 B에게 ~할 수 있게 해 주다 reach ~에 이르다, ~에 도달하다 unattainable 도달할 수 없는, 이룰 수 없는 alone (명사 뒤에서) ~ 하나만으로는

<와일드로우 리뷰>

직책: 수석 웹디자이너
게시 날짜: 4월 16일
지원 기한: 5월 14일

수석 웹디자이너는 저희 잡지사 웹사이트의 디지털 콘텐츠를 디자인하고 출판하는 모든 측면에 대한 책임을 맡게 될 것입니다.

학력 및 업무 능력:
· 웹디자인 또는 관련 분야의 학위
· 최소 5년 동안 사용자 친화적이고, 콘텐츠가 풍부한 웹사이트를 제작한 경력
· **180** 최소 2년 동안 디자인팀을 이끌어 본 경험
· 그래픽 디자인 및 프론트엔드 언어에 대한 능숙함
· 아주 다양한 형식에 걸쳐 시각적인 측면들을 감독할 수 있는 능력

합격한 지원자는 반드시 **179** 공식 근무 시작일인 7월 3일에 앞서, 6월 10일부터 시작하는 사내 신입직원 교육 과정을 완료해야 합니다.

어휘 apply 지원하다, 신청하다 by (기한) ~까지 be responsible for ~에 대한 책임을 지다 aspect 측면, 양상 diploma 학위 related 관련된 field 분야 minimum 최소한도 create ~을 만들어 내다 user-friendly 사용자 친화적인 lead ~을 이끌다, ~을 주도하다 proficiency 능숙함, 숙달됨 front-end 프론트엔드의 (사용자가 직접 이용하는) ability to do ~할 수 있는 능력 oversee ~을 감독하다 a wide variety of 아주 다양한 candidate 지원자, 후보자 complete ~을 완료하다 on-site 사내의, 구내의, 현장의 onboarding process 신입직원 교육 과정 prior to ~에 앞서, ~ 전에 official 공식적인, 정식의

176 <와일드로우 리뷰>와 관련해 언급된 것은 무엇인가?
 (A) 런던을 기반으로 하는 잡지이다.

(B) 금융 문제에 중점을 둔다.
(C) 온라인으로만 출판된다.
(D) 최근에 미국 시장으로 사업을 확장했다.

해설 <와일드로우 리뷰>가 소개되는 첫 지문 첫 단락에서, 런던에서 설립된 비즈니스 및 금융 잡지(Wildrow Review, the business and finance magazine founded in London)라고 쓰여 있으므로 (B)가 정답이다.

어휘 A-based: A 기반의 focus on ~에 초점을 맞추다 matter 문제, 사안 exclusively 오직, 독점적으로 expand into (사업 등을) ~로 확대하다, ~로 확장하다 recently 최근에

177 휴즈 씨와 관련해 언급된 것은 무엇인가?
(A) 잡지에서 가장 인기 있는 칼럼을 집필한다.
(B) <와일드로우 리뷰>의 설립자이다.
(C) 최근에 편집부를 이끌도록 채용되었다.
(D) 자서전을 출판했다.

해설 휴즈 씨의 이름이 언급되는 첫 지문 두 번째 단락에서, 잡지 <와일드로우 리뷰>에서 가장 널리 읽히는, 제임스 휴즈 편집장이 집필하는 칼럼 <마켓 토크>(Its most widely read column, Market Talks—written by editor-in-chief James Houghes)라고 쓰여 있으므로 (A)가 정답이다.

어휘 founder 설립자, 창업자 editorial 편집의 autobiography 자서전

178 디지털 잡지의 한 가지 이점으로 언급된 것은 무엇인가?
(A) 운영 비용을 줄일 수 있다.
(B) 장애가 있는 사람들을 도울 수 있다.
(C) 인쇄물 독자층을 늘리는 데 도움을 줄 수 있다.
(D) 미국에서 수익을 두 배로 늘릴 수 있다.

해설 온라인판의 중요한 개선 사항이 언급되는 첫 지문 두 번째 단락에서, 다양한 멀티미디어 기능 덕분에, 시각 장애가 있는 독자들에게도 유익할 것(which will also benefit visually impaired readers)이라는 특징이 소개되어 있으므로 (B)가 정답이다.

어휘 benefit 이점, 혜택 reduce ~을 줄이다, ~을 감소시키다 operational 운영의, 가동의, 영업의 serve ~을 돕다, ~에게 도움이 되다 disability 장애 help do ~하는 데 도움이 되다 readership 독자수 double v. ~을 두 배로 늘리다

Paraphrase benefit visually impaired readers
⇒ serve people with disabilities

179 박 씨가 언제 공식적으로 근무하기 시작했는가?
(A) 4월 16일

(B) 5월 14일
(C) 6월 10일
(D) 7월 3일

해설 박 씨의 이름이 언급되는 첫 지문 첫 단락에서, 박 씨는 최근 수석 웹디자이너로 채용된 사람(Ms. Anna Park, who was recently hired as the magazine's Chief Web Designer)이라고 쓰여 있다. 이와 관련해, 두 번째 지문 마지막 단락에 수석 웹디자이너로 채용되는 사람의 공식 근무 시작일이 7월 3일이라고(the official start date of 3 July) 하므로 (D)가 정답이다.

180 수석 웹디자이너 직의 한 가지 자격 요건이 무엇인가?
(A) 웹 애플리케이션 제작 경험이 있을 것
(B) 신입 디자이너 교육 경험이 있을 것
(C) 지도력을 보유할 것
(D) 편집자로 근무한 경험이 있을 것

해설 두 번째 지문 두 번째 단락에 제시된 자격 요건 중에서, 세 번째 항목에 최소 2년 동안 디자인팀을 이끌어 본 경험(Minimum of two years' experience leading a design team)이 쓰여 있으므로, 이에 해당하는 능력인 (C)가 정답이다.

어휘 requirement 자격 요건, 필수 조건 train ~을 교육하다, ~을 훈련시키다

Paraphrase two years' experience leading a design
team ⇒ Having leadership skills

181-185 다음 정보와 이메일을 참조하시오.

다가올 세미나: 요리 효율성을 위한 기술

많은 가정 요리사 및 식당 직원들은 효율적인 주방 습관을 확립하는 데 있어 어려움을 겪습니다. <슬라이스 스마트>는 요리 강사 대런 울프 씨가 새롭게 출간한 도서(골든 에이프런 출판사)로서, 주방 환경에서 식사 준비 및 체계화 과정을 개선하는 데 대한 실용적인 조언을 제공합니다.

전직 레스토랑 요리사로서, 울프 씨는 현재 호주 전역에서 음식 서비스 업체들을 대상으로 자문을 제공하고 있습니다. 이 책에서, 그는 조리법을 따르거나 특수 주방도구를 이용하는 것에 초점을 맞추는 대신, 준비 기술과 시간을 절약하는 전략을 **182** 강조합니다.

181 184 울프 씨가 8월 8일, 토요일에 시드니 요리 연구소 세미나 행사에서 강연할 예정입니다. 상세한 추가 정보는 www.sydneyculinaryinstitute.au에서 보실 수 있습니다.

어휘 seminar 세미나 culinary 요리의 efficiency 효율성 encounter ~에 직면하다, ~와 맞닥뜨리다 challenge 어려움, 도전 과제 efficient 효율적인 routine 일상(적인 것) practical 실용적인, 현실적인 improve ~을 개선하다 preparation 준비, 대비 organization 체계화, 조직(화), 준비 setting 환경, 배경 former 전직 ~의, 과거의, 이전의 currently 현재 consultant 자문, 상담 전문가 stress v. ~을 강조하다 strategy 전략 rather than ~ 대신, ~가 아니라 focus on ~에 초점을 맞추다 follow ~을 따르다 recipe 조리법 specialized 특수화된 be scheduled to do ~할 예정이다 give a talk 강연하다 further 추가적인, 더 깊이 있는 details 상세 정보, 세부 사항

발신: 엘리스 탠 <etan@ridgewaycatering.my>
수신: 루벤 싱 <rsingh@ridgewaycatering.my>
제목: 초청 연사 제안
날짜: 8월 11일

안녕하세요, 루벤 씨,

183 우리가 다음 달에 있을 리지웨이 출장요리 교육 세미나에 대해 아직도 초청 연사들을 최종 확정하는 단계입니다. **184** 제가 8월 8일 그레이슨 호텔에서 열린 요리 세미나에 참석하는 동안, 시드니에서 연설하시는 것을 본 한 분을 추천하고자 합니다. 저는 <슬라이스 스마트>의 저자인 대런 울프 씨의 발표를 보기 위해 청중 속에 있었습니다. 이분은 통찰력을 지니셨으며, 효율적인 요리에 관한 이분의 아이디어들이 우리 행사에 안성맞춤일 것으로 생각합니다.

185 제가 이분의 팀에 연락해서 참석 가능성 그리고 출연 및 교통 비용과 관련해 더 많은 정보를 수집한 다음 전달해 드리겠습니다. 세미나 참가자 명단을 논의하기 위한 금요일의 통화를 고대하고 있습니다.

안녕히 계십시오.
엘리스 탠

어휘 suggestion 제안, 의견 finalize ~을 최종 확정하다 training 교육, 훈련 would like to do ~하고 싶다, ~하고자 하다 recently 최근에 while -ing ~하는 동안, ~하면서 attend ~에 참석하다 audience 청중, 관객, 시청자들 presentation 발표(회) insightful 통찰력 있는 a great fit 최적의 것, 최적인 사람 reach out to ~에 연락하다 gather ~을 수집하다, ~을 모으다 availability 시간 활용 가능성 appearance 참석, 출연, 나타남 pass A on to B: A를 B에게 전달하다 look forward to ~을 고대하다 lineup 구성원 명단

---

181 정보의 목적이 무엇인가?
(A) 유용한 가정 요리 팁을 제공하기
(B) 새 요리기구 이용 방법을 설명하기
(C) 요리 세미나를 광고하기
(D) 새 요리 학원을 소개하기

해설 첫 지문 첫 단락과 두 번째 단락에서 대런 울프 씨와 그의 도서를 소개한 다음, 마지막 단락에서 울프 씨가 8월 8일, 토요일에 시드니 요리 연구소 세미나 행사에서 강연할 예정(Mr. Wolfe is scheduled to give a talk at the Sydney Culinary Institute seminar on Saturday, 8 August, at 3:00 P.M.)이라고 밝히고 있다. 그러므로 (C)가 정답이다. 앞의 도서 소개에 속아서 (A)를 고르지 않도록 주의한다. 완전한 정보가 제시되는 이벤트가 글의 주요 목적이다.

어휘 useful 유용한, 쓸모 있는 explain ~을 설명하다 how to do ~하는 방법 gadget (작은) 기구, 장치 advertise ~을 광고하다 introduce ~을 소개하다, ~을 도입하다

182 정보에서, 두 번째 단락, 두 번째 줄의 단어 "stresses"와 의미가 가장 가까운 것은 무엇인가?
(A) 압박하다
(B) 걱정시키다
(C) 가치를 두다
(D) 강조하다

해설 동사 stresses는 강조하다, 압박하다, 괴롭히다, 긴장시키다 등 다양한 의미로 사용되므로 해당 문장에서 사용된 정확한 의미를 파악해야 한다. stress의 목적어로 preparation techniques(준비 기술)가 사용되었으므로 '강조하다'라는 의미로 사용된 것을 알 수 있다. 그러므로 '강조하다'라는 의미를 지니는 (D)가 정답이다.

183 이메일에서 탠 씨와 관련해 암시된 것은 무엇인가?
(A) 최근에 발표를 진행했다.
(B) 행사를 준비하고 있다.
(C) 그레이슨 호텔에 근무한다.
(D) 책 한 권을 공동 집필할 계획이다.

해설 탠 씨의 이메일인 두 번째 지문 첫 단락에서, 다음 달에 있을 리지웨이 출장요리 교육 세미나의 초청 연사들을 아직 최종 확정하는 과정이라고(We're still finalizing the guest speakers for the Ridgeway Catering training seminar next month) 말한다. 이 말에서 행사를 준비하는 담당자라고 추론할 수 있으므로 (B)가 정답이다.

어휘 recently 최근에 deliver a presentation 발표하다 organize ~을 마련하다, ~을 조직하다 plan to do ~할

계획이다 co-author ~을 공동 집필하다

Inference We're still finalizing the guest speakers
⇒ She is organizing an event

184 시드니 요리 연구소 세미나가 어디에서 열렸을 것 같은가?
(A) 레스토랑에서
(B) 서점에서
(C) 호텔에서
(D) 출판사 사무실에서

해설 시드니 요리 연구소 세미나는 첫 번째 지문 마지막 단락에서, 울프 씨가 8월 8일, 토요일에 시드니 요리 연구소 세미나 행사에서 강연할 예정이라고 알리는 부분에서 찾을 수 있다. 그리고, 이 일정과 관련해, 두 번째 지문 첫 단락에서 탠 씨가, 그레이슨 호텔에서 8월 8일에 열린 요리 세미나에 참석했다(while attending a culinary seminar at the Grayson Hotel on 8 August.)라고 쓰여 있으므로 (C)가 정답이다.

어휘 hold (회의, 행사, 대회 등) ~을 개최하다

185 탠 씨가 싱 씨에게 무엇을 보낼 계획인가?
(A) 세미나 참석자 명단
(B) 연사 계약서
(C) 비용 명세서
(D) 식사 준비 가이드

해설 두 번째 지문 두 번째 단락에서, 탠 씨가 싱 씨에게 대런 울프 씨의 참석 여부와, 출연 및 교통 비용에 대해 더 상세한 정보를 수집해서 전달하겠다(gather more details about his availability and fees for appearances and travel, then pass these on to you)라고 알리고 있으므로, 비용 관련 문서인 (C)가 정답이다.

어휘 attendee 참석자 contract 계약(서) breakdown 명세서, 내역서

Paraphrase fees for appearances and travel
⇒ A breakdown of fees

186-190 다음 웹페이지와 공지, 그리고 후기를 참조하시오.

https://www.greenwayoutdoor.com

그린웨이 아웃도어 기어

저희 그린웨이 아웃도어 기어는 캠핑 및 등산에 관한 모든 것을 살 수 있는 종착지와 같은 곳입니다. 여러분께서 경험 많은 모험가이든, 아니면 주말 등산객이거나, 첫 야외 활동을 준비하고 계시는 분이든 상관없이, 저희는 여러분께서 필요로 하는 모든 것을 보유하고 있습니다. 텐트와 배낭, 그리고 부대장비 등 **186** 많은 저희 제품들이 온라인에서 구매 가능하지만, 더욱 폭넓은 선택을 위해 저희 매장을 방문해 보시도록 권해드립니다.

넓은 저희 매장은 다음 구역들로 나뉩니다:
· 모험 장비 – 고성능 캠핑용 장비 및 부대장비
· **188** 등산 필수품 – 배낭, 신발, 그리고 등산용 스틱
· 야외 활동 의류 – 다양한 기상 조건에 적합한 의류
· **190** 생존 도구 – 칼, 나침반, 그리고 응급 장비

어휘 go-to 믿고 찾는 destination 목적지, 도착지 whether A, B, or C: A이든, B나 C이든 experienced 경험 많은 prepare for ~을 준비하다 gear 장비 accessories 부대용품 available 이용 가능한 purchase 구매(품) encourage A to do: A에게 ~하도록 권하다 selection 선택 (가능한 것들) spacious 널찍한 divide A into B: A를 B로 나누다 following 다음의, 아래의 high-performance 고성능의 equipment 장비 essential n. 필수적인 것 suitable for ~에 적합한, ~에 어울리는 varying 다양한 condition 조건, 상태, 환경 survival 생존 compass 나침반 emergency 응급 상황

그린웨이 아웃도어 고객 여러분!

저희 그린웨이 아웃도어 기어가 5월 1일부터 시작할 커다란 변화를 기쁜 마음으로 알려드립니다. 이 전환기 중에, **188** 저희가 특히 등산 장비 구역에서 개축 공사를 실시할 예정이며, 이 구역은 5월 1일부터 5월 31일까지 폐쇄될 것입니다. 일단 저희가 재개장하면, 여러분께서 거의 알아보지 못하실 정도일 것입니다! **187** 규모가 더욱 커질 뿐만 아니라, 제품 종류도 확장될 것입니다! 유의하실 점은, 저희 대여 서비스를 통해 장비를 빌려 가시는 경우, 시간을 엄수하여 반납하셔서 지연 문제를 피해 주시도록 정중히 요청드립니다. 여러분의 양해에 감사드립니다!

어휘 transition 전환(기), 과도(기) undergo ~을 거치다, ~을 겪다 renovation 개축, 보수 particularly 특히 once 일단 ~하고 나면, ~하자마자 barely 거의 ~ 않다 be able to do ~할 수 있다 recognize ~을 알아보다, ~을 인식하다 not only A, but (also) B: A뿐만 아니라 B도 feature ~을 특징으로 하다 a range of 다양한 expand ~을 확대하다, ~을 확장하다 note (that) ~임에 유의하다, ~임에 주목하다 borrow ~을 빌리다 rental 대여 ask that ~하도록 요청하다 return ~을 반납하다, ~을 반품하다 promptly 시간을 엄수하여, 지체 없이 avoid ~을 피하다 delay 지연, 지체

쇼핑객 이용 후기:
저는 최근에 그린웨이 아웃도어 기어에서 환상적인 경험을 했습니다. **189 제가 로키산맥으로 단체 관광객을 모시고 장기간 등반 여행을 떠날 준비를 하고 있는데**, 새로운 등산 장비나 텐트를 구입할 필요가 없기는 했지만, 이 여행을 위해 마지막으로 한 가지를 꼭 준비해야 했습니다. 박식한 직원들께서 저희 탐험 중에 경로 이탈을 막아 줄 훌륭하고 믿음직한 **190 나침반을 추천해 주셨습니다**. 저는 이분들의 제품 지식 및 개별적인 추천사항에 대단히 깊은 인상을 받았습니다. 이 매장을 방문 후에, 저는 다음 모험을 위해 완전히 준비가 되었다는 확신이 들었습니다. 훌륭한 서비스에 대해 그린웨이 아웃도어 기어에 감사드립니다!

– 존 애덤스, 5월 22일

어휘 review 후기, 평가, 검토 recently 최근에 prepare to do ~할 준비를 하다 extended 장기간의, 연장된 knowledgeable 아는 것이 많은, 박식한 reliable 믿을 만한, 신뢰할 수 있는 prevent A from -ing: A가 ~하는 것을 막다 go off ~에서 벗어나다 expedition 탐험, 탐사 be impressed with ~에 깊은 인상을 받다 highly 대단히, 매우 feel confident that ~하다는 확신이 들다, ~해서 자신감이 생기다 fully 완전히, 전적으로, 최대로

186 웹페이지에서 온라인 매장과 관련해 언급하는 것은 무엇인가?
  (A) 네 가지 야외 활동 제품 구역이 있다.
  (B) 온라인 회원 자격으로만 이용할 수 있다.
  (C) 매장보다 상품 종류가 더 적다.
  (D) 경험 많은 등산객을 위해 고안된 제품을 전문으로 한다.

해설 웹페이지인 첫 지문 첫 단락에서, 많은 제품들이 온라인에서 구매 가능하지만, 더욱 폭넓은 선택을 위해 매장 방문을 권한다(Many of our products ~ are available for purchase online, but we encourage you to visit our store for a wider selection)라고 한다. encourage you to visit our store for a wider selection에서 온라인 매장이 상품 종류가 더 적다는 것을 추론할 수 있으므로 (C)가 정답이다.

어휘 limited 제한적인, 적은 retail store 매장 retail 소매(업) specialize in ~을 전문으로 하다

Inference visit our store for a wider selection
  ⇒ It(= online store) offers a more limited selection than the retail store

187 공지에서 그린웨이 아웃도어 기어에 대해 암시하는 것은 무엇인가?

  (A) 확장을 위해 더 큰 곳으로 이전할 것이다.
  (B) 곧 경영진이 바뀔 것이다.
  (C) 자사의 대여 서비스를 중단할 것이다.
  (D) 더욱 넓어질 것이다.

해설 공지인 두 번째 지문 중반부에서, 재개장 후에 변화와 관련해 규모가 더욱 커질 것(Not only will it be larger)이라는 정보가 제시되어 있으므로 (D)가 정답이다.

어휘 relocate 이전하다 property 건물, 토지, 부동산 expansion 확장 management 경영(진), 관리(진) discontinue ~을 중단하다, ~을 단종하다

Paraphrase will it be larger ⇒ will be more spacious

188 그린웨이 아웃도어 기어의 어느 구역이 6월이 되기 전까지 폐쇄될 것인가?
  (A) 모험 장비
  (B) 등산 필수품
  (C) 야외 활동 의류
  (D) 생존 도구

해설 특정 구역에 대한 폐쇄와 관련된 정보가 제시되는 두 번째 지문 중반부에서, 특히 등산 장비 구역에서 개축 공사가 진행될 예정임을 밝히면서, 그 구역이 5월 1일부터 5월 31일까지 폐쇄될 것(particularly in the hiking gear section, which will be closed from May 1 through May 31)이라고 쓰여 있다. 그리고 첫 번째 지문 두 번째 단락에서 hiking gear section의 이름이 Hiking Essentials이므로 (B)가 정답이다.

189 애덤스 씨의 직업이 무엇일 것 같은가?
  (A) 전문 등반가
  (B) 여행사 직원
  (C) 등산 가이드
  (D) 공원 경비원

해설 애덤스 씨의 후기인 세 번째 지문 초반부에서, 자신이 로키산맥으로 단체 관광객을 데리고 장기간 등반 여행을 떠날 준비를 하고 있다(I am preparing to take a group of tourists for an extended hiking trip in the Rocky Mountains)라는 내용이 제시되어 있으므로, 등산 가이드가 직업이다. 따라서, (C)가 정답이다.

어휘 profession 직업 agent 직원, 대리인, 중개인

190 애덤스 씨와 관련해 추론할 수 있는 것은 무엇인가?
  (A) 최근 구매품에 대해 할인을 받았다.
  (B) 매장의 '생존 도구' 구역을 방문했다.
  (C) 전에 그린웨이 아웃도어 기어에서 근무한 적이 있다.

(D) 매장 직원들에게 더 많은 교육이 필요로 한다고 생각한다.

해설 세 번째 지문 중반부에서, 직원들이 애덤스 씨에게 나침반을 추천해 준 사실(The knowledgeable staff recommended an excellent and reliable compass)이 언급되어 있다. 이와 관련해, 첫 지문 두 번째 단락에서 나침반이 생존 도구 구역에 포함되어 있다(Survival Tools – Knives, compasses)는 것을 알 수 있다. 애덤스 씨가 그 구역을 방문했다고 추론할 수 있으므로 (B)가 정답이다.

어휘 recent 최근의 purchase 구매(품) require ~을 필요로 하다 training 교육, 훈련

191-195 다음 웹페이지와 두 이메일을 참조하시오.

http://www.yorkpolice.uk/volunteer

[191] 소책자 자원봉사자

요크 경찰서는 요크 및 교외 지역 내의 다양한 행사장에서 아동 지문 식별 기록지를 배포하고 있습니다. 아동들은 자신의 지문과 식별 정보를 이 소책자 안에 기록하고, 실종에 대비하여 소지하고 다닙니다. [191] 저희 경찰서에서는 또한 지역 주민들께 이 소책자에 개인 신원 확인 정보를 기록하는 방법을 가르쳐드리고는 것을 목표로 삼고 있으며, 자원봉사자들의 도움이 필요합니다.

경찰 자원봉사자가 되는 데 관심이 있으실 경우, www.citypolice.uk/volunteer를 방문하시기 바랍니다.

자격 요건은 다음과 같습니다.
· 매우 민감한 정보를 취급하기 때문에 신원조회를 통과할 것.
· 세부적인 것에 집중하는 능력과 식별 정보를 정확하게 기록하는 능력.
· [192] 지문 식별 기록지 작성을 돕기 위해 월 2회 행사에 참석 가능할 것.

어휘 booklet 소책자 volunteer 자원봉사자 distribute ~을 배포하다 fingerprint ID booklet 지문 식별 소책자(아동이 지문 등 개인 정보를 기록해 신원 확인용으로 소지하는 소책자) various 다양한 suburbs 교외 지역 complete ~을 기록하다, 작성하다 carry ~을 소지하다 incase ~에 대비해 go missing 실종되다 aim to do ~할 목적이다 resident 주민 how to do ~하는 방법 record ~을 기록하다 identify (신원 등) ~을 확인하다 seek ~을 구하다 interested in ~에 관심이 있는 requirement 자격 요건, 필수 조건 include ~을 포함하다 pass ~을 통과하다 background check 신원 조회 deal with ~을 다루다 highly 몹시, 매우 sensitive 민감한 demonstrate ~을 보여주다 attention to ~에 대한 주의(력), 주목, 관심 detail 세부 요소 ability to do ~할 수 있는 능력 accurately 정확히 available 시간이 나는 attend ~에 참석하다 twice 2번 create ~을 제작하다

수신: 제이미 브룩스, 알렉스 챈, 패트릭 파텔, 조던 리
발신: 카일 도위 순경<kdowie@yorkpolice.uk>
제목: 교육
날짜: 6월 22일

[192] 저희 요크 경찰서의 안전 ID 프로그램에서 자원봉사를 하시는 데 대한 여러분의 관심에 감사드립니다. [193] 교육은 6월 26일, 금요일, 오전 9시부터 오전 10시까지, 웨스트사이드 지역 문화센터에서 진행될 것입니다. 이 교육 시간에, 여러분은 지문 식별 기록지를 작성하는 방법을 배우고, 신원 확인용 상세 정보를 기록하는 일을 실습하게 될 것입니다. 여러분은 또한 각자의 소책자 묶음과 명찰도 받게 됩니다. 경찰관 한 명이 여러분의 첫 4시간짜리 실습에 동행할 것입니다. 이 실습에서는 여러분께서 직접 부스를 설치하는 방법을 가르쳐 드릴 것입니다.

저희가 지역 문화센터에서 교육을 진행하지만, 여러분께서는 보통 여러 다른 장소에서 일할 예정입니다. 아래 표에서 여러분께 처음 배정된 행사를 확인하시기 바랍니다:

행사 장소	자원봉사자
힐사이드 초등학교	제이미 브룩스
레이크쇼어 공원 축제 마당	알렉스 챈
[194] 애진코트 도서관	패트릭 파텔
그린데일 시장	조던 리

금요일에 여러분 모두를 볼 것으로 기대합니다!

카일 도위 순경

어휘 training 교육, 훈련 appreciate ~에 대해 감사하다 interest in ~에 대한 관심 volunteer v. 자원 봉사하다 session (특정 활동을 위한) 시간 take place 진행되다, 개최되다 practice -ing ~하는 것을 실습하다[연습하다] details 상세 정보, 세부 사항 accompany ~와 동행하다 set up ~을 설치하다, ~을 준비하다 on one's own 직접, 혼자 train v. 교육하다 location 장소, 지점, 위치 initial 처음의, 초기의 assignment 배정(되는 것), 할당(되는 것)

[194] 수신: 메리 박 순경
[194] 발신: 패트릭 파텔
날짜: 6월 26일
제목: 첫 행사

안녕하세요, 박 순경님,

제가 6월 30일에 첫 지역사회 행사에서 자원봉사를 할 예정입니다. **194** 제가 필요한 모든 것을 갖고 있는지 확인할 수 있도록 조금 더 일찍 만나실 수 있으신가요? 저는 오전 9시부터 10시까지 시간이 납니다. 우리가 주도로에서 떨어진 건물 뒤쪽에 주차하고, 뒷문을 통해 상자들을 옮겨야 할 것 같습니다. 도위 씨가 자리를 설치하는 데 약 20분이 걸릴 거라고 말씀하셨습니다.

그리고, 지문 식별 기록지를 더 가져오시겠어요? 제 상자에는 기록지가 좀 빠져있는 것 같습니다. **195** 제가 다음 기록지 묶음을 전달받기 전까지 당신의 것을 몇 개 받아서 쓸 수 있을까요?

감사합니다.
패트릭

어휘 be scheduled to do ~할 예정이다 be able to do ~할 수 있다 ensure (that) ~임을 보장하다, 반드시 ~하도록 It seems that ~하는 것 같다, ~하는 것처럼 보이다 park 주차하다 take ~의 시간이 걸리다 about 약, 대략 miss ~가 빠져 있다, ~이 없다 get A p.p.: A를 ~되게 하다

191 자원봉사자들이 어떤 일을 맡을 것인가?
 (A) 주민들이 개인 정보 기록하는 것을 돕기
 (B) 도시 지역에서 절도 사건을 줄이기
 (C) 신입 경찰관을 교육하기
 (D) 기업들이 지역 법규를 준수하도록 만들기

해설 자원봉사자가 하게 될 일에 관해 설명하는 첫 지문 첫 번째 단락에, 경찰서에서 지역 주민들에게 개인 신원 확인 정보를 소책자에 기록하는 방법을 가르쳐 주려 한다(The department also aims teach residents how to record identifying information in the booklet)라고 하면서, 자원봉사자들의 도움을 구한다(we are seeking help from volunteers)라고 하므로, record identifying information을 패러프레이즈 한 (A)가 정답이다.

어휘 help A do: A가 ~하는 것을 돕다 resident 주민 fill in ~을 기록하다, 채우다 personal information 개인 정보 decrease ~을 줄이다, ~을 감소시키다 theft 절도, 도둑질 urban 도시의 new recruit 신입 (직원) adhere to ~을 준수하다, ~을 고수하다 ensure ~을 보장하다 local 지역의, 현지의

Paraphrase teach residents how to record identifying information ⇒ helping residents fill in their personal information

192 첫 번째 이메일의 수신자들에 대해 암시된 것은 무엇인가?

 (A) 차량을 공유할 것이다.
 (B) 자원봉사자를 모집하는 데 도움을 주었다.
 (C) 한 달에 두 차례의 행사에 참석할 시간이 있다.
 (D) 기록지에 정보를 입력할 것이다.

해설 두 번째 지문 첫 단락에서, 요크 경찰서의 안전 ID 프로그램에서 자원 봉사하는 데 대한 관심에 감사하다(We appreciate your interest in volunteering with the York Police Department's Safety ID Program)는 인사를 통해 수신자들이 자원봉사자임을 알 수 있다. 그리고, 자원봉사자의 자격 요건이 언급된 첫 지문 마지막 항목에 한 달에 두 차례 행사에 참석할 시간을 내야 한다(Availability to attend events twice a month)라고 쓰여 있으므로 (C)가 정답이다.

어휘 recipient 수신인, 수취인 share ~을 공유하다 vehicle 차량 recruit ~을 모집하다 available 시간이 있는 attend ~에 참석하다 input ~을 입력하다 logbook 기록지, 일지

193 첫 번째 이메일에서 교육과 관련해 언급하는 것은 무엇인가?
 (A) 요크 경찰 본부에서 개최될 것이다.
 (B) 오전에 열릴 것이다.
 (C) 4시간 동안 지속될 것이다.
 (D) 다양한 장소에서 열릴 것이다.

해설 두 번째 지문 첫 단락에 교육 시간이 6월 26일, 금요일, 오전 9시부터 오전 10시까지, 웨스트사이드 지역 문화 센터에서 진행된다(A training session will take place at the Westside Community Center on Friday, June 26, from 9:00 A.M. to 10:00 A.M.)라고 나와 있다. 즉, 오전 시간에 열린다는 사실을 알 수 있으므로 (B)가 정답이다.

어휘 hold ~을 개최하다 headquarters 본부, 본사 take place 개최되다, 진행되다 last v. 지속되다 multiple 다양한, 다수의 location 장소, 위치, 지점

Paraphrase from 9:00 A.M. to 10:00 A.M. ⇒ in the morning

194 박 씨가 어디서 자원봉사자와 만날 것 같은가?
 (A) 힐사이드 초등학교
 (B) 레이크쇼어 공원 축제마당
 (C) 애진코트 도서관
 (D) 그린데일 시장

해설 수신인과 발신인이 각각 메리 박 씨와 패트릭 파텔 씨로 쓰여 있는 세 번째 지문의 첫 단락에서, 파텔 씨가 박 씨에게 조금 더 일찍 만날 수 있는지(Would you be able to meet a little earlier) 묻고 있다. 이와 관련해, 두 번째 지문 하단의

도표에서 패트릭 파텔 씨가 가야 하는 행사 장소가 세 번째 줄에 Agincourt Library로 표기되어 있으므로 (C)가 정답이다.

195 두 번째 이메일에서, 파텔 씨가 박 씨에게 무엇을 하도록 요청하는가?
(A) 자신을 차로 태워줄 것
(B) 도위 씨에게 연락할 것
(C) 20분 더 일찍 출발할 것
(D) 추가 물품을 제공해 줄 것

해설 세 번째 지문 두 번째 단락에서, 파텔 씨가 박 씨에게 지문 식별 기록지와 관련해 물으면서, 자신이 다음 책자 묶음을 전달받기 전까지 박 씨의 것을 조금 얻을 수 있는지(Could I have some of yours until I get my next packet delivered?) 묻고 있다. 이는 자신에게 추가로 물품을 제공해 달라고 요청하는 말에 해당하므로 (D)가 정답이다.

어휘 give A a ride: A를 차로 태워 주다 contact ~에게 연락하다 leave 떠나다, 출발하다 additional 추가적인 material 물품, 자료, 재료

Paraphrase Could I have some of yours
⇒ Provide additional materials

196-200 다음 기사와 일정표, 그리고 이메일을 참조하시오.

해운 연구소, 여행 보조금 프로그램을 발표

(1월 5일) — **196** 재생 가능 에너지 연구에 있어 더 뛰어난 국제 협력을 증진하기 위한 노력의 일환으로, 해운 연구소가 캐나다 밴쿠버에서 5월 13일부터 15일까지 개최하는 올해의 세계 청정 에너지 정상회담에 대한 여행 보조금 계획을 시작했다. **198** 동유럽과 동남아시아, 그리고 북아프리카 지역에서 각각 두 명씩, 여섯 명의 연구가가 선정될 것이다.

"이는 소외된 지역의 목소리를 증폭시키기 위한 저희의 지속적인 헌신의 일부입니다,"라고 이 연구소의 대외지원 담당 이사인 앨리나 미로프 박사가 밝혔다. "청정 에너지는 세계의 문제이며, 세계 여러 지역 대표들이 함께 논의하는 것이 중요합니다."

197 지원 자격을 가지려면 재생 에너지 분야에서 최소 3년의 정규직 근무 경력을 지니고 있어야 합니다. 지원 마감은 2월 10일입니다. www.seaborneinstitute.org/grants에서 더 많은 정보를 찾아보시기 바랍니다.

어휘 seaborne 해상의, 해운의 grant 보조금 in an effort to do ~하기 위한 노력의 일환으로 foster ~을 증진하다, ~을 조성하다 collaboration 협업, 공동 작업 renewable 재생 가능한 launch ~을 시작하다, ~에 착수하다 initiative n. 계획, 솔선수범, 진취(성) summit 정상, 정상회담 hold ~을 개최하다 select ~을 선정하다 ongoing 지속되는 commitment to -ing ~하는 데 대한 헌신[전념] amplify ~을 증폭시키다 underrepresented 소외된, 잘 드러나지 않는, 충분히 대표되지 않는 region 지역 outreach 대외 지원, 봉사 issue 문제, 사안 representation 대표(성), 대표 활동 matter v. 중요하다 eligible 자격 있는, 적격인 candidate 지원자, 후보자 at least 최소한, 적어도 field 분야 application 지원(서), 신청(서) deadline 마감 기한

세계 청정 에너지 정상회담 일정 (5월 13일 – 15일)

매일 이 형식으로 진행될 것입니다.

시간	행사	**199** 연사 (국적)
오전 8:00 - 오전 8:45	커피 & 친목 (전시홀)	
200 오전 9:00 - 오전 9:30	개회사	해운 연구소 소장
오전 9:40 - 오후 12:15	전문가 발표	**198** 라차노크 이타논 교수 (태국) **198 199** 마이클 토레스 박사 (폴란드) **198** 요세프 베날리 (모로코)
오후 12:15 - 오후 1:15	점심식사 (참석자는 근처의 레스토랑들을 찾아보시기 바랍니다.)	
오후 1:30 - 오후 4:00	혁신 연구소 & 사례 연구 시간	**198** 오마르 하산 교수 (이집트) **198** 누엔 티 란 박사 (베트남)
오후 4:15 - 오후 5:00	원탁 토론 & 일일 마감 요약	

어휘 follow ~을 따르다 format 형태, 방식 networking 인적 교류, 인적 관계 형성 exhibit 전시(회) remark 말, 발언 expert 전문가 presentation 발표(회) attendee 참석자 be encouraged to do ~하도록 권장되다 explore ~을 살펴보다, ~을 탐험하다 nearby 근처의 innovation 혁신(적인 것) lab 실험실 case study 사례 연구 session (특정 활동을 위한) 시간 roundtable 원탁 (토론) recap 요약 (정리)

수신: 앨리나 미로프 <a.mirov@seaborneinstitute.org>
발신: 마이클 토레스 <mtorres@biovolt.pl>
날짜: 2월 18일
제목: 여행 보조금 – 일정 관련 사항

미로프 박사께,

세계 청정에너지 정상회담에 참석할 수 있게 저를 도와주신 것에 대해 귀하 및 해운 연구소에 감사드리고 싶습니다. 저는 참가자들 중 한 명이 된 것을 대단히 영광스럽게 생각하며, 세계 각지에서 모인 동료들과 아이디어를 교환하기를 고대하고 있습니다. 저는 또한 나머지 지원 수혜자들도 만나기를 기대하고 있으며, 특히 저화 함께 여행할 예정인 분에 대해서는 더욱 그렇습니다. 저희가 함께 행사를 준비할 수 있도록 이분들의 연락처를 받는 것이 가능할까요?

200 저는 밴쿠버 시간으로 오전 9시에 매일 열리는 내부 회의 진행도 맡고 있다는 사실을 알려드리고자 합니다. 이 회의는 통상 30분 정도 지속되며, 저는 온라인으로 참석해야 합니다. 매일 이 회의가 종료하는 대로 컨퍼런스 활동에 합류할 계획입니다.

출발하기에 앞서, 혹시 제가 아직 작성하지 않은 서류가 있는지 알려주시기 바랍니다.

안녕히 계십시오.
마이클 토레스

어휘 attend ~에 참석하다 be honored to do ~해서 영광이다 participant 참가자 look forward to -ing ~하기를 고대하다 exchange ~을 교환하다 colleague 동료 (직원) grantee 수혜자 receive ~을 받다 contact information 연락처 so that (목적) ~하도록, (결과) 그래서, 그러므로 prepare for ~을 준비하다 would like to do ~하고자 하다, ~하고 싶다 inform A that: A에게 ~라고 알리다 be committed to -ing ~하는 데 전념하다 lead ~을 진행하다, ~을 이끌다 internal 내부의 typically 일반적으로, 전형적으로 last v. 지속되다 virtually 가상으로 plan to do ~할 계획이다 join ~에 합류하다, ~에 함께 하다 as soon as ~하는 대로, ~하자마자 conclude 종료되다 let A know if: ~인지 A에게 알리다 paperwork 서류 (작업) complete ~을 완료하다

196 해운 연구소의 새로운 프로그램이 지니는 주 목적이 무엇인가?
(A) 재생 에너지 회사들을 위한 자금을 늘리기
(B) 여러 자리에 최근의 졸업생들을 끌어들이기
(C) 에너지 연구가들 사이에 세계적인 유대를 강화하기
(D) 캐나다 내에서 상업적 제휴를 확대하기

해설 첫 지문 첫 단락에서 새로운 프로그램을 언급하면서, 재생 에너지 연구에 대해 더 뛰어난 국제 협력을 증진하기 위한 노력의 하나(In an effort to foster stronger international collaboration in renewable energy research)로서 시작된다는 내용이 제시되어 있으므로, 에너지 연구와 관련한 국제 협력을 가리키는 (C)가 정답이다.

어휘 funding 자금 (제공) attract ~을 끌어들이다 recent 최근의 graduate n. 졸업생 strengthen ~을 강화하다 tie 유대(감) expand ~을 확대하다, ~을 확장하다 commercial 상업의 partnership 제휴, 동업

Paraphrase foster stronger international collaboration in renewable energy research
⇒ strengthen global ties among energy researchers

197 기사에 따르면, 누가 여행 보조금을 받을 자격이 있는가?
(A) 재생 에너지를 전공하는 4학년 학생들
(B) 3년 넘게 해운 연구소에서 근무해 온 사람들
(C) 3년이 넘는 근무 경력을 지닌 전문가들
(D) 3개 이상의 연구 논문을 발표한 과학자들

해설 기사인 첫 지문 마지막 단락에서 지원 자격 요건으로 재생에너지 분야에서 최소 3년의 정규직 근무 경력을 지녀야 한다(Eligible candidates must have at least three years of full-time work experience in the field of renewable energy)는 조건이 제시되어 있으므로 (C)가 정답이다.

어휘 major in ~을 전공하다 those who ~하는 사람들 professional n. 전문가 research paper 연구 논문

Paraphrase at least three years of full-time work experience in the field of renewable energy
⇒ Professionals with more than three years of work experience

198 정상회담과 관련해 암시된 것은 무엇인가?
(A) 참가 연구자들의 수를 줄였다.
(B) 연사들을 나중에 더 발표할 것이다.
(C) 식사와 간식을 제공할 것이다.
(D) 초청 손님으로만 제한된다.

해설 첫 지문 첫 단락에서, 동유럽과 동남아시아, 그리고 북아프리카 지역에서 각각 두 명씩, 여섯 명의 연구자가 연사로 선정된다(Six researchers will be selected to speak—two each from Eastern Europe, Southeast Asia, and North Africa)고 쓰여 있는데, 두 번째 지문의 일정표에 기재된 연사의 숫자는 다섯 명이므로 (A)가 정답이다.

어휘 reduce ~을 줄이다, ~을 감소시키다 participating 참가하는 at a later time 나중에 refreshments 간식, 다과 be limited to ~로 제한되다

199 토레스 씨와 관련해 암시된 것은 무엇인가?
(A) 북미 지역을 기반으로 한다.
(B) 최근에 새로운 분야로 전향했다.
(C) 해운 연구소를 대표해 연설하도록 선정되었다.
(D) 행사의 초청 연사들 중 한 명이 될 것이다.

해설 세계 청정 에너지 정상회담의 일정표인 두 번째 지문에서, 중간 부분의 전문가 발표 시간에 해당하는 연사의 이름 중 하나가 마이클 토레스이므로(Dr. Michael Torres (Poland)) (D)가 정답이다.

어휘 be based in ~을 기반으로 하다 recently 최근에 transition to ~로 전향하다, ~로 전환하다 field 분야 be selected to do ~하도록 선정되다 on behalf of ~을 대신해, ~을 대표해 featured speaker 초청 연사, 주요 연설자

200 이메일에 따르면, 토레스 씨가 정상회담의 어느 부분을 놓치게 될 것인가?
(A) 커피 & 인적 교류
(B) 개회사
(C) 전문가 발표
(D) 원탁 토론

해설 토레스 씨의 이메일인 세 번째 지문 두 번째 단락에서, 밴쿠버 시간으로 오전 9시에 열릴 내부 회의 진행을 맡고 있다(I am committed to leading a daily internal meeting at 9:00 A.M. Vancouver time.)라고 말한다. 그리고 두 번째 지문의 일정표에서 오전 9시에 개회사가 열리므로(9:00 A.M. – 9:30 A.M. / Opening Remarks) (B)가 정답이다.

어휘 miss ~을 놓치다, ~에서 빠지다

시원스쿨LAB

> 과목별 스타 강사진 영입, 기대하세요!

시원스쿨LAB 강사 라인업

20년 노하우의 토익/토스/오픽/지텔프/텝스/아이엘츠/토플/SPA/듀오링고
기출 빅데이터 심층 연구로 빠르고 효율적인 목표 점수 달성을 보장합니다.

시험영어 전문 연구 조직
시원스쿨어학연구소

시험영어 전문	기출 빅데이터	264,000시간
TOEIC/TOEIC Speaking/OPIc/ G-TELP/TEPS/IELTS/ TOEFL/SPA/Duolingo 공인 영어시험 콘텐츠 개발 경력 20년 이상의 국내외 연구원들이 포진한 전문적인 연구 조직입니다.	본 연구소 연구원들은 매월 각 전문 분야의 시험에 응시해 시험에 나온 모든 문제를 철저하게 해부하고, 시험별 기출문제 빅데이터 분석을 통해 단기 고득점을 위한 학습 솔루션을 개발 중입니다.	각 분야 연구원들의 연구시간 모두 합쳐 264,000시간 이 모든 시간이 쌓여 시원스쿨어학연구소가 탄생했습니다.

10분 단축 토익 PART 7 실전문제집

온라인 강의

속전속결 토익 졸업
하승연

토익+텝스 동시 만점
하승연 선생님의
**독해 만점 비법 및
PART 7 문제풀이
10분 단축 스킬 전수!**

10분 단축 스킬을
적용하여 문제풀이 시간 확보!
**PART 7 만점을 위한
패러프레이징 패턴
압축 정리!**

Practice/실전TEST
문제풀이 과정
단축 반복연습을 통해
**실전에서의
시간 절약 효과 극대화!**

* 시원스쿨랩(lab.siwonschool.com)에서 유료 강의를 수강하실 수 있습니다.

시작만 해도 **50%** 반값환급!
기초부터 **실전**까지!

시작이 *반

최대 **500%** 토익 환급반 NEW

속전속결
토익 졸업
하승연

토익 입문
초밀착 코칭
소피아

토익
실전 길잡이
길토익

*환급조건 : 성적표제출 및 후기작성,
제세공과금/결제수수료/교재비 제외,
유의사항 참고

50% 환급	**100%** + 응시료	**200%** + 응시료	**300%** + 응시료
출석X, 성적X 50% 환급	출석 100일 or 목표점수 달성	출석 100일 + 목표점수 달성	출석 100일➕ 목표점수+100점

400%
+응시료
2배

출석 100일➕
목표점수+100점➕
2주 열공챌린지

500%
+응시료
2배

스피킹 응시료 추가 환급

출석 100일➕토익+
스피킹 목표점수➕
2주 열공챌린지

* 지금 시원스쿨LAB 사이트(lab.siwonschool.com)에서 유료로 수강하실 수 있습니다
*환급조건 : 성적표제출 및 후기작성, 교재비/결제수수료/제세공과금 제외, 자세한 사항은 사이트 유의사항 참고

히트브랜드 토익·토스·오픽 인강 1위
시원스쿨LAB 교재 라인업
*2020-2024 5년 연속 히트브랜드대상 1위 토익·토스·오픽 인강

시원스쿨 토익 교재 시리즈

	입문/기초	기본	실전
한 권 토익	 시원스쿨 처음토익 기초영문법 / 시원스쿨 처음토익 Part 7 / 시원스쿨 처음토익 550+	 시원스쿨 기본토익 700+	 시원스쿨 실전토익 900+
토익 학습지		 시원스쿨 토익학습지 기본편	 시원스쿨 토익학습지 실전편
서아쌤 토익	 서아쌤의 토익 비밀과외 START	 서아쌤의 토익 비밀과외	 서아쌤의 토익 비밀과외 기출 VOCA (전 레벨)
전략서 모의고사	 10시간 컷 토익 기초영문법 필수입문서	 일주일에 끝내는 파트 5&6 / 일주일에 끝내는 파트 3&4 /  10분 단축 토익 PART 7 실전문제집	 시원스쿨 토익 실전 모의고사 / 시원스쿨 토익 기출유형 모의고사 2025 최신 / 시원스쿨 토익 실전 1500제 LC / RC

시원스쿨 토익스피킹·오픽 교재 시리즈

  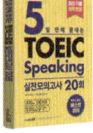      

10가지 문법으로 시작하는 토익스피킹 기초영문법 / 28시간에 끝내는 토익스피킹 START / 5일 만에 끝내는 토익스피킹 / 15개 템플릿으로 끝내는 토익스피킹 / 멀캠X시원스쿨 오픽 진짜학습지 IM 실전 / 멀캠X시원스쿨 오픽 진짜학습지 IH 실전 / 멀캠X시원스쿨 오픽 진짜학습지 AL 실전 / OPIc All in one PACKAGE IM-AL

시원스쿨 LAB

시원스쿨LAB

10분 단축 토익 PART 7
실전문제집

실전 모의고사

시원스쿨 LAB

10분 단축 토익 PART 7
실전문제집

실전 모의고사

시원스쿨 LAB

실전 모의고사 TEST 1

10분 단축 토익 PART 7 실전문제집

시작 시간 _____시 _____분

종료 시간 _____시 _____분

▶ 중간에 멈추지 말고 처음부터 끝까지 풀어보세요. 문제를 풀 때는 실전처럼 답안지에 마킹하세요.

Questions 147-148 refer to the following text-message chain.

Tara Kersey (8:30 A.M.) Hi, Mateo. Are you coming to the investment club meeting this morning?

Mateo Collins (8:31 A.M.) I wasn't intending to. Do you want me there?

Tara Kersey (8:32 A.M.) We had more business owners apply for funding than we anticipated. We need to decide who is worthy of our financial support, and your experience would come in handy.

Mateo Collins (8:33 A.M.) It would be my pleasure. Is it important to get there by 10?

Tara Kersey (8:34 A.M.) Absolutely. And remember, it's in conference room C. Thanks, Mateo... I'll see you then.

147. What is the purpose of the meeting mentioned by Ms. Kersey?

(A) To deliver a business pitch to an investor
(B) To finalize a company's annual budget
(C) To consider entrepreneurs for funding
(D) To welcome new recruits to a business

148. At 8:34 A.M., what does Ms. Kersey most likely mean when she writes, "Absolutely"?

(A) A meeting time has not been confirmed.
(B) Mr. Collins should arrive promptly.
(C) A conference room has been reserved.
(D) Mr. Collins must sign a form.

GO ON TO THE NEXT PAGE

Questions 149-150 refer to the following sign.

Welcome to SkyReach Observatory

We are excited to welcome you to your scheduled tour at SkyReach Observatory. Each guided session includes access to the astronomy dome, interactive exhibits, and the viewing terrace equipped with high-powered telescopes.

Be aware that telescope visibility may be affected by cloud cover or atmospheric conditions, but tours will proceed as planned regardless of weather. On colder nights, we provide complimentary warm beverages in the lounge. Photography is allowed, but flash use is prohibited in certain sections of the observatory. Please check in at the front desk at least ten minutes before your assigned time.

---

149. Who is the sign most likely intended for?
(A) Observatory staff
(B) Sky photographers
(C) Amateur astronomers
(D) Telescope engineers

150. What does the sign suggest visitors do?
(A) Arrive in advance
(B) Register for a class
(C) Bring equipment
(D) Check a weather forecast

Questions 151-152 refer to the following excerpt from a manufacturing handbook.

One reason that lightweight aluminum is widely used in making camping cookware is the simplicity of customizing the design. Details such as the brand logo, model name, and product information can be etched directly onto the surface after the pot or pan has been molded. This approach, called "post-etching," is the least expensive option but limits the markings to basic text. For more detailed logos or multi-colored branding, the etching is done before shaping the cookware. This process, known as "pre-etching," is about 15 percent more costly, but outdoor equipment retailers often favor it because customers respond positively to the eye-catching design, which results in more sales.

151. What is indicated about aluminum cookware?

(A) It is easy to customize.
(B) It is safer than other materials.
(C) It is difficult to transport.
(D) It keeps food warm longer.

152. Why do customers prefer pre-etched cookware?

(A) It can be recycled easily.
(B) It is more cost effective.
(C) It has a more detailed design.
(D) It comes with a longer warranty.

Questions 153-154 refer to the following online chat discussion.

Liam O'Connor [3:45 P.M.]
Hey Emma, I just got word that Mr. Elliott's talk has been rescheduled to start 45 minutes earlier this evening. I'm heading over there now.

Emma Johnson [3:47 P.M.]
Thanks for the update! The team is eager to hear his insights on building rapport and effective sales approaches. He's an expert in his field.

Liam O'Connor [3:49 P.M.]
That's right. When I was a student at the University of Edinburgh, his lectures were very popular.

Emma Johnson [3:50 P.M.]
Indeed. It would be beneficial to ask him if he could provide his presentation slides for our team before the talk.

Liam O'Connor [3:52 P.M.]
Good thinking. I'm supposed to call him to confirm his arrival time, so I'll mention it to him.

Emma Johnson [3:53 P.M.]
Sounds like a plan. I think our team would appreciate that.

153. Who most likely is Mr. Elliott?
 (A) A potential investor
 (B) A college professor
 (C) A sales assistant
 (D) An event coordinator

154. At 3:52 P.M., what does Mr. O'Connor mean when he writes, "Good thinking"?
 (A) He is satisfied with Mr. Elliot's arrival time.
 (B) He thinks Ms. Johnson should give a talk.
 (C) He will inquire about receiving some materials.
 (D) He agrees that Mr. Elliott is knowledgeable.

Questions 155-157 refer to the following e-mail.

From:	Jamie Lin
To:	Thomas Ayers
Date:	October 12, 10:22 A.M.
Subject:	Support for Mobile Health Clinics
Attachment:	Lecture summary.doc

Dear Mr. Ayers,

I'm reaching out on behalf of the Kinley Initiative. Our mission is to improve access to basic healthcare in remote communities through the use of mobile medical units and digital health tools. We work with partners across the medical and technology sectors and would be delighted to explore a collaboration with your organization.

At 3:00 P.M. on October 28, Kinley will host a virtual session titled "Telehealth on the Move." This live event will be held via video conference and feature several tools developed by our partners to support remote diagnostics and patient care. Riley Moore, our Director of Program Operations, will present current technologies used by mobile clinics. In addition, four healthcare professionals will share how they deliver services to underserved areas using systems developed through our partnerships.

To register for the session and learn more about our current efforts, please visit our Web site at www.kinleyinitiative.org. If you plan to attend, we recommend reviewing the attached summary in advance to better understand his lecture.

Let me know if you have any questions. We hope you'll consider getting involved.

Jamie Lin
Kinley Initiative
Community Relations Coordinator

155. What does the Kinley Initiative do?

(A) Develops software for clinics
(B) Distributes medical supplies
(C) Enhance accessibility to healthcare
(D) Trains doctors in urban hospitals

156. Where does Ms. Ayers most likely work?

(A) A community center
(B) A social media Web site
(C) An application developer
(D) A healthcare organization

157. What does Mr. Lin ask Ms. Ayers to do?

(A) Review background material
(B) Attend an offline meeting
(C) Apply for a volunteer position
(D) Visit a mobile health unit

Questions 158-160 refer to the following e-mail.

E-Mail Message

To: Melanie Abassi <mabassi@marcom.com>
From: Reservations <reservations@greenoakretreat.com>
Date: May 8
Subject: Green Oak Wellness Retreat

Dear Ms. Abassi:

Thank you for registering for your upcoming stay at Green Oak Wellness Retreat. We are excited to have you at our retreat from June 5 to June 9.

We are pleased to offer a variety of amenities, including daily yoga and meditation classes, a vegetarian dining hall, and hiking trails. We also have underground parking for those who plan to come by car. However, Green Oak Wellness is conveniently located and within walking distance of the train and bus stations. In addition to being located close to public transportation, we offer an airport shuttle for an additional charge. To check its service hours, you may visit our Web site, www.greenoakretreat.com/resources. An itinerary with information about activities, both at our retreat and in the vicinity, can also be viewed there. Should you have any questions or need assistance, please reply directly to this e-mail.

Warm regards,

Mia O'Neil
Green Oak Wellness Retreat

---

158. What is the main purpose of the e-mail?

(A) To request a change to travel dates
(B) To inform a guest about new charges
(C) To provide a description of some amenities
(D) To obtain feedback from a recent guest

159. What does the retreat offer to its guests?

(A) A complimentary breakfast
(B) A parking facility
(C) An outdoor pool
(D) Walking city tours

160. According to the e-mail, what will Ms. Abassi be able to find on a Web site?

(A) An image gallery
(B) A map of the local area
(C) A shuttle timetable
(D) A detailed receipt

Questions 161-163 refer to the following e-mail.

To:	All Residents
From:	Lisa Mitchum
Date:	14 October
Subject:	Central City Parade

To all Briarview Heights residents:

The 40th annual Central City Parade will take place next Sunday. This year, for the first time, the route will extend onto Parkside Boulevard. As a result, over 3,000 participants including various marching bands, performers and floats will travel directly past the entrance to our building's front driveway.

Please note that Parkside Boulevard will be closed to all motor vehicles between 8:30 A.M. and 12:00 P.M. This means that residents will not be able to receive deliveries, move vehicles, or use ride services during that time. We recommend making alternative plans in advance if needed.

For a parade map, details about parade participants, and transportation alternatives, please visit www.centralcityparade.org.

Warm regards,
Lisa Mitchum
Property Manager, Briarview Heights

161. What is the purpose of the e-mail?
    (A) To report a delay in building repairs
    (B) To notify residents of a road closure
    (C) To promote a public event
    (D) To request feedback on community events

162. What is indicated about Parkside Boulevard?
    (A) It is on several major bus routes.
    (B) It has recently been resurfaced.
    (C) It is recommended as an alternative route.
    (D) It leads to some apartment building.

163. What can be found on the Central City Web site?
    (A) A city map
    (B) A registration fee
    (C) A list of musicians
    (D) A free shuttle schedule

Questions 164-167 refer to the following article.

Sanders Bay Reopens After Brief Shutdown
– Jared Mensah, Field Correspondent

A temporary water supply failure yesterday forced several restaurants and recreational centers in downtown Sanders Bay to close for the day. The exact cause is still under investigation, but officials believe that pipe damage due to early morning cold temperatures was a likely factor. — [1] —.

Kiyoko Arata, who was leading a nature walk for visitors near the marina, quickly adapted her plan. "We normally conclude each tour with a visit to a local restaurant," Ms. Arata said. "However, almost all of these were closed due to the disruption, so we quickly organized a picnic in Stratford Park instead." — [2] —.

The Sanders Bay Maritime Gallery reported no loss in ticket sales, as it is normally closed to the public every Monday. — [3] —. Meanwhile, Sanders Bay Hotel set up portable bathroom facilities on its grounds and offered guests complimentary meal vouchers as compensation for the temporary lack of water. — [4] —. As of today, thankfully, all Sanders Bay facilities are fully operational again.

164. What is the main topic of the article?

(A) A decrease in local tourism
(B) A disruption to public services
(C) A recent increase in severe weather
(D) A recovery effort after a disaster

165. Who most likely is Ms. Arata?

(A) A journalist
(B) A park ranger
(C) A museum director
(D) A tour guide

166. What does the article mention about the Sanders Bay Maritime Gallery?

(A) It did not experience a revenue loss.
(B) It is located on the city's waterfront.
(C) It closed earlier on Monday.
(D) It will launch a new exhibit series.

167. In which of the positions marked [1], [2], [3], and [4] does the following sentence best belong?

"However, several negative reviews were posted on the hotel's Web site."

(A) [1]
(B) [2]
(C) [3]
(D) [4]

Questions 168-171 refer to the following article.

Sky Tech Expands to Carbridge

(April 22) – Sky Tech, a leading company in the renewable energy sector, is planning to establish a new operations facility in Carbridge. The company is reportedly looking to open a research and development center as part of its initiative to expand into the solar energy market. Sky Tech management has not yet officially disclosed any specific details about the project, but sources close to the company suggest that the new facility will accommodate over 75 engineers and researchers. The most probable location for this new center, according to these sources, is a site near Carbridge Industrial Park, just outside the city center. Provided that all planning permits are approved promptly, groundbreaking is likely to take place by the end of this month.

168. What is Sky Tech planning to do in Carbridge?
 (A) Launch a new renewable energy product
 (B) Open a new research facility
 (C) Relocate its company headquarters
 (D) Build a manufacturing plant

169. What is true about Sky Tech?
 (A) It is the only renewable energy company in the region.
 (B) It already has a strong presence in Carbridge.
 (C) It hopes to diversify its product lines.
 (D) It is an emerging company in the energy market.

170. How did the reporter most likely obtain information for the article?
 (A) From a company's newsletter
 (B) By contacting people with knowledge of Sky Tech
 (C) Through reviewing public records
 (D) By attending a press conference

171. According to the article, what is likely to happen soon?
 (A) Construction will begin on a new facility.
 (B) All industrial parks in Carbridge will be closed temporarily.
 (C) Sky Tech will begin hiring new employees.
 (D) Carbridge will host a green energy conference.

GO ON TO THE NEXT PAGE

Questions 172-175 refer to the following letter.

Bayline Oceanfront Hotel
July 5

Mr. Joel Mendes
Founder, Horizon Coastal Adventures
442 Beacon Way
Marina Shores, FL 32655

Dear Mr. Mendes,

I'm reaching out to discuss a possible arrangement that could enhance the experience of both our guests and your customers. — [1] —. Your snorkeling and paddleboarding excursions have consistently received outstanding feedback on our post-stay surveys. — [2] —.

However, one issue we frequently hear from guests is how difficult it is to confirm spots on your tours during peak season. — [3] —. For this reason, I'd like to propose that Horizon Coastal Adventures operate a small booking kiosk directly in our hotel's main reception area.

I've enclosed a diagram of our ground-level lobby, with a suggested 2x2 meter space adjacent to the front desk. — [4] —. The setup would require no structural changes and could be completed by mid-August if you're interested.

Please let me know a convenient time to discuss this further. You can reach me anytime at manager@baylinehotel.com or 555-8123.

Best regards,
Tanya Morrison
General Manager
Bayline Oceanfront Hotel

172. What is the purpose of the letter?

(A) To report a customer service issue
(B) To offer discounted lodging for tour guests
(C) To suggest a business arrangement
(D) To request the cancellation of an event

173. What is indicated about Horizon Coastal Adventures?

(A) It plans to open a new resort.
(B) It has received excellent reviews.
(C) It is moving its main office.
(D) It needs hotel room availability.

174. What did Ms. Morrison include with the letter?

(A) A seasonal promotion schedule
(B) A list of guest comments
(C) A reservation form
(D) A hotel floor plan

175. In which of the positions marked [1], [2], [3], and [4] does the following sentence best belong?

"Many are disappointed to find them fully booked after they've arrived."

(A) [1]
(B) [2]
(C) [3]
(D) [4]

Questions 176-180 refer to the following order form and e-mail.

NutriStore Order #24680

Date: March 15

Delivery: 24-hour Express Shipping

Shipping Address: 12 Maple Avenue Brookville, CA 90210

Payment Method: Credit Card — Daniel Lee

Item Number	Description	Price
8934	Multivitamin Gummies	$25
7131	Omega-3 Fish Oil Capsules	$30
8346	Vitamin D3 Tablets	$20
7954	Probiotic Supplement	$35
8938	Calcium Magnesium Tablets	$28
	Express Shipping	$15
	TOTAL	**$153**

E-Mail Message

To: NutriStore <customerservice@nutristore.com>
From: Daniel Lee <daniel.lee@wellnesscorp.com>
Date: March 22
Subject: Order #24680

Dear Customer Service,

I recently placed order #24680 with NutriStore. The supplements I purchased were intended as a wellness package for my niece, Emily Tran, who has recently taken an interest in maintaining a healthier lifestyle. I provided her address as the delivery destination and selected express shipping to ensure the items should arrive well before her nutrition consultation scheduled for tomorrow. However, the package arrived one day late. I would appreciate it if you could look into this delay, though it is not my primary concern.

After receiving the package, Emily opened the box and found that the bag of gummies had burst and scattered inside. She contacted me immediately to report the damage. I have attached a photograph Emily took showing the damaged product. I assume you will provide a full refund for this item.

As a long-time customer of NutriStore, I have never had any other issues with your products or services, and I hope this was just a case of bad luck this time. I look forward to your prompt response.

Sincerely,
Daniel Lee

176. What does NutriStore most likely specialize in?

(A) Sports apparel
(B) Health supplements
(C) Fitness equipment
(D) Organic foods

177. What can be inferred about 12 Maple Avenue?

(A) It is NutriStore's headquarters.
(B) It is Mr. Lee's address.
(C) It is Ms. Tran's residence.
(D) It is a wellness clinic.

178. What does Mr. Lee request in his e-mail?

(A) A discount on future purchases
(B) A refund on the damaged item
(C) A detailed product catalog
(D) A subscription to a newsletter

179. Which item did Mr. Lee include a photograph of?

(A) Item #8934
(B) Item #7131
(C) Item #8346
(D) Item #7954

180. According to the e-mail, what is true about Mr. Lee?

(A) He is a new customer of NutriStore.
(B) He is dissatisfied with the delayed customer service.
(C) He has previously been pleased with NutriStore's services.
(D) He prefers shopping in physical stores rather than online.

Questions 181-185 refer to the following Web page and e-mail.

http://www.windlyninstruments.com

Windlyn Instruments – Custom Solutions for Science Educators

Looking to upgrade your science lab kits for classroom use? Windlyn Instruments specializes in crafting durable and easy-to-use tools for educators across physics, biology, and environmental science. Our bulk-order catalog features lab glassware, experiment modules, digital sensors, and instructional charts—all of which can be branded with your school's name or district logo upon request.

With over 20 years of experience serving academic institutions worldwide, we're committed to quick fulfillment and seasonal product innovation. New items are added to our inventory every academic term, and free sample units are available for evaluation upon inquiry.

Discount pricing is available on large-volume orders. We ship internationally, and delivery fees are determined by order volume and destination. Please note that all sales are final, though store credit may be issued in the rare case of damaged shipments.

Ready to begin? Register your school through our online portal. A client advisor will be in touch within one business day to guide you through your first order.

To:	Ellie Munroe <emunroe@windlyninstruments.com>
From:	Tomasia Shale <tomasia@questlearning.co.za>
Date:	February 5
Subject:	Repeat Order Request

Dear Ms. Munroe,

We were very impressed with the quality of the circuit board kits we received last month. Thank you again for your help in getting everything processed so smoothly. They've already been incorporated into our after-school robotics club, and the feedback has been nothing but positive.

This time, we would like to reorder the same kits, but in greater quantity. Would you mind advising us on the threshold we need to meet in order to qualify for bulk pricing? Many thanks in advance.

Warm regards,
Tomasia Shale
Quest Learning Initiative

181. What is indicated about Windlyn Instruments?

(A) It was founded by science teachers.
(B) It sells exclusively within the United States.
(C) Its product lineup changes regularly.
(D) It offers discounts to nonprofit groups.

182. What is NOT a stated benefit of Windlyn Instruments' service?

(A) It offers a wide selection of items for science education.
(B) It provides sample products upon request.
(C) It allows products to be branded with client logos.
(D) It offers free shipping on international orders.

183. Who most likely is Ms. Munroe?

(A) A warehouse supervisor
(B) A logistics coordinator
(C) A sales associate
(D) A client advisor

184. In the e-mail, the word "threshold" in paragraph 2, line 2, is closest in meaning to

(A) opportunity
(B) minimum
(C) entrance
(D) goal

185. What is mentioned by Ms. Shale?

(A) She was not fully satisfied with some items.
(B) She wants to try out a different type of product.
(C) She would like to place a larger order.
(D) She received a discount on her January order.

GO ON TO THE NEXT PAGE

Questions 186-190 refer to the following e-mails and schedule.

E-Mail Message

To: All gym members
From: Fit In Gym
Date: July 30
Subject: New classes
Attachment: Challenge week.doc

Dear Fit In Gym members:

Our much-anticipated summer challenge week is finally here! We predict a full house for these classes. A must-attend is a demo on European-style boxing, given by a coach who will be giving his first program at Fit In Gym.

Registration for all fitness classes is always online, and gold members get priority access, so make sure to book well in advance, particularly for classes in our two smallest spaces, The Vault, which holds 16 cycling machines, and The Track, which has only 10 treadmills. Due to their popularity, early registration is also recommended for The Arena and The Loft, even though each can accommodate up to 40 participants.

Fit In Gym
Challenge Week Schedule

Activity type	Instructor	Date and Time	Room
Spinning	Mario O'Neil	August 28, 5-6 P.M.	The Vault
Boxing	Karl Tebutt	August 29, 6-7 P.M.	The Arena
Running	Morgan Chen	August 30, 7-8 A.M.	The Track
HIIT	Mark Torres	September 1, 6-7 P.M.	The Pulse
Pilates	Julian Miller	September 2, 8-9 A.M.	The Loft
Running	Alana Minnett	September 3, 5-6 P.M.	The Track

To:	Sophie Winters <swinters@fitingym.com>
From:	Mark Torres <mtorres@fitpress.com>
Date:	August 9
Subject:	Scheduled fitness class

Dear Ms. Winters,

I am writing to inform you that my spot for Challenge Week on September 1 will have to be moved to another date given that I have to attend a wedding that day. I already put together some fun exercises that I am sure the gym members will love, so I would still like to give this class. It is currently booked to take place in The Pulse, which is the right size for the circuit I planned on doing. It's also equipped with all the weights needed for my class, so I would prefer to keep that room.

I regret any inconvenience this rescheduling may cause, but I appreciate your assistance as general manager in getting this workout class rescheduled since I am looking forward to teaching my techniques.

Best,
Mark Torres

186. Which room has the smallest capacity?
(A) The Vault
(B) The Arena
(C) The Pulse
(D) The Loft

187. Who is mentioned as a new instructor at Fit In gym?
(A) Mr. O'Neil
(B) Mr. Tebutt
(C) Mr. Miller
(D) Ms. Minnett

188. What class will need to be rescheduled?
(A) Spinning
(B) HIIT
(C) Pilates
(D) Running

189. Who most likely is Ms. Winter?
(A) A fitness trainer
(B) An equipment technician
(C) A gym manager
(D) A wedding planner

190. What is indicated about Mr. Torres?
(A) He wants to change the venue due to limited space.
(B) He will go to the gym on September 1.
(C) He is planning to get married next month.
(D) He wants to use certain equipment in his class.

GO ON TO THE NEXT PAGE

Questions 191-195 refer to the following e-mail, Web page, and invoice.

E-Mail Message

From: rleung@quantechlogistics.com
To: elandry@modupartitions.com
Date: March 14
Subject: Office Partitions (Item #30591)

Dear Mr. Landry,

Following our company's merger earlier this year, we moved into a shared office space and purchased 12 modular partitions from Modu Partitions (Item #30591-Grey). Unfortunately, within weeks, several panels began to wobble and detach from their bases.

Although we appreciated the complimentary replacements sent to us at that time, a number of these have since shown the same problems.

We are now requesting a full exchange of all 12 panels with models from your Premium Divider range which appear to be of higher quality. We also ask that this newer model be priced similarly to our original purchase, rather than at the full price of $119 each. If you are unable to accommodate this request, we will have to seek a full refund for the defective merchandise you supplied.

Sincerely,
Rina Leung
Operations Coordinator, Quantech Logistics

---

https://www.modupartitions.com/premium-divider-panel

Home | **Products** | Support | Company Info

Premium Divider Panel

Designed for dynamic work environments, the Premium Divider Panel is built with reinforced steel frames and sound-absorbing material to ensure both stability and privacy. It comes with a 10-year durability guarantee and is easy to install. Available in four neutral colors.

$119 per panel

- Black – Item Code 80221
- White – Item Code 80222
- Brown – Item Code 80223
- Grey – Item Code 80224

MODU PARTITIONS: MODULAR OFFICE SOLUTIONS THAT LAST

INVOICE

Client: Quantech Logistics
Address: 870 Lanyon Drive, Cedar Ridge, OR
Date: March 20

Item	Quantity Unit	Price	Total
Premium Divider Panel, Item #80223	12	$119.00	$1,428.00

Subtotal: $1,428.00
Goodwill Gesture Discount: −$100.00
Total: $1,328.00

For assistance, contact: support@modupartitions.com

191. What is true about Quantech Logistics?
    (A) It recently renovated its headquarters.
    (B) It produces office supplies.
    (C) It just launched a new product.
    (D) It completed a business merger.

192. What does Ms. Leung ask Mr. Landry to do?
    (A) Send complimentary replacements
    (B) Upgrade defective items at no additional cost
    (C) Make a full refund
    (D) Confirm an installation date

193. What is implied about Modu Partitions?
    (A) It replaced the original items at minimal cost.
    (B) It offered a partial refund.
    (C) It did not fully agree to Ms. Leung's request.
    (D) It offered a discount for a repeat customer.

194. What is stated about the Premium Divider Panel?
    (A) It has recently been reinforced with steel.
    (B) It requires professional installation.
    (C) It comes in customized colors.
    (D) It is guaranteed to be durable.

195. What color are the Premium Divider Panels most likely ordered by Quantech Logistics?
    (A) Black
    (B) White
    (C) Brown
    (D) Grey

Questions 196-200 refer to the following brochure, form, and e-mail.

WoodWorks Decking

WoodWorks Decking offers several Unique Selling Points (USPs) over most other widely available outdoor deck materials.

USP 1 – Durability:
Crafted from high-quality composite materials, our boards are designed to endure extreme weather, ensuring your deck stays strong for years.

USP 2 – Style Variety:
Choose from a broad selection of textures, colors, and patterns to match your home's exterior design.

USP 3 – Manufacturer's Warranty:
Our decking comes with an unbeatable 25-year warranty, providing peace of mind for long-term performance.

USP 4 – Eco-Friendliness:
Made from sustainable materials, all our decking solutions help reduce environmental impact while adding beauty to your outdoor space.

For more information or to request a quote from our sales team, please complete our online contact form. All our decking boards are manufactured at one of our local facilities, pre-cut to your specifications, and delivered directly to your location. Our professional installation team will handle the rest.

WoodWorks Decking

Customer Inquiry:

Name: Jordan Yentob
E-mail: jordan.yentob@webmail.com
Phone: 555-0178
Comments:
I've been considering several decking materials, and I'm interested in the ranges you offer. Actually, I have looked into several decking companies, and I chose yours because of your guarantee of eco-friendliness — something the others didn't offer. My wife and I are planning to construct a large deck in our backyard, but we do not know much about decking. We live alone now that our children have all grown up and moved away, so the deck will only see minimal use during the warmer months. We live in a region that receives frequent heavy rainfall, so we are looking for a material that copes well with humidity and precipitation. I hope you can make some recommendations so that we can make an informed purchase. Thank you.

To: jordan.yentob@webmail.com
From: support@woodworksdecking.com
Date: July 6
Subject: Decking Inquiry

Dear Mr. Yentob,

Thank you for reaching out to WoodWorks Decking! A member of our sales team will contact you directly within the next couple of days. In the meantime, please feel free to review the four main decking options we offer below:

- **Ultra Guard Composite**: Offers superior durability with a realistic wood finish, ideal for homes in high moisture areas.
- **Economy Deck Series**: A budget-friendly option designed for smaller deck projects.
- **High Impact Outdoor**: Specially designed with a protective coating for higher footfall and impacts. Recommended for families with children.
- **Premium Hardwood**: Available in a range of natural wood finishes, providing a sophisticated look for any home.

Thank you again for considering WoodWorks Decking for your project. We look forward to helping you create the perfect outdoor space.

Best regards,
Bethany Howarth
Sales Manager, WoodWorks Decking

---

196. What does the brochure mention about WoodWorks Decking?

    (A) It provides a comprehensive installation manual.
    (B) It requires a deposit on bulk orders.
    (C) It modifies components to satisfy customers' needs.
    (D) It encourages customers to visit a showroom.

197. According to Mr. Yentob's comments, which USP is probably most attractive to him?

    (A) USP 1 (B) USP 2
    (C) USP 3 (D) USP 4

198. What does the form indicate about Mr. Yentob?

    (A) He has made purchases from WoodWorks Decking before.
    (B) He has experience in constructing wooden decks.
    (C) He has recently purchased a new property.
    (D) He has investigated multiple decking options.

199. What kind of decking will Mr. Yentob most likely select?

    (A) Ultra Guard Composite
    (B) Economy Deck Series
    (C) High Impact Outdoor
    (D) Premium Hardwood

200. What does Ms. Howarth tell Mr. Yentob?

    (A) His requested product is currently unavailable.
    (B) His inquiry has been placed on a waiting list.
    (C) He will be contacted by one of her colleagues.
    (D) He is eligible for a special promotion.

실전 모의고사 TEST 2

10분 단축 토익 PART 7 실전문제집

시작 시간 _____시 _____분

종료 시간 _____시 _____분

▶ 중간에 멈추지 말고 처음부터 끝까지 풀어보세요. 문제를 풀 때는 실전처럼 답안지에 마킹하세요.

Questions 147-148 refer to the following advertisement.

Clear Point Dental Anniversary Weekend – April 10 and 11

To thank our patients and local residents for supporting us during our first year in the Hillview District, Clear Point Dental is hosting a special appreciation event.

Residents who live between Oak Street and Maple Boulevard are invited to drop by our clinic this weekend to receive complimentary dental care kits and exclusive discounts on whitening treatments.

Please bring valid identification showing your home address. Visit our Web site for a map of the area that is eligible for our event.

---

147. What is being advertised?

(A) The expansion of a dental office
(B) A limited-time offer for certain locals
(C) A new dental insurance plan
(D) A job opening at a clinic

148. What is indicated about Clear Point Dental?

(A) It has been serving the community for one year.
(B) It is located on Maple Boulevard.
(C) It offers free cleanings on weekends.
(D) It accepts any patients during special events.

Questions 149-150 refer to the following notice.

NOTICE

On Thursday, 12 May, Hallbrook Transportation Network (HTN) will install a new, top-of-the-line elevator here at Bludale Station. The subway station will not be accessible for most of the day. This means that riders will not have wheelchair access to the station's platforms, nor will it be possible for those with mobility needs to purchase tickets at the machines or collector booth. If you need access to the subway between 8:00 A.M. and 6:00 P.M. on May 12, you will have to go to another station. We apologize for the disruption.

Mandy Mendicoa
Customer Service, HTN

149. For whom is the notice intended?
(A) Construction crews
(B) Subway operators
(C) IT technicians
(D) Passengers

150. What does the notice suggest will happen at 6:00 P.M. on May 12?
(A) A new subway line will open.
(B) A new payment system will take effect.
(C) Entry into a station will be restricted.
(D) Access will be restored.

Questions 151-152 refer to the following e-mail.

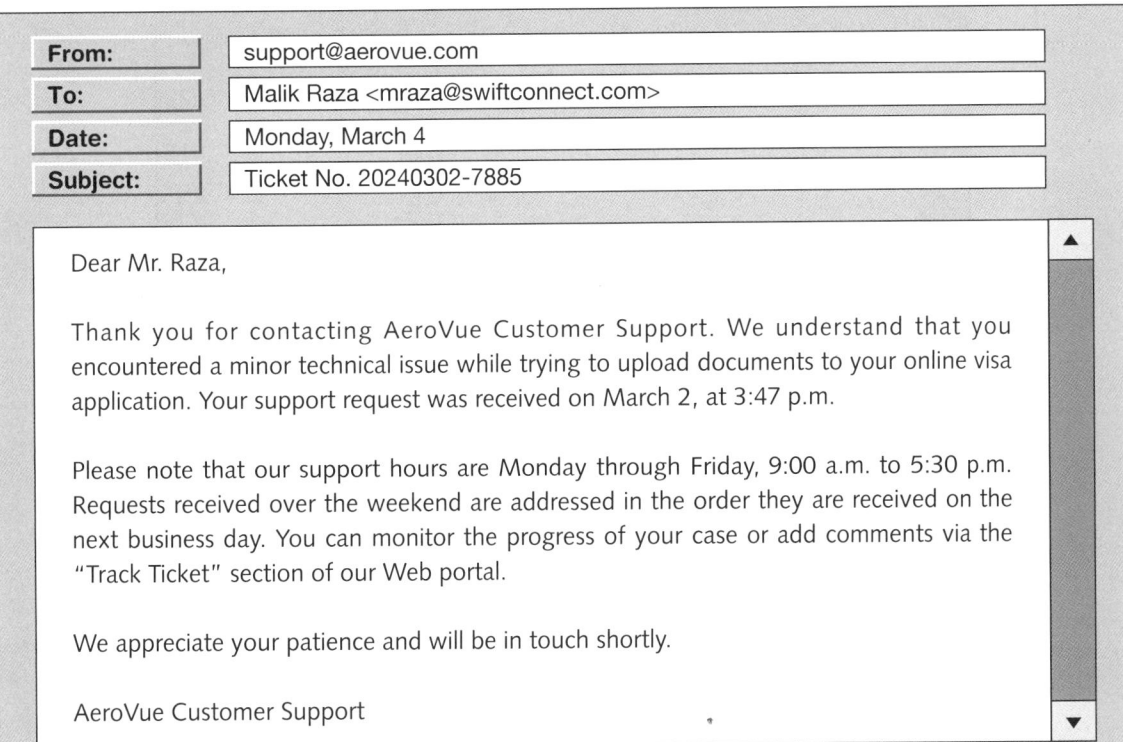

From:	support@aerovue.com
To:	Malik Raza <mraza@swiftconnect.com>
Date:	Monday, March 4
Subject:	Ticket No. 20240302-7885

Dear Mr. Raza,

Thank you for contacting AeroVue Customer Support. We understand that you encountered a minor technical issue while trying to upload documents to your online visa application. Your support request was received on March 2, at 3:47 p.m.

Please note that our support hours are Monday through Friday, 9:00 a.m. to 5:30 p.m. Requests received over the weekend are addressed in the order they are received on the next business day. You can monitor the progress of your case or add comments via the "Track Ticket" section of our Web portal.

We appreciate your patience and will be in touch shortly.

AeroVue Customer Support

151. What issue did Mr. Raza most likely face?
 (A) He could not log into his account.
 (B) He was unable to submit some files.
 (C) He made his payment late.
 (D) His application was rejected.

152. What is indicated about the support request?
 (A) It contained incomplete information.
 (B) It was submitted on a weekend.
 (C) It was received as an urgent matter.
 (D) It was addressed immediately.

GO ON TO THE NEXT PAGE

Questions 153-154 refer to the following text-message chain.

Alina Rowe (1:08 P.M.)
Hi Max. Just a heads-up that I am stuck in traffic.

Max Trent (1:11 P.M.)
Oh no. Do you think you'll still be on time for the 3:00 client tour?

Alina Rowe (1:13 P.M.)
Not sure. The driver says it'll be at least another 30 minutes before we're moving again.

Max Trent (1:14 P.M.)
Should we delay the presentation?

Alina Rowe (1:16 P.M.)
Go ahead and start without me. The updated showroom layout is on my desk. You know the key talking points. Just call if any questions come up that you can't answer.

Max Trent (1:18 P.M.)
Got it. Keep me posted on your arrival time.

Alina Rowe (1:19 P.M.)
Will do. Thanks.

153. Why does Ms. Rowe contact Mr. Trent?

(A) To introduce him to a showroom client
(B) To inform him of a traffic delay
(C) To ask him to make a delivery
(D) To thank him for updating a floor plan

154. At 1:18 P.M., what does Mr. Trent most likely mean when he writes, "Got it"?

(A) He will call Ms. Rowe if anything is unclear.
(B) He will cancel the upcoming meeting.
(C) He will find someone else to help.
(D) He will bring a material to Ms. Rowe.

Questions 155-157 refer to the following article.

Rising Business: Volt Rider Scooters

Seeking to revolutionize urban transportation, entrepreneur Alex Nolan established Volt Rider Scooters. Now, just over a decade later, the Chicago-based company operates in multiple cities across the United States and Canada, offering efficient and eco-friendly electric scooters for city commuters.

Volt Rider also provides users with a mobile application featuring GPS navigation, ride history tracking, and full remote control of the scooter through its ongoing collaboration with Tech Sphere Solutions, based in Toronto. "Our partnership with Tech Sphere has been instrumental," says Mr. Nolan, "as their technology enhances our riders' experience and safety."

Mr. Nolan is optimistic about Volt Rider's future growth. Two additional companies, AeroCharge Stations, headquartered in Denver, Colorado, and Urban Path Navigation, based in Seattle, Washington, have agreed to enter into strategic partnerships with Volt Rider starting in September. Furthermore, aiming to expand into the European market, the company is currently in discussions with EcoMove GmbH, a mobility firm with operations throughout Germany.

For more information about Volt Rider Scooters, visit www.voltrider.com.

155. What is indicated about Mr. Nolan?
 (A) He is currently based in Toronto.
 (B) He started a business more than ten years ago.
 (C) He has developed a popular mobile app.
 (D) He recently acquired two businesses.

156. What service feature does Volt Rider offer?
 (A) Remote management functions
 (B) City-wide travel discounts
 (C) Exclusive parking spaces
 (D) Scooter modifications

157. Which company does Volt Rider NOT have a business agreement with?
 (A) Aerocharge Stations
 (B) Urban Path Navigation
 (C) Tech Sphere Solutions
 (D) EcoMove GmbH

GO ON TO THE NEXT PAGE

Questions 158-160 refer to the following letter.

12 February
Nadia Green
88 Rosemont Hill Drive
Edgefield, Norwich OX7 4JP

Dear Ms. Vasquez,

Thank you for letting us stay in your lovely Seaview Cottage during the week of 5 February as part of the Horizon Homestay Exchange program.

It was a wonderful location for our winter holiday. My brother and his wife appreciated the quiet surroundings, and their children were thrilled with the nearby nature trails. My partner was particularly fond of the fireplace in the lounge—perfect for the chilly evenings.

We were grateful for the extra space heaters you provided. We hadn't anticipated such low temperatures in February.

As mentioned in the note I left on your kitchen counter on 10 February—the day of my birthday celebration—your blender pitcher cracked while we were preparing a dessert. We ordered a replacement part that same day, and it should be arriving at your address shortly, if it hasn't already. I'm truly sorry for the inconvenience.

I hope you and your group enjoyed our townhouse in Norwich as much as we enjoyed your coastal residence. If so, we would be glad to exchange homes again in the future.

Warm regards,
Nadia Green

158. What is the purpose of the letter?
  (A) To extend an invitation to an event
  (B) To highlight the benefits of the homestay program
  (C) To express gratitude for a stay
  (D) To explain the features of a property

159. What happened on 10 February?
  (A) Some furniture was damaged.
  (B) Some event invitations were sent.
  (C) A house was professionally cleaned.
  (D) A birthday party took place.

160. What is suggested about Ms. Vasquez?
  (A) She is a program coordinator.
  (B) She lives near the seaside.
  (C) She is a former colleague of Ms. Green.
  (D) She intends to move to Norwich.

Questions 161-163 refer to the following letter.

June 21

Ms. Leila Cheng, Head Curator
Global Toy Heritage Archive
1701 Timberline Lane
Denver, CO 80204

Dear Ms. Cheng,

On behalf of the National Council of Toy Collectors (NCTC), I would like to formally invite you to lead our closing showcase presentation at this year's annual gathering. — [1] —. The event will take place at the Northwest Antique Convention Hall in Portland, Oregon, from November 10 to 12. You were nominated by several longtime members of our advisory board. — [2] —.

The opening demonstration will be led by Mr. Marco Villanueva, whose vintage puzzle collection is one of the most extensive in the country. A full event program will be sent to you in the coming weeks so that you may review the exhibits and themes.

We are expecting over 1,800 attendees, ranging from hobbyists to museum archivists. — [3] —. We are particularly excited about a new exhibition space for mechanical toys sponsored by a Tokyo-based cultural heritage foundation. — [4] —.

I will contact you by phone early next week while I am in Los Angeles on business. Then we can discuss event arrangements in more detail.

Warm regards,
Harper Rios
Events Chair, NCTC

---

161. Why was the letter sent to Ms. Cheng?
 (A) To announce some changes to exhibit policies
 (B) To request access to her museum's inventory
 (C) To invite her to present at a collectors' event
 (D) To nominate her for an award recognizing her creativity

162. What is true about the NCTC event?
 (A) It will last a whole week.
 (B) Mr. Marco Villanueva is expected to win an award.
 (C) It is designed for international toy makers.
 (D) It will include a new entry from Tokyo.

163. In which of the positions marked [1], [2], [3], and [4] does the following sentence best belong?

"They spoke highly of your deep knowledge of postwar toy design."

 (A) [1]
 (B) [2]
 (C) [3]
 (D) [4]

Questions 164-167 refer to the following e-mail.

E-Mail Message

To: Kenji Sakamoto <ksakamoto@hilcrestnet.com>
From: Yvonne Bell <ybell@miraforge.co.uk>
Subject: Your System Upgrade Assignment
Date: August 28

Dear Mr. Sakamoto,

I'm pleased to remind you that you are scheduled to implement a system upgrade on Tuesday, September 17, at Welcome to Mira Forge Technologies. Please arrive at Main Building by 9:15 A.M. and check in at the reception desk for a provisional access badge. I'll meet you there and escort you to the Server Area in Building B, where you'll begin the upgrade process. You'll receive new login credentials and confirm access with the Technology Service team in the next Building C.

Next, visit Personnel Services in Building A to collect the updated system guidebook. A brief orientation on the platform changes will follow. At 12:10 P.M., join us for a team lunch at a nearby café. The afternoon is reserved for setup, testing, and resolving issues. Feel free to explore the new interface during this time and fill out a comment form. I'll stop by at the end of the day to check on the progress and answer questions. Lastly, please return the badge to the reception desk before you leave.

I look forward to welcoming you in person.

Sincerely,
Yvonne Bell
Technology Service Manager, Mira Forge Technologies

---

164. What will happen on September 17?

(A) New ID cards will be issued.
(B) A luncheon will be held in the cafeteria.
(C) Tours of the company buildings will be given.
(D) A system upgrade will be implemented.

165. Where will Mr. Sakamoto receive the new system manual?

(A) In Main Building
(B) In Building A
(C) In Building B
(D) In Building C

166. The word "provisional" in paragraph 1, line 3, is closest in meaning to

(A) conditional
(B) undecided
(C) temporary
(D) essential

167. What will Mr. Sakamoto most likely do after finishing the work?

(A) Return an identification badge
(B) Have a talk with Ms. Bell
(C) Write a work report
(D) Join the team for dinner

Questions 168-171 refer to the following online chat discussion.

John Robinson [11:09 A.M.]	Hi, Samantha and Steven. Have we confirmed who will be coming from London next week?
Samantha Scott [11:10 A.M.]	The London agency is expected to send Julie Chung and Andy Price. But I just heard that Andy will be replaced by someone.
John Robinson [11:12 A.M.]	Where will they be rehearsing when they arrive here?
Samantha Scott [11:14 A.M.]	They'll be set up in studio B. Otherwise, they can use the studio owned by Bill White from Photography.
Steven Paz [11:16 A.M.]	Wait a minute. It seems there will be three. Nancy Doherty from our New York office is joining, too.
John Robinson [11:17 A.M.]	We will need a different studio then. I'd prefer to give them more space. Maybe there's enough room on the theater stage?
Samantha Scott [11:18 A.M.]	Why is Ms. Doherty coming? I thought it was just the dance choreographers.
Steven Paz [11:19 A.M.]	The costume team has been working side by side with talent on this production.
Samantha Scott [11:22 A.M.]	I understand. I'll make arrangements. I'll send a final call sheet to you by tomorrow. Steven, please add the list of extras' names and e-mails and share it with all of us.

168. Who will be visiting from the London agency?

(A) Ms. Doherty
(B) Ms. Chung
(C) Mr. Price
(D) Mr. White

169. At 11:16 A.M., what does Mr. Paz most likely mean when he writes, "It seems there will be three"?

(A) Too many studios are booked.
(B) A space issue is expected.
(C) Someone must pick up Nancy.
(D) The rehearsal should be rescheduled.

170. Who most likely is Ms. Doherty?

(A) A production manager
(B) A photographer
(C) A dance choreographer
(D) A costume designer

171. What does Ms. Scott ask Mr. Paz to do?

(A) Print some worksheets
(B) Update a document
(C) Contact the costume team
(D) Assign visitors to a space

GO ON TO THE NEXT PAGE

Questions 172-175 refer to the following e-mail.

From:	Elena Martinez
To:	All Korvax Inc. Employees
Subject:	Quarterly Update
Date:	20 September

Dear Korvax Inc. team,

I am writing to provide you with an update on our performance so far this year. – [1] –. I am pleased to share that our sales are up 18% compared to last year. This is largely due to our successful efforts to expand into a new market while maintaining our expertise in developing innovative mobile devices.

– [2] –. In Germany, sales saw a 45% increase, mainly thanks to our participation in the Berlin Futureworld Expo for the first time, where we showcased our latest technology. Similarly, in France, a 25% sales increase was recorded, following our recent entry into the market through partnerships with local retailers. – [3] –. We expect this growth to continue, particularly with the planned expansion of our smartwatch line. In India, although the market is highly competitive, we still achieved a modest 8% growth. However, we were encouraged by the higher number of sign-ups for our subscription service. Lastly, in Japan, our strongest market, sales were up by 38%, spurred by positive media coverage of our innovative devices.

– [4] –. Overall, it's been a great season for us, and with the launch of our associate referral program, we anticipate recruiting the best talents in the industry to further grow our business. Thank you for your hard work, and let's keep up this spirit as we head into the fourth quarter!

Sincerely,
Elena Martinez
Vice President of Sales

172. What kind of business is Korvax Inc.?

(A) A retailer chain
(B) A telecommunications company
(C) A technology manufacturer
(D) A global marketing firm

173. According to the e-mail, where did the company unveil new products?

(A) In Germany
(B) In France
(C) In India
(D) In Japan

174. According to Ms. Martinez, what will likely bring increased business in the future?

(A) Attendance at international Expos
(B) A diversified product line
(C) A new subscription service
(D) A customer loyalty program

175. In which of the positions marked [1], [2], [3], and [4] does the following sentence best belong?

"Here are some global sales figures."

(A) [1]
(B) [2]
(C) [3]
(D) [4]

GO ON TO THE NEXT PAGE

Questions 176-180 refer to the following Web page and e-mail.

---

https://www.affinity.ca

Affinity Rentals Ltd. offers a handpicked selection of standard vehicles and exotic cars available for daily or weekly rental. No matter the occasion, we are sure to have something that fits your needs. We have over 60 locations across the nation and can provide limited delivery services in select areas. For more information, contact us at 416-555-0198 or e-mail us at support@affinitycanada.ca.

Search: Car for corporate event
Results:

Vehicle Type	Premium	Exotic
1-day rental	$250.00	$1,600.00
1-week rental	$600.00	$4,000.00

E-Mail Message

To: Gavin Reyes <g.reyes@paxstonconsulting.ca>
From: Daniel Knox <d.knox@westfinancials.ca>
Date: April 16
Subject: Car rental for meetings

Hi Gavin,

I recall you saying earlier this week that you were also thinking of renting a car for your client meetings this week. I thought I would let you know that I was looking at a rental Web site called the Affinity and I've gone ahead and reserved the more affordable vehicle they had. I will need the car only for a couple of meetings, but given that these appointments are 4 days apart, and it will cost extra to get insurance twice for the meeting tomorrow and another for the one in Toronto, I chose to rent the vehicle for the whole week.

Do you want to borrow the car when I'm not using it? If so, we can meet at our hotel tomorrow evening, and I will give you the keys then. Afterwards, I will return the car to Affinity at the end of the week. And I'm happy to cover the cost this time. It is the least I can do after you offered to drive me to the conference last spring. Just let me know if that works for you.

Cheers,
Daniel

176. What does the Web page state about Affinity Rentals?

(A) It is updating its selection.
(B) It is publishing new details.
(C) It can deliver vehicles to certain areas.
(D) It recently opened branch locations.

177. Why did Mr. Knox send the e-mail?

(A) To make an offer of assistance
(B) To note a change of schedule.
(C) To ask for feedback on a product
(D) To request a discount.

178. In the e-mail, the word "cover" in paragraph 2, line 3, is closest in meaning to

(A) support
(B) report
(C) pay
(D) protect

179. What does the e-mail suggest about Mr. Knox?

(A) His company is planning to relocate to Toronto.
(B) One of his meetings has been canceled.
(C) He regularly rents vehicles from Affinity Rentals.
(D) He is staying at the same accommodation as Mr. Reyes.

180. How much will Mr. Knox most likely spend at Affinity Rentals?

(A) $250
(B) $600
(C) $1,600
(D) $4,000

Questions 181-185 refer to the following job advertisement and e-mail.

Job Posted: September 4
Seeking: Highly Skilled Marketing Director
Employer: Brightspark Marketing Solutions (BMS)

Duties include:
- Establishing yearly budgets for marketing activities
- Coordinating the responsibilities of the marketing team
- Supervising online campaigns and social media initiatives
- Designing creative approaches to marketing

Prerequisites:
- 3 years of experience as a marketing director
- A university degree in marketing or a related field
- Excellent leadership and communication skills
- Strong creative and strategic thinking abilities

To apply: Submit application and related documents to our HR director, Liam Winton, at lwinton@bms.com by October 1. The ideal candidate will be selected by October 15 and will begin work on November 1.

From:	Emily Napier <enapier@bms.com>
To:	Liam Winton <lwinton@bms.com>
Date:	September 8
Subject:	Marketing Director Position

Dear Liam,

I'm reaching out to ask about the marketing director position recently posted by our department. I have a former colleague in mind, Sarah Winters, who I believe would be an excellent fit for the role.

Sarah holds a master's degree in Digital Marketing from the University of Sydney and has served as marketing director at Northern Innovations Group for the past two years. She displays strong expertise in campaign development and brand building, consistently delivering results. In addition to her strategic skills, Sarah communicates effectively with both colleagues and clients and is known for her creative, solution-oriented thinking. Please let me know if I can encourage her to submit her application.

Best regards,
Emily Napier

181. According to the job advertisement, what is mentioned as one responsibility of the successful candidate?

(A) Overseeing production lines
(B) Implementing compliance policies
(C) Recruiting skilled workers
(D) Determining annual expenses

182. When is the due date for the job application?

(A) September 4
(B) October 1
(C) October 15
(D) November 1

183. What most likely is true about Ms. Winters and Ms. Napier?

(A) They attended the same university.
(B) They had both applied for the same job.
(C) They worked together at the same company.
(D) They met through a local volunteer activity.

184. In the e-mail, the word "fit" in paragraph 1, line 3, is closest in meaning to

(A) ability
(B) success
(C) match
(D) size

185. According to Ms. Napier, what qualification might Ms. Winters fall short of?

(A) Sufficient job-related experience
(B) A university degree
(C) Strong communication skills
(D) Creative thinking skills

GO ON TO THE NEXT PAGE

Questions 186-190 refer to the following meeting minutes, e-mail, and article.

Healthy Nut Development Team
Meeting Minutes
February 8

- TrimBlend, our new meal replacement milkshake range, is ready to be market-tested.

- The market testing is planned for a 30-day period sometime during the second quarter, between April 1 and June 30, though the exact schedule is yet to be finalized.

- One hundred selected participants will incorporate TrimBlend into their daily routine for thirty days. Products will be shipped to participants for home use. They will then submit written reviews assessing the product's taste, health benefits, and convenience.

- If the test results are positive, we will need to secure a substantial budget to launch a nationwide promotional campaign.

- Our CEO will begin approaching retail partners and outside investors to support the campaign. Funds generated through this investment tour will be allocated for the expansion of our manufacturing facilities throughout Delaware.

E-Mail Message

To: info@healthynut.co
From: ld.martinez@localgrocerswest.com
Date: July 3
Subject: TrimBlend testing

Dear Healthy Nut,

I wanted to express my thanks for allowing me to be part of the TrimBlend market test last month. I was genuinely impressed by the product's quality and appeal. Because of this, I would like to be informed as soon as TrimBlend becomes available for wholesale distribution. We believe it would be a valuable addition to our growing health-food product line.

Best regards,
Luis D. Martinez
Senior Sales Manager, Local Grocers West

Business News

Healthy Nut Secures Backing from Krosswell Ventures

Healthy Nut, a small but growing health supplement brand, has just finalized a funding deal with Krosswell Ventures to support the nationwide release of its new product, TrimBlend. A nutritious, plant-based meal replacement shake that's lower in calories than competing drinks, yet packed with nutrients to support steady energy throughout the day.

TrimBlend was recently tested with a group of participants who added it to their daily meal plans and later submitted reviews. According to company representatives, the response was overwhelmingly favorable, with praise focused on the product's various flavor, low calories, and convenience.

Krosswell Ventures, known for backing innovative wellness brands, praised Healthy Nut for its clear product strategy and high standards. "TrimBlend stands out in a saturated market, and Healthy Nut has a vision that aligns with our values," said spokesperson Janet Chong. "We're excited to support their expansion."

186. According to the meeting minutes, what is indicated about the market test?
    (A) The test will be carried out at a business location.
    (B) The CEO will greet all test participants.
    (C) The test results will be published online.
    (D) The testing period will last for about a month.

187. What did Mr. Martinez most likely do in June?
    (A) He visited Healthy Nut's headquarters.
    (B) He organized a tasting event.
    (C) He submitted a product review.
    (D) He met with the CEO of Healthy Nut.

188. What does Mr. Martinez request?
    (A) To receive testing results
    (B) To be included in further product testing
    (C) To receive product samples for free
    (D) To be notified when the product is released

189. According to the article, what is true about TrimBlend?
    (A) It contains fewer calories than similar products.
    (B) It should be consumed after eating meals.
    (C) It eliminates the need for dietary supplements.
    (D) It comes with just one flavor option.

190. How will Krosswell Ventures most likely support Healthy Nut?
    (A) It will help Healthy Nut build more plants in Delaware.
    (B) It will advertise Healthy Nut's products around the world.
    (C) It will merge with Healthy Nut.
    (D) It will establish a franchise for Healthy Nut.

Questions 191-195 refer to the following sign, receipt, and e-mail.

GREENPOINT GEAR HUB
Equipment Reservation Policy

- Rented gear must be picked up within 3 calendar days of payment.

- Any uncollected gear after this period will be returned to stock and made available to others.

- Greenpoint Gear Hub assumes no liability for personal items stored in free lockers.

- Delivery is available for equipment weighing over 22 kilograms, and with no cost.

- Due to limited availability and high demand, same-day refunds and exchanges are not permitted.

---

www.greenpointgearhub.com

RENTAL RECEIPT
GREENPOINT GEAR HUB

Rental ID: 52177
Weight: 6 kg
Date of Reservation: July 4
Customer: Kelsey Granger
Total Paid: $54.00
Payment Type: Debit Card
Personal items: [v] Yes   [ ] No
Note: In case of loss, you may reissue this receipt at our official Web site.

To:	support@greenpointgear.ca
From:	kgranger@fastpost.net
Date:	July 7
Subject:	Urgent request

Dear Greenpoint Gear Hub Team,

I'm writing in regard to a recent equipment reservation I made. On July 4, I paid to rent a kayak paddle set and requested that it be held for pickup. I had intended to collect it this weekend, but unfortunately, my car is currently in the shop and won't be ready until next Wednesday.

Would you consider holding the gear for just a few extra days, even though it is against your policy? I'm a regular renter and have always returned items on time, including two climbing helmets and a lantern kit last month.

Thank you for considering my request.

Sincerely,
Kelsey Granger

---

191. According to the sign, what will happen to reserved items that are not picked up in time?

(A) They will be sold to other clients.
(B) They will be offered to new renters.
(C) They will be kept in a personal storage.
(D) They will incur a late fee.

192. What is indicated about Greenpoint Gear Hub?

(A) It is open on a seasonal basis.
(B) It sells outdoor gear at discounted rates.
(C) It delivers heavy items free of charge.
(D) It doesn't permit rental cancellations.

193. What is true about Ms. Granger?

(A) He does not use a complimentary service.
(B) He can reissue the receipt by contacting the rental office.
(C) He paid using cash.
(D) He is not eligible for delivery.

194. What most likely is the item with Rental ID 52177 for?

(A) Camping
(B) Climbing
(C) Cycling
(D) Boating

195. What is the main purpose of Ms. Granger's e-mail?

(A) To update an order
(B) To ask about late fees
(C) To request the waiving of a policy
(D) To expedite a delivery process

Questions 196-200 refer to the following e-mails and Web page.

E-Mail Message

To: Kim Paulsen <kpaulsen@timestheater.com>
From: Andre Hoxha <ahoxha@limelights.net>
Subject: Lighting options
Date: July 19

Dear Mr. Paulsen:

Thank you for your message asking for suggestions for lighting solutions for your new theater. Before I can provide guidance on the best options for your space, could you please provide some information?

1. How adequate is your space for lighting grids and rigging points?
2. What is your target date? — Please note that a government backlog in issuing permits for structural modifications may delay installation by up to six months.
3. What is the configuration of your theater? If you have the budget, you could choose to install lighting on overhead grids or along the walls. The first choice consists of fixtures mounted above the stage, while the second choice is perfect for creating special effects.
4. What kind of balcony rail do you have? Curved rails are not great. Neither are rails that are low in height, as it creates safety hazards with the lights.

I look forward to hearing back from you.

Andre Hoxha

To:	Andre Hoxha <ahoxha@limelights.net>
From:	Kim Paulsen <kpaulsen@timestheater.com>
Subject:	RE: Lighting options
Date:	July 21

Dear Mr. Hoxha:

Our second location is situated right in the city center. The main stage takes up approximately one-fourth of the building, and we have ample space for lighting. To support a minimalist design, all balcony rails are measured to be compliant with building codes but are low to match our aesthetic, and therefore unsuitable for lighting. The rest of our design includes a sizeable overhead grid, because there is no natural lighting in the theater, and over 400 patrons need to have clear sightlines. As such, installing lighting on the overhead grid would be preferred.

The lighting company we want needs to be reputable. We have a hard deadline for our opening production on August 29, but I am certain that all rigging and grids can be installed safely, so this can be done immediately. Hopefully my response provides you with more information.

Kim Paulsen

http://www.lightsout.com

Reviews from customers highlight these four lighting companies in the downtown area as particularly professional.

Company	Specialty	Comments
Lumina Stage	Balcony rails	Safety-conscious, well-respected
Spotworks Pro	All types	High quality, very thorough; but rather slow
Brightline Ltd.	Overhead grids and rigging	Quick installation; good online reviews
StageBeam Co.	Wall installation	Cannot start until September

196. What most likely is Mr. Hoxha's job?

    (A) Technical consultant
    (B) Theater owner
    (C) Safety inspector
    (D) Maintenance worker

197. What does Mr. Hoxha indicate about lighting?

    (A) Many government buildings are designed with lighting grids.
    (B) Future designs will undergo several changes.
    (C) Balcony rails provide the best lighting opportunities.
    (D) Project timeline may be extended due to delayed permits.

198. What concern is shared by both Mr. Hoxha and Mr. Paulsen regarding the lighting installation?

    (A) Sufficient space
    (B) Time pressure
    (C) Budget constraints
    (D) Balcony rail height

199. According to the second e-mail, what is suggested about the theater?

    (A) It has a single large stage.
    (B) It has minimalist features.
    (C) It has a great deal of natural lighting.
    (D) It recently moved to the city center.

200. What company will Mr. Hoxha most likely recommend?

    (A) Lumina Stage
    (B) Spotworks Pro
    (C) Brightline Ltd.
    (D) StageBeam Co.

10분 단축 토익 PART 7 실전문제집

실전 모의고사 TEST 3

시작 시간 _____시 _____분

종료 시간 _____시 _____분

▶ 중간에 멈추지 말고 처음부터 끝까지 풀어보세요. 문제를 풀 때는 실전처럼 답안지에 마킹하세요.

Questions 147-148 refer to the following announcement.

Maple County Parks and Trails Authority

Employment Opportunity

Trail Maintenance Supervisor (TMS1047) – Join our team and help preserve the scenic trails of Maple County, a region renowned for its expansive forests and popular hiking routes! The terrain here is rugged and varied, requiring frequent upkeep of our footpaths, bike routes, and directional signage. This position is responsible for inspecting trail conditions, recommending necessary improvements, and coordinating maintenance crews. Competitive pay and a generous benefits package are offered. To learn more about qualifications and the application process, visit www.mapleparks.org/jobs. Applications close February 10.

---

147. What is suggested about Maple County?

   (A) It frequently hosts sporting events.
   (B) It is known for its natural beauty.
   (C) It plans to expand its trail system.
   (D) It prefers to hire locals.

148. According to the announcement, what is one responsibility of the trail maintenance supervisor?

   (A) Leading guided hikes
   (B) Installing new park benches
   (C) Managing repair teams
   (D) Tracking wildlife activity

GO ON TO THE NEXT PAGE

Questions 149-150 refer to the following e-mail.

E-Mail Message

To: Tracey Jacobsen <tjacobsen@promail.net>
From: Bobby Riggs <briggs@xlmanagement.com>
Date: September 17
Subject: Event Update

Dear Ms. Jacobsen,

I am writing to inform you of an important update regarding the Leadership Development Training scheduled for September 25 at 10:00 A.M. Due to a significant increase in the number of participants, we have relocated the session to:

The Conway Conference Center
455 Harding Street
New Hampton

Please confirm receipt of this update at your earliest convenience. Should you have any questions or require further information, feel free to contact me.

Best regards,
Bobby Riggs
Training Coordinator

---

149. What is the purpose of the e-mail?

(A) To announce the postponement of an event
(B) To provide details of a venue change
(C) To extend an invitation to a training session
(D) To suggest a change to an event schedule

150. What is Ms. Jacobsen asked to do?

(A) Get in contact with other event attendees
(B) Review some training materials
(C) Confirm she received some information
(D) Submit an event registration form

Questions 151-152 refer to the following e-mail.

To:	c.davidson@goldam.com
From:	customerservice@apexbank.com
Date:	August 18, 1:39 P.M.
Subject:	Your recent transaction

Dear Mr. Davidson,

Our records indicate that your Apex Bank money transfer, tracking number 3920398, has been processed.
Method: Send to account
Amount: $350.00
Transfer Fee: $4.50
Total: $354.50

We pride ourselves on making sure that we are available to you. Therefore, if you have any questions, comments, or concerns at all, you can reach us at 555-4928, Monday to Friday, from 9:00 A.M. to 6:00 P.M., and Saturday and Sunday from 9:00 A.M. to 4:00 P.M. You may also send us an e-mail at customerservice@apexbank.com. We hope to serve you again soon.

Regards,
Melinda Bates
Customer Support Manager, Apex Bank

151. What is the main purpose of the e-mail?

(A) To explain a new process
(B) To approve the opening of an account
(C) To request payment for a service
(D) To confirm a successful transaction

152. What is indicated about Apex Bank?

(A) It has several branch locations.
(B) It waives processing fees for money transfers.
(C) Its customer support team is available daily.
(D) It has extended hours on Saturdays.

GO ON TO THE NEXT PAGE

Questions 153-154 refer to the following notice.

Monthly Gathering of the Seaside Photography Club

Location: Melora Art Studio, 229 Bayview Lane
Date: Tuesday, June 14
Time: 7:00 P.M.–8:30 P.M.

Agenda
- Welcome new members
- Share upcoming photo contest details
- Vote for club secretary
- Enjoy sandwiches and drinks

Please note:
Annual membership fees of $30 are now being collected. If you have not yet submitted your payment, you may do so at the meeting or wire it to Tony Delgado's bank account. He co-founded the club with his colleagues ten years ago.

We look forward to seeing everyone!
Clara Nguyen, President, Seaside Photography Club

153. What is stated about the upcoming meeting?
(A) It will be held on the weekend.
(B) It will include voting for a club officer.
(C) It will be led by Mr. Delgado.
(D) It will provides free meals.

154. What is true about Mr. Delgado?
(A) He is the new club secretary.
(B) He is responsible for collecting fees.
(C) He organizes photo contests.
(D) He recently joined the club.

Questions 155-157 refer to the following Web page.

http://www.soundneststudios.com/facilities

— [1] —. SoundNest Studios is proud to unveil its brand-new recording suite for solo songwriters and bands. — [2] — This state-of-the-art space includes acoustically treated rooms, high-end mixing consoles, and a vast selection of instruments and audio gear, suitable for both beginners and seasoned professionals. We also stock headphones, mic stands, and soundproofing accessories. — [3] —.

We offer:

- Complimentary sound engineering consultations
- A variety of environmentally conscious studio accessories
- Workshops on audio production techniques
- Delivery services for large equipment rentals
- Free guides to upcoming music festivals and industry events

SoundNest Studios is easily accessible by metro and major bus routes. — [4] —. For more information, contact info@soundneststudios.com or call 555-9806.

155. Who is the information mainly intended for?

(A) Musicians
(B) Event organizers
(C) Sound engineers
(D) Shop employees

156. What does the studio provide at no charge?

(A) Equipment rentals
(B) Sound consultations
(C) Instrument sales
(D) Private lessons

157. In which of the positions marked [1], [2], [3], and [4] does the following sentence best belong?

"Best of all, special discounts are available for long-term studio bookings."

(A) [1]
(B) [2]
(C) [3]
(D) [4]

Questions 158-160 refer to the following press release.

FOR IMMEDIATE RELEASE
Contact: Jordan Smith, jsmith@novaport.com

NOVA CITY (15 April) — Jordan Smith, Chief Operations Officer at Novaport International Airport, announced on Tuesday that the airport will implement fully automated check-in kiosks, phasing out traditional manned check-in counters. This initiative aims to expedite passenger processing and enhance the overall travel experience.

The new self-service kiosks, developed in collaboration with Tech Fly Inc., allow travelers to check in, select seats, and print boarding passes without human assistance. During a six-month trial period at Novaport, passenger feedback was overwhelmingly positive, with many appreciating the reduced wait times and increased convenience.

"Integrating these advanced kiosks aligns with our commitment to leveraging technology for improved passenger services," said Smith. "By streamlining the check-in process, we can allocate staff to other critical areas, ensuring a seamless journey for all."

The transition to fully automated check-in is scheduled to be completed by the end of May. Passengers are encouraged to arrive early during the initial rollout to familiarize themselves with the new system.

For more information, visit Novaport International Airport at www.novaport.com.

158. What is the topic of the press release?
(A) The appointment of a new executive
(B) The automation of a procedure
(C) The renovation plan of an airport
(D) The recruitment of new airport staff

159. What is indicated about the trial that was carried out?
(A) It took place in multiple airports.
(B) It highlighted several problems.
(C) It was well received by customers.
(D) It was introduced in April.

160. What is suggested in the press release?
(A) An automated system will be tested for future use.
(B) The kiosks are intended to reduce ticket prices.
(C) Staff at check-in counters will be reassigned to other duties.
(D) Passengers will no longer need to select seats or print boarding passes.

Questions 161-164 refer to the following text-message chain.

Keiko Tan (9:10 A.M.): Good morning. Our trainee, Aidan Clarke, is starting tomorrow. Do you have anything he can work on?

Lena D'Souza (9:11 A.M.): Apologies. I wasn't in the office last week—I was attending the BCT Expo. Can I follow up with you regarding this in the afternoon?

Daryl Chung (9:11 A.M.): I don't have anything suitable for Aidan at the moment.

Keiko Tan (9:12 A.M.): That's surprising. Your supervisor mentioned that your unit would really benefit from having a trainee. Could you coordinate and find something for him to do?

Lena D'Souza (9:13 A.M.): Can you remind us what Aidan is majoring in?

Keiko Tan (9:14 A.M.): Marketing. His resume says he hopes to specialize in digital campaigns.

Daryl Chung (9:15 A.M.): I might have a few minor assignments, though they're not very exciting.

Keiko Tan (9:16 A.M.): That's fine. I may also have some material for him to organize. That should be enough to keep Aidan busy for his first few days. But I'd really appreciate it if your team could meet by Wednesday to put together more activities for the following week.

161. What is suggested about Mr. Clarke?
    (A) He has just transferred from another office.
    (B) He is new to the workforce.
    (C) He has been offered an assistant position.
    (D) A supervisor recommended him to the team.

162. What did Ms. D'Souza do last week?
    (A) Attend an industry event
    (B) Visit a client's office
    (C) Go on annual leave
    (D) Start a new assignment

163. At 9:12 A.M., what does Ms. Tan most likely mean when she writes, "That's surprising"?
    (A) She was not expecting Aidan to join the company.
    (B) She had been overwhelmed with work lately.
    (C) The team should have prepared some work for Aidan.
    (D) The supervisor assigned her to be a mentor to Aidan.

164. What does Ms. Tan ask the other writers to do before Wednesday?
    (A) Hire another trainee
    (B) File some materials
    (C) Send her a message
    (D) Come up with more tasks

GO ON TO THE NEXT PAGE

Questions 165-167 refer to the following e-mail.

E-Mail Message

To: All Members <memberlist@peakperformance.com>
From: Member Services <services@peakperformance.com>
Subject: Important Announcement
Date: October 4

Dear Valued Member,

I regret to inform you that Peak Performance will be shutting down permanently on October 31, after 15 years of dedicated service to our community. We understand that this news may be unexpected, and we are committed to assisting you during this transition. For members whose memberships span beyond October 31, we offer the following options:

Transfer Your Membership: We have arranged for seamless membership transfers to our partner facility, Summit Health Club, located at 212 Elm Street. They offer comparable amenities and fitness programs. If you choose this option, please contact us by October 24 to facilitate the transfer.

Receive a Refund: Alternatively, you may opt for a pro-rated refund of your remaining membership fees. To request a refund, please reach out to our billing department at billing@peakperformance.com by October 31.

We are deeply grateful for the trust and support you have shown us over the years. Should you have any questions or require further assistance, please do not hesitate to call us at 555-2847.

Sincerely,
Jerome Smith
General Manager, Peak Performance

---

165. What is the purpose of the e-mail?

(A) To address a recent complaint
(B) To introduce a membership program
(C) To announce a business closure
(D) To celebrate moving to a new place

166. What most likely is Peak Performance?

(A) A monthly publication
(B) A sportswear company
(C) A mobile application
(D) A fitness center

167. The phrase "reach out to" in paragraph 3, line 2, is closest in meaning to

(A) extend
(B) inquire
(C) visit
(D) contact

Questions 168-171 refer to the following online chat discussion.

Sophie Williams (10:08 A.M.):	Hello, Julian and Max. We urgently need to schedule a team meeting to get started on our new campaign.
Julian Richards (10:10 A.M.):	Sure. Do you want to include the entire marketing team? Let me know if I can help.
Sophie Williams (10:12 A.M.):	No, I was referring to the Silverstone campaign, so it will just be the three of us working on that project.
Julian Richards (10:14 A.M.):	Got it. I'm free on Monday or Thursday afternoon.
Max Taylor (10:15 A.M.):	Wait, I thought I was reassigned to the Parkview Global project instead?
Julian Richards (10:17 A.M.):	No, the final spot on that project went to Heather Green, since she has prior experience with similar campaigns, like the Vista Group and Trellis Enterprises projects.
Max Taylor (10:18 A.M.):	Oh, got it.
Sophie Williams (10:19 A.M.):	I'm also available on Monday and Thursday, but only before 2 P.M.; I'll be in a client meeting on Monday at 3 P.M. and a strategy session on Thursday at 3:30 P.M.
Max Taylor (10:21 A.M.):	Monday doesn't work for me, because I'll be in Chicago for a conference, but I could do Thursday at 12 P.M.
Sophie Williams (10:22 A.M.):	Great! Julian, does that work for you?
Julian Richards (10:23 A.M.):	Perfect! I'll book the conference room for us.

168. In what department do the writers most likely work?

    (A) Sales
    (B) Marketing
    (C) Billing
    (D) Research

169. To which firm's project are the three writers assigned?

    (A) Silverstone
    (B) Parkview Global
    (C) Vista Group
    (D) Trellis Enterprises

170. At 10:18 A.M., what does Mr. Taylor most likely mean when he writes, "Oh, got it"?

    (A) He realizes that he was not moved to another project.
    (B) He recognizes that he missed an important meeting.
    (C) He confirms that he has received Ms. Green's project report.
    (D) He acknowledges that he forgot to complete a task.

171. Why was a meeting scheduled for Thursday rather than Monday?

    (A) Ms. Williams will not be available all day on Monday.
    (B) Ms. Richards's schedule is packed with meetings.
    (C) Mr. Taylor will be out of town on Monday.
    (D) The conference room is fully booked on Monday.

GO ON TO THE NEXT PAGE

Questions 172-175 refer to the following job announcement.

Undergraduate Scholarship Opportunity

Brookwell Scholars Program
Boston, MA

The Brookwell Scholars Program is an academic scholarship initiative supporting top-performing students. We are located in Boston and have been running the program for over fifteen years. With the large increase in government funding, Brookwell is now accepting applications for Business and Economics majors. – [1] –. This is also a chance to intern at companies abroad and build a global network. This renowned program was the foundation for many successful entrepreneurs. Brookwell provides awardees with a renewable scholarship and networking opportunities. – [2] –.

The application process includes meeting with the head of the department, submitting references and transcripts, and delivering a mock pitch. – [3] –.

Eligibility includes a minimum of one year of extracurricular activities in the field of study, leadership in your community, and excellent academic records. – [4] –.

Submit your application form and résumé to apply@brookwellscholars.org.

172. What is suggested about the Brookwell Scholars Program?

(A) It has recently been introduced.
(B) It has international offices.
(C) It focuses on business programs.
(D) It relies on government funds.

173. What is suggested about the opportunity being advertised?

(A) It is expected to create domestic jobs.
(B) It helps many businesses succeed.
(C) It cannot be extended after expiration.
(D) It requires a simulated presentation.

174. What is NOT a requirement for the scholarship?

(A) Relevant non-academic experience
(B) Very high recommendations
(C) Academic achievement
(D) Community activities

175. In which of the positions marked [1], [2], [3], and [4] does the following sentence best belong?

"However, delivering real business plans is not required."

(A) [1]
(B) [2]
(C) [3]
(D) [4]

GO ON TO THE NEXT PAGE

Questions 176-180 refer to the following event flyer and e-mail.

Artisan Makers Week at Thornhill Market Hall
July Workshops Schedule

Saturday, July 6 - Handmade Pottery and Kiln Demonstration
Sunday, July 7 - Woodturning: From Log to Ladle
Saturday, July 13 - Natural Dyeing Workshop
Sunday, July 14 - Recycled Paper Crafts for All Ages

Workshops begin at 11:00 A.M. in the Central Pavilion. Visitors can browse artist booths throughout the day.

Artisans interested in participating in our August series should e-mail events@thornhillmarket.org with a brief summary of their craft, three to five photos of their work, and a short bio highlighting involvement in previous markets or exhibitions.

We welcome both first-time exhibitors and experienced makers. Space is limited, and we prioritize those with interactive demonstrations.

E-Mail Message

From: Rochelle Danvers <r.danvers@valleychronicle.com>
To: Felix Arano <felixcrafts@gmail.com>
Date: June 20
Subject: Feature for Arts & Community Column

Dear Mr. Arano,

I'm delighted to see that you'll be presenting at Thornhill Market's Artisan Makers Week next month. My family loved your paper-folding booth at the Spring Green Festival, and I'm sure your recycled craft session will be just as popular.

I'd love to feature you in next week's "Local Talent Spotlight" column. It will appear in the *Valley Chronicle* the Friday before your workshop. Would you be open to a short interview sometime early next week? A quick video call or even a phone chat would work—whichever is easier for you.

Please let me know what your schedule looks like. I look forward to helping readers learn more about your creative process and your commitment to sustainable art.

Best wishes,
Rochelle Danvers
Arts & Community Writer
Valley Chronicle

176. What is indicated about Artisan Makers Week?

(A) It includes sales of international goods.
(B) It focuses only on new artists.
(C) It features live craft demonstrations.
(D) It is held in multiple locations across town.

177. What are participating artisans asked to send?

(A) A signed waiver and registration form
(B) A list of materials used in their work
(C) A description of past event participation
(D) A set of customer testimonials

178. Why did Ms. Danvers write to Mr. Arano?

(A) To describe a job opportunity
(B) To invite him to an art event
(C) To request an interview
(D) To buy some of his crafts

179. According to the schedule, when will Mr. Arano's event take place?

(A) On July 6
(B) On July 7
(C) On July 13
(D) On July 14

180. How most likely is Ms. Danvers familiar with Mr. Arano's work?

(A) She saw his feature in the Valley Chronicle.
(B) She met him at Thornhill Market.
(C) She attended a class he taught at a university.
(D) She visited one of his previous booths.

Questions 181-185 refer to the following e-mail and boarding pass.

E-Mail Message

To: Jenna Black <jennablack@homemail.net>
From: Ryan Federline <rfederline@streamlinerrail.com>
Subject: RE: Onboard issue
Date: March 7
Attachment: Travel Credit

Dear Ms. Black,

Thank you for reaching out regarding your recent train journey. We sincerely apologize for the inconvenience you experienced due to the malfunctioning power outlet at your seat during your trip. We value you as a Streamliner Rail passenger and want to ensure your future travel experiences are more enjoyable. For that reason, we have attached Credit Code #983211 valued at $50 for you. This may be applied toward any ticket purchased through our Web site or mobile app, and it does not need to be used in full – you will be prompted to enter the amount you wish to redeem each time. Please note that this credit is valid for six months from the date of issue. Thank you for choosing Streamliner Rail. We appreciate your continued support.

Sincerely,
Ryan Federline
Customer Relations, Streamliner Rail

Passenger: Ms. Jenna Black
Ticket number: 58276490312
Confirmation code: ZLMQ32

Train	Departs	Arrives	Seat
Streamliner Rail 184 (Express – No Stops)	Chicago, IL (CHI) Tue., April 9 2:05 P.M.	Kansas City, MO (KCY) Tue., April 9 9:15 P.M.	Coach Car 3, Seat 12A

Summary of Fare Charges

Standard fare:	$72.00
Taxes and service fees:	$6.25
Travel Credit #983211:	–$30.00
Total Paid:	**$48.25**

All passengers must present a valid ticket prior to boarding. Mobile device images of tickets will not be accepted.

181. Why did Mr. Federline e-mail Ms. Black?

(A) To explain a ticketing error
(B) To announce a schedule change
(C) To assign her a different seat
(D) To resolve a complaint

182. In the e-mail, the word "value" in paragraph 1, line 3, is closest in meaning to

(A) estimate
(B) appreciate
(C) benefit
(D) invest

183. What does Mr. Federline mention about Credit Code #983211?

(A) It can be used for rides on partner railways.
(B) It will expire in six months.
(C) It may be used at a station kiosk.
(D) It is only valid for first-class upgrades.

184. What can be inferred about Ms. Black?

(A) She booked her ticket in person.
(B) She redeemed partial travel credit.
(C) She received a free upgrade to business class.
(D) She canceled a return trip.

185. What is indicated about Streamliner Rail 184?

(A) It is a commuter train.
(B) It operates during nighttime hours.
(C) It travels directly to its destination.
(D) It does not accept electronic tickets.

Questions 186-190 refer to the following e-mails and Web page.

From:	Josephine Alaba <jalaba@kilowatt-solutions.co.za>
To:	Hamza Nouri <hnouri@greenfieldlabs.co.za>
Date:	Monday, 23 October, 2:18 P.M.
Subject:	Workshop Lunch Options

Dear Mr. Nouri,

It will be great to meet you in person finally at the upcoming Renewable Energy Workshop in Cape Town. I'm pleased that you agreed to lead the session on solar grid design—I'm sure it will be an informative talk.

As coordinator of the event, I am organizing a group lunch for all the speakers immediately following the morning session. Since you're based in Cape Town, I was wondering if you had any insights into the dining options listed on the event Web site. I'm currently considering Sea Terrace Café because of its beach view, but I'd appreciate your recommendation. The restaurant should also be able to seat about 15 people comfortably. I won't be arriving until the day of the event, so I'd like to confirm the reservation by 30 October.

Kind regards,
Josephine Alaba

---

http://www.refieldtrip.org/localinfo

Venue Info | Transport | Map | Contact Us | Local Info

Nearby Lunch Options
All restaurants listed are within 10 minutes' walking distance of the event venue. Reservations are highly recommended for groups of 8 or more.
• Sea Terrace Café – Seafood and light dishes. Beautiful ocean view. Price: Expensive.
• Roots Kitchen – Modern African cuisine. Vegetarian and vegan options available. Price: Moderate.
• Garden Table Eatery – Fresh salads, grilled meats, and seasonal dishes. Outdoor garden seating. Price: Moderate.
• Marhaba Bistro – Middle Eastern dishes. Group seating and buffet-style service. Price: Inexpensive.

E-Mail Message

From: Hamza Nouri <hnouri@greenfieldlabs.co.za>
To: Josephine Alaba <jalaba@kilowatt-solutions.co.za>
Date: Tuesday, 24 October, 9:47 A.M.
Subject: RE: Workshop Lunch Options

Dear Ms. Alaba,

Thank you. I'm also looking forward to the event. I've dined at all four of the suggested restaurants and can say they each have their own charm. While the Sea Terrace Café does have an excellent view, it's about a 20-minute walk from the venue and might require transport, especially for a group. Marhaba Bistro is now so popular that securing a table for a group of 15 could be challenging. I'm concerned that the outdoor seating at Garden Table Eatery may not provide enough shade for us during lunchtime.

In my opinion, Roots Kitchen is the best option for our lunch. It's right across the street from the venue and has a quiet atmosphere that's perfect for group conversation. I can stop by this week and check on a reservation for 7 November, if you'd like.

Sincerely,
Hamza Nouri

---

186. What is the purpose of the first e-mail?
(A) To ask for feedback on a presentation topic
(B) To provide travel information to a speaker
(C) To request advice about a lunch venue
(D) To offer suggestions for a conference location

187. Why is Ms. Alaba interested in Sea Terrace Café?
(A) It has vegetarian options.
(B) It has views of the beach.
(C) It offers buffet-style service.
(D) It is located within an event venue.

188. When will the Renewable Energy Workshop most likely take place?
(A) On October 23
(B) On October 24
(C) On October 30
(D) On November 7

189. What is true about Mr. Nouri's?
(A) He has met Ms. Alaba before.
(B) He will book a venue for lunch.
(C) He lives near Cape Town.
(D) He has to respond within a week.

190. What does Mr. Nouri suggest is inaccurate on the Web page?
(A) The ambiance at Roots Kitchen
(B) The outdoor seating at Garden Table Eatery.
(C) The distance to Sea Terrace Café
(D) The seating availability at Marhaba Bistro

Questions 191-195 refer to the following Web page, advertisement, and e-mail.

http://www.auroragraphicsolutions.com

Need a Graphic Designer with Specialized Skills?

Hiring an in-house graphic designer can be time-consuming and costly. Aurora Graphic Solutions connects you with freelance professionals who are experienced, certified, and available on demand. Whether you need support on a long-term marketing campaign or assistance with a single design project, we have designers with the skills you need—including branding, layout, animation, and more.
All professionals are carefully screened and ready to work remotely or on site.

Let us help you keep your business moving forward with creative expertise. Visit our Tampa-based office or send us an e-mail today!

GRAPHIC DESIGNER
Sundra Creative Studio

Job Title: Visual Designer
Location: Tampa (on-site required)
Job Description: Looking for a full-time graphic designer to assist with branding projects and client marketing materials. Will primarily work with digital assets for small businesses, including logos, posters, and social media content.
Requirements: Certification in Graphic Design; 3 years' experience; ability to use Graphix Illustrator software.
Salary: $48,000–$70,000 depending on experience. 2 weeks' paid vacation included.
Hours: Monday–Friday, 8 A.M. to 5 P.M (some weekend flexibility needed during peak periods)

Submit your résumé to m.sundra@sundracreative.com. Finalists will be contacted after a portfolio review.

To: info@auroragraphicsolutions.com
From: m.sundra@sundracreative.com
Date: April 18
Subject: Designer needed for upcoming contract

Dear Aurora Graphic Solutions Team,

I'm reaching out because we are urgently in need of a visual designer to begin working with our team. We are launching a brand redesign for one of our biggest clients and require someone with strong skills in Graphix Illustrator and experience in social media layout.

We have been running a job advertisement for a few weeks but have had no success in filling the role. We're willing to consider candidates with two years if their portfolios are strong. The designer must be certified and able to work on site in Tampa. Could you provide a list of available professionals who can start by May 6?

Best regards,
Maya Sundra

---

191. What is stated about Aurora Graphic Solutions?
(A) It offers on-site technical training for freelancers.
(B) It helps employers connect with skilled professionals.
(C) It creates marketing campaigns for small businesses.
(D) It primarily focuses on print advertising.

192. What is indicated about the designer position at Sundra Creative Studio?
(A) The job is based entirely online.
(B) It is open to people with limited software skills.
(C) It includes occasional weekend work.
(D) It pays based on the number of projects completed.

193. What do Aurora Graphic Solutions and Sundra Creative Studio have in common?
(A) They have been in business for three years.
(B) They are both hiring new staff.
(C) They were founded by the same person.
(D) They are based in the same city.

194. What is indicated in the e-mail from Ms. Sundra?
(A) She is hiring for a position that is remote.
(B) She is willing to adjust an experience requirement.
(C) She plans to postpone a project until summer.
(D) She is no longer considering applicants without certification.

195. What is implied about the position Ms. Sundra wants to fill?
(A) The work may involve creating animated content.
(B) The project it is tied to is time-sensitive.
(C) The job is being offered to multiple candidates.
(D) The salary range will increase after six months.

GO ON TO THE NEXT PAGE

Questions 196-200 refer to the following e-mails and receipt.

E-Mail Message

To: Lena Wu <lenawu@lenawucooks.com>
From: Marco Ellison <marcoe@platepalette.org>
Subject: Upcoming Workshop Plans
Date: March 31

Hi Lena,

I hope you're doing well! As you requested, I have checked out some options for your trip to the Culinary Artisan Symposium in Portsville. The most convenient choice is to take a direct train on the MetroLink Express, departing from Brightbridge Station. Here's a tentative schedule:

- Departure from Brightbridge: Wednesday, April 17, 9:10 A.M.
- Arrival in Portsville: Wednesday, April 17, 12:20 P.M.
- Return from Portsville: Sunday, April 21, 4:45 P.M.
- Arrival in Brightbridge: Sunday, April 21, 7:50 P.M.

Let me know if you'd like me to reserve your tickets. One thing to keep in mind is that the Portsville Central Station is currently being remodeled, so travelers are advised to arrive 45 minutes early due to altered platform access.

Also, if you're in the mood for a quick bite near the station, there's a charming café called Basil & Thyme two blocks away—happy to send directions!

Best,
Marco

To:	Marco Ellison <marcoe@platepalette.org>
From:	Lena Wu <lenawu@lenawucooks.com>
Subject:	Re: Upcoming Workshop Plans
Date:	April 4

Hi Marco,

I really appreciate your assistance! You are always so helpful whenever I attend events organized by Plate Palette. I'm debating whether to head to Portsville on April 17 or a day earlier. There's a limited-capacity knife skills seminar on the evening of April 16 that looks promising. I'd also like to meet one of the kitchenware designers presenting that night—he may be interested in partnering on my new class series.

I'll get back to you soon. Appreciate your help as always!

– Lena

ChopGo Taxi Co.

Date: April 16
Pickup Location: Portsville Central Station
Drop-off Location: Basil & Thyme Café, 48 Rosemont Street
Pickup Time: 1:10 P.M.
Drop-off Time: 1:17 P.M.
Distance: 1.1 miles
Total Fare: $9.50
Payment Method: ☑ credit card ☐ cash
Name on Card: Lena Wu
Card Number: xxxx xxxx xxxx 8701

196. What is indicated about Portsville Central Station?
(A) It has recently opened a new café.
(B) It is located near a popular hotel.
(C) It is undergoing renovations.
(D) It is a new addition to MetroLink routes.

197. What is suggested about Ms. Wu?
(A) She has been assisted by Mr. Ellison in the past.
(B) She frequently travels by train for events.
(C) She has never attended a Plate Palette event before.
(D) She wants to attend a demonstration of kitchen tools.

198. Who most likely is Ms. Wu?
(A) A restaurant critic
(B) A supermarket manager
(C) A cooking instructor
(D) A travel photographer

199. Why did Ms. Wu request a schedule change?
(A) To tour the dining facilities
(B) To study seminar topics
(C) To meet with a potential partner
(D) To attend an urgent client meeting

200. What did Ms. Wu most likely do based on Mr. Ellison's suggestion?
(A) She visited a local supplier.
(B) She dined at a nearby café.
(C) She left the symposium early.
(D) She stayed at a partner hotel.

실전 모의고사 TEST 4

10분 단축 토익 PART 7 실전문제집

시작 시간 _____ 시 _____ 분

종료 시간 _____ 시 _____ 분

▶ 중간에 멈추지 말고 처음부터 끝까지 풀어보세요. 문제를 풀 때는 실전처럼 답안지에 마킹하세요.

Questions 147-148 refer to the following e-mail.

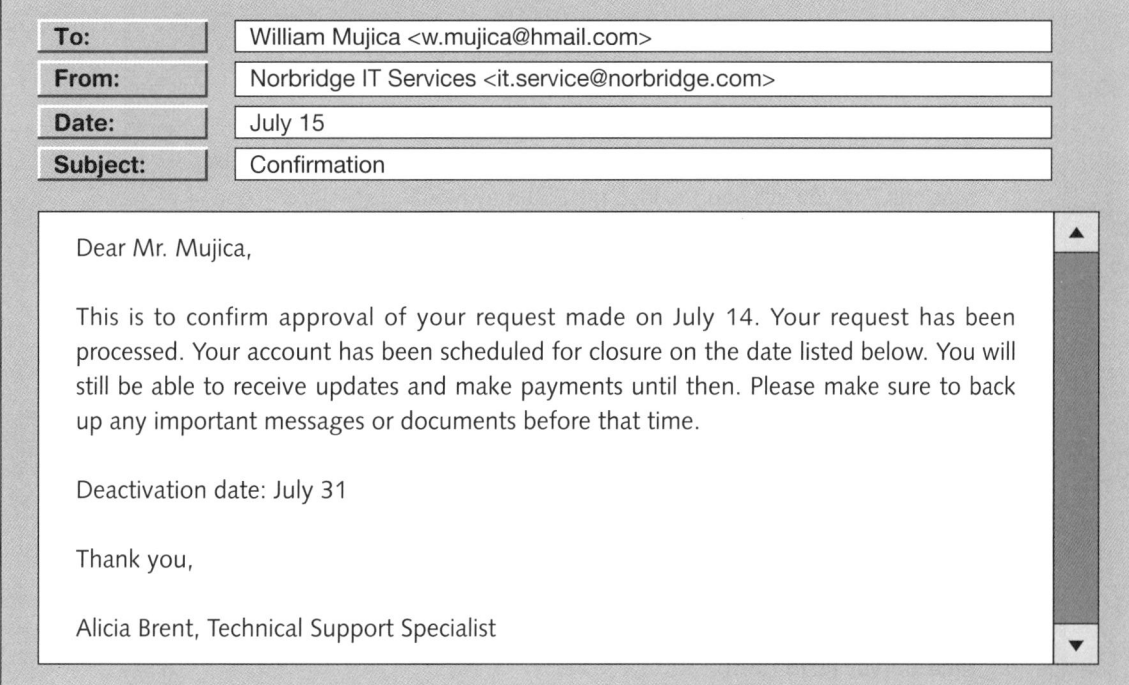

To: William Mujica <w.mujica@hmail.com>
From: Norbridge IT Services <it.service@norbridge.com>
Date: July 15
Subject: Confirmation

Dear Mr. Mujica,

This is to confirm approval of your request made on July 14. Your request has been processed. Your account has been scheduled for closure on the date listed below. You will still be able to receive updates and make payments until then. Please make sure to back up any important messages or documents before that time.

Deactivation date: July 31

Thank you,

Alicia Brent, Technical Support Specialist

147. What is the purpose of the e-mail?
 (A) To correct some information
 (B) To open a new account
 (C) To transfer a payment
 (D) To confirm a cancellation

148. What must Mr. Mujica do by July 31?
 (A) Mail a packet of documents
 (B) Save critical data
 (C) Visit a bank
 (D) Call Mr. Brent

Questions 149-150 refer to the following text-message chain.

Nina Garvey [5:08 P.M.]
Hey Alex, I'm trying to finalize the schedule for our weekend digital skills sessions. Are you still good to lead the Saturday morning sessions? I can handle the other sessions if you are.

Alex Menon [5:11 P.M.]
Hi Nina, thanks for checking in. I'd still love to be part of it, but I just took on a role at my local community center, so I'll be tighter on time. I'll be helping with their poetry and creative writing classes.

Nina Garvey [5:13 P.M.]
Totally understandable. If needed, I can cover two Saturdays, and you can do the other two.

Alex Menon [5:14 P.M.]
That works for me. That would allow me to juggle both commitments.

Nina Garvey [5:15 P.M.]
Also, the plan this term is to shift the focus to coding for PC video games using Scratch, instead of basic HTML.

Alex Menon [5:16 P.M.]
Perfect! I've got a few old slide decks I can update. Oh, and we should meet to go over the tech needs for the room setup.

149. At 5:14 P.M., what does Mr. Menon mean when he writes, "That works for me"?
    (A) He is already scheduled to work on Saturdays.
    (B) He is able to split some shifts with Ms. Garvey.
    (C) He prefers to work on a different day of the week.
    (D) He wants to lead more than one session.

150. What kind of workshop is being organized?
    (A) Creative writing
    (B) Social media marketing
    (C) Software development
    (D) Team building

Questions 151-152 refer to the following job advertisement.

GUEST RELATIONS – ASSOCIATE

Position Summary:
The Heritage Shoreline Resort, a well-known destination for travelers along the eastern coast, is hiring a full-time guest relations associate for our Cape Windsor location.

Responsibilities:
1. Offer direct support to front desk employees, including guest scheduling and incident reporting
2. Organize group tours and coordinate with local vendors
3. Maintain visitor logs, manage service requests, and assist with guest feedback reports

Required Qualifications/Education:
Higher secondary education required; hospitality certification preferred

Skills:
1. Excellent communication abilities
2. Strong time management skills
3. Basic computer literacy

To apply, e-mail a current résumé and a brief cover letter to h.malik@heritageshoreline.com. Shortlisted applicants will complete a short computer-based assessment during their interview.

---

151. What is indicated about the job?
(A) It includes heavy travel.
(B) It assists reception staff.
(C) It requires a certificate.
(D) It involves writing skills.

152. What will an applicant do at an interview?
(A) Participate in a role play
(B) Take a digital skills test
(C) Provide a medical check-up report
(D) Evaluate guest feedback

Questions 153-154 refer to the following Web page.

---

www.barnsleyrecruitment.com/home

Have you recently obtained your degree and are you ready to kick-start your professional journey? At Barnsley Recruitment, we specialize in connecting talented young individuals with top employers across various industries, from graphic design to biotechnology to construction.

Personalized Job Matching: We help align your unique skills and aspirations with the ideal career opportunities.
Industry Partnerships: We collaborate with leading companies to offer exclusive entry-level positions.
Career Development Support: We provide resources and guidance to enhance your employability.
Sustainable Employment Practices: We specially promote roles within organizations that prioritize social responsibility.

Simply register on our platform, complete your profile, and receive tailored job recommendations directly to your inbox. Returning members can also enjoy a 10% discount on our Premium Career Coaching service with their personal code.

---

153. For whom is the Web page most likely intended?

(A) Construction workers
(B) Business owners
(C) Recent graduates
(D) Barnsley Recruitment staff

154. What is indicated about Barnsley Recruitment?

(A) It offers management training.
(B) It operates several office locations.
(C) It has connections in various fields.
(D) It provides discounts to new members.

Questions 155-157 refer to the following article.

SEATTLE (April 29) — Lalond Roasters, a specialty coffee roasting company, recently marked its twentieth anniversary since it was established.

The business was started by Emilio Lalond, who commenced his career as the owner and operator of his family farm in Honduras. He later moved to the United States and put down roots in the Seattle area. Mr. Lalond opened a small roasting facility that grew, with most of the profits coming from wholesale sales to local cafés.

Ten years ago, Lalond Roasters was bought out by Ricardo Leder. Today, the company remains a family-run and community-rooted operation. In the last years, the current COO and head roaster Stephanie Leder has gradually taken over the daily operations from her father.

Lalond Roasters supplies cafés, grocery stores, and online customers. The business is in the process of opening a second roasting facility and developing new products as customer demand grows and changes.

155. What is the main purpose of the article?

(A) To advertise job openings at a company
(B) To announce the relocation of a business
(C) To summarize the history of a business
(D) To describe effective roasting techniques

156. The word "established" in paragraph 1, line 2, is closest in meaning to

(A) confirmed
(B) located
(C) financed
(D) founded

157. What is currently true about Lalond Roasters?

(A) It is hiring new management.
(B) It has recently closed operations.
(C) It is the largest employer in the city.
(D) It is a family-operated business.

Questions 158-160 refer to the following e-mail.

E-Mail Message

From: Berlin Tech Symposium <noreply@techsymposiums.com>
To: Brian Willis <bwillis@bizmail.com>
Date: September 6, 4:15 P.M.
Subject: Event Preparations

Mr. Willis:

Your trip to the Berlin Tech Symposium is only a week away. — [1] —. Your reservation at the Neuhoff Business Hotel has been confirmed. Check-in is on September 13 at 2 P.M., and checkout is on September 18 at 11 A.M. There is no need to pay now, as payment is not required until you check out. — [2] —.

We recommend finalizing your transportation arrangements soon. As a Tech Symposiums event attendee, you are eligible for a 15% discount on pre-booked airport transfers. Our travel partners are offering this promotion only until September 10, so be sure to act quickly. — [3] —.

Thank you for using Tech Symposiums to organize your conference travel. — [4] —. Wishing you a productive and enjoyable event!

The Tech Symposiums Team

---

158. When will Mr. Willis begin his stay in Berlin?

(A) On September 6
(B) On September 10
(C) On September 13
(D) On September 18

159. What offer is included in the e-mail?

(A) A discount on airport transportation
(B) Extended check-in hours
(C) A free room-service voucher
(D) Access to a guided city tour

160. In which of the positions marked [1], [2], [3], and [4] does the following sentence best belong?

"Visit our Web site to view your options and make a booking."

(A) [1]
(B) [2]
(C) [3]
(D) [4]

Questions 161-163 refer to the following Web page.

---

www.futurecurious.org/timecapsuleproject

Welcome, Memory Makers!

Did you find us through the Nova City Science Museum, hear about us on KZAP Youth Radio, or catch our segment on "This Week in Tech"? No matter how you landed here, we're thrilled to have you.

You're just a few clicks away from contributing to our Time Capsule project! We're collecting ideas, predictions, and snapshots of everyday life to be sealed in a digital vault and opened 30 years from now. The form should take around 10 minutes to complete, and you're welcome to skip any questions that are not marked with an asterisk.

Do you have questions about privacy or how your responses will be used? If so, then contact our project lead, Camilla Nye, at camilla@futurecurious.org.

Capsule Code: #TN395
CLICK HERE to access the response form.

---

161. What is indicated about the Time Capsule project?

(A) It was launched by a youth radio program.
(B) It has been promoted through several channels.
(C) It must be completed before the end of the year.
(D) It will include physical possessions from participants.

162. What is the purpose of the project?

(A) To gather science fair entries
(B) To collect content for future viewing
(C) To register participants for a museum tour
(D) To evaluate the most advanced devices

163. What is suggested about the response form?

(A) It contains some non-mandatory questions.
(B) It should be printed and submitted by mail.
(C) It should be accompanied with an ID photo.
(D) It can be obtained at the Nova City Science Museum.

Questions 164-167 refer to the following information.

The City of Landsdown is accepting proposals for the design and installation of platform screen doors in select subway stations. The initiative aims to improve passenger safety by reducing track-related incidents.

Currently, Landsdown's subway platforms lack physical barriers protecting passengers from trains. Many cities worldwide have introduced platform screen doors, with some even adding blast protection. Research shows that these systems are highly effective, leading to a significant reduction in accidents.

The selected contractor will install platform screen doors at more than 12 subway stations. The doors must be compatible with existing train models and equipped with safety sensors capable of detecting people, animals, and other moving objects. A minimum operational uptime of 95 percent is required. The platform doors must correspond to the train configuration, including the number of cars, the positions of car entrances, and the length of the platform, and be integrated with the signaling network to operate in real time with approaching trains.

Completed proposals, including detailed timelines, must be submitted by 12:00 a.m. on August 17 to the City of Landsdown Transit Authority at transitauthority@cityoflandsdown.gov.

164. What is the purpose of the information?
    (A) To detail a city's public transportation issues
    (B) To seek bids for a city project
    (C) To promote the benefits of riding the subway
    (D) To outline the history of train designs

165. According to the information, what has been the result of installing screen doors in other cities?
    (A) Fewer safety incidents
    (B) Higher train fares
    (C) More passengers
    (D) Noise reductions in trains

166. What is indicated about the proposed screen doors?
    (A) They should connect to the existing train doors.
    (B) They should be manufactured by a local company.
    (C) They should be able to sense motion.
    (D) They should be operated by electronic keycards.

167. What is true about Landsdown Transit Authority?
    (A) It needs to upgrade its subway trains.
    (B) It does not allow animals on its trains.
    (C) It operates over a dozen subway stations.
    (D) It plans to finish the project by August.

Questions 168-171 refer to the following online chat discussion.

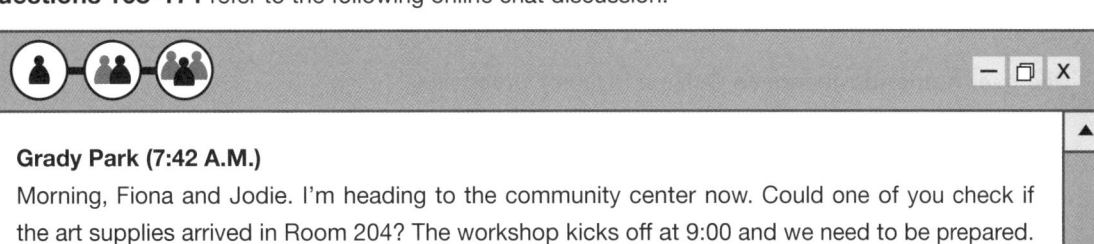

Grady Park (7:42 A.M.)
Morning, Fiona and Jodie. I'm heading to the community center now. Could one of you check if the art supplies arrived in Room 204? The workshop kicks off at 9:00 and we need to be prepared.

Fiona Meyer (7:43 A.M.)
I'm already here. I'll stop by the room and make sure everything's been delivered.

Jodie Win (7:45 A.M.)
I'm five minutes away. Is this the watercolor class for the junior campers? I remember there were some changes to the supply list.

Grady Park (7:46 A.M.)
Yes, that's the one. The new brushes and palettes should've arrived yesterday. Jodie, could you set up the drying racks and check the sinks?

Jodie Win (7:48 A.M.)
Will do. I helped unload the boxes last night, so they're probably in the supply closet.

Fiona Meyer (7:49 A.M.)
Thanks, Jodie. I'll grab the aprons and open the windows for ventilation.

Jodie Win (7:50 A.M.)
Sounds good. Fiona, can you also print ten copies of the lesson outline in case any parents stick around?

Grady Park (7:51 A.M.)
Awesome teamwork, as always. See you both soon!

168. Why did Mr. Park send the first message?

    (A) To confirm a room reservation
    (B) To request assistance with preparations
    (C) To update a class schedule
    (D) To ask about participant feedback

169. At 7:48 A.M., what does Ms. Win most likely mean when she writes, "Will do"?

    (A) She thinks there will be enough supplies.
    (B) She will clean some paint brushes.
    (C) She will make sure some sinks are ready.
    (D) She forgot to order some materials.

170. What did Ms. Win do yesterday?

    (A) Wash paint brushes and palettes.
    (B) Test a ventilation system.
    (C) Move some delivery boxes.
    (D) Assign seats for a workshop

171. What is suggested about the watercolor workshop?

    (A) It will be held outdoors.
    (B) It may include parent observers.
    (C) It will be taught by two instructors.
    (D) It was rescheduled from the previous day.

Questions 172-175 refer to the following review.

Discover Authentic Japanese Cuisine in Quiet Greenville

Some people still do not realize that there is no need to travel to Tokyo or Osaka to taste the essence of traditional Japanese flavors. — [1] —.

Locals know Greenville as a peaceful rural town surrounded by scenic hills and farmland. — [2] —. It is also home to Midview College and, unexpectedly, a remarkable restaurant. Widely considered one of the best spots for Japanese food in the region, Sakura Table offers a diverse menu ranging from street-style favorites to refined seasonal dishes. Due to the use of fresh and sometimes rare ingredients, the menu changes frequently. — [3] —. The restaurant also holds monthly tasting events that showcase regional specialties from different parts of Japan.

Food critics praise Sakura Table for its dedication to traditional techniques and presentation. — [4] —. Most notably, it features over two dozen dishes inspired by the recipes of chef Hiroki Sakamoto, whose work has been celebrated in culinary circles across Japan for the past century.

The restaurant is open daily from 11 A.M. to 9 P.M., with extended hours until 11 P.M. on Fridays and Saturdays. Reservations are recommended due to limited seating.

172. What does the review indicate about the town of Greenville?

(A) It is situated in a peaceful setting.
(B) It was founded by Japanese immigrants.
(C) It has several international restaurants.
(D) It hosts an annual food festival.

173. What is mentioned about the restaurant?

(A) It specializes in several Asian cuisines.
(B) It changes its offerings based on ingredient availability.
(C) It has received a national culinary award.
(D) It offers cooking classes on weekends.

174. What is most likely true about Mr. Sakamoto?

(A) He developed his recipes in Japan.
(B) He invested money in Sakura Table.
(C) He owns multiple restaurants in Greenville.
(D) He teaches classes at Midview College.

175. In which of the positions marked [1], [2], [3], and [4] does the following sentence best belong?

"Actually, food lovers can experience it right here in Greenville."

(A) [1]
(B) [2]
(C) [3]
(D) [4]

Questions 176-180 refer to the following e-mail and Web page.

E-Mail Message

To: Jordan Hale <jhale@meadowbakery.com>
From: Layla Harris <lharris@meadowbakery.com>
Subject: Regarding your idea
Date: 18 October
Attachment: Program Plan

Dear Mr. Hale,

Thank you for your recent e-mail. We always value hearing from our dedicated store managers. I think your suggestion to relaunch the Meadow Bakery Rewards Program is a fantastic idea, and I'm also glad to hear your customers have been asking about the bakery loyalty cards. I agree that this is the perfect time to bring back the program as we are desperately looking at ways to increase the profitability of our stores. I have prepared a plan based on your idea and will forward it to Mr. David Taylor, our marketing director, tomorrow. Before I do that, could you please review the plan and let me know if I've missed anything? Please send me your feedback by the end of the day.

Thank you,
Layla Harris
Regional Manager

---

http://www.meadowbakery.com/loyalty

Meadow Bakery: The place for fresh bread, pastries, and coffee, now with a new twist!
We've brought back the Meadow Bakery Rewards Program, but with a fresh update: it's easier than ever! Simply download our new mobile app and sign up. Use the app to scan your receipt each time you make a purchase at any Meadow Bakery location, and you'll start earning points. When you accumulate 100 points, you can exchange them for discounts on bakery items, coffee, and more.

176. Who most likely is Mr. Hale?

(A) A new supplier
(B) A store manager
(C) A marketing director
(D) A regional supervisor

177. Why did Ms. Harris send the e-mail?

(A) To provide an offer of employment
(B) To explain how to join a loyalty program
(C) To invite Mr. Hale to a meeting
(D) To confirm the details of a plan

178. What does Ms. Harris suggest about Meadow Bakery?

(A) It needs to boost its earnings.
(B) It was founded one year ago.
(C) It has hired a new marketing consultant.
(D) It is launching a new product line.

179. What does the Web page suggest about the Meadow Bakery Rewards Program?

(A) Its points system was created by a customer.
(B) It no longer involves using a loyalty card.
(C) Mr. Hale was unable to provide feedback on it.
(D) Mr. Taylor developed its mobile application.

180. On the Web page, the word "exchange" in paragraph 1, line 5, is closest in meaning to

(A) choose
(B) return
(C) purchase
(D) redeem

GO ON TO THE NEXT PAGE

Questions 181-185 refer to the following review and letter.

http://www.clearviewphotography.com

ClearView Photography Workshop

My first experience at ClearView Photography Workshop left much to be desired. The Web site claimed that the sessions were "open to beginners," but when I arrived, I felt completely out of place. The instructor assumed we already knew how to operate high-end camera equipment and didn't offer much in the way of explanation. Although the studio was well-equipped and the workshop was fairly priced at $25, the overall environment was unwelcoming.

I received very little feedback on the photos I took, and the instructor barely acknowledged me during the session. I didn't expect personal attention the whole time, but a little encouragement would have made the experience far better. When the class ended, no one explained how to access the photo-editing software they had promised to demonstrate.

– Jonah Kwan, Waverly

ClearView Photography
1420 Carleton Avenue
Marsden, MT 59041

Jonah Kwan
87 Maple Crescent
Waverly, MT 59002

Dear Mr. Kwan,

Thank you for taking the time to share your feedback. We are sorry to hear that your recent experience at ClearView Photography Workshop did not meet your expectations. Your comments help us improve our courses for all participants. If you are willing, we'd appreciate more details regarding what you felt was lacking. You can reach me directly at 555-0176.

We'd like to offer you a complimentary follow-up session with Erin Hanford, who we have worked with for almost ten years. I am confident that she can provide the kind of support you were hoping for. In addition, we would like to give you a free one-month subscription to our online photo-editing suite.
We hope you'll consider giving our workshop another try.

Best regards,
Clara Winston
Programs Director, ClearView Photography

181. What is NOT suggested about Mr. Kwan?

(A) He was expecting an entry-level class.
(B) He thought the class was not worth the price.
(C) He attended a ClearView class for the first time.
(D) He wished for a bit more encouragement during the class.

182. What aspect of the workshop disappointed Mr. Kwan?

(A) The cost of the class
(B) The location of the studio
(C) The type of equipment provided
(D) The instructor's lack of support

183. Why does Ms. Winston ask Mr. Kwan to contact her?

(A) To confirm a refund
(B) To reschedule the workshop
(C) To receive more information
(D) To give him a reward for his feedback

184. What is suggested about Ms. Hanford?

(A) She has just started teaching classes at ClearView Photography.
(B) She barely interacted with Mr. Kwan.
(C) She specializes in editing software.
(D) She is always a supportive instructor.

185. What will Mr. Kwan receive free of charge?

(A) A set of camera accessories
(B) A subscription to a photography magazine
(C) Temporary access to an online editing service
(D) An upgrade to a premium membership

Questions 186-190 refer to the following Web page, survey response, and memo.

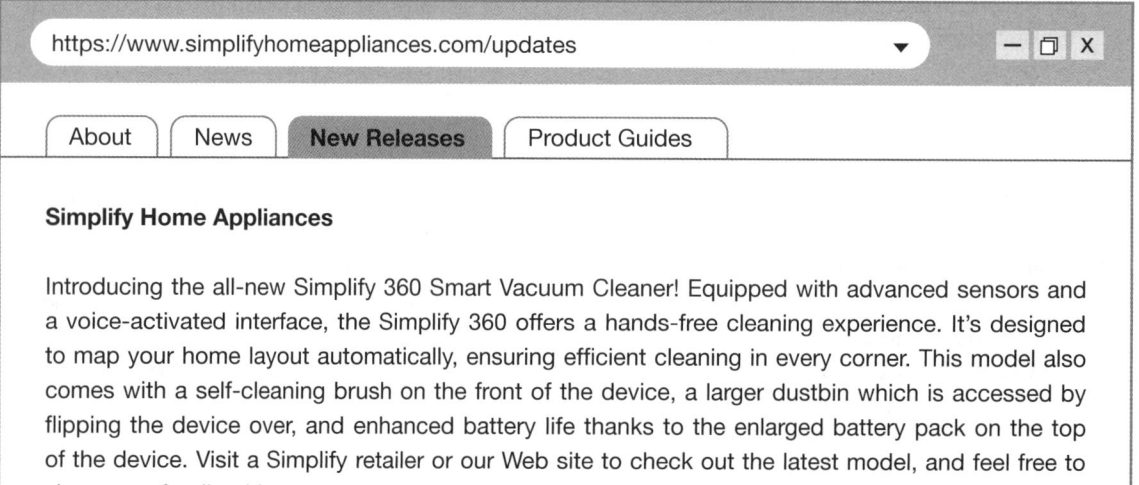

https://www.simplifyhomeappliances.com/updates

About | News | **New Releases** | Product Guides

Simplify Home Appliances

Introducing the all-new Simplify 360 Smart Vacuum Cleaner! Equipped with advanced sensors and a voice-activated interface, the Simplify 360 offers a hands-free cleaning experience. It's designed to map your home layout automatically, ensuring efficient cleaning in every corner. This model also comes with a self-cleaning brush on the front of the device, a larger dustbin which is accessed by flipping the device over, and enhanced battery life thanks to the enlarged battery pack on the top of the device. Visit a Simplify retailer or our Web site to check out the latest model, and feel free to share your feedback!

Survey Response

Name: Belinda Johnson
Email: belinda_cleaner@homemail.com

I've used several Simplify products over the years, and I recently purchased the Simplify 360 Smart Vacuum online. While I'm happy with its performance overall, I'm disappointed with the placement of the dustbin, which is harder to access compared to the previous models. It would be much more convenient to have the dustbin placed next to the battery pack for easier access. I do love the self-cleaning brush, and the extended battery life is a major improvement. However, the mapping system still needs some fine-tuning, as it occasionally misses certain areas of my living room. I'm hope these issues will be addressed in future models.

Please reach out to me via e-mail if you need more details.

Memo

From: Emily Roberts
To: Simplify Home Appliance Service Managers
Subject: Product Update for Simplify 360
Attachment: Survey Response (Belinda Johnson)

We've received feedback from customers regarding issues with the mapping system in the Simplify 360 Smart Vacuum. The majority of issues raised by our customers are related to one specific feature of the device. I have attached a recent review to serve as an example. To address this, we've released an update that improves the accuracy of this feature. Please begin installing this software update on all Simplify 360 units that come in for service. We expect a rise in customer visits, so be prepared to handle this update.

186. What is the purpose of the Web page?
    (A) To promote some cleaning services
    (B) To showcase a new home appliance
    (C) To announce new store openings
    (D) To encourage users to provide testimonials

187. What does Ms. Johnson indicate in her survey response?
    (A) She made a purchase through a Web site.
    (B) She plans to return a defective product.
    (C) She experienced issues with battery life.
    (D) She recently bought her first Simplify product.

188. Where does Ms. Johnson prefer a dustbin to be located?
    (A) On the rear of the device
    (B) On the front of the device
    (C) On the underside of the device
    (D) On the top of the device

189. What feature of the device will receive a software update?
    (A) The battery pack
    (B) The mapping system
    (C) The voice-activated interface
    (D) The cleaning brush

190. What does Ms. Roberts expect to happen?
    (A) Customer complaints will decrease.
    (B) Some products will be discontinued.
    (C) Company profits will increase.
    (D) Service requests will rise.

GO ON TO THE NEXT PAGE

Questions 191-195 refer to the following article, e-mail, and sign.

PORT HAVEN FERRY TERMINAL TO REOPEN

Port Haven, UK (27 June) Port Haven Ferry Terminal is set to reopen to the public on July 20 following an extensive two-year renovation project.

The £15 million project has introduced several enhancements to improve passenger experience and operational efficiency. Notably, the terminal now boasts six new boarding gates, increasing its capacity to handle a higher volume of ferry departures. Returning ferry operators, including the Seaway Ferries and Coastal Cruises, will not only resume services from the upgraded terminal but also launch brand-new, premium services. Additionally, two new ferrry operators, Horizon Ferries and Atlantic Ferries, will commence operations, expanding travel options for passengers.

The terminal's renovated lobby now boasts an interactive digital information wall, providing real-time updates on ferry schedules, weather conditions, and local events. A dedicated children's play area has been introduced, featuring educational games and activities to enhance the travel experience for families. Additionally, the terminal now offers a wellness center, allowing passengers to relax and refresh before their journeys.

During the renovation period, the project encountered potential delays due to unforeseen structural challenges discovered in the terminal's foundation. To mitigate this issue, the construction team implemented a 24/7 work schedule, including night shifts, to expedite the necessary repairs without compromising safety. This approach ensured that the project remained on track and was completed by the original deadline.

From:	Emily Branson <e-branson@porthaven.com>
To:	James Linton <coo@porthaven.com>
Date:	26 July
Subject:	Meeting with Coastal Cruises

Hello, James,

I'm currently at Port Haven Ferry Terminal, awaiting the 4:15 P.M. departure to my home, but I wanted to provide a brief update. The meeting with Coastal Cruises went exceptionally well. They were impressed with the port renovations and plan to increase bookings with us next year. Moreover, they are planning to introduce premium cabins and enhanced dining experiences in the coming months, to bring their cruises more in line with those of their main competitor. They will keep us informed so that we can update their offerings on our Web site.

Best regards,
Emily

PORT HAVEN FERRY TERMINAL – DEPARTURES

Ferry Operator	Departure Time	Gate	Destination	Status
Seaway Ferries	3:15 P.M.	1	Dover	Canceled
Coastal Cruises	3:45 P.M.	3	Calais	On time
Horizon Ferries	4:00 P.M.	4	Zeebrugge	Delayed
Atlantic Ferries	4:15 P.M.	6	Roscoff	On time

** FERRY CANCELED – Refund anytime or exchange available for later departures

191. What is NOT mentioned in the article as a new feature of the port?
    (A) Additional ferry ports
    (B) Improved information technology
    (C) Increased parking capacity
    (D) Relaxation services

192. What measure was taken to avoid delays with the terminal renovation?
    (A) A last-minute modification was made to the plan.
    (B) A deal was made with a local contractor.
    (C) Additional funding was secured from investors.
    (D) Workers performed tasks through the night.

193. What is mentioned about Coastal Cruises?
    (A) They are currently following Seaway Ferries' lead.
    (B) They have the largest number of cabins among competitors.
    (C) They intend to introduce new ferries next year.
    (D) They are negotiating a merger with the Port Haven.

194. What can be inferred about Ms. Branson?
    (A) She oversees ferry operations at Port Haven.
    (B) She previously worked for Coastal Cruises.
    (C) She currently lives in Roscoff.
    (D) She handles customer service inquiries.

195. According to the sign, what is indicated about Seaway Ferries?
    (A) They have stopped all operations for the day.
    (B) They allow ticket exchanges before departure.
    (C) They will refund canceled tickets at any time.
    (D) They guarantee on-time departures.

GO ON TO THE NEXT PAGE

Questions 196-200 refer to the following notice, chart, and e-mail.

MAYFIELD PUBLISHING HOLIDAY GATHERING

On December 22, all Mayfield Publishing employees are warmly invited to our annual Christmas celebration. This year's event will be held in the conference hall of our downtown office from 5:00 P.M. to 10:00 P.M. and will feature dinner, dancing, and a holiday talent show. Staff members are encouraged to participate by showcasing a special skill or performance for the show. Acts may include music, comedy, magic, or any other family-friendly talent. Please note that space is limited, so any act that would typically require a large outdoor space will not be approved for safety reasons.

Participants are asked to sign up using the Holiday Talent Show document found in the Events folder on the company drive. Please list your name, act, and whether or not you will require a microphone. If you plan to attend but do not wish to perform, we are seeking several volunteers to make up the judging panel for the talent show.

For questions, please reach out to Ameera Kwan at akwan@mayfieldpublishing.com.

Mayfield Publishing – Holiday Talent Show Sign-up

Name	Act	Microphone Needed?
Owen Tennant	Classical guitar performance	No
Tricia Lister	Poetry reading	Yes
Marcus Romero	Magic tricks	Yes
Lindsay Williamson & Jerome Bell	Live singing (Christmas medley)	No
Rick Wakeley	Bicycle stunts	No

E-Mail Message

From: dmacmillan@mayfieldpublishing.com
To: akwan@mayfieldpublishing.com
Date: December 23
Subject: Holiday Celebration

Dear Ms. Zinne,

Thanks for organizing the company party. I've heard a lot of great things about Mayfield's holiday events.

I saw the talent show sign-up sheet, but I'm unsure what I could contribute. I'm not very musical or funny, and I don't think I have a performance or skill to share. That said, I'd still love to help out in some way—please let me know where assistance is needed.

I can't wait to attend the event for the first time.

Warm regards,
Daniel MacMillan

---

196. What is the purpose of the event?
 (A) To announce a new office policy
 (B) To commemorate the company's establishment.
 (C) To celebrate the holiday season
 (D) To launch a new product

197. According to the notice, where will the event take place?
 (A) At an outdoor restaurant
 (B) In a corporate conference room
 (C) At a local community center
 (D) In a school auditorium

198. Based on the chart, what mistake did Mr. Wakeley make?
 (A) He failed to provide a description of his talent.
 (B) He did not indicate if he needs a microphone.
 (C) He signed up twice for the talent show.
 (D) He chose an act that is not appropriate for the venue.

199. What will Ms. Kwan most likely encourage Mr. MacMillan to do?
 (A) Organize event catering
 (B) Judge talent show performances
 (C) Design decorations for a party
 (D) Finalize an event guest list

200. What does the e-mail suggest about Mr. MacMillan?
 (A) He is new to Mayfield Publishing's holiday gatherings.
 (B) He has experience in the music industry.
 (C) He plans to add his name to a sign-up sheet.
 (D) He is responsible for staff recruitment at Mayfield Publishing.

10분 단축 토익 PART 7 실전문제집

실전 모의고사 TEST 5

시작 시간 _____ 시 _____ 분

종료 시간 _____ 시 _____ 분

▶ 중간에 멈추지 말고 처음부터 끝까지 풀어보세요. 문제를 풀 때는 실전처럼 답안지에 마킹하세요.

Questions 147-148 refer to the following online advertisement.

http://www.clearsoundaudio.com

ClearSound Audio

Love music with crystal-clear sound?
Need reliable gear for your home or studio?
Want hassle-free setup and delivery?
Then check out our premium line of wireless speakers and headphones!
ClearSound Audio is now offering a limited-time promotion:
Order any item from our Signature Sound collection and receive a leather pouch — on us!
To redeem this deal, enter code: ListenBetterNow.
Valid on your first qualifying purchase made at any time in January.

147. What is the purpose of the advertisement?

(A) To sponsor a musical performance
(B) To promote a special offer
(C) To announce a new product line
(D) To introduce a new business

148. What is available for free during the month of January?

(A) A music lesson
(B) A store membership
(C) A discount voucher
(D) A carrying case

GO ON TO THE NEXT PAGE

Questions 149-150 refer to the following memo.

E-Mail Message

INTERNAL NOTICE

To: All employees of Westmont Community Theater
From: Celia Navarro
Date: March 14
Subject: Exciting opportunity

Westmont Community Theater is looking to expand its team for the upcoming summer season. We are seeking actors, lighting technicians, concessions staff, and stage crew. A casting and information session will be held on Monday, March 27, from 1:00 P.M. to 4:00 P.M. in the Main Street Studio. If you know someone interested in joining our team, please invite them to attend. No advance registration or fees are required.

Employees will receive a referral reward if someone they recommend is cast or hired and remains with the production for at least one month. Make sure the individual lists your name in the "Referred by" section of the application. The bonus will be included in your next paycheck.

Feel free to reach out to me with any questions.

---

149. What is indicated about the casting and information session?

(A) It will run for three hours.
(B) It requires attendees to pay for entry.
(C) It is held on a monthly basis.
(D) It is open to current staff members.

150. What does Ms. Navarro encourage employees to do?

(A) Sign up for backstage roles
(B) Refer potential team members
(C) Audition for leading roles
(D) Apply for management positions

Questions 151-152 refer to the following advertisement.

The Granary

Join us at The Granary for an exquisite selection of artisanal breads, pastries, cakes, and more!

Grand Opening Celebration

featuring live music by local jazz band "The Dough Notes"
Saturday, September 10, 9:00 A.M.–6:00 P.M.
450 Oakwood Lane, beside Bella's Italian Restaurant

Enjoy complimentary bubble tea from our partner, Tea Time Bliss!
Present this ad for a 10% discount on purchases over $15.
Offer valid through September.

---

151. What type of business is The Granary?
(A) A catering firm
(B) A concert hall
(C) A bakery
(D) A hotel

152. According to the advertisement, what will happen on September 10?
(A) An Italian restaurant will host an event.
(B) The Granary will close temporarily.
(C) Attendees will enjoy live music.
(D) A new discount offer will be introduced.

Questions 153-154 refer to the following text-message chain.

[2:11 P.M.] Jason Kim:
Hey, Ava. A client just asked if we can prepare 200 boxed lunches, vegetarian and gluten-free options included. Is there any chance we can manage it today? If not, they might go to one of our competitors.

[2:12 P.M.] Ava Delgado:
Not likely. We're still finishing that corporate event order for Grayson Technologies. What about first thing tomorrow morning?

[2:12 P.M.] Jason Kim:
Let me check.

[2:15 P.M.] Jason Kim:
They're asking if it can be delivered by 10 A.M.

[2:16 P.M.] Ava Delgado:
That's doable.

[2:16 P.M.] Jason Kim:
What a relief. Thanks so much!

153. Where do Mr. Kim and Ms. Delgado most likely work?

(A) At a shipping store
(B) At a vacation resort
(C) At a culinary institute
(D) At a catering service

154. At 2:16 P.M., what does Mr. Kim most likely mean when he writes, "What a relief"?

(A) He is glad the food will be delivered warm.
(B) He is no longer concerned about losing a client.
(C) He appreciates Ms. Delgado's quick response.
(D) He is happy to have avoided a schedule conflict.

Questions 155-157 refer to the following e-mail.

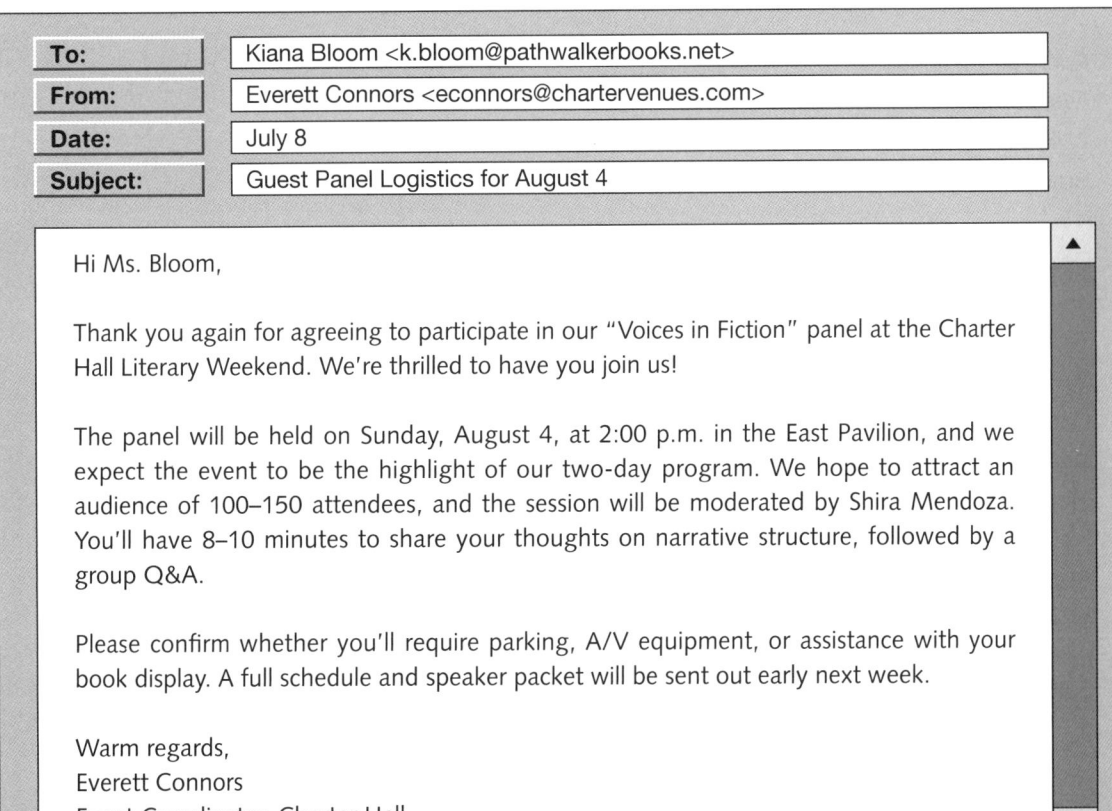

To:	Kiana Bloom <k.bloom@pathwalkerbooks.net>
From:	Everett Connors <econnors@chartervenues.com>
Date:	July 8
Subject:	Guest Panel Logistics for August 4

Hi Ms. Bloom,

Thank you again for agreeing to participate in our "Voices in Fiction" panel at the Charter Hall Literary Weekend. We're thrilled to have you join us!

The panel will be held on Sunday, August 4, at 2:00 p.m. in the East Pavilion, and we expect the event to be the highlight of our two-day program. We hope to attract an audience of 100–150 attendees, and the session will be moderated by Shira Mendoza. You'll have 8–10 minutes to share your thoughts on narrative structure, followed by a group Q&A.

Please confirm whether you'll require parking, A/V equipment, or assistance with your book display. A full schedule and speaker packet will be sent out early next week.

Warm regards,
Everett Connors
Event Coordinator, Charter Hall

155. What is the purpose of the e-mail?
    (A) To invite a speaker to a conference
    (B) To confirm event attendance details
    (C) To offer a publishing contract
    (D) To request a review of a manuscript

156. What is indicated about the event?
    (A) It is open only to industry professionals.
    (B) It is part of a larger literary program.
    (C) It will be streamed online.
    (D) It includes writing workshops for children.

157. What does Mr. Connors ask Ms. Bloom to provide?
    (A) A copy of her latest book
    (B) A sample of her presentation
    (C) A list of her recent interviews
    (D) Information about her requirements

GO ON TO THE NEXT PAGE

Questions 158-160 refer to the following letter.

April 19
Avery Kim
2745 Willow Lane
Brookdale, TX 75214

Dear Ms. Kim,

This letter is to inform you that the license noted below will expire on the date stated. — [1] —.

License Type: Partnership
License Number: 849215
Expiration date: May 30

State law requires all business licenses to be renewed annually. The renewal fee is $75 for sole proprietorships, $100 for partnerships, $150 for limited liability companies, and $200 for corporations. — [2] —. Please visit our Web site for additional requirements for corporation licenses, as well as fees for all other businesses: www.businesslicensing.gov/renewal.

Renewing online via our secure portal is fast and convenient. — [3] —. Alternatively, you can renew by mail. If you prefer this option, please submit a copy of this notice together with your payment information to your local Business Licensing Office. — [4] —.

Lena Watson
Administrator, Business Licensing Office

158. What is the purpose of the letter?
(A) To explain a policy change
(B) To note an upcoming license expiration
(C) To schedule a meeting in Brookdale
(D) To update a user's identification number

159. According to the letter, how much does Ms. Kim need to pay?
(A) $75
(B) $100
(C) $150
(D) $200

160. In which of the positions marked [1], [2], [3], and [4] does the following sentence best belong?

"To do so, you need to provide your e-mail address and password."

(A) [1]
(B) [2]
(C) [3]
(D) [4]

Questions 161-163 refer to the following Web page.

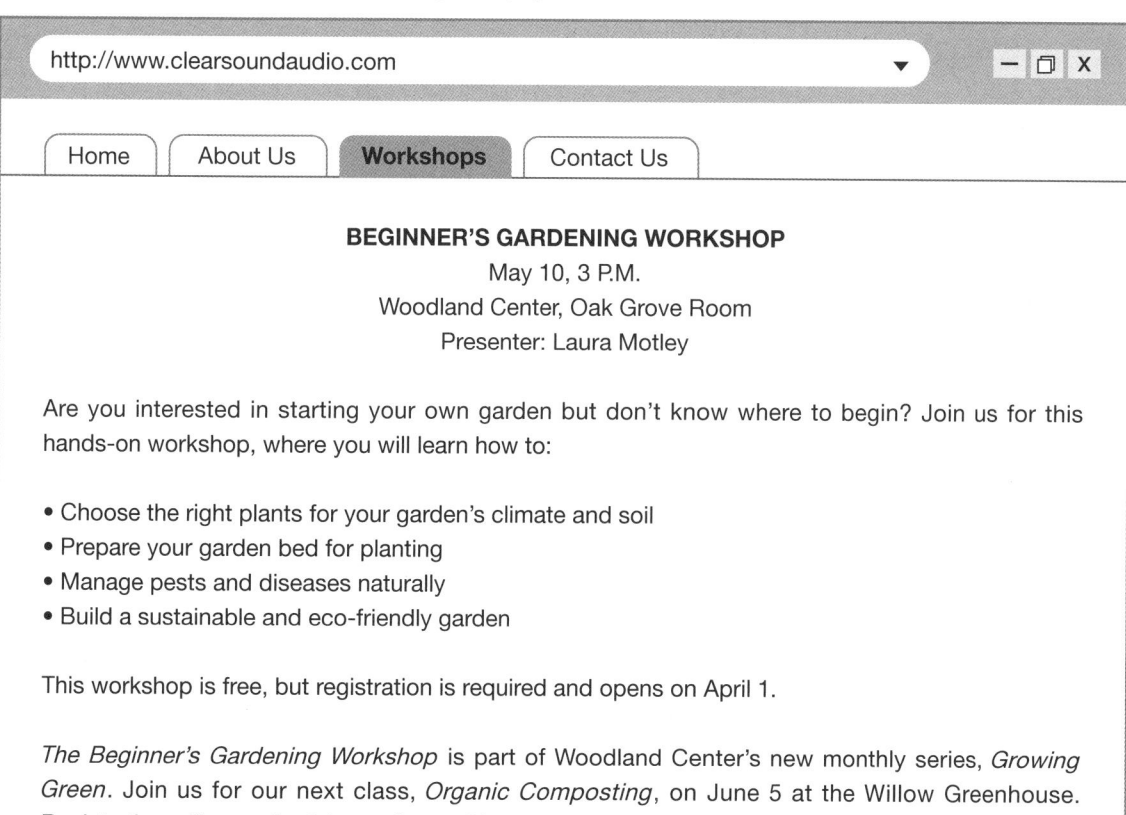

161. When will the *Beginner's Gardening Workshop* take place?

(A) On April 1
(B) On May 1
(C) On May 10
(D) On June 5

162. What topic will NOT be covered in the *Beginner's Gardening Workshop*?

(A) Plant selection
(B) Garden bed preparation
(C) Chemical pesticides
(D) Garden sustainability

163. What is required to attend the *Beginner's Gardening Workshop*?

(A) Paying a registration fee
(B) Submitting a gardening plan
(C) Registering in advance
(D) Bringing your own tools

GO ON TO THE NEXT PAGE

Questions 164-167 refer to the following online chat discussion.

Lindsay Frost [3:00 P.M.]
Hello, Mr. Stevens. It's time to place our monthly order for promotional materials. Beyond the usual posters and flyers, are there any additional items you'd like to include this month?

John Stevens [3:02 P.M.]
Let me check with the branch managers. Emily, Oliver, do you have any promotional materials needs at your locations?

Emily Clarke [3:03 P.M.]
Yes, we're running low on banner stands for our storefronts. Could we order replacements for the ones that are showing wear?

John Stevens [3:04 P.M.]
Oliver, do you need any banners or stands at your branch?

Oliver Daniels [3:06 P.M.]
We're good, but our printed brochures are running low. Could we get a new batch with the updated location information?

Lindsay Frost [3:07 P.M.]
Noted on the brochures.

Emily Clarke [3:08 P.M.]
If possible, could we also have updated flyers for our upcoming promotions? We still have the original flyers which include the old prices for a couple of our products.

John Stevens [3:09 P.M.]
Lindsay, please include the banner stands, brochures, and flyers in the order. Also, could you add a set of tablecloths with the company logo for the trade show in two weeks?

Lindsay Frost [3:10 P.M.]
Understood. I'll place the order right away by phone. Thanks, everyone.

164. What are the writers mainly discussing?
    (A) Designing a promotional flyer
    (B) Organizing an upcoming event
    (C) Promoting a new product
    (D) Restocking some supplies

165. At 3:06 P.M., what does Mr. Daniels most likely mean when he writes, "We're good"?
    (A) He thinks a brochure design is impressive.
    (B) He does not need any banners.
    (C) He is happy with his branch's performance.
    (D) He has already submitted an order.

166. What problem does Ms. Clarke mention?
    (A) Some products are out of stock.
    (B) Some flyers were sent to the wrong location.
    (C) Some information is outdated.
    (D) Some materials have been damaged.

167. What will Ms. Frost most likely do next?
    (A) Print additional flyers
    (B) Send some materials
    (C) Attend a meeting
    (D) Contact a supplier

Questions 168-171 refer to the following memo.

E-Mail Message

To: All Staff
From: Wellness and Engagement Office
Date: November 15
Subject: Office Garden Initiative

As part of our employee well-being initiative, the Wellness and Engagement Office is launching an indoor garden project beginning December 5. Raised planting beds will be installed in the south lounge area on each floor of the building, and staff members are invited to sign up as weekly garden volunteers.

Participants will help water, trim, and monitor the plants, which include herbs, leafy greens, and decorative species. All tools will be provided, and volunteers will receive short weekly instructions and occasional tips from a local gardening expert. The goal is to create a relaxing space for all employees while encouraging collaboration and care.

Staff photos will be taken during the week of November 27 for a feature wall in the reception area celebrating the volunteers. Anyone interested should register via the internal events portal by November 24.

---

168. What is the purpose of the memo?

(A) To promote a new health insurance plan
(B) To inform employees about a team-building event
(C) To invite staff to take part in a project
(D) To introduce a new marketing strategy

169. The word "monitor" in paragraph 2, line 1, is closest in meaning to

(A) protect
(B) observe
(C) supervise
(D) test

170. What is one benefit of the initiative mentioned in the memo?

(A) It will reduce the need for exterior landscaping.
(B) It will give employees access to online lessons.
(C) It will make the office more environmentally friendly.
(D) It will create a calming and cooperative atmosphere.

171. According to the memo, what will be displayed in the reception area?

(A) Tips for gardening
(B) Plants grown by staff members
(C) A welcome sign for visiting gardeners
(D) Pictures of employees

Questions 172-175 refer to the following e-mail.

To:	All team members <staff@innoluxsolutions.com>
From:	Alex Roper <aroper@innoluxsolutions.com>
Date:	November 26
Subject:	Janelle Morris

Dear Team,

It is with mixed emotions that I announce the departure of our esteemed Chief Executive Officer, Janelle Morris, effective January 1. After a distinguished career spanning over two decades, Ms. Morris has decided to step down and focus on her family. — [1] —.

Ms. Morris joined Innolux Solutions twenty years ago as a Software Engineer. Her exceptional technical expertise and visionary leadership led to her promotion to Chief Technology Officer ten years ago, and subsequently to CEO five years ago. — [2] —. Under her guidance, the company achieved remarkable milestones, including the development of our flagship product, Datasky X, which revolutionized cloud computing and became a market leader within one year of launch. Innolux Solutions also expanded into international markets, establishing a strong presence in Europe and Asia. Ms. Morris's efforts have led to our firm receiving positive recognition and numerous industry awards throughout the years, and her focus on corporate social responsibility led to initiatives that have positively impacted communities worldwide. — [3] —.

The Board of Directors has initiated a comprehensive search for Ms. Morris's successor, aiming for a seamless transition. — [4] —. We will keep you informed throughout this process.

Please join me in expressing our deepest gratitude to Ms. Morris for her exceptional leadership and wishing her all the best for the future.

Sincerely,
Alex Roper
Company Co-Founder & Director, Innolux Solutions

172. Why did Mr. Roper send the e-mail?

(A) To describe a new employment opportunity
(B) To notify staff of a schedule change
(C) To thank employees for their contributions
(D) To announce the retirement of an executive

173. What is indicated about Ms. Morris?

(A) She runs a business location in Asia.
(B) She plans to embark on a new career.
(C) She helped the company win many awards.
(D) She is a co-founder of Innolux Solutions.

174. How long has Ms. Morris served as the CEO of Innolux Solutions?

(A) One year
(B) Five years
(C) Ten years
(D) Twenty years

175. In which of the positions marked [1], [2], [3], and [4] does the following sentence best belong?

"Any interested individuals are encouraged to apply through the staff portal."

(A) [1]
(B) [2]
(C) [3]
(D) [4]

Questions 176-180 refer to the following article and job posting.

Wildrow Review to Transition to Digital Format

MANCHESTER (2 June) — *Wildrow Review*, the business and finance magazine founded in London, announced today that it will launch an online edition on 10 December. "The online world offers the flexibility, diverse formats, and rich visuals we need to expand our readership in the U.K. as well as around the world," said Ms. Anna Park, who was recently hired as the magazine's Chief Web Designer and has since led its digital initiative. Currently, the magazine distributes print issues in six European nations, including Ireland, France, Spain, Germany, and Italy.

Wildrow Review is regarded as an authoritative source of global financial news. Its most widely read column, *Market Talks*—written by editor-in-chief James Hughes and once compiled into a book—targets families with financial concerns and has therefore attracted many advertisers. A key enhancement of the online edition will be the inclusion of various multimedia features, such as interviews and audio recordings, which will also benefit visually impaired readers. In addition, this new digital format will enable the magazine to reach distant markets like the U.S.—a goal that would be unattainable through print distribution alone.

Wildrow Review

Job Title: Chief Web Designer
Listing Date: 16 April
Apply By: 14 May

The Chief Web Designer will be responsible for all aspects of designing and publishing digital content on the magazine's Web site.

Education and Skills:
- Diploma in Web Design or a related field
- Minimum of five years' experience creating user-friendly, content-rich Web sites
- Minimum of two years' experience leading a design team
- Proficiency in graphic design and front-end languages
- Ability to oversee visual aspects across a wide variety of formats

The successful candidate must complete an on-site onboarding process starting 10 June, prior to the official start date of 3 July.

176. What is stated about *Wildrow Review*?

(A) It is a London-based magazine.
(B) It focuses on financial matters.
(C) It is published exclusively online.
(D) It expanded into the U.S. market recently.

177. What is indicated about Mr. Hughes?

(A) He writes the most popular column in the magazine.
(B) He is the founder of the *Wildrow Review*.
(C) He was recently hired to lead the editorial department.
(D) He published an autobiography.

178. What is mentioned as one benefit of the digital magazine?

(A) It can reduce operational costs.
(B) It can serve people with disabilities.
(C) It can help increase print readership.
(D) It can double profits gained in the U.S.

179. When did Ms. Park officially start working?

(A) 16 April
(B) 14 May
(C) 10 June
(D) 3 July

180. What is one requirement of the Chief Web Designer position?

(A) Having created Web applications
(B) Having trained new designers
(C) Having leadership skills
(D) Having worked as an editor

GO ON TO THE NEXT PAGE

Questions 181-185 refer to the following information and e-mail.

Upcoming Seminar on Culinary Efficiency Techniques

Many home cooks and restaurant employees encounter challenges in developing efficient kitchen routines. *Slice Smart*, a newly published book by culinary coach Darren Wolfe (Golden Apron Publications), offers practical advice on improving meal preparation and organization in kitchen settings.

Mr. Wolfe, a former restaurant chef, currently works as a consultant for food service businesses throughout Australia. In the book, he stresses preparation techniques and time-saving strategies, rather than focusing on following recipes or using specialized kitchen tools.

Mr. Wolfe is scheduled to give a talk at the Sydney Culinary Institute seminar on Saturday, 8 August, at 3:00 P.M. Further details can be found at www.sydneyculinaryinstitute.au.

E-Mail Message

From: Elise Tan <etan@ridgewaycatering.my>
To: Reuben Singh <rsingh@ridgewaycatering.my>
Subject: Guest Speaker Suggestion
Date: 11 August

Hi Reuben,

We're still finalizing the guest speakers for the Ridgeway Catering training seminar next month. I'd like to suggest someone I recently saw speak in Sydney while attending a culinary seminar at the Grayson Hotel on 8 August. I was in the audience for a presentation by Darren Wolfe, the author of Slice Smart. He was insightful, and I think his ideas on efficient cooking would be a great fit for our event.

I'll reach out to his team and gather more details about his availability and fees for appearances and travel, then pass these on to you. Looking forward to our call on Friday to discuss the seminar lineup.

Best regards,
Elise Tan

181. What is the purpose of the information?
    (A) To offer useful home cooking tips
    (B) To explain how to use new cooking gadgets
    (C) To advertise a culinary seminar
    (D) To introduce a new cooking school

182. In the information, the word "stresses" in paragraph 2, line 2, is closest in meaning to
    (A) oppresses
    (B) worries
    (C) value
    (D) emphasizes

183. What is suggested about Ms. Tan in the e-mail?
    (A) She has recently delivered a presentation.
    (B) She is organizing an event.
    (C) She works at the Grayson Hotel.
    (D) She plans to co-author a book.

184. Where was the Sydney Culinary Institute seminar most likely held?
    (A) At a restaurant
    (B) At a bookstore
    (C) At a hotel
    (D) At a publisher's office

185. What does Ms. Tan plan to send Mr. Singh?
    (A) A list of seminar attendees
    (B) A contract for a speaker
    (C) A breakdown of fees
    (D) A meal preparation guide

Questions 186-190 refer to the following Web page, notice, and review.

https://www.greenwayoutdoor.com

Greenway Outdoor Gear

Greenway Outdoor Gear is your go-to destination for all things camping and hiking. Whether you are an experienced adventurer, a weekend hiker, or someone preparing for their first outdoor experience, we have everything you need. Many of our products—such as tents, backpacks, and gear accessories—are available for purchase online, but we encourage you to visit our store for a wider selection.

Our spacious store is divided into the following sections:
- Adventure Gear - High-performance camping equipment and accessories
- Hiking Essentials - Backpacks, footwear, and trekking poles
- Outdoor Apparel - Clothing suitable for varying weather conditions
- Survival Tools - Knives, compasses, and emergency gear

Attention Greenway Outdoor Customers!

We are excited to announce a big change to Greenway Outdoor Gear starting May 1. During this transition, we will be undergoing renovations, particularly in the hiking gear section, which will be closed from May 1 through May 31. Once it reopens, you will barely be able to recognize it! Not only will it be larger, but it will feature an expanded range of products! Please note, if you borrow any gear from our rental service, we kindly ask that you return it promptly to avoid delays. Thank you for your understanding!

Shopper's Review:

I recently had a fantastic experience at Greenway Outdoor Gear. I am preparing to take a group of tourists for an extended hiking trip in the Rocky Mountains, and although I had no need to buy any new hiking gear or tents, I did need to find one last thing for the trip. The knowledgeable staff recommended an excellent and reliable compass that would prevent us from going off course during my expedition. I was highly impressed with their product knowledge and personal recommendations. After my visit, I felt confident that I was fully prepared for my next adventure. Thanks, Greenway Outdoor Gear, for your excellent service!

- John Adams, May 22

---

186. What does the Web page indicate about the online store?
   (A) It has four sections for outdoor products.
   (B) It may only be used with an online membership.
   (C) It offers a more limited selection than the retail store.
   (D) It specializes in products designed for experienced hikers.

187. What does the notice suggest about Greenway Outdoor Gear?
   (A) It will relocate to a larger property for expansion.
   (B) It will be under new management soon.
   (C) It is discontinuing its rental service.
   (D) It will become more spacious.

188. What area of Greenway Outdoor Gear will be closed until June?
   (A) Adventure Gear
   (B) Hiking Essentials
   (C) Outdoor Apparel
   (D) Survival Tools

189. What most likely is Mr. Adams' profession?
   (A) A professional climber
   (B) A travel agent
   (C) A hiking guide
   (D) A park ranger

190. What can be inferred about Mr. Adams?
   (A) He received a discount on a recent purchase.
   (B) He visited the Survival Tools section of the store.
   (C) He has worked at Greenway Outdoor Gear before.
   (D) He believes store staff require more training.

GO ON TO THE NEXT PAGE

Questions 191-195 refer to the following Web page and e-mails.

---

http://www.yorkpolice.uk/volunteer

Booklet Volunteers

The York Police Department distributes fingerprint ID booklets for children at various events in York and its suburbs. Children complete their own fingerprints and personal information in the booklets, which they can carry in case they go missing. The department also aims to teach residents how to record identifying information in the booklets, and we are seeking help from volunteers.

If interested in becoming a police volunteer, please visit www.citypolice.uk/volunteer.

Requirements include:
- Passing a background check, as we deal with highly sensitive information.
- Demonstrating attention to detail and the ability to accurately record identifying information.
- Being available to attend events twice a month to help create fingerprint ID booklets.

To:	Jamie Brooks, Alex Chan, Patrick Patel, Jordan Lee
From:	Officer Kyle Dowie <kdowie@yorkpolice.uk>
Date:	Training
Subject:	22 June

We appreciate your interest in volunteering with the York Police Department's Safety ID Program.

A training session will take place at the Westside Community Center on Friday, 26 June, from 9:00 A.M. to 10:00 A.M. During the session, you will learn how to create fingerprint ID booklets and practice recording identifying details. You will also receive your own booklet packet and name badge. An officer will accompany you to your first four-hour event. This will teach you how to set up a booth on your own.

Although we will train at the community center, you will often be working at different locations. Please see your initial event assignments below:

Event Location	Volunteer
Hillside Elementary	Jamie Brooks
Lakeshore Park Fair	Alex Chan
Agincourt Library	Patrick Patel
Greendale Market	Jordan Lee

I'm excited to see everyone on Friday!

Officer Kyle Dowie

E-Mail Message

To: Officer Mary Park
From: Patrick Patel
Date: 26 June
Subject: First event

Hello Officer Park,

I'm scheduled to volunteer at my first community event on 30 June. Would you be able to meet a little earlier to ensure I have everything needed? I'm free from 9:00 A.M. to 10:00 A.M. It seems that we need to park behind the building away from the main street and bring our boxes through the back. Mr. Dowie said that it should take about 20 minutes to set up.

Also, will you bring more fingerprint ID booklets? It seems that my box is missing some cards. Could I have some of yours until I get my next packet delivered?

Thank you,
Patrick

191. What will the volunteers be responsible for?

    (A) Helping residents fill in their personal information
    (B) Decreasing theft in urban areas
    (C) Training new police recruits
    (D) Ensuring businesses adhere to local laws

192. What is implied about the recipients of the first e-mail?

    (A) They will be sharing a vehicle.
    (B) They have helped to recruit volunteers.
    (C) They are available to attend two events per month.
    (D) They will input information into a master logbook.

193. What does the first e-mail indicate about the training?

    (A) It will be held at the York Police headquarters.
    (B) It will take place in the morning.
    (C) It will last for four hours.
    (D) It will take place at multiple locations.

194. Where will Ms. Park most likely meet with a volunteer?

    (A) At Hillside Elementary
    (B) At Lakeshore Park Fair
    (C) At Agincourt Library
    (D) At Greendale Market

195. In the second e-mail, what does Mr. Patel ask Ms. Park to do?

    (A) Give him a ride
    (B) Contact Mr. Dowie
    (C) Leave 20 minutes earlier
    (D) Provide additional materials

GO ON TO THE NEXT PAGE

Questions 196-200 refer to the following article, schedule, and e-mail.

Seaborne Institute Announces Travel Grant Program

(January 5) — In an effort to foster stronger international collaboration in renewable energy research, the Seaborne Institute has launched a travel grant initiative for this year's Global Clean Energy Summit, to be held by the Institue from May 13 to 15 in Vancouver, Canada. Six researchers will be selected to speak—two each from Eastern Europe, Southeast Asia, and North Africa.

"This is part of our ongoing commitment to amplifying voices from underrepresented regions," said Dr. Alina Mirov, director of outreach at the institute. "Clean energy is a global issue, and global representation matters."

Eligible candidates must have at least three years of full-time work experience in the field of renewable energy. The application deadline is February 10. Learn more at www.seaborneinstitute.org/grants.

Global Clean Energy Summit Schedule (May 13–15)

Each day will follow this format.

Time	Event	Speaker (Nationality)
8:00 A.M. – 8:45 A.M.	Coffee & Networking (Exhibit Hall)	
9:00 A.M. – 9:30 A.M.	Opening Remarks	Seaborne Institute Director
9:40 A.M. – 12:15 P.M.	Expert Presentations	Prof. Ratchanok Intanon (Thailand) Dr. Michael Torres (Poland) Mr. Youssef Benali (Morocco)
12:15 P.M. – 1:15 P.M.	Lunch (Attendees are encouraged to explore nearby restaurants.)	
1:30 P.M. – 4:00 P.M.	Innovation Labs & Case Study Sessions	Prof. Omar Hassan (Egypt) Dr. Nguyen Thi Lan (Vietnam)
4:15 P.M. – 5:00 P.M.	Roundtables & Day-End Recap	

E-Mail Message

To: Alina Mirov <a.mirov@seaborneinstitute.org>
From: Michael Torres <mtorres@biovolt.pl>
Date: February 18
Subject: Travel Grant – Schedule Note

Dear Dr. Mirov,

I want to thank you and the Seaborne Institute for helping me to attend the Global Clean Energy Summit. I am very honored to be one of the participants and look forward to exchanging ideas with colleagues from around the world. I'm also excited to meet the other grantees, especially the person who I'll be traveling with. Is it possible to receive their contact information so that we can prepare for the event together?

I would like to inform you that I am committed to leading a daily internal meeting at 9:00 A.M. Vancouver time. The meeting typically lasts about 30 minutes, and I must attend it virtually. I plan to join the conference activities as soon as the meeting concludes each day.

Please let me know if there's any paperwork I still need to complete before departing.

Sincerely,
Michael Torres

---

196. What is the main goal of the Seaborne Institute's new program?
(A) To increase funding for renewable energy companies
(B) To attract recent graduates to job roles
(C) To strengthen global ties among energy researchers
(D) To expand commercial partnerships in Canada

197. According to the article, who is eligible for the travel grant?
(A) Senior students majoring in renewable energy
(B) Those who have worked at Seaborne Institute for more than three years
(C) Energy professionals with more than three years of work experience
(D) Scientists who have published three or more research papers

198. What is indicated about the summit?
(A) It has reduced the number of participating researchers.
(B) It will announce more speakers at a later time.
(C) It will provide meals and refreshments.
(D) It is limited to invited guests only.

199. What is indicated about Mr. Torres?
(A) He is based in North America.
(B) He recently transitioned to a new field.
(C) He was selected to speak on behalf of the Seaborne Institute.
(D) He will be one of the event's featured speakers.

200. According to the e-mail, which part of the summit will Mr. Torres miss?
(A) Coffee & Networking
(B) Opening Remarks
(C) Expert Presentations
(D) Roundtable discussions

시원스쿨LAB

ANSWER SHEET

READING (PART 5~7)

ANSWER SHEET

READING (PART 5~7)

NO	ANSWER	NO	ANSWER	NO	ANSWER	NO	ANSWER
	A B C D		A B C D		A B C D		A B C D
101	ⓐ ⓑ ⓒ ⓓ	121	ⓐ ⓑ ⓒ ⓓ	141	ⓐ ⓑ ⓒ ⓓ	161	ⓐ ⓑ ⓒ ⓓ
102	ⓐ ⓑ ⓒ ⓓ	122	ⓐ ⓑ ⓒ ⓓ	142	ⓐ ⓑ ⓒ ⓓ	162	ⓐ ⓑ ⓒ ⓓ
103	ⓐ ⓑ ⓒ ⓓ	123	ⓐ ⓑ ⓒ ⓓ	143	ⓐ ⓑ ⓒ ⓓ	163	ⓐ ⓑ ⓒ ⓓ
104	ⓐ ⓑ ⓒ ⓓ	124	ⓐ ⓑ ⓒ ⓓ	144	ⓐ ⓑ ⓒ ⓓ	164	ⓐ ⓑ ⓒ ⓓ
105	ⓐ ⓑ ⓒ ⓓ	125	ⓐ ⓑ ⓒ ⓓ	145	ⓐ ⓑ ⓒ ⓓ	165	ⓐ ⓑ ⓒ ⓓ
106	ⓐ ⓑ ⓒ ⓓ	126	ⓐ ⓑ ⓒ ⓓ	146	ⓐ ⓑ ⓒ ⓓ	166	ⓐ ⓑ ⓒ ⓓ
107	ⓐ ⓑ ⓒ ⓓ	127	ⓐ ⓑ ⓒ ⓓ	147	ⓐ ⓑ ⓒ ⓓ	167	ⓐ ⓑ ⓒ ⓓ
108	ⓐ ⓑ ⓒ ⓓ	128	ⓐ ⓑ ⓒ ⓓ	148	ⓐ ⓑ ⓒ ⓓ	168	ⓐ ⓑ ⓒ ⓓ
109	ⓐ ⓑ ⓒ ⓓ	129	ⓐ ⓑ ⓒ ⓓ	149	ⓐ ⓑ ⓒ ⓓ	169	ⓐ ⓑ ⓒ ⓓ
110	ⓐ ⓑ ⓒ ⓓ	130	ⓐ ⓑ ⓒ ⓓ	150	ⓐ ⓑ ⓒ ⓓ	170	ⓐ ⓑ ⓒ ⓓ
111	ⓐ ⓑ ⓒ ⓓ	131	ⓐ ⓑ ⓒ ⓓ	151	ⓐ ⓑ ⓒ ⓓ	171	ⓐ ⓑ ⓒ ⓓ
112	ⓐ ⓑ ⓒ ⓓ	132	ⓐ ⓑ ⓒ ⓓ	152	ⓐ ⓑ ⓒ ⓓ	172	ⓐ ⓑ ⓒ ⓓ
113	ⓐ ⓑ ⓒ ⓓ	133	ⓐ ⓑ ⓒ ⓓ	153	ⓐ ⓑ ⓒ ⓓ	173	ⓐ ⓑ ⓒ ⓓ
114	ⓐ ⓑ ⓒ ⓓ	134	ⓐ ⓑ ⓒ ⓓ	154	ⓐ ⓑ ⓒ ⓓ	174	ⓐ ⓑ ⓒ ⓓ
115	ⓐ ⓑ ⓒ ⓓ	135	ⓐ ⓑ ⓒ ⓓ	155	ⓐ ⓑ ⓒ ⓓ	175	ⓐ ⓑ ⓒ ⓓ
116	ⓐ ⓑ ⓒ ⓓ	136	ⓐ ⓑ ⓒ ⓓ	156	ⓐ ⓑ ⓒ ⓓ	176	ⓐ ⓑ ⓒ ⓓ
117	ⓐ ⓑ ⓒ ⓓ	137	ⓐ ⓑ ⓒ ⓓ	157	ⓐ ⓑ ⓒ ⓓ	177	ⓐ ⓑ ⓒ ⓓ
118	ⓐ ⓑ ⓒ ⓓ	138	ⓐ ⓑ ⓒ ⓓ	158	ⓐ ⓑ ⓒ ⓓ	178	ⓐ ⓑ ⓒ ⓓ
119	ⓐ ⓑ ⓒ ⓓ	139	ⓐ ⓑ ⓒ ⓓ	159	ⓐ ⓑ ⓒ ⓓ	179	ⓐ ⓑ ⓒ ⓓ
120	ⓐ ⓑ ⓒ ⓓ	140	ⓐ ⓑ ⓒ ⓓ	160	ⓐ ⓑ ⓒ ⓓ	180	ⓐ ⓑ ⓒ ⓓ

시원스쿨 LAB

이름 / 회차 / 날짜

ANSWER SHEET

READING (PART 5~7)

NO	ANSWER	NO	ANSWER	NO	ANSWER
	A B C D		A B C D		A B C D
181	ⓐ ⓑ ⓒ ⓓ				
182	ⓐ ⓑ ⓒ ⓓ				
183	ⓐ ⓑ ⓒ ⓓ				
184	ⓐ ⓑ ⓒ ⓓ				
185	ⓐ ⓑ ⓒ ⓓ				
186	ⓐ ⓑ ⓒ ⓓ				
187	ⓐ ⓑ ⓒ ⓓ				
188	ⓐ ⓑ ⓒ ⓓ				
189	ⓐ ⓑ ⓒ ⓓ				
190	ⓐ ⓑ ⓒ ⓓ				
191	ⓐ ⓑ ⓒ ⓓ				
192	ⓐ ⓑ ⓒ ⓓ				
193	ⓐ ⓑ ⓒ ⓓ				
194	ⓐ ⓑ ⓒ ⓓ				
195	ⓐ ⓑ ⓒ ⓓ				
196	ⓐ ⓑ ⓒ ⓓ				
197	ⓐ ⓑ ⓒ ⓓ				
198	ⓐ ⓑ ⓒ ⓓ				
199	ⓐ ⓑ ⓒ ⓓ				
200	ⓐ ⓑ ⓒ ⓓ				

시원스쿨 LAB

ANSWER SHEET

시원스쿨 LAB

이름 | 회차 | 날짜

READING (PART 5~7)

NO	ANSWER A B C D	NO	ANSWER A B C D	NO	ANSWER A B C D	NO	ANSWER A B C D	NO	ANSWER A B C D
101	ⓐ ⓑ ⓒ ⓓ	121	ⓐ ⓑ ⓒ ⓓ	141	ⓐ ⓑ ⓒ ⓓ	161	ⓐ ⓑ ⓒ ⓓ	181	ⓐ ⓑ ⓒ ⓓ
102	ⓐ ⓑ ⓒ ⓓ	122	ⓐ ⓑ ⓒ ⓓ	142	ⓐ ⓑ ⓒ ⓓ	162	ⓐ ⓑ ⓒ ⓓ	182	ⓐ ⓑ ⓒ ⓓ
103	ⓐ ⓑ ⓒ ⓓ	123	ⓐ ⓑ ⓒ ⓓ	143	ⓐ ⓑ ⓒ ⓓ	163	ⓐ ⓑ ⓒ ⓓ	183	ⓐ ⓑ ⓒ ⓓ
104	ⓐ ⓑ ⓒ ⓓ	124	ⓐ ⓑ ⓒ ⓓ	144	ⓐ ⓑ ⓒ ⓓ	164	ⓐ ⓑ ⓒ ⓓ	184	ⓐ ⓑ ⓒ ⓓ
105	ⓐ ⓑ ⓒ ⓓ	125	ⓐ ⓑ ⓒ ⓓ	145	ⓐ ⓑ ⓒ ⓓ	165	ⓐ ⓑ ⓒ ⓓ	185	ⓐ ⓑ ⓒ ⓓ
106	ⓐ ⓑ ⓒ ⓓ	126	ⓐ ⓑ ⓒ ⓓ	146	ⓐ ⓑ ⓒ ⓓ	166	ⓐ ⓑ ⓒ ⓓ	186	ⓐ ⓑ ⓒ ⓓ
107	ⓐ ⓑ ⓒ ⓓ	127	ⓐ ⓑ ⓒ ⓓ	147	ⓐ ⓑ ⓒ ⓓ	167	ⓐ ⓑ ⓒ ⓓ	187	ⓐ ⓑ ⓒ ⓓ
108	ⓐ ⓑ ⓒ ⓓ	128	ⓐ ⓑ ⓒ ⓓ	148	ⓐ ⓑ ⓒ ⓓ	168	ⓐ ⓑ ⓒ ⓓ	188	ⓐ ⓑ ⓒ ⓓ
109	ⓐ ⓑ ⓒ ⓓ	129	ⓐ ⓑ ⓒ ⓓ	149	ⓐ ⓑ ⓒ ⓓ	169	ⓐ ⓑ ⓒ ⓓ	189	ⓐ ⓑ ⓒ ⓓ
110	ⓐ ⓑ ⓒ ⓓ	130	ⓐ ⓑ ⓒ ⓓ	150	ⓐ ⓑ ⓒ ⓓ	170	ⓐ ⓑ ⓒ ⓓ	190	ⓐ ⓑ ⓒ ⓓ
111	ⓐ ⓑ ⓒ ⓓ	131	ⓐ ⓑ ⓒ ⓓ	151	ⓐ ⓑ ⓒ ⓓ	171	ⓐ ⓑ ⓒ ⓓ	191	ⓐ ⓑ ⓒ ⓓ
112	ⓐ ⓑ ⓒ ⓓ	132	ⓐ ⓑ ⓒ ⓓ	152	ⓐ ⓑ ⓒ ⓓ	172	ⓐ ⓑ ⓒ ⓓ	192	ⓐ ⓑ ⓒ ⓓ
113	ⓐ ⓑ ⓒ ⓓ	133	ⓐ ⓑ ⓒ ⓓ	153	ⓐ ⓑ ⓒ ⓓ	173	ⓐ ⓑ ⓒ ⓓ	193	ⓐ ⓑ ⓒ ⓓ
114	ⓐ ⓑ ⓒ ⓓ	134	ⓐ ⓑ ⓒ ⓓ	154	ⓐ ⓑ ⓒ ⓓ	174	ⓐ ⓑ ⓒ ⓓ	194	ⓐ ⓑ ⓒ ⓓ
115	ⓐ ⓑ ⓒ ⓓ	135	ⓐ ⓑ ⓒ ⓓ	155	ⓐ ⓑ ⓒ ⓓ	175	ⓐ ⓑ ⓒ ⓓ	195	ⓐ ⓑ ⓒ ⓓ
116	ⓐ ⓑ ⓒ ⓓ	136	ⓐ ⓑ ⓒ ⓓ	156	ⓐ ⓑ ⓒ ⓓ	176	ⓐ ⓑ ⓒ ⓓ	196	ⓐ ⓑ ⓒ ⓓ
117	ⓐ ⓑ ⓒ ⓓ	137	ⓐ ⓑ ⓒ ⓓ	157	ⓐ ⓑ ⓒ ⓓ	177	ⓐ ⓑ ⓒ ⓓ	197	ⓐ ⓑ ⓒ ⓓ
118	ⓐ ⓑ ⓒ ⓓ	138	ⓐ ⓑ ⓒ ⓓ	158	ⓐ ⓑ ⓒ ⓓ	178	ⓐ ⓑ ⓒ ⓓ	198	ⓐ ⓑ ⓒ ⓓ
119	ⓐ ⓑ ⓒ ⓓ	139	ⓐ ⓑ ⓒ ⓓ	159	ⓐ ⓑ ⓒ ⓓ	179	ⓐ ⓑ ⓒ ⓓ	199	ⓐ ⓑ ⓒ ⓓ
120	ⓐ ⓑ ⓒ ⓓ	140	ⓐ ⓑ ⓒ ⓓ	160	ⓐ ⓑ ⓒ ⓓ	180	ⓐ ⓑ ⓒ ⓓ	200	ⓐ ⓑ ⓒ ⓓ

ANSWER SHEET

시원스쿨 LAB

이름 | 회차 | 날짜

READING (PART 5~7)

NO	ANSWER A B C D	NO	ANSWER A B C D	NO	ANSWER A B C D	NO	ANSWER A B C D	NO	ANSWER A B C D
101	ⓐ ⓑ ⓒ ⓓ	121	ⓐ ⓑ ⓒ ⓓ	141	ⓐ ⓑ ⓒ ⓓ	161	ⓐ ⓑ ⓒ ⓓ	181	ⓐ ⓑ ⓒ ⓓ
102	ⓐ ⓑ ⓒ ⓓ	122	ⓐ ⓑ ⓒ ⓓ	142	ⓐ ⓑ ⓒ ⓓ	162	ⓐ ⓑ ⓒ ⓓ	182	ⓐ ⓑ ⓒ ⓓ
103	ⓐ ⓑ ⓒ ⓓ	123	ⓐ ⓑ ⓒ ⓓ	143	ⓐ ⓑ ⓒ ⓓ	163	ⓐ ⓑ ⓒ ⓓ	183	ⓐ ⓑ ⓒ ⓓ
104	ⓐ ⓑ ⓒ ⓓ	124	ⓐ ⓑ ⓒ ⓓ	144	ⓐ ⓑ ⓒ ⓓ	164	ⓐ ⓑ ⓒ ⓓ	184	ⓐ ⓑ ⓒ ⓓ
105	ⓐ ⓑ ⓒ ⓓ	125	ⓐ ⓑ ⓒ ⓓ	145	ⓐ ⓑ ⓒ ⓓ	165	ⓐ ⓑ ⓒ ⓓ	185	ⓐ ⓑ ⓒ ⓓ
106	ⓐ ⓑ ⓒ ⓓ	126	ⓐ ⓑ ⓒ ⓓ	146	ⓐ ⓑ ⓒ ⓓ	166	ⓐ ⓑ ⓒ ⓓ	186	ⓐ ⓑ ⓒ ⓓ
107	ⓐ ⓑ ⓒ ⓓ	127	ⓐ ⓑ ⓒ ⓓ	147	ⓐ ⓑ ⓒ ⓓ	167	ⓐ ⓑ ⓒ ⓓ	187	ⓐ ⓑ ⓒ ⓓ
108	ⓐ ⓑ ⓒ ⓓ	128	ⓐ ⓑ ⓒ ⓓ	148	ⓐ ⓑ ⓒ ⓓ	168	ⓐ ⓑ ⓒ ⓓ	188	ⓐ ⓑ ⓒ ⓓ
109	ⓐ ⓑ ⓒ ⓓ	129	ⓐ ⓑ ⓒ ⓓ	149	ⓐ ⓑ ⓒ ⓓ	169	ⓐ ⓑ ⓒ ⓓ	189	ⓐ ⓑ ⓒ ⓓ
110	ⓐ ⓑ ⓒ ⓓ	130	ⓐ ⓑ ⓒ ⓓ	150	ⓐ ⓑ ⓒ ⓓ	170	ⓐ ⓑ ⓒ ⓓ	190	ⓐ ⓑ ⓒ ⓓ
111	ⓐ ⓑ ⓒ ⓓ	131	ⓐ ⓑ ⓒ ⓓ	151	ⓐ ⓑ ⓒ ⓓ	171	ⓐ ⓑ ⓒ ⓓ	191	ⓐ ⓑ ⓒ ⓓ
112	ⓐ ⓑ ⓒ ⓓ	132	ⓐ ⓑ ⓒ ⓓ	152	ⓐ ⓑ ⓒ ⓓ	172	ⓐ ⓑ ⓒ ⓓ	192	ⓐ ⓑ ⓒ ⓓ
113	ⓐ ⓑ ⓒ ⓓ	133	ⓐ ⓑ ⓒ ⓓ	153	ⓐ ⓑ ⓒ ⓓ	173	ⓐ ⓑ ⓒ ⓓ	193	ⓐ ⓑ ⓒ ⓓ
114	ⓐ ⓑ ⓒ ⓓ	134	ⓐ ⓑ ⓒ ⓓ	154	ⓐ ⓑ ⓒ ⓓ	174	ⓐ ⓑ ⓒ ⓓ	194	ⓐ ⓑ ⓒ ⓓ
115	ⓐ ⓑ ⓒ ⓓ	135	ⓐ ⓑ ⓒ ⓓ	155	ⓐ ⓑ ⓒ ⓓ	175	ⓐ ⓑ ⓒ ⓓ	195	ⓐ ⓑ ⓒ ⓓ
116	ⓐ ⓑ ⓒ ⓓ	136	ⓐ ⓑ ⓒ ⓓ	156	ⓐ ⓑ ⓒ ⓓ	176	ⓐ ⓑ ⓒ ⓓ	196	ⓐ ⓑ ⓒ ⓓ
117	ⓐ ⓑ ⓒ ⓓ	137	ⓐ ⓑ ⓒ ⓓ	157	ⓐ ⓑ ⓒ ⓓ	177	ⓐ ⓑ ⓒ ⓓ	197	ⓐ ⓑ ⓒ ⓓ
118	ⓐ ⓑ ⓒ ⓓ	138	ⓐ ⓑ ⓒ ⓓ	158	ⓐ ⓑ ⓒ ⓓ	178	ⓐ ⓑ ⓒ ⓓ	198	ⓐ ⓑ ⓒ ⓓ
119	ⓐ ⓑ ⓒ ⓓ	139	ⓐ ⓑ ⓒ ⓓ	159	ⓐ ⓑ ⓒ ⓓ	179	ⓐ ⓑ ⓒ ⓓ	199	ⓐ ⓑ ⓒ ⓓ
120	ⓐ ⓑ ⓒ ⓓ	140	ⓐ ⓑ ⓒ ⓓ	160	ⓐ ⓑ ⓒ ⓓ	180	ⓐ ⓑ ⓒ ⓓ	200	ⓐ ⓑ ⓒ ⓓ

ANSWER SHEET

시원스쿨 LAB

이름		회차		날짜	

READING (PART 5~7)

NO	ANSWER A B C D	NO	ANSWER A B C D	NO	ANSWER A B C D	NO	ANSWER A B C D	NO	ANSWER A B C D
101	ⓐ ⓑ ⓒ ⓓ	121	ⓐ ⓑ ⓒ ⓓ	141	ⓐ ⓑ ⓒ ⓓ	161	ⓐ ⓑ ⓒ ⓓ	181	ⓐ ⓑ ⓒ ⓓ
102	ⓐ ⓑ ⓒ ⓓ	122	ⓐ ⓑ ⓒ ⓓ	142	ⓐ ⓑ ⓒ ⓓ	162	ⓐ ⓑ ⓒ ⓓ	182	ⓐ ⓑ ⓒ ⓓ
103	ⓐ ⓑ ⓒ ⓓ	123	ⓐ ⓑ ⓒ ⓓ	143	ⓐ ⓑ ⓒ ⓓ	163	ⓐ ⓑ ⓒ ⓓ	183	ⓐ ⓑ ⓒ ⓓ
104	ⓐ ⓑ ⓒ ⓓ	124	ⓐ ⓑ ⓒ ⓓ	144	ⓐ ⓑ ⓒ ⓓ	164	ⓐ ⓑ ⓒ ⓓ	184	ⓐ ⓑ ⓒ ⓓ
105	ⓐ ⓑ ⓒ ⓓ	125	ⓐ ⓑ ⓒ ⓓ	145	ⓐ ⓑ ⓒ ⓓ	165	ⓐ ⓑ ⓒ ⓓ	185	ⓐ ⓑ ⓒ ⓓ
106	ⓐ ⓑ ⓒ ⓓ	126	ⓐ ⓑ ⓒ ⓓ	146	ⓐ ⓑ ⓒ ⓓ	166	ⓐ ⓑ ⓒ ⓓ	186	ⓐ ⓑ ⓒ ⓓ
107	ⓐ ⓑ ⓒ ⓓ	127	ⓐ ⓑ ⓒ ⓓ	147	ⓐ ⓑ ⓒ ⓓ	167	ⓐ ⓑ ⓒ ⓓ	187	ⓐ ⓑ ⓒ ⓓ
108	ⓐ ⓑ ⓒ ⓓ	128	ⓐ ⓑ ⓒ ⓓ	148	ⓐ ⓑ ⓒ ⓓ	168	ⓐ ⓑ ⓒ ⓓ	188	ⓐ ⓑ ⓒ ⓓ
109	ⓐ ⓑ ⓒ ⓓ	129	ⓐ ⓑ ⓒ ⓓ	149	ⓐ ⓑ ⓒ ⓓ	169	ⓐ ⓑ ⓒ ⓓ	189	ⓐ ⓑ ⓒ ⓓ
110	ⓐ ⓑ ⓒ ⓓ	130	ⓐ ⓑ ⓒ ⓓ	150	ⓐ ⓑ ⓒ ⓓ	170	ⓐ ⓑ ⓒ ⓓ	190	ⓐ ⓑ ⓒ ⓓ
111	ⓐ ⓑ ⓒ ⓓ	131	ⓐ ⓑ ⓒ ⓓ	151	ⓐ ⓑ ⓒ ⓓ	171	ⓐ ⓑ ⓒ ⓓ	191	ⓐ ⓑ ⓒ ⓓ
112	ⓐ ⓑ ⓒ ⓓ	132	ⓐ ⓑ ⓒ ⓓ	152	ⓐ ⓑ ⓒ ⓓ	172	ⓐ ⓑ ⓒ ⓓ	192	ⓐ ⓑ ⓒ ⓓ
113	ⓐ ⓑ ⓒ ⓓ	133	ⓐ ⓑ ⓒ ⓓ	153	ⓐ ⓑ ⓒ ⓓ	173	ⓐ ⓑ ⓒ ⓓ	193	ⓐ ⓑ ⓒ ⓓ
114	ⓐ ⓑ ⓒ ⓓ	134	ⓐ ⓑ ⓒ ⓓ	154	ⓐ ⓑ ⓒ ⓓ	174	ⓐ ⓑ ⓒ ⓓ	194	ⓐ ⓑ ⓒ ⓓ
115	ⓐ ⓑ ⓒ ⓓ	135	ⓐ ⓑ ⓒ ⓓ	155	ⓐ ⓑ ⓒ ⓓ	175	ⓐ ⓑ ⓒ ⓓ	195	ⓐ ⓑ ⓒ ⓓ
116	ⓐ ⓑ ⓒ ⓓ	136	ⓐ ⓑ ⓒ ⓓ	156	ⓐ ⓑ ⓒ ⓓ	176	ⓐ ⓑ ⓒ ⓓ	196	ⓐ ⓑ ⓒ ⓓ
117	ⓐ ⓑ ⓒ ⓓ	137	ⓐ ⓑ ⓒ ⓓ	157	ⓐ ⓑ ⓒ ⓓ	177	ⓐ ⓑ ⓒ ⓓ	197	ⓐ ⓑ ⓒ ⓓ
118	ⓐ ⓑ ⓒ ⓓ	138	ⓐ ⓑ ⓒ ⓓ	158	ⓐ ⓑ ⓒ ⓓ	178	ⓐ ⓑ ⓒ ⓓ	198	ⓐ ⓑ ⓒ ⓓ
119	ⓐ ⓑ ⓒ ⓓ	139	ⓐ ⓑ ⓒ ⓓ	159	ⓐ ⓑ ⓒ ⓓ	179	ⓐ ⓑ ⓒ ⓓ	199	ⓐ ⓑ ⓒ ⓓ
120	ⓐ ⓑ ⓒ ⓓ	140	ⓐ ⓑ ⓒ ⓓ	160	ⓐ ⓑ ⓒ ⓓ	180	ⓐ ⓑ ⓒ ⓓ	200	ⓐ ⓑ ⓒ ⓓ

ANSWER SHEET

시원스쿨 LAB

이름		회차		날짜	

READING (PART 5~7)

NO	ANSWER A B C D	NO	ANSWER A B C D	NO	ANSWER A B C D	NO	ANSWER A B C D	NO	ANSWER A B C D
101	ⓐ ⓑ ⓒ ⓓ	121	ⓐ ⓑ ⓒ ⓓ	141	ⓐ ⓑ ⓒ ⓓ	161	ⓐ ⓑ ⓒ ⓓ	181	ⓐ ⓑ ⓒ ⓓ
102	ⓐ ⓑ ⓒ ⓓ	122	ⓐ ⓑ ⓒ ⓓ	142	ⓐ ⓑ ⓒ ⓓ	162	ⓐ ⓑ ⓒ ⓓ	182	ⓐ ⓑ ⓒ ⓓ
103	ⓐ ⓑ ⓒ ⓓ	123	ⓐ ⓑ ⓒ ⓓ	143	ⓐ ⓑ ⓒ ⓓ	163	ⓐ ⓑ ⓒ ⓓ	183	ⓐ ⓑ ⓒ ⓓ
104	ⓐ ⓑ ⓒ ⓓ	124	ⓐ ⓑ ⓒ ⓓ	144	ⓐ ⓑ ⓒ ⓓ	164	ⓐ ⓑ ⓒ ⓓ	184	ⓐ ⓑ ⓒ ⓓ
105	ⓐ ⓑ ⓒ ⓓ	125	ⓐ ⓑ ⓒ ⓓ	145	ⓐ ⓑ ⓒ ⓓ	165	ⓐ ⓑ ⓒ ⓓ	185	ⓐ ⓑ ⓒ ⓓ
106	ⓐ ⓑ ⓒ ⓓ	126	ⓐ ⓑ ⓒ ⓓ	146	ⓐ ⓑ ⓒ ⓓ	166	ⓐ ⓑ ⓒ ⓓ	186	ⓐ ⓑ ⓒ ⓓ
107	ⓐ ⓑ ⓒ ⓓ	127	ⓐ ⓑ ⓒ ⓓ	147	ⓐ ⓑ ⓒ ⓓ	167	ⓐ ⓑ ⓒ ⓓ	187	ⓐ ⓑ ⓒ ⓓ
108	ⓐ ⓑ ⓒ ⓓ	128	ⓐ ⓑ ⓒ ⓓ	148	ⓐ ⓑ ⓒ ⓓ	168	ⓐ ⓑ ⓒ ⓓ	188	ⓐ ⓑ ⓒ ⓓ
109	ⓐ ⓑ ⓒ ⓓ	129	ⓐ ⓑ ⓒ ⓓ	149	ⓐ ⓑ ⓒ ⓓ	169	ⓐ ⓑ ⓒ ⓓ	189	ⓐ ⓑ ⓒ ⓓ
110	ⓐ ⓑ ⓒ ⓓ	130	ⓐ ⓑ ⓒ ⓓ	150	ⓐ ⓑ ⓒ ⓓ	170	ⓐ ⓑ ⓒ ⓓ	190	ⓐ ⓑ ⓒ ⓓ
111	ⓐ ⓑ ⓒ ⓓ	131	ⓐ ⓑ ⓒ ⓓ	151	ⓐ ⓑ ⓒ ⓓ	171	ⓐ ⓑ ⓒ ⓓ	191	ⓐ ⓑ ⓒ ⓓ
112	ⓐ ⓑ ⓒ ⓓ	132	ⓐ ⓑ ⓒ ⓓ	152	ⓐ ⓑ ⓒ ⓓ	172	ⓐ ⓑ ⓒ ⓓ	192	ⓐ ⓑ ⓒ ⓓ
113	ⓐ ⓑ ⓒ ⓓ	133	ⓐ ⓑ ⓒ ⓓ	153	ⓐ ⓑ ⓒ ⓓ	173	ⓐ ⓑ ⓒ ⓓ	193	ⓐ ⓑ ⓒ ⓓ
114	ⓐ ⓑ ⓒ ⓓ	134	ⓐ ⓑ ⓒ ⓓ	154	ⓐ ⓑ ⓒ ⓓ	174	ⓐ ⓑ ⓒ ⓓ	194	ⓐ ⓑ ⓒ ⓓ
115	ⓐ ⓑ ⓒ ⓓ	135	ⓐ ⓑ ⓒ ⓓ	155	ⓐ ⓑ ⓒ ⓓ	175	ⓐ ⓑ ⓒ ⓓ	195	ⓐ ⓑ ⓒ ⓓ
116	ⓐ ⓑ ⓒ ⓓ	136	ⓐ ⓑ ⓒ ⓓ	156	ⓐ ⓑ ⓒ ⓓ	176	ⓐ ⓑ ⓒ ⓓ	196	ⓐ ⓑ ⓒ ⓓ
117	ⓐ ⓑ ⓒ ⓓ	137	ⓐ ⓑ ⓒ ⓓ	157	ⓐ ⓑ ⓒ ⓓ	177	ⓐ ⓑ ⓒ ⓓ	197	ⓐ ⓑ ⓒ ⓓ
118	ⓐ ⓑ ⓒ ⓓ	138	ⓐ ⓑ ⓒ ⓓ	158	ⓐ ⓑ ⓒ ⓓ	178	ⓐ ⓑ ⓒ ⓓ	198	ⓐ ⓑ ⓒ ⓓ
119	ⓐ ⓑ ⓒ ⓓ	139	ⓐ ⓑ ⓒ ⓓ	159	ⓐ ⓑ ⓒ ⓓ	179	ⓐ ⓑ ⓒ ⓓ	199	ⓐ ⓑ ⓒ ⓓ
120	ⓐ ⓑ ⓒ ⓓ	140	ⓐ ⓑ ⓒ ⓓ	160	ⓐ ⓑ ⓒ ⓓ	180	ⓐ ⓑ ⓒ ⓓ	200	ⓐ ⓑ ⓒ ⓓ

시원스쿨 LAB